PowerShell

Funcionalidades avanzadas

Nicolas Baudin

ISBN: 978-2-409-05140-1
Edición original: 978-2-409-04263-8

Ediciones ENI
P° Ferrocarriles Catalanes, 97-117, 2a pl. of. 18
08940 - Cornellà de Llobregat (Barcelona)

Tel: 934 246 401
Fax: 934 231 576

e-mail: info@ediciones-eni.com
http://www.ediciones-eni.com

Autor: Nicolas Baudin
Edición española: Ignacio Abad Olmos Luis
Colección **Expert IT** dirigida por Émilie Villetorte

Para poder acceder durante un año a la versión online de este libro, envíenos su justificante de compra a

librodigital@ediciones-eni.com

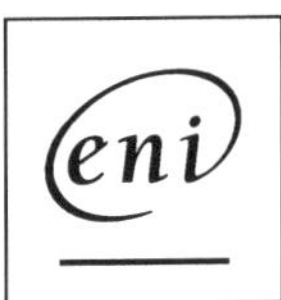

Contenido

Puede solicitar los archivos complementarios
de este libro escribiendo a **comercial@ediciones-eni.com**

Prólogo

Introducción

Capítulo 1
PowerShell y la gestión de versiones

Capítulo 2
Funciones avanzadas

Capítulo 3
Creación de módulos

Capítulo 4
Gestión de módulos y paquetes

Capítulo 5
Objetos personalizados y tipos estándar

Capítulo 6
Clases

Capítulo 7
Jobs y paralelismo

Capítulo 8
Workflows

Capítulo 10
Gestión avanzada de archivos

Capítulo 11
Comunicación con otras aplicaciones

Capítulo 12
Gestión remota avanzada

Capítulo 13
Creación de interfaces gráficas

Capítulo 14
Recopilación de datos de rendimiento

Capítulo 15
Administración de directorios

Prólogo

1. Acerca de PowerShell

¿Es realmente necesario presentarlo?

Desde 2006, PowerShell es un Shell de administración muy versátil y uno de los productos imprescindibles de Microsoft. Exchange, SharePoint, Active Directory y Azure son fáciles de administrar una vez que se domina PowerShell. Se podría pensar que, después de tantos años, PowerShell habría agotado su ciclo y no tendría nada nuevo que ofrecer. Al contrario, desde el lanzamiento de PowerShell Core en 2016, el uso de PowerShell se ha abierto a sistemas como Linux y macOS. Por supuesto, al empezar casi desde cero con estos nuevos sistemas, el equipo de PowerShell ha tenido que lidiar con una serie de obstáculos, al tiempo que añadía un número significativo de nuevas funcionalidades. Basándose en un ciclo corto, el equipo de PowerShell ofrece nuevas funciones con regularidad. Ahora nos encontramos en la versión 7 de PowerShell Core.

2. Acerca del libro

Si está leyendo este libro, no es un extraño del lenguaje PowerShell. Tiene una buena base, conoce los fundamentos del lenguaje y quiere aprender más. El objetivo de este libro es llevar las cosas un paso más allá, para presentarle las características avanzadas del lenguaje y darle una nueva visión de la profundidad de las posibilidades disponibles para usted con PowerShell. Este libro está dirigido a profesionales de TI que quieran dar un paso más en sus conocimientos de PowerShell. Incluso podría aventurarme a decir que los conceptos que aprenderá podrían acercarle al mundo del desarrollo.

Para que se haga una idea de lo que descubrirá a medida que vaya leyendo, aquí tiene una descripción de cada capítulo:

Capítulo PowerShell y la gestión de versiones

La última gran revolución de PowerShell es, sin duda, su entrada en el mundo del código abierto. PowerShell ya no está restringido al entorno Windows, y ahora puede instalarse fácilmente en entornos Linux y macOS. PowerShell Core es el nombre que recibe la versión multiplataforma de PowerShell. Se basa en una versión reducida de .NET Framework, a saber, .NET Core. En este capítulo, aprenderá a instalar PowerShell Core en un entorno Linux, así como en un entorno Windows, además de las diferencias con Windows PowerShell. También se trata la utilización de Visual Studio Code para llevar a cabo todos sus proyectos PowerShell.

Capítulo Funciones avanzadas

En este segundo capítulo, se presenta una forma más avanzada de diseñar las funciones. Las posibilidades que ofrecen las funciones avanzadas son casi idénticas a las de los cmdlets desarrollados en C#. Podrá definir varios conjuntos de parámetros y filtrar más fácilmente los valores pasados a los parámetros de las funciones. También verá cómo gestionar el pipeline dentro de sus funciones.

Capítulo Creación de módulos

Los módulos PowerShell pueden utilizarse tanto para agrupar recursos como funciones, variables o capacidades de rol. Estos permiten simplificar la portabilidad de los recursos con una simple copia de carpeta. En este capítulo, aprenderá a diseñar sus propios módulos, respetando las reglas de diseño.

Capítulo Gestión de módulos y paquetes

Cuando se tienen docenas de módulos para desplegar en diferentes sistemas, puede ser tedioso simplemente copiar y pegar. Por no hablar de la gestión de las diferentes versiones. Para simplificar esto, será posible centralizar módulos, e incluso aplicaciones, a través de un repositorio NuGet interno, que se tratará en este capítulo. También verá cómo utilizar los módulos PackageManagement y PowerShellGet para instalar aplicaciones y recursos PowerShell desde un repositorio.

Capítulo Objetos personalizados y tipos estándar

Uno de los conceptos fundamentales de PowerShell es el de objeto. Todo es un objeto y es importante entenderlo. En este capítulo, aprenderá sobre el concepto de objetos para que pueda crear sus propios objetos personalizados. También verá cómo manipular y personalizar los tipos de objetos existentes.

Capítulo Clases

La creación de clases de objetos es un mecanismo más avanzado para diseñar objetos personalizados. Este capítulo cubre los fundamentos de las clases en PowerShell desde su introducción en la versión 5.0. La frontera con el mundo del desarrollo y la programación orientada a objetos (POO) será cada vez más fina.

Capítulo Jobs y paralelismo

Este capítulo trata de la noción de *jobs* (trabajos). Veremos que será posible paralelizar diferentes procesos PowerShell simultáneamente y en varios sistemas remotos. También veremos cómo programar estos procesos. Por último, el capítulo termina con una introducción a la API de PowerShell, para presentar otra forma de paralelizar acciones.

Capítulo Workflows

Los *workflows* no son una característica específica de PowerShell. Al igual que los jobs, los workflows permiten paralelizar acciones. Sin embargo, sus mecanismos y sintaxis son más complejos de entender que los de los jobs. En este capítulo, aprenderá sobre los diferentes mecanismos utilizados por workflows, la sintaxis a utilizar, así como las restricciones específicas de los workflows y cómo evitar estas restricciones.

Capítulo Desired State Configuration (DSC)

Desired State Configuration (DSC) es el gestor de configuración de Microsoft que apareció en la versión 4.0 de PowerShell. En este capítulo se analiza la evolución de la solución, en particular el deseo de los desarrolladores de separar DSC y PowerShell. Se describirán los distintos elementos que componen esta funcionalidad (Local Configuration Manager, Recurso DSC, Modo PUSH/PULL, etc.), así como la implementación de cada uno de ellos.

Capítulo Gestión avanzada de archivos

La versión 5.0 de PowerShell introdujo una serie de nuevas funciones de gestión de archivos. En este capítulo se explica cómo utilizar cada función, como la creación de archivos ZIP, la creación de objetos a partir de archivos semiestructurados o la copia de archivos a través de una sesión remota de PowerShell.

Capítulo Comunicación con otras aplicaciones

PowerShell no se limita a la administración estándar de funciones de servidor o al uso de .NET Framework. También es posible utilizar la tecnología COM para interactuar con aplicaciones que dispongan de esta API, como Internet Explorer o el paquete de software Microsoft Office. En este capítulo, aprenderá a interactuar con la API COM en PowerShell.

Capítulo Gestión remota avanzada

Una de las claves de un buen Shell de administración es su capacidad para administrar sistemas remotos. Este capítulo cubre la nueva característica JEA de PowerShell, introducida en la versión 5.0. Con esta característica, puede mejorar la seguridad de sus sistemas limitando las acciones de cada persona según un rol. Se trata de la implementación de RBAC (*Role-Based Access Control*). A continuación, aprenderá a configurar la característica PowerShell Web Access, que se utiliza para proporcionar una consola PowerShell desde un navegador con el fin de administrar remotamente los sistemas Windows desde cualquier dispositivo con un navegador web. Por último, veremos cómo configurar la comunicación SSH entre un sistema Linux y Windows.

Capítulo Creación de interfaces gráficas

El objetivo de este capítulo es demostrar la potencia de PowerShell, no como Shell administrativo, sino como lenguaje de programación. Para ello, veremos el diseño de interfaces gráficas en PowerShell utilizando dos tecnologías, Windows Forms y WPF (*Windows Presentation Foundation*). Empezaremos con formularios bastante sencillos y llegaremos hasta el diseño de gráficos avanzados. Una breve comparación de las dos tecnologías le mostrará con cuál se siente más cómodo.

Capítulo Recopilación de datos de rendimiento

Como administrador de sistemas o ingeniero, no es raro tener que recopilar datos de rendimiento en uno o más sistemas. En este capítulo, aprenderá los conceptos básicos de la recopilación de datos de rendimiento en Windows mediante PowerShell. Por último, aprenderá a configurar la recopilación de datos a gran escala para cubrir varios cientos de sistemas.

Capítulo Administración de directorios

Una de las principales razones por las que los administradores de sistemas aprenden PowerShell es para gestionar el directorio corporativo, como Active Directory Domain Services (ADDS). Este capítulo cubre los comandos básicos para administrar objetos de directorio ADDS. Se presentarán dos tecnologías: el módulo PowerShell ActiveDirectory y la API ADSI.

Introducción

1. ¿Por qué automatizar?

¿De verdad debemos preguntarlo...?

¿Ha intentado alguna vez una "carrera" con un colega para ver quién llegaba primero: ¿Vd. con su consola y teclado, su colega con windows y ratón? El resultado suele ser muy divertido. Pero lo más importante no es necesariamente el resultado final, sino toda la mecánica puesta en marcha durante el reto.

Cuando intentamos automatizar una tarea, nos enfrentamos a un problema que requiere un pensamiento lógico para resolverlo. De este modo, se avanza de forma correcta, el trabajo se realiza más rápido y, sobre todo, hay muchos menos errores. Por supuesto, hay que superar la parte más difícil: empezar a codificar. Al principio, los beneficios son casi inexistentes, o incluso negativos. Pero hay que perseverar para que al cabo de un tiempo se consigan aumentos de productividad de hasta el 50%.

El tiempo no es el único factor a tener en cuenta. Una vez que ha aprendido el lenguaje, busca desarrollarlo más y, en general, es entonces cuando descubre posibilidades totalmente nuevas: generación automática de informes, auditoría de sistemas de información a gran escala, despliegue automatizado y completo de una plataforma, etc.

El resultado es una mayor profesionalidad. Algunos incluso han visto despegar su carrera gracias a los conocimientos de automatización adquiridos. Es un sueño hecho realidad...

2. Infrastructure as Code y cloud

Durante varios años, Microsoft se ha centrado en su oferta de cloud: Azure. Los comentarios sobre su plataforma le han obligado a innovar, ofreciendo una herramienta centralizada de gestión de la configuración: DSC (*Desired State Configuration*). Este último, responde a la creciente necesidad de desplegar a gran escala y con mayor rapidez. DSC se integra perfectamente en los ciclos de *entrega* continua (*continuous delivery*) y en métodos de trabajo como DevOps.

Integrado desde la versión 4.0 de PowerShell, DSC ha evolucionado en la dirección correcta hasta la versión 5.1. La evolución más evidente se produce en la plataforma Cloud Azure. En efecto, ahora es posible controlar completamente las máquinas, estén o no alojadas en Azure, utilizando el servicio Azure Automation State Configuration. Con la separación de DSC y PowerShell, ahora es posible crear paquetes independientes para poner uno o más sistemas en conformidad. El servicio relacionado es Azure Automanage Machine Configuration.

Queda por ver qué tiene preparado Microsoft para el futuro de esta solución.

3. El paso al open source

Hace ya más de diez años que Jeffrey Snover dio vida a PowerShell. La ambición original era poder administrarlo todo desde un único shell. Es justo decir que nunca hemos estado tan cerca de nuestro objetivo. Esto se ha acelerado con el paso del código fuente de PowerShell al mundo del código abierto. El objetivo es que PowerShell esté disponible para el mayor número de personas y en el mayor número de plataformas posible. Pero PowerShell no es un caso aislado, y Microsoft está haciendo mucho hincapié en el open source. SQL Server también ha aparecido en Linux y Bash en Windows. Las fronteras entre los sistemas de código abierto y los de Microsoft son cada vez más tenues. Sobre todo, si tenemos en cuenta que Microsoft es uno de los tres mayores contribuyentes a proyectos de código abierto en la plataforma GitHub.

Esta visión global del código abierto cuenta con el apoyo del CEO de Microsoft, Satya Nadella.

4. El peso de una comunidad

La popularidad de PowerShell a lo largo de los años ha propiciado la creación de un gran número de comunidades, formadas principalmente por entusiastas del lenguaje que celebran importantes eventos y conferencias en todo el mundo. Se han creado grupos de usuarios para compartir e intercambiar información más rápido.

Los miembros intercambian regularmente información sobre los últimos avances en PowerShell. Cuando surge un problema, siempre se dispone de ayuda. También se organizan y graban videoconferencias sobre temas relacionados con PowerShell. Nosotros mismos nos unimos a este grupo y hemos crecido exponencialmente desde entonces. Es justo decir que este libro no sería tan completo sin sus miembros. ¡Gracias a todos ellos!

Si desea unirse a nosotros:

– el sitio web (en francés): https://frpsug.github.io/

– el canal Discord, #french (para conectarse: https://discord.gg/powershell)

Hasta pronto.

5. Sobre el autor

Tras estudiar informática, Nicolas BAUDIN se apasionó rápidamente por el lenguaje PowerShell. Ingeniero de sistemas en un entorno Microsoft, ha seguido desarrollando sus competencias en este ámbito. Gracias a esta experiencia, ahora ofrece servicios independientes para ayudar a automatizar tareas mediante PowerShell, en forma de intervenciones in situ o sesiones de formación. A título personal, también forma parte de la Comunidad DSC como mantenedor de recursos DSC. También dirige y ayuda a la comunidad francesa en el servidor PowerShell Discord.

Capítulo 1
PowerShell y la gestión de versiones

1. Introducción

La llegada de Satya Nadella como CEO de Microsoft Corporation en 2014 cambió la filosofía general de la empresa. Como resultado, el mundo libre, que incluye a Linux, es visto ahora como un aliado.

Como resultado, Microsoft ha creado una serie de proyectos de código abierto, pero también ha participado en proyectos ya existentes. Entre ellos figuran una versión multiplataforma del framework .NET, SQL Server para Linux, un intérprete de comandos Bash para Windows, Visual Studio multiplataforma y, sobre todo, PowerShell multiplataforma.

También se han firmado asociaciones con empresas que trabajan en proyectos que giran en torno al mundo libre. La razón principal es sencilla: Azure. En efecto, Microsoft tiene todo el interés en integrar y ofrecer el mayor número posible de tecnologías en su plataforma en la nube.

Más tarde (junio de 2018), para mostrar su cada vez mayor implicación en el mundo del código abierto, Microsoft compró la plataforma GitHub.

Las fuentes de PowerShell, por su parte, pasaron a ser de código abierto y multiplataforma en 2016. En aquel momento, esta versión de PowerShell se llamaba PowerShell Core, numerada 6.0, basada en la multiplataforma .NET Core mencionada anteriormente.

1.1 Las versiones en detalle

En el momento de escribir estas líneas, nos encontramos en la versión 7.2 de PowerShell Core. Pero, ¿qué pasa con Windows PowerShell 5.1? ¿Habrá cambios?

La respuesta es no, los cambios en Windows PowerShell solo afectan a las actualizaciones de seguridad. El equipo de PowerShell está concentrando sus esfuerzos en PowerShell Core. Como resultado, todas las nuevas características no se incluyen en Windows PowerShell, y solo se implementan en PowerShell Core.

He aquí los diferentes ciclos de vida de las dos versiones de PowerShell:

- Windows PowerShell: como componente integrado en el sistema, Windows PowerShell sigue el mismo ciclo de vida que el sistema operativo principal. Por lo tanto, es compatible con el sistema operativo.
- PowerShell Core: como la mayoría de los productos actuales de Microsoft, PowerShell Core sigue dos ciclos de vida
  - Long Term Support (LTS) release: Las versiones LTS son versiones basadas en una versión LTS de .NET Framework. Las actualizaciones se limitan a parches críticos de seguridad y mantenimiento para optimizar el consumo de recursos. No se añaden nuevas funciones.
  - Current release : Las versiones Current son versiones publicadas entre las versiones LTS. Reciben soporte hasta seis meses después del lanzamiento de una nueva versión, ya sea LTS o Current.

Una versión puede, como la 7.2, ser tanto Current como LTS. En este caso, su estado Current se retirará en la próxima versión Current. Actualmente existen dos versiones LTS, 7.0 y 7.2.

Existe un tercer tipo de versión, la PreRelease. Se trata de versiones que aún están en fase de desarrollo y que pueden contener errores. Solo se recomiendan para pruebas y no deben utilizarse en un entorno de producción. Una vez que la versión sea fiable, pasará a Release, con un ciclo de vida LTS o Current.

En la actualidad, todas las versiones 6 de PowerShell Core han dejado de recibir soporte, independientemente del sistema operativo.

1.2 GitHub

GitHub es una plataforma que permite alojar proyectos de desarrollo. Se basa en la tecnología Git desarrollada por Linus Torvalds (padre de Linux). La plataforma permite la gestión colaborativa a gran escala. Reúne más de 85 millones de proyectos y 28 millones de desarrolladores. Entre ellos hay tanto desarrolladores independientes como grandes empresas. En 2017, Microsoft se convirtió en el mayor contribuyente a la plataforma. Esto demuestra el gran interés de Microsoft por el mundo del código abierto.

En la plataforma GitHub se pueden encontrar muchos proyectos de Microsoft. Entre ellos se encuentran .NET Core, PowerShell y Visual Studio Code. El resto de este capítulo trata de estos tres proyectos. Nos limitaremos a hacer una breve presentación de .NET Core.

Observación

GitHub no es la única plataforma que ofrece gestión colaborativa de proyectos de desarrollo basados en Git. También están GitLab y BitBucket. GitLab también ofrece una solución para crear su propio servidor empresarial.

1.3 .NET Core

NET Core es una versión ligera y modular de .NET Framework. También es de código abierto y multiplataforma. Se creó para ofrecer una implementación más moderna del framework.

Hablamos de modularidad, porque .NET Core permite que una aplicación lleve solo lo que necesita para funcionar y, por tanto, sea considerablemente más ligera.

Observación

.NET Core no es la primera implementación de .NET Framework en el mundo libre. También existe Mono: https://github.com/mono/mono

Las fuentes de .NET Core pueden encontrarse en GitHub en:
https://github.com/dotnet/core

2. Instalación de PowerShell Core

Sabemos que los entornos Windows tienen su versión de Windows PowerShell por defecto (1.0-5.1). ¿Qué ocurre cuando deseamos instalar PowerShell Core en nuestro sistema?

El procedimiento varía en función del sistema de destino.

Aquí cubriremos una instalación en Windows 10 y Debian 11.

2.1 Descarga del código fuente de GitHub

Como ya se ha mencionado, el código fuente de PowerShell Core está disponible en GitHub. Una sección también le indica cómo recuperar los paquetes de instalación de PowerShell Core:
https://github.com/PowerShell/PowerShell#get-powershell

Para Windows, puede descargar el paquete MSI. Para Linux, puede descargar el paquete correspondiente al sistema que esté utilizando: Ubuntu, Debian (.deb), Red Hat o CentOS (.rpm).

▶ En la página web que aparece en el enlace anterior, haga clic en la versión que necesite:

Get PowerShell

You can download and install a PowerShell package for any of the following platforms.

Supported Platform	Download (LTS)	Downloads (stable)	Downloads (preview)	How to Install
Windows (x64)	.msi	.msi	.msi	Instructions
Windows (x86)	.msi	.msi	.msi	Instructions
Ubuntu 20.04	.deb	.deb	.deb	Instructions
Ubuntu 18.04	.deb	.deb	.deb	Instructions
Ubuntu 16.04	.deb	.deb	.deb	Instructions
Debian 9	.deb	.deb	.deb	Instructions
Debian 10	.deb	.deb	.deb	Instructions
Debian 11	.deb	.deb	.deb	
CentOS 7	.rpm	.rpm	.rpm	Instructions
CentOS 8	.rpm	.rpm	.rpm	
Red Hat Enterprise Linux 7	.rpm	.rpm	.rpm	Instructions
openSUSE 42.3	.rpm	.rpm	.rpm	Instructions
Fedora 30	.rpm	.rpm	.rpm	Instructions
macOS 10.13+ (x64)	.pkg	.pkg	.pkg	Instructions
macOS 10.13+ (arm64)	.pkg	.pkg	.pkg	Instructions
Docker				Instructions

La columna **Downloads (stable)** se refiere a la versión actual de PowerShell Core.

2.2 Instalación en Windows

- Una vez descargado el paquete MSI, inicie la instalación haciendo doble clic en él.

La instalación puede personalizarse de varias maneras. Está, por supuesto, la carpeta de instalación, que por defecto es Program Files. Pero también hay otras opciones más interesantes:

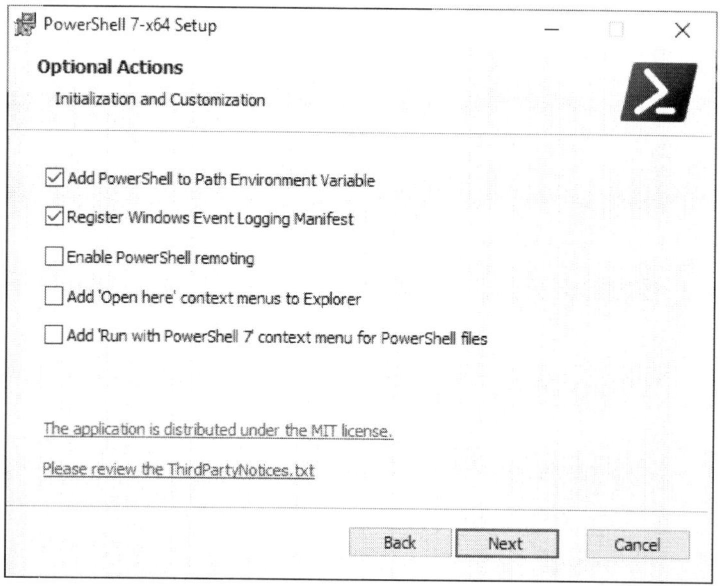

- **Add PowerShell to Path Environment Variable**: la carpeta de instalación de PowerShell Core se añadirá a la variable de entorno PATH del sistema.
- **Register Windows Event Logging Manifest**: se creará una entrada en el registro de eventos de Windows para PowerShell Core. La entrada se coloca en **Applications and Services Logs/PowerShellCore**.
- **Enable PowerShell remoting**: PowerShell remoting se activará en cuanto finalice la instalación.
- **Add 'Open here' context menus to Explorer**: la opción **Open here** se añadirá al menú de clic derecho del explorador de archivos. A continuación, se iniciará la consola en la carpeta.

- **Add 'Run with PowerShell 7' context menu for PowerShell files**: la opción **Run with PowerShell 7** se añadirá al menú **contextual** del explorador de archivos, para archivos de tipo PS1.

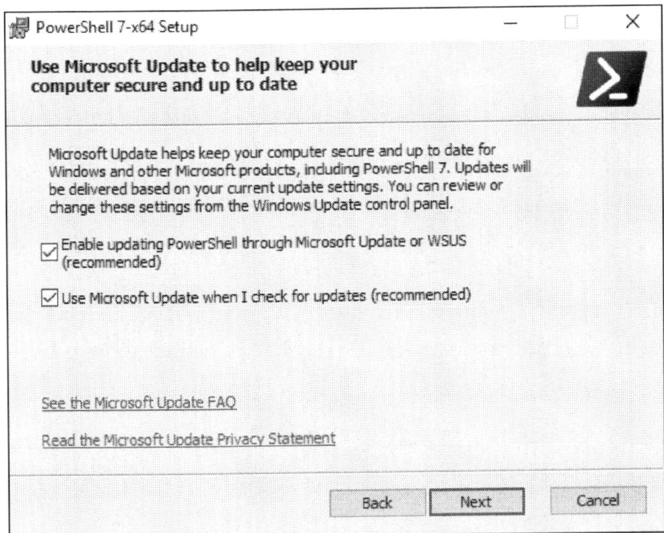

Las siguientes opciones de instalación permiten actualizar PowerShell Core a través de Windows Update. Esta opción se ha añadido en la versión 7.2 de PowerShell.

La instalación de PowerShell Core difiere de la de Windows PowerShell. La versión de Windows se instala en la carpeta system32 del sistema operativo, a diferencia de la versión PowerShell Core, que se instala en la carpeta Program Files. Otro punto de divergencia es que el binario de Windows PowerShell se llama powershell.exe, mientras que en PowerShell Core se llama pwsh.exe. Este nombre se decidió tras consultar a la comunidad. Esta diferencia en la denominación significa que la versión de Windows de PowerShell puede seguir utilizándose independientemente de si PowerShell Core está instalado o no. De esta forma, el uso de PowerShell Core para la ejecución de scripts o código es voluntario para el usuario, y no forzado. Esto también hace que las pruebas de actualización de versión de PowerShell sean interesantes para un determinado script. Por ejemplo, un script desarrollado en la versión 5.1 de Windows PowerShell puede probarse en la versión 7.2 de PowerShell Core. Si hay algún problema, basta con cambiar el binario de ejecución del código.

Observación

PowerShell puede instalarse mediante la Windows Store. Sin embargo, tiene limitaciones en varios puntos que pueden suponer un obstáculo a la hora de trabajar como administrador. Para obtener más información, consulte: https://docs.microsoft.com/es-esr/powershell/scripting/install/installing-powershell-on-windows?view=powershell-7.2#limitaciones-conocidas

2.3 Instalación de Linux

Antes de proceder con la instalación, es importante recordar un punto sobre la versión de PowerShell Core a utilizar. Las reglas que se aplican aquí son las mismas que en Windows con versiones LTS o Current, lo que significa que tan pronto como el sistema operativo deje de tener mantenimiento, no soportará ninguna versión de PowerShell.

He aquí un ejemplo usando Debian, tomado de la documentación de Microsoft:

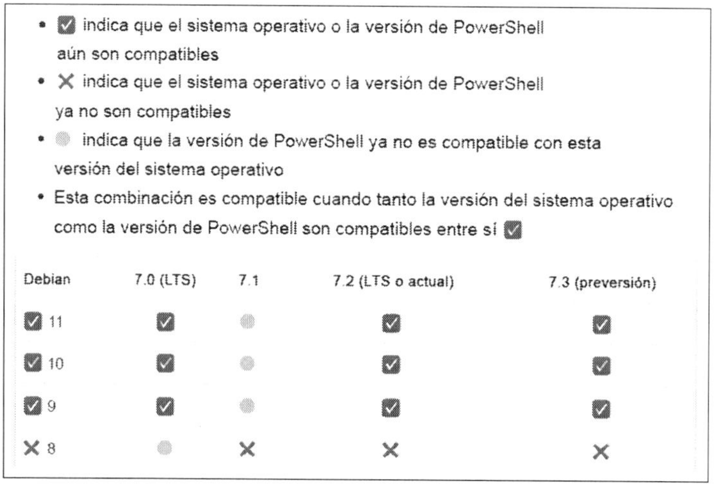

- ☑ indica que el sistema operativo o la versión de PowerShell aún son compatibles
- ✕ indica que el sistema operativo o la versión de PowerShell ya no son compatibles
- ● indica que la versión de PowerShell ya no es compatible con esta versión del sistema operativo
- Esta combinación es compatible cuando tanto la versión del sistema operativo como la versión de PowerShell son compatibles entre sí ☑

Debian	7.0 (LTS)	7.1	7.2 (LTS o actual)	7.3 (preversión)
☑ 11	☑	●	☑	☑
☑ 10	☑	●	☑	☑
☑ 9	☑	●	☑	☑
✕ 8	●	✕	✕	✕

Aquí podemos ver que la versión 7.1 de PowerShell Core ya no está soportada en Debian, independientemente de la versión del sistema.

Para el siguiente procedimiento de instalación, hemos elegido instalar bajo Debian versión 11.

En primer lugar, debe actualizar la lista de paquetes y, a continuación, instalar los paquetes `curl`, `gnupg` y `apt-transport-https` si aún no están presentes en el sistema:

```
sudo apt update && sudo apt install -y curl gnupg apt-transport
-https
```

Una vez que el comando se ha completado con éxito, necesita importar las claves GPG desde el repositorio de Microsoft. Estas claves se utilizan para autenticar los paquetes DEP que descargue del repositorio de Microsoft.

```
Curl https://packages.microsoft.com/keys/microsoft.asc |
sudo apt-key add -
```

A continuación, se registra el repositorio de Microsoft en el `sources.list` del binario `apt`. De este modo, `apt` buscará directamente en el repositorio de Microsoft la última actualización del paquete `powershell`:

```
sudo sh -c 'echo "deb [arch=amd64]
https://packages.microsoft.com/repos/microsoft-debian-bullseye
-prod bullseye
main" > /etc/apt/sources.list.d/microsoft.list'
```

El enlace al repositorio debe adaptarse en función de la versión y distribución que esté utilizando.

A continuación, debe actualizar de nuevo la lista de paquetes y, por último, instalar el paquete `powershell`:

```
sudo apt update && sudo apt install -y powershell
```

Una vez instalado correctamente, PowerShell Core se puede iniciar con el comando `pwsh`:

```
pwsh
```

Obtendrá entonces una consola similar a ésta:

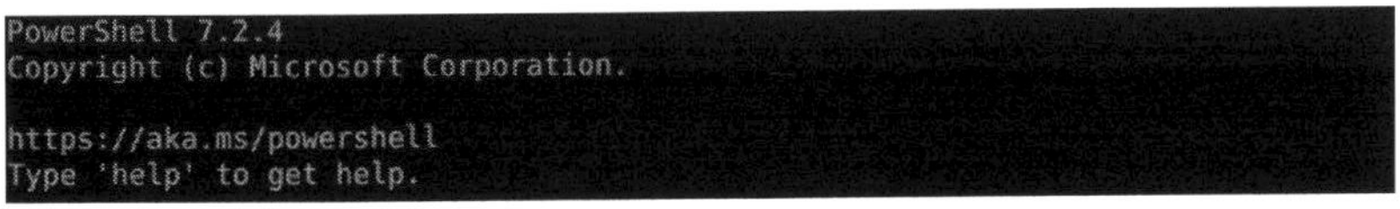

```
PowerShell 7.2.4
Copyright (c) Microsoft Corporation.

https://aka.ms/powershell
Type 'help' to get help.
```

Observación

Para más información sobre la actualización en Linux, consulte el siguiente enlace: https://docs.microsoft.com/es-es/powershell/scripting/install/installing-powershell-en-linux?view=powershell-7.2

3. Gestión de actualizaciones

Cuando hay una nueva versión de PowerShell Core disponible, aparece un mensaje al iniciar la consola:

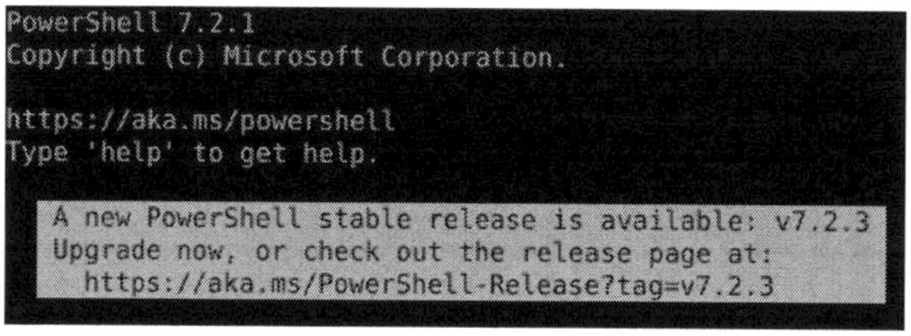

```
PowerShell 7.2.1
Copyright (c) Microsoft Corporation.

https://aka.ms/powershell
Type 'help' to get help.

   A new PowerShell stable release is available: v7.2.3
   Upgrade now, or check out the release page at:
     https://aka.ms/PowerShell-Release?tag=v7.2.3
```

Ejemplo aquí con la versión 7.2.1 para una actualización a 7.2.3

El procedimiento varía en función del sistema.

3.1 En Windows

Para Windows, puede descargar la nueva versión directamente desde GitHub y, a continuación, ejecutar el archivo MSI (el mismo proceso que en la fase de instalación).

Alternativamente, si marcó las opciones **Enable updating PowerSHell through Microsoft Update or WSUS** y **Use Microsoft Update when I check for updates** durante la instalación anterior, PowerShell se actualizará como el resto de actualizaciones de Windows, a través del cliente Windows Update.

3.2 En Linux

Para Linux, si se ha instalado como se ha descrito anteriormente, utilizando el repositorio de Microsoft y la utilidad `apt`, se puede actualizar como para cualquier paquete:

```
sudo apt update && sudo apt upgrade
```

4. Novedades, depreciaciones y limitaciones de PowerShell 7

PowerShell Core, como cualquier actualización de una versión de software, viene con su parte de nuevas características y depreciaciones. A continuación, se ofrece una lista no exhaustiva de los cambios introducidos por esta versión de PowerShell. Esto permitirá una adaptación inicial del código de Windows PowerShell a PowerShell Core.

Cada capítulo destacará los casos en los que la funcionalidad depende de una versión específica de PowerShell.

4.1 Novedades

PowerShell Core aporta una serie de nuevas e interesantes funciones que le harán más productivo en su uso cotidiano de PowerShell.

SSH

Desde PowerShell Core 6.x, se ha integrado el protocolo SSH para facilitar la comunicación entre sistemas Unix y Windows. Ahora es posible utilizar el parámetro `-SSHTransport` en los comandos `Enter-PSSession`, `New-PSSession` e `Invoke-Command`.

Este punto se trata con más detalle en el capítulo Gestión remota avanzada.

Operador ternario

El operador ternario se ha implementado en PowerShell 7.0. Se basa en la sintaxis del operador ternario de C#: <condición>?

<ejecutar si es verdadero> : <ejecutar si es falso>.

Ejemplo

```
PS > $PSVersionTable.PSversion.Major -gt '7' ? PS7' : 'PS5
PS7
```

Para más información sobre el operador ternario, consulte la sección de ayuda about_If.

Operadores de condición nula

Existen cuatro operadores de condición nula: ? ??=, ?. y ?[] que realizarán diferentes acciones dependiendo de si lo que está a su izquierda tiene o no un valor nulo:

– ??: este operador devuelve lo que hay a la derecha si el valor de la izquierda es cero.

Ejemplo

```
PS > $null ?? 100
100
PS > 10 ?? 100
10
```

– ??=: este operador asigna un valor a una variable si esta es nula.

Ejemplo

```
PS > $var = $null
PS > $var = 100
PS > $var
100
```

– ?, ?[]: estos operadores restringen el acceso a miembros o índices si, y solo si, las variables no son nulas. Además, como el carácter ? puede colocarse en el nombre de una variable, es necesario utilizar llaves {} para delimitar el nombre de la variable y el operador.

Ejemplo

```
PS > $null.Test()
InvalidOperation: You cannot call a method on a null-valued
expression.
PS > $null?.Test()
```

```
InvalidOperation: You cannot call a method on a null-valued
expression.
PS > ${null}?.Test()
```

```
PS > $a = $null
PS > ${a}?[0]
PS > $a = 1..10
PS > ${a}?[0]
1
```

Puede obtener más información sobre estos operadores en la sección de ayuda about_Operators.

Operadores Pipeline chain || y &&

Estos dos operadores ya están presentes en Linux con Bash. Permiten ejecutar un segundo comando dependiendo de si el primero tuvo éxito o no.

En el caso de `&&`, el segundo comando se ejecutará si el primero tuvo éxito:

```
PS > Get-Date && Write-Output 'Éxito'
Monday, June 13, 2022 5:46:21 PM
Éxito
PS > Write-Error 'Error de no-bloqueo' || Write-Output 'Falla'
Write-Error: test
```

Observación

Tanto si el error es de bloqueo como si no lo es, los operadores no hacen ninguna diferencia. Siguen su modo de funcionamiento, independientemente del tipo de error, a diferencia de la estructura Try/Catch, que solo intercepta errores de bloqueo.

Vista simplificada de los errores

La visualización de errores en Windows PowerShell es extremadamente verbosa. Se ha señalado en muchas ocasiones que esta visualización excesivamente contaminante debería simplificarse. Este cambio se ha realizado en la versión 7.0 de PowerShell Core. Ahora también es posible cambiar el comportamiento de esta vista utilizando la variable de entorno `$ErrorView`, que acepta los siguientes valores: `ConciseView`, `NormalView`, `CategoryView`, `DetailedView`. `ConciseView` es el valor por defecto.

También se ha añadido el `comando Get-Error` para ofrecer una mejor interpretación de los errores generados, del mismo modo que la variable `$Error`. La vista proporcionada por este comando ofrece una visión más detallada y clara de los errores generados.

Compatibilidad de Import-Module

La versión 7.0 de PowerShell Core mejora la compatibilidad con los módulos de Windows PowerShell. Como resultado, ahora es totalmente posible utilizar PowerShell Core en Windows con módulos de Windows PowerShell (excluyendo comandos y funciones obsoletos).

Esta compatibilidad mejorada se gestiona mediante el comando `Import-Module`. Ya no es necesario utilizar el módulo WindowsCompatibility como en PowerShell Core 6x.

Separación de PowerShell y del motor DSC

Históricamente, el motor DSC y PowerShell estaban vinculados. Para actualizar DSC, había que actualizar PowerShell. Para ofrecer una mayor flexibilidad a la hora de actualizar DSC, se decidió romper este vínculo.

El motor DSC se actualiza a través del módulo PSDesiredStateConfiguration (actualmente en versión preliminar para 3.0).

Invocación directa del recurso DSC

Esta funcionalidad ya estaba disponible en Windows PowerShell 5.1, pero se ha mejorado considerablemente en PowerShell Core 7.0. El comando `Invoke-DscResource` se ha mejorado para ofrecer la posibilidad de ejecutar un método de recurso DSC sin pasar por la fase de compilación en archivo MOF. Esto permite recuperar/testear/modificar la configuración de un recurso de forma independiente.

Esta funcionalidad se trata más adelante en el capítulo Desired State Configuration (DSC).

ForEach-Object en modo paralelo

La versión 7.0 de PowerShell Core añade una nueva función importante al comando `ForEach-Object`. El parámetro `-Parallel` ejecutará el bloque de script en paralelo en lugar de secuencialmente. Históricamente, se utilizaban trabajos o espacios de ejecución; aquí todo lo gestiona el comando, lo que supone un importante ahorro en términos de escritura.

Este punto se trata con más detalle en el capítulo Jobs y paralelismo.

4.2 Depreciación

Esta sección debe examinarse al migrar el código de Windows PowerShell a la versión PowerShell Core. Aquí se hace referencia a las funciones y comandos eliminados en PowerShell Core.

Entre ellas figuran las siguientes.

WMI

Ya no puede utilizar comandos `*-Wmi*` en PowerShell Core. En su lugar, debe utilizar comandos `*-CIM*`, que utilizan el mismo servicio que la función PowerShell Remoting, es decir, WinRM. Por lo tanto, los puertos y protocolos son bien conocidos (HTTP: 5985 | HTTPS: 5986), lo que facilita la comunicación a través de un cortafuegos.

Workflow

Debido a la falta de soporte para Windows Workflow Foundation en .NET Core, el equipo de PowerShell decidió eliminar los workflows de PowerShell. Sin embargo, como todavía están presentes en Windows PowerShell, también los tratamos en este libro.

Get-EventLog

`Get-EventLog` se basa en una API de Win32 que ha quedado obsoleta. Por lo tanto, el comando ha sido retirado. Puede sustituirse por el comando `Get-WinEvent`, que utiliza parámetros diferentes a los de Get-EventLog.

4.3 Limitaciones

Ciertas funcionalidades están a veces limitadas en función de un contexto particular, como el sistema operativo.

Interfaz gráfica

La capacidad de crear interfaces gráficas, ya sea en formularios o en WPF, se limita a Windows. Por tanto, no es posible crear este tipo de interfaces en Linux o macOS.

ADSI

La biblioteca ADSI que se describe al final del libro está, al igual que las interfaces gráficas de usuario, limitada a Windows. Se utiliza para consultar directorios como Active Directory Domain Services.

Contadores de rendimiento

Los contadores de rendimiento son específicos de Windows. Por lo tanto, es obvio que los comandos no están disponibles en los sistemas Unix.

5. Desarrollo en PowerShell con Visual Studio Code

En Windows, Windows PowerShell ISE le permite diseñar scripts PowerShell. Tiene un valor incalculable, especialmente con sus snippets y otros add-ons como ISESteroids. Sin embargo, se basa en una interfaz gráfica WPF, y .NET Core no admite interfaces WPF en Linux. Entonces, ¿cómo aprovechar una interfaz tan práctica como PowerShell ISE para desarrollar scripts en este OS? Afortunadamente, un año antes de que se anunciara PowerShell Core, el equipo de Visual Studio lanzó una nueva interfaz de desarrollo de código abierto: Visual Studio Code (VSCode).

Además de ser ligero y fluido, es multiplataforma, por lo que puede instalarse en Windows, Linux y macOS. Otra característica de Visual Studio Code es su modularidad. Al igual que ISE, puede ampliarse para interpretar nuevos lenguajes o extender su funcionalidad. Así que, en lugar de empezar de nuevo con un nuevo IDE, el equipo de PowerShell optó por invertir en la creación de una extensión de PowerShell en VSCode.

5.1 Instalación de Visual Studio Code

Visual Studio Code se instala de forma diferente en los distintos sistemas operativos.

- Para descargar la versión correcta, vaya a https://code.visualstudio.com/ Downloady haga su elección.

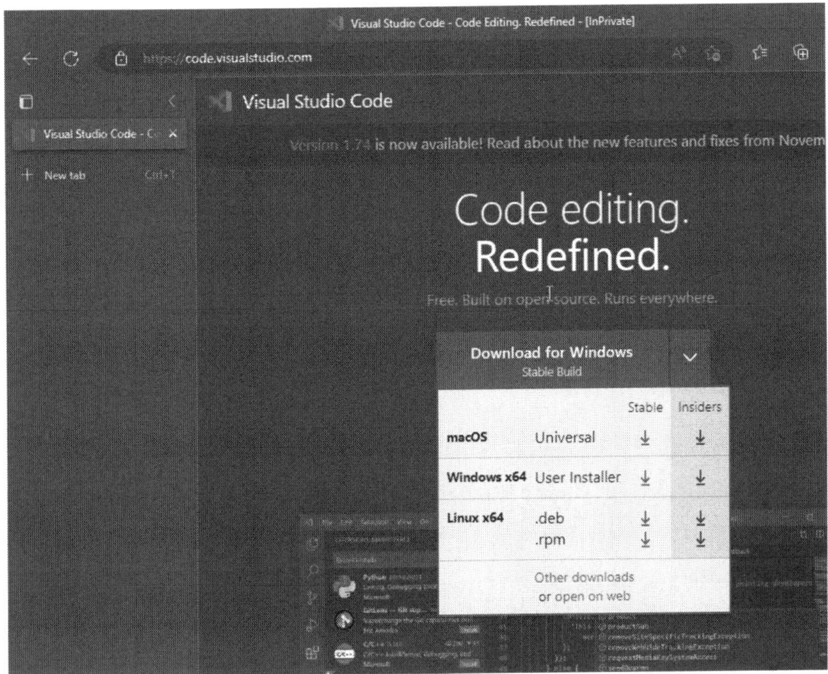

Página de descarga de Visual Studio Code

Observación

Para facilitar que VSCode reconozca el entorno PowerShell Core, asumimos que PowerShell Core ya está instalado en los distintos entornos.

5.2 La interfaz de Visual Studio Code

VSCode ha sido diseñado para integrar de forma nativa la gestión de repositorios Git, independientemente del proveedor (GitHub, GitLab, etc.). El único requisito es que instale el cliente Git en su estación de trabajo. Este paso no se cubre aquí, pero si busca más información sobre el tema, puede ir a esta dirección: https://git-scm.com/downloads

A la izquierda de la interfaz VSCode, en una cinta vertical, hay cinco herramientas disponibles. De arriba a abajo, son:

- un explorador de carpetas. Muestra todo el árbol de carpetas y archivos del espacio de trabajo;
- una potente herramienta de búsqueda. Busca en todos los archivos del espacio de trabajo;
- una interfaz de gestión Git (que requiere la instalación del cliente Git);
- un depurador;
- un gestor de extensiones.

Hay un sexto elemento, en forma de rueda dentada. Se trata de un botón que agrupa una serie de elementos de administración, facilitando así su acceso.

Por último, a la derecha de esta cinta se encuentra la interfaz para escribir código.

5.3 Extensión PowerShell

El equipo de PowerShell creó una extensión de PowerShell para VSCode cuyo objetivo es realizar scripts con la misma herramienta desde cualquier plataforma, con las mismas capacidades que ISE pero con funciones adicionales (por ejemplo: Git).

▶ Para instalar la extensión, vaya a la utilidad de la cinta de la izquierda, cuyo icono se muestra a continuación:

Icono de la utilidad de extensión de Visual Studio Code

- En la barra de búsqueda, en lugar de @**sort:install**, escriba **powershell** y confirme.
- Seleccione la primera opción llamada **PowerShell**. La versión actual de la extensión es **v2022.12.1**.
- A continuación, haga clic en **Instalar**.
- Una vez instalada, la extensión le pedirá que recargue la interfaz. Haga clic en **Recargar**.

Solicitud de recarga de la extensión PowerShell en Visual Studio Code

Ahora que la extensión está instalada, puede empezar a crear scripts.

Al igual que PowerShell ISE, Visual Studio Code incluye IntelliSense. Así que puede ahorrar tiempo utilizando el tabulador o la combinación de teclas [Ctrl][Espacio].

Por último, cuando se crea o abre un archivo con la extensión PS1, VSCode también abre una consola PowerShell integrada.

5.4 Complemento de extensión

Visual Studio Code dispone de una amplia gama de extensiones. Estas no están necesariamente reservadas a la comprensión e interpretación de determinados lenguajes para VSCode. También pueden utilizarse para mejorar las herramientas disponibles o para añadir otras nuevas.

He aquí algunos ejemplos:

- Bookmarks (editor: Alessandro Fragnani): esta extensión permite colocar marcadores en determinados lugares de sus guiones para que pueda volver a ellos más rápidamente.
- vscode-icons (editor: Roberto Huertas): esta extensión añade muchos iconos nuevos para utilizarlos en el área de trabajo del Explorador. Los iconos se seleccionan en función de las extensiones de los archivos y los nombres de las carpetas. Así, el icono de una carpeta script no será necesariamente el mismo que el de una carpeta src (source).
- Live Share (editor: Microsoft): esta extensión permite a varias personas colaborar al instante en el mismo espacio de trabajo. Requiere una cuenta de Microsoft o GitHub.
- Git History (editor: Don Jayamanne): esta extensión proporciona una interfaz completa para gestionar el historial de un repositorio Git. Puede comparar ramas, commits o incluso archivos entre dos commits. También puede ver un archivo en un commit en particular.
- indent-rainbow (editor: oderwat): esta extensión facilita la lectura de las sangrías coloreándolas de diferentes maneras en cada nivel, lo que facilita la lectura del código.
- vscode-icons (editor: VSCode Icons Team): esta extensión modifica los iconos de las carpetas y archivos del espacio de trabajo. Se basa en los nombres de archivos y carpetas. En el caso de los archivos, la extensión desempeña un papel importante en el icono elegido.
- Rainbow CSV (editor: mechatroner): si maneja habitualmente archivos CSV de gran tamaño, esta extensión le resultará muy útil. Colorea los elementos del archivo CSV en función de cada encabezado. De este modo, es fácil distinguir cada "columna" del archivo, en cualquier parte del mismo.

Estas son solo algunas de las miles de extensiones disponibles. Vd. decide cuáles se adaptan a sus necesidades.

5.5 El depurador

El depurador es un componente clave de Visual Studio Code, perfectamente utilizable con PowerShell. Una vez que lo domine, podrá editar y depurar problemas de forma mucho más eficiente.

Esta es una breve introducción, pero le recomendamos que consulte la ayuda en línea sobre este tema para obtener más información sobre esta magnífica función de Visual Studio Code.

El principio básico es poder pausar la ejecución de un script en una o varias líneas determinadas y recuperar el control de la consola, lo que permite ver los datos generados hasta el momento por el script, probar comandos o ejecutar el script paso a paso.

Los PSBreakPoint

El uso del depurador va de la mano con otra característica de PowerShell: los puntos de interrupción (*PSBreakPoint*), que se utilizan para detener la ejecución de un script PowerShell en un momento determinado. Este momento puede configurarse en función de una línea concreta, cuando se ejecuta un comando o cuando se lee o modifica una variable.

`Los PSBreakPoint` se puede utilizar directamente en la consola PowerShell utilizando comandos `*-PSBreakPoint`. Esta sección se centrará principalmente en la integración de PSBreakPoint en la interfaz de Visual Studio Code.

Observación

PowerShell ISE también se puede utilizar con PSBreakPoint, de forma similar a Visual Studio Code, pero con menos funciones y opciones para ISE.

El siguiente ejemplo utiliza un script para comprobar la asignación de una letra de unidad a un disco según su etiqueta.

```
Param(
    [string]$VolumeName = 'Backup',
```

```
    [string]$LetterVol  = 'X'
)

$query = "select * from win32_volume where Label='$VolumeName'"
$Vol = Get-CimInstance -Query $query

if($null -ne $vol)
{
    Write-Host "Disk $VolumeName found"
    Switch ($Vol.DriveLetter){
        $null {
            Write-Host "The disk $VolumeName hasn't a letter."
            Write-Host "Assigning letter : $_."
            Set-WmiInstance -InputObject $Vol `
               -Arguments @{DriveLetter=$LetterVol + ":"}
            break
        }
        $($LetterVol + ':'){
            Write-Host "Disk letter OK"
            break
        }
        default{
        Write-Host "The $VolumeName disk hasn't the good
letter ($_). Changing his letter to $_."
             Set-WmiInstance -InputObject $Vol `
                -Arguments @{DriveLetter=$LetterVol + ":"}
        }
     }# End Switch
}
else
{
      Write-Host "No disk $VolumeName found"
}
```

Observación

Para simplificar el uso del depurador, el script utiliza valores por defecto para sus parámetros. Es posible crear diferentes llamadas al depurador con diferentes conjuntos de valores para cada parámetro. Para más información sobre este tema, consulte este enlace: https://code.visualstudio.com/docs/editor/debugging#_launch-configurations

Para la prueba, se colocará un PSBreakPoint en la línea 11, que corresponde a la condición `if()`. El objetivo es comprobar el contenido de la variable `$vol`.

Para colocar un PSBreakPoint en Visual Studio Code, haga clic a la izquierda del número de línea donde desea colocarlo. Entonces se resaltará un punto rojo que, una vez pulsado, aparecerá de forma permanente:

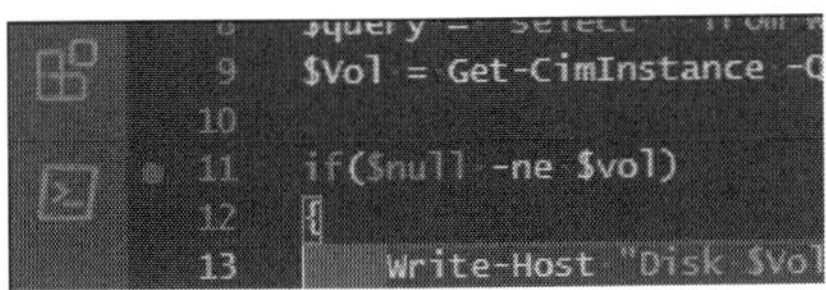

Colocación de un PSBreakPoint en la consola de Visual Studio Code

Ahora puede ejecutar el script a través de la pestaña del depurador haciendo clic en **Run and Debug** o directamente pulsando [F5]:

Icono de la pestaña Depurador

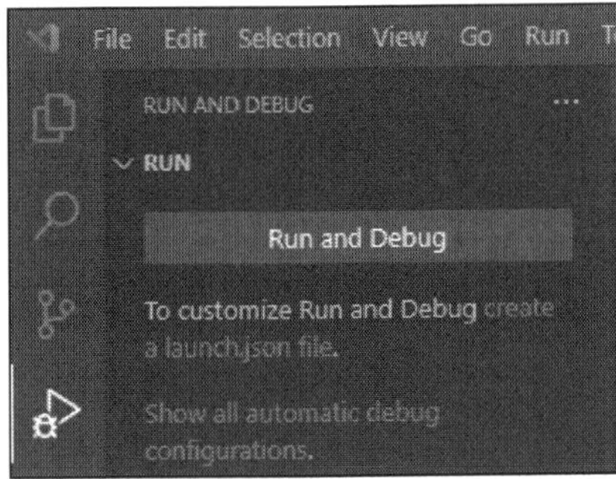

Botón Run and Debug

Una vez iniciada, la interfaz de Visual Studio Code cambia ligeramente. Si el tema predeterminado de Visual Studio Code está activo, la barra inferior cambiará de color azul a naranja.

El indicador de la consola PowerShell muestra `[DBG]:` al principio de la línea para indicar que el modo de debug está en curso.

En el script, la línea PSBreakPoint está resaltada en amarillo para indicar cuándo se detuvo el depurador.

La interfaz también incluye un conjunto de seis botones que pueden utilizarse para controlar la ejecución de secuencias de comandos.

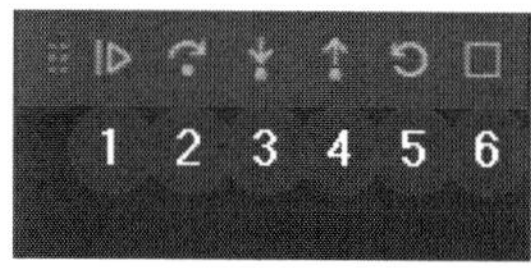

Botones de acción del depurador

Cada botón tiene una acción específica:

- 1 - Continue [F5]: continúa la ejecución del script de forma normal hasta el siguiente punto de interrupción.
- 2 - Step Over [F10]: ejecuta el siguiente comando/estructura como un único paso, sin buscar subpasos (ejemplo: bucle foreach, función PowerShell, etc.).
- 3 - Step Into [F11]: ejecuta el siguiente comando/estructura e inspecciona sus subpasos. Esto permite introducir una función PowerShell y comprobar que el código se ejecuta correctamente, línea por línea.
- 4 - Step Out [Shift][F11]: cuando está en subpasos (bucles o funciones), el resto del código se ejecuta como una sola acción.
- 5 - Restart [Ctrl][Mayús][F5]: detiene la ejecución actual y reinicia el depurador con la misma configuración.
- 6 - Stop [Mayús][F5]: fin de la ejecución del depurador.

La pestaña depurador muestra información adicional sobre las variables. En concreto, muestra todas las variables ordenadas según su ámbito, así como los valores que contienen.

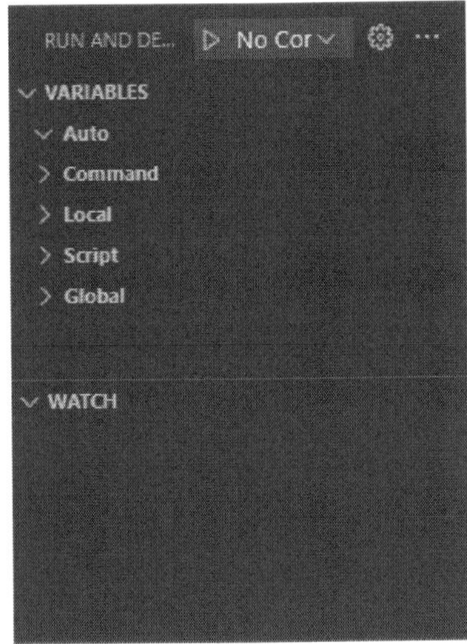

Pestaña Depurador

Observación

La sección Watch le permite especificar un conjunto de variables que desea monitorizar específicamente durante la depuración. No es necesario buscar las variables que desea supervisar en la sección anterior `Variables`.

Esto permite comprobar el valor de la variable `$vol` directamente en la interfaz.

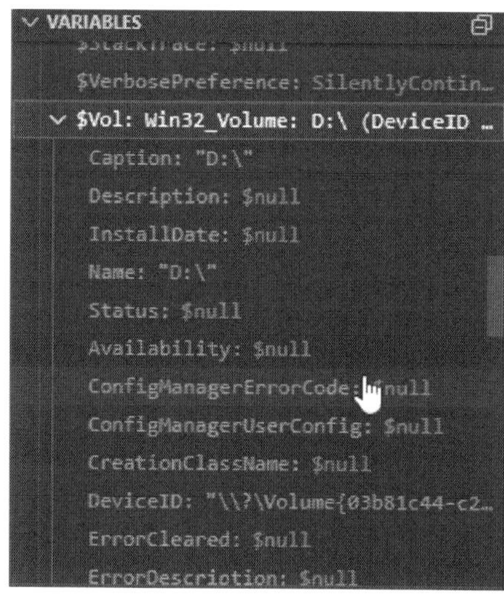

Mostrar $vol en la pestaña del depurador

Esto ofrece una ventaja significativa a la hora de diseñar y probar el código PowerShell.

5.6 Uso de Git

Visual Studio Code soporta el cliente Git de forma nativa. Por supuesto, el cliente Git debe estar instalado en el sistema.

Observación

El cliente Git puede descargarse desde el sitio web oficial: https://git-scm.com/download/win

No se pretende aquí ofrecer una descripción completa del uso de Git y sus mejores prácticas. El tema es tan vasto... Otros libros cubren estos conocimientos. En esta sección, solo se describirá la representación de los diversos elementos de Git en la interfaz de Visual Studio Code. Por lo tanto, para comprender lo que sigue, es aconsejable tener ya algunos conocimientos sobre Git.

Observación

En resumen, Git es un software descentralizado que permite gestionar las versiones del código fuente de un producto. Descentralizado, porque cada participante puede tener una copia local del código fuente, y también es posible inicializar un repositorio local sin necesidad de un servidor centralizado.

La pestaña Git está representada por el siguiente icono.

Icono de la pestaña Git

Desde esta pestaña, y si el espacio de trabajo abierto no tiene un repositorio Git local, Visual Studio Code ofrece inicializar uno. Es el equivalente al comando `git init`.

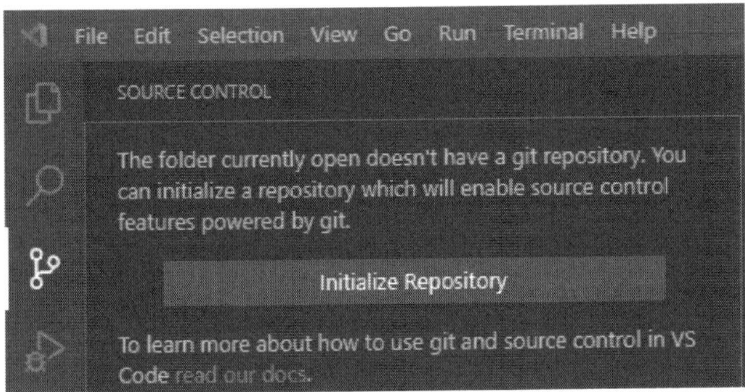

Botón ***Initialize Repository***

Una vez inicializado el repositorio local, se crea una rama maestra. Su nombre aparece en la parte inferior izquierda de la interfaz.

Visualización de la rama master en Visual Studio Code

Si los archivos ya están presentes, aparecen en la pestaña Git (equivalente al comando `git status`), bajo el encabezado **Changes**. A continuación, pueden añadirse al índice (*stage*) mediante el botón **+** situado a la derecha del archivo (equivalente al comando `git add <ruta al archivo/carpeta>`).

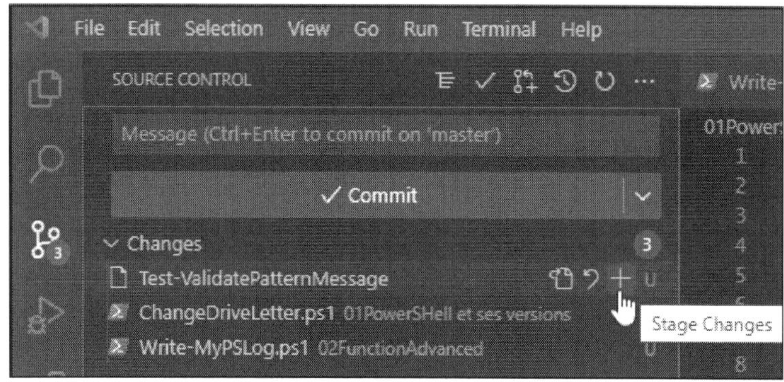

Indexación de archivos en la pestaña Git

Una vez indexados (*staged*), los archivos ya no aparecen en **Changes**, sino en **Staged Changes**.

Ahora solo queda confirmar los cambios indexados utilizando el botón **Commit** y añadiendo un mensaje.

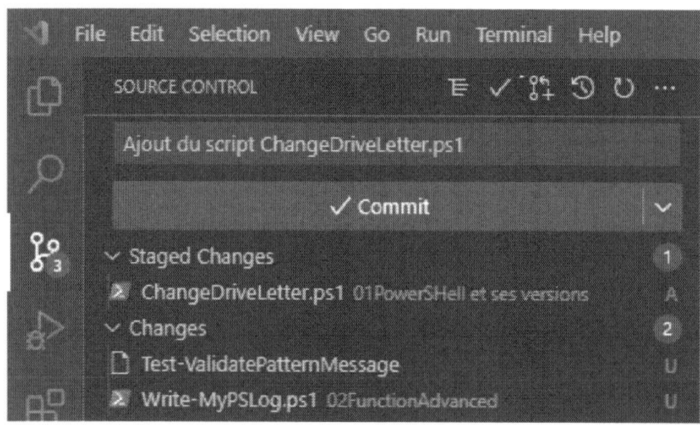

Commit de los cambios

Una vez validados los cambios, los archivos afectados por la confirmación desaparecen hasta su próxima modificación.

Visual Studio Code también permite gestionar ramas y repositorios centralizados. También existen extensiones para comunicarse con repositorios (por ejemplo, GitHub y GitLab).

6. Scripts en función del entorno

Dado que los scripts están pensados para ser utilizados en diferentes plataformas, es lógico preguntarse cómo se sabe en qué sistema se está. Para ello, PowerShell Core tiene variables automáticas: `$IsLinux`, `$IsWindows`, `$IsMacOs`.

Ejemplo de uso en Windows

```
PS C:\Program Files\PowerShell\7> $IsLinux
False
PS C:\Program Files\PowerShell\7> $IsWindows
True
PS C:\Program Files\PowerShell\7> $IsMacOS
False
```

Ejemplo de uso en Linux

```
PS /root> $IsLinux
True
PS /root> $IsWindows
False
PS /root> $IsMacOS
False
```

Entonces es posible escribir una función de este tipo

```
function Get-OSInfo {
       if($IsLinux){
               uname -a
        }elseif($IsWindows){
               Get-CimInstance -ClassName Cim_OperatingSystem
        }
}
```

Resultado en Windows

```
PS C:\Program Files\PowerShell\7> Get-OSInfo

SystemDirectory     Organization BuildNumber RegisteredUser
---------------     ------------ ----------- --------------
C:\WINDOWS\system32 Microsoft    22621       nicolas@akalya.fr
```

Resultado en Linux

```
PS /root> Get-OSInfo
Linux KaliHome 5.10.0-kali9-amd64 #1 SMP Debian 5.10.46-4kali1
(2021-08-09)
x86_64 GNU/Linux
```

7. Funciones experimentales

Las funciones experimentales, como su nombre indica, son funciones que aún se están diseñando. Sin embargo, su desarrollo permite probarlas sin necesidad de utilizar una versión *preview*de PowerShell Core. Las funciones experimentales no se incluyen en Windows PowerShell.

Por supuesto, se recomienda encarecidamente evitar su uso en un entorno de producción. Estas características pueden conducir a *BreakingChanges*. Estos cambiarán radicalmente el comportamiento de PowerShell y por lo tanto interrumpirán las secuencias de comandos que ya tiene en su lugar.

Para obtener una lista de las funciones `experimentales` disponibles, utilice el comando `Get-ExperimentalFeature`:

```
PS > Get-ExperimentalFeature

Name                                Enabled Source   Description
----                                ------- ------   -----------
PSAnsiRenderingFileInfo               False PSEngine Enable coloring ...
PSCommandNotFoundSuggestion           False PSEngine Recommend poten ...
PSLoadAssemblyFromNativeCode          False PSEngine Expose an API to...
PSNativeCommandArgumentPassing        False PSEngine Use ArgumentList...
PSNativePSPathResolution              False PSEngine Convert PSPath t...
PSSubsystemPluginModel                False PSEngine A plugin model f...
```

Observación

Algunas funciones experimentales dependen del sistema operativo utilizado. Así que no es de extrañar que haya lagunas al utilizar el comando, en comparación con la documentación en línea.

Para activar una función experimental, utilice el comando `Enable-ExperimentalFeature`, especificando su nombre:

```
PS > Enbale-ExperimentalFeature PSCommandNotFoundSuggestion
```

Las funciones experimentales se activan la siguiente vez que se abre la consola PowerShell Core.

Después de reiniciar la consola, puede probar la funcionalidad avanzada escribiendo `Get-command`, añadiendo una e para generar un error:

```
PS > Get-commande
Get-commande: The term 'Get-commande' is not recognized as a name
of a cmdlet, function, script file, or executable program.
Check the spelling of the name, or if a path was included, verify that
the path is correct and try again.

Suggestion [4,General]: The most similar commands are:
Get-Command, Show-Command, Get-Content, Get-Range, Get-XYRange,
Get-Counter.
```

Aquí, PowerShell ofrece un conjunto de comandos similares a los que acabamos de introducir. Encontramos que `Get-Command` está incluido en la lista.

El comando `Disable-ExperimentalFeature`, como su verbo indica, desactiva una función experimental.

```
PS > Disable-ExperimentalFeature PSCommandNotFoundSuggestion
WARNING: Enabling and disabling experimental features do not take
effect until next start of PowerShell.
```

Observación

Al igual que con la activación, es necesario reiniciar la consola para que el cambio surta efecto.

Capítulo 2
Funciones avanzadas

1. Introducción

La función es una parte esencial de la programación. Es importante dominar esta noción si quiere producir código claro y avanzado. Tanto más en cuanto que las funciones avanzadas de PowerShell ofrecen un sinfín de herramientas para simplificar esta tarea, aunque pueden resultar un poco complicadas de aprender. Por lo tanto, es necesario releer este capítulo varias veces, y probar y volver a probar los ejemplos que se dan.

Las funciones avanzadas están disponibles desde la versión 2.0 de PowerShell. Reproducen un funcionamiento comparable al de los applets de comandos (cmdlet) nativos de PowerShell.

Hoy en día, la mayoría de los módulos creados por la comunidad exportan funciones avanzadas que pueden utilizarse como cmdlets nativos.

Una función avanzada tiene muchas ventajas sobre una función "básica":

- Implementación de parámetros comunes:
  `-Debug`, `-Verbose`, `-WhatIf`, `-Confirm`
- Utilización de objetos a través del pipeline
- Definición de varios conjuntos de parámetros
- Declaración dinámica de parámetros
- Aplicación de la ayuda integrada

- Opción y validación de parámetros...

Observación

Vamos a hablar de las funciones en este capítulo, pero debe saber que su arquitectura ha sido tomada de los scriptblocks. También se encuentra en los scripts de PowerShell. En consecuencia, los conceptos tratados aquí no se limitan a las funciones avanzadas.

2. Estructura

Lo que define una función como avanzada es su estructura. De hecho, es necesario añadir atributos a la estructura para que se convierta en "avanzada". Entre ellos se encuentra el atributo `CmdletBinding()`.

He aquí un esquema de lo que resulta:

```
Function <Nombre_de_la_función> {
    [CmdletBinding()]
    Param (<lista_parámetros>)
    DynamicParam {...}
    Begin {...}
    Process {...}
    End {...}
}
```

También es posible convertir una función en "avanzada" añadiendo el atributo `Parameter()` a uno de los parámetros, por ejemplo:

```
Function <Nombre_de_la_función> {
   Param
     [parameter( mandatory = $true =
   )
...
}
```

La opción `mandatory` hace que un parámetro sea obligatorio u opcional. Más adelante veremos esto de forma más detallada.

2.1 Param

El bloque `Param` se utiliza para definir todos los parámetros de una función. Los parámetros pueden definirse de dos maneras:

```
#Primer Método:
Function <Nombre_de_la_función> (<Bloque de_parámetros>) {
...
}
#Segundo Método:
Function <Nombre_de_la_función> {
    Param (
        <Bloque_de parámetros>
    )
    ...
}
```

En el caso de una función avanzada, solo se puede utilizar el primer método. Basta con rellenar el bloque `Param`, aunque esté vacío, con `[CmdletBinding()]`.

Se pueden indicar varios elementos para un parámetro:

- un tipo,
- un valor por defecto,
- el atributo `Parameter`,
- atributos de validación.

Para los dos primeros, la sintaxis es bastante común. He aquí un ejemplo con un parámetro de tipo cadena de caracteres (`[string]`) y `'localhost'` como valor por defecto:

```
Param (
    [string]$ComputerName = 'localhost'
)
```

Veremos en las secciones siguientes los dos últimos elementos, el atributo `[Parameter()]` y los atributos de validación. A continuación, se presentarán casos prácticos para una mejor comprensión.

2.1.1 Atributo Parameter

El atributo `[Parameter()]` es específico de cada parámetro y debe colocarse en la primera posición al definirlo. Los argumentos deben ir separados por comas:

```
Param (
        [Parameter(<Argument1>=<Value1>,
           <Argument2>=<Value2>]
        $<ParameterName1>,
        [Parameter(<Argument1>=<Value1>,
           <Argument2>=<Value2>)]
        $<ParameterName2>
   )
```

Este atributo controla el comportamiento de los parámetros.

Observación

Es posible definir varias secciones `[Parameter()]` para el mismo parámetro, en función del conjunto de parámetros. Veremos esto más adelante en este capítulo.

Posibles opciones

- `Mandatory`: si se establece en `true`, esta opción hace que el parámetro sea obligatorio. Si el usuario omite este parámetro al llamar a la función, aparecerá un mensaje solicitando un valor para este parámetro. El valor no puede ser cero. El valor por defecto de `mandatory` es `$false`.

Ejemplo

```
Param (
     [Parameter(Mandatory=$true)]
     $Path
)
```

Observación

Desde PowerShell 5.1, es posible simplemente notificar el argumento `mandatory` para establecerlo en `true`:

```
    Param (
        [Parameter(Mandatory)]
        $Path
)
```

– `Position`: define la posición del parámetro cuando se llama a la función. Esta opción permite a PowerShell asignar valores cuando los nombres de los parámetros están ausentes al llamar a la función. Por defecto, las posiciones de los parámetros se definen en el mismo orden que cuando se declaran en el bloque `Param()`. La primera posición se establece en 0.

Ejemplo

```
    Param (
            [Parameter(Mandatory=$true,
                    Position=0)]
            $Path
    )
```

– `ParameterSetName`: integra el parámetro en un conjunto de parámetros, lo que permite agrupar parámetros dentro de una misma función. Por tanto, es posible diseñar diferentes comportamientos dentro de la función. Si el argumento está ausente, el parámetro se incluye en todos los conjuntos de parámetros de la función.

Ejemplo

```
Param (
            [Parameter(Mandatory=$true,
                    ParameterSetName='File')]
             $Path
    )
```

También es posible definir varios conjuntos de parámetros definiendo varios bloques `[Parameter()]` en el parámetro.

```
Param (
            [Parameter(Mandatory=$true,
                    ParameterSetName='File')]
            $Path,
```

```
        [Parameter(Mandatory=$true,
               ParameterSetName='Host')]
        [switch]$HostOnly

        [Parameter(Mandatory=$true,
               ParameterSetName='File')]
        [Parameter(Mandatory=$true,
               ParameterSetName='Host')]
        $Format
    )
```

En este caso, los parámetros `-Path` y `-HostOnly` no pueden utilizarse simultáneamente, pero `-Format` puede utilizarse con cada uno de ellos.

- `ValueFromPipeline`: define el parámetro como aceptando objetos del mismo tipo que el parámetro. PowerShell asocia el parámetro con los objetos que pasan por el pipeline según su tipo y el del parámetro. En este caso, el parámetro recupera el/los objeto(s) entero(s), con todos sus miembros, en cada iteración del pipeline.

Ejemplo

```
Param (
        [Parameter(ValueFromPipeline=$true)]
        [string]$Path
    )
```

En este ejemplo, cada cadena de caracteres enviada al pipeline será asignada al parámetro `-Path`, ya que es de tipo `string`.

Observación

Si no detalla ningún tipo en el parámetro, no importa qué objeto devuelva el comando antes del pipeline. Se establecerá automáticamente en este parámetro.

- `ValueFromPipelineByPropertyName`: define el parámetro como aceptando la entrada del pipeline de acuerdo con los nombres o alias de las propiedades pertenecientes a los objetos que pasan a través del pipeline. Así, un objeto que pase por el pipeline con una propiedad del mismo nombre que un parámetro tendrá el valor de su propiedad asignado al parámetro.

Ejemplo

```
Param (
        [Parameter(ValueFromPipelineByPropertyName=$true)]
        [string]$Path
    )
```

En este ejemplo, si a un objeto se le presenta una propiedad llamada `Path` a través del pipeline, el valor de esta propiedad se asignará al parámetro `-Path`.

- `ValueFromRemainingArguments`: asigna a este parámetro todos los valores pasados a la función que no han podido asociarse a un parámetro.

Ejemplo

```
Param (
        [Parameter(ValueFromRemainingArguments=$true)]
        [psobject]$Hole
    )
```

Observación

El tipo `[psobject]` es un tipo genérico que designa todos los objetos generados en PowerShell. Se utiliza en particular en el parámetro `-InputObject` del comando `Get-Member`, lo que le permite aceptar cualquier objeto en la segunda posición del pipeline. También es el tipo asignado a un parámetro cuando no se especifica ningún tipo para él.

- `HelpMessage`: indica un mensaje de ayuda al usuario cuando el parámetro no cumple los criterios de validación. Este mensaje puede contener una descripción del argumento o ejemplos de valores.

Ejemplo

```
Param (
        [Parameter HelpMessage='Por favor, introduzca la ruta
de un archivo válido. En el caso de un archivo existente
consulte el uso del parámetro -Append')]
        [string]$Path,

        [Parameter()]
        [switch]$Append
    )
```

2.1.2 Atributos

Los siguientes atributos añaden funcionalidad a los parámetros de las funciones avanzadas.

– `Alias`: define uno o varios alias para un parámetro.

Ejemplo

```
Param (
    [Parameter(Mandatory=$true)]
    [Alias('InputObject','Object','Value')]
    [String]$Message
)
```

En el ejemplo anterior, el parámetro `-Message` tiene los alias `-InputObject`, `-Object` y `-Value`.

– `HelpMessage`: indica un mensaje de ayuda al usuario cuando se omite un parámetro obligatorio (mandatory). Este mensaje puede contener una descripción del argumento o ejemplos de valores.

Ejemplo

```
Param (
        [Parameter(Mandatory, HelpMessage='Por favor, indique
la ruta del archivo de log a informar.')]
        [string]$Path
    )
```

Observación

Si la función/script no incluye un tema de ayuda, el mensaje se mostrará en la salida del comando `Get-Help`.

– `SupportsWildCards`: define que el parámetro acepta valores de tipo Wildcard. Se trata solo de información que se mostrará en la sección de ayuda del parámetro y depende del programador implementar la funcionalidad en la función.

Ejemplo

```
Param (
        [Parameter(Mandatory)]
        [SuppportsWildCards()]
        [string]$Path
    )
```

Truco

PowerShell tiene una clase para comprobar si una cadena de caracteres tiene un patrón WildCard:
`[System.Management.Automation.WildcardPattern]::ContainsWildcardCharacters(<cadena de caracteres a informar>)`

2.1.3 Atributos de validación

Los atributos de validación son elementos esenciales en el diseño de funciones avanzadas. Su papel es validar cada valor que el usuario pasa como parámetro a la función. Si estos valores no respetan los atributos de validación, el comando se detiene sin siquiera intentar ejecutar el resto del código. Los atributos de validación se colocan entre la sección `[Parameter()]` y el tipo de parámetro.

Descripción de posibles atributos

- `AllowNull`: permite que un parámetro obligatorio tenga un valor nulo (`$null`), lo que no ocurriría por defecto.

Ejemplo

```
Param (
    [Parameter(Mandatory=$true)]
    [AllowNull()]
    [psobject]$InputObject
)
```

- `AllowEmptyString`: permite que un parámetro obligatorio tenga una cadena de caracteres vacía (`""`).

Ejemplo

```
Param (
    [Parameter(Mandatory=$true)]
    [AllowEmptyString()]
    [String]$Format
)
```

- `AllowEmptyCollection`: permite que un parámetro obligatorio tenga una colección de objetos vacía (`@()`).

Ejemplo

```
Param (
    [Parameter(Mandatory=$true)]
    [AllowEmptyCollection()]
    [String[]]$Message
)
```

- `ValidateNotNull`: evita que se pase un valor nulo (`$null`) a un parámetro opcional. Esto es muy útil cuando el tipo de parámetro no está definido, o si el tipo definido acepta valores nulos y se quiere evitar este comportamiento.

Ejemplo

```
Param (
    [Parameter(Mandatory=$false)]
    [ValidateNotNull()]
    [Int[]]$Name
)
```

- `ValidateNotNullOrEmpty`: retoma el modo de funcionamiento que `ValidateNotNull`, pero añade la prohibición de pasar una cadena de caracteres vacía al parámetro (`""`).

Ejemplo

```
Param (
    [Parameter(Mandatory=$false)]
    [ValidateNotNullOrEmpty()]
    [String[]]$Name
)
```

- `ValidateCount`: indica el número mínimo y máximo de valores totales que se pueden pasar como parámetros. Este atributo hace referencia al valor de la propiedad `Count` de las colecciones.

Ejemplo

```
Param (
    [Parameter(Mandatory=$true)]
    [ValidateCount(1,10)]
    [String[]]$Message
)
```

Observación

Añadir corchetes `[]` a la definición de un tipo indica que se trata de una colección de ese tipo. En este caso, `[string[]]` es una colección de cadenas de caracteres. Por lo tanto, el parámetro `-Message` acepta varios valores de tipo cadena de caracteres.

- `ValidateLength`: indica el número mínimo y máximo de caracteres que puede contener la cadena de caracteres pasada como parámetro. Este atributo hace referencia al valor de la propiedad `Length` de las cadenas de caracteres.

Ejemplo

```
Param (
    [Parameter(Mandatory=$true)]
    [ValidateLength(5,35)]
    [String[]]$Message
)
```

- `ValidatePattern`: es el equivalente del operador de comparación `-match`. Se utiliza para indicar una expresión regular. El valor del parámetro se valida si respeta la expresión regular.

Ejemplo

```
Param (
    [Parameter(Mandatory=$true)]
    [ValidatePattern('^*.\.log$')]
    [String]$Path
)
```

– `ValidateRange`: indica los valores mínimo y máximo de un valor numérico aceptado por el parámetro. Si el número indicado está fuera del rango de valores, se rechaza.

Ejemplo

```
Param (
    [Parameter(Mandatory=$true)]
    [ValidateRange(1,254)]
    [Int]$Octet
)
```

También es posible especificar uno de los siguientes argumentos:

– `Negative`: solo acepta números negativos.

– `NonNegative`: solo acepta números positivos.

– `NonPositive`: solo acepta números negativos.

– `Positive`: solo acepta números positivos.

Ejemplo

```
Param (
    [Parameter(Mandatory=$true)]
    [ValidateRange('Positive')]
    [Int]$PositiveNumber
)
```

– `ValidateScript`: ejecuta un bloque de script para validar el valor del parámetro. PowerShell envía el valor del parámetro en el bloque de script a través de la variable automática `$_`. El valor del parámetro se invalida si el bloque de script devuelve el valor `$false` o genera un error. Por el contrario, el valor del parámetro se valida cuando el bloque de script devuelve el valor `true`.

Ejemplo

```
Param (
    [Parameter(Mandatory=$true)]
    [ValidateScript({Test-Path -Path $_})]
    [String]$Path
)
```

En este ejemplo, estamos comprobando la presencia del archivo de registro. Si está presente, se valida el parámetro.

Observación

El valor pasado como parámetro no puede ser cero, ya que `[ValidateScript()]` no lo procesará.

- `ValidateSet`: indica un conjunto de valores posibles para este parámetro. El valor del parámetro debe estar definido en este conjunto. La función IntelliSense de PowerShell es muy útil para descubrir los valores del conjunto cuando se llama al parámetro. Basta con utilizar la tecla [Tab].

Ejemplo

```
Param (
    [Parameter(Mandatory=$true)]
    [ValidateSet('Info','Warning','Error')]
    [String]$Type
)
```

Puede hacer que la prueba distinga entre mayúsculas y minúsculas cambiando la opción `IgnoreCase` a `$true`. Por defecto, está establecida en `$false`.

Ejemplo

```
Param (
    [Parameter(Mandatory=$true)]
    [ValidateSet('Info','Warning','Error', IgnoreCase = $true)]
    [String]$Type
)
```

En el ejemplo anterior, el parámetro `-Type` solo acepta los valores `Info`, `Warning` o `Error`.

- `ValidateDrive`: define los nombres de las unidades PowerShell que pueden situarse en la ruta pasada como parámetro. Para obtener una lista de las unidades accesibles mediante PowerShell, utilice el comando `Get-PSDrive`. Si la unidad no es accesible, pero válida, el comando devuelve un error.

Ejemplo

```
Param (
    [Parameter(Mandatory=$true)]
    [ValidateDrive('C','D','M','L','Z','HKLM','HKCU')]
    [String]$Path
)
```

Observación

Se generará un error de tipo `[System.Management.Automation.DriveNotFoundException]`.

- `ValidateUserDrive`: define el parámetro como válido solo si la unidad es `User`, no permitiendo ninguna otra. Además, si la unidad está ausente, se genera un error.

Ejemplo

```
Param (
    [Parameter(Mandatory=$true)]
    [ValidateUserDrive()]
    [String]$Path
)
```

Observación

La unidad `User` no está presente por defecto en una sesión PowerShell, por lo que debe crearse. Puede hacerse al importar un módulo o al abrir una sesión PowerShell mediante un script de perfil. También puede ser útil cuando se utiliza una sesión JEA para garantizar que el usuario solo escribe en un lector dedicado.

ErrorMessage (ValidateSet, ValidatePattern, ValidateScript)

Desde PowerShell Core 6, es posible añadir un mensaje cuando el parámetro no respeta la validación en los atributos `[ValidateSet()]`, `[ValidatePattern()]` y `[ValidateScript()]`. Esto evita los mensajes por defecto de PowerShell, a veces difíciles de entender para el usuario, y es particularmente útil en el caso de las expresiones regulares, que pueden parecer más que oscuras para los novatos.

Ejemplo

```
Function Test-ValidatePatternMessage {
  Param (
      [Parameter(Mandatory=$true)]
      [ValidatePattern('^*.\.log$',ErrorMessage='La extensión
del archivo de registro debe ser .log')]
      [String]$Path
  )
  # Bloque de instrucciones de función
}
```

Ejecución de un valor incorrecto

```
PS > Test-ValidatePatternMessage -Path ./MyFile.csv
Test-ValidatePatternMessage: Cannot validate argument on
parameter 'Path'. La extensión del archivo de registro debe ser .log
```

Ejemplo de caso de uso

Para tener una mejor idea del uso de ciertos atributos de validación, en esta sección se describirán ejemplos de casos de uso, para lo que utilizaremos dos funciones:

- `Remove-PSOldFile`: elimina archivos antiguos de una carpeta basándose en la última fecha de modificación.
- `New-PSADUserAccount`: crea un usuario de Active Directory asignándole toda la información necesaria, así como los grupos de pertenencia a Active Directory.

El objetivo es proporcionar a los usuarios un filtro inicial de los datos introducidos y evitar en la medida de lo posible los valores incorrectos.

La función `Remove-OldFile`tiene tres parámetros:

- `Path`: indica la ruta de la carpeta que contiene los archivos que se van a eliminar.
- `Day`: indica el número de días tras los cuales un archivo se declara antiguo.
- `Recurse`: indica si el comando debe tener en cuenta las subcarpetas.

Esta es la función

```
function Remove-OldFiles {
   [CmdletBinding()]
   param(
       [string]$Path,

       [int]$Day,

       [switch]$Recurse
   )
   process {
       $Now = Get-Date
       $Limit = $Now.AddDays(-$Day)

       Get-ChildItem -Path $Path -Recurse:$Recurse -File |
           Where-Object { $_.LastWriteTime -lt $Limit } |
           Remove-Item -Force -Recurse
   }
}
```

Para que la función se ejecute correctamente, es importante que se rellenen los parámetros `-Path` y `Day`. Tendrán una opción `mandatory` en el atributo `[Parameter()]`:

```
function Remove-OldFiles {
   param(
        [Parameter(
              Mandatory=$true
        )]
        [string]$Path,

        [Parameter(
              Mandatory=$true
        )]
        [int]$Day,

        [Parameter(
              Mandatory=$false
        )]
        [switch]$Recurse
   )
...
```

Para el parámetro -Path, el valor introducido debe ser la ubicación de una carpeta. Por lo tanto, comprobaremos si la ruta introducida existe y si se trata de una carpeta:

```
[Parameter(
   Mandatory=$true
)]
[ValidateScript({
   Test-Path -Path $_ -PathType Container
})
[string]$Path
```

Aquí, $_ representa el valor pasado en el parámetro -Path, y el parámetro -PathType del comando Test-Path indica que debe ser una carpeta.

También puede limitar el alcance del comando a las unidades C y D para evitar la ejecución en unidades de red que podrían eliminar documentos o archivos sensibles:

```
[Parameter(
   Mandatory=$true
)]
[ValidateScript({
   Test-Path -Path $_ -PathType Container
})
[ValidateDrive('C','D')
[string]$Path
```

Observación

Esto también limitará la ejecución en unidades que no sean del sistema de archivos.

Para el parámetro Day, queremos limitar su rango de valores a un mínimo de 30 días y un máximo de 365 días. Esto significa que los archivos modificados como mínimo en los últimos treinta días se conservarán, y los archivos modificados hace más de un año se eliminarán en todos los casos.

```
[Parameter(
   Mandatory=$true
)]
[ValidateRange(30,365)]
[int]$Days
```

Resultados

```
function Remove-OldFiles {
    [CmdletBinding()]
    param(
        [Parameter(
            Mandatory=$true
            )]
        [ValidateScript({ Test-Path $_ -Leaf })]
        [ValidateDrive('C','D')]
        [string]$Path,

        [Parameter(
            Mandatory=$true
        )]
        [ValidateRange(30,365)]
        [int]$Day,

        [Parameter(Mandatory=$false, Position=2)]
        [switch]$Recurse
    )
    process {
        $Now = Get-Date
        $Limit = $Now.AddDays(-$Day)

        Get-ChildItem -Path $Path -Recurse:$Recurse -File |
            Where-Object { $_.LastWriteTime -lt $Limit } |
            Remove-Item -Force -Recurse
    }
}
```

Observación

Para validar el lector en el parámetro `-Path`, también puede utilizar `[ValidatePattern()]`, y controlar carpetas y unidades utilizando una expresión regular.

Para el resto de los casos de uso, se utilizará la función `New-PSADUserAccount`. Este comando crea un usuario con un número determinado de comprobaciones y valores que cumplen una serie de especificaciones:

- El identificador único, `ID`, se pasará como parámetro a la función y constará de cinco dígitos.

- El campo `Department` debe rellenarse a partir de la siguiente lista: Contabilidad, Dirección, Informática, RRHH, Producción.
- El campo `City` debe rellenarse a partir de la siguiente lista: Barcelona, Madrid, Mexico DF, Lima, Bogotá.
- El usuario debe estar afiliado a los grupos correctos en función de los valores de los campos `Department` y `City`.
- No se pueden asignar más de diez grupos adicionales al usuario.
- Habrá que comprobar la ubicación del perfil.
- El número de teléfono debe empezar por 01, 02, 04 o 05.
- El nombre (`GivenName`) y el apellido (`SurName`) deben tener un mínimo de 4 caracteres y un máximo de 40.
- El `SamAccountName` estará formado por el nombre del usuario y un identificador único propio de la empresa, que se pasará como parámetro.

La función inicial New-PSADUserAccount

```
function New-PSADUserAccount {
   Param(
        [string]$ID,

        [string]$SurName,

        [string]$GivenName,

        [string[]]$GroupsList,

        [string]$ProfilePath,

        [string]$Email,

        [string]$PhoneNumber,

        [string]$City,

        [string]$Department
   )
   # creación de la tabla hash de datos de usuario
   $userData = @{
        Department       = $Department
        City             = $City
        PhoneNumber      = $PhoneNumber
```

```
        GivenName       = $GivenName
        SurName         = $SurName
        AccountPassword = New-PSRandomPassword
        Enable          = $true
        SamAccountName  = $GivenName,$ID -join ''
        EmailAddress    = Email
        ProfilePath     = ProfilePath
    }

    # creación de ProfilePath
    $userData['ProfilePath']    = Join-Path -Path $ProfilePath `
       -ChildPath $userData['SamAccountName']

    # creación de la OU de destino
    $userData['Path'] = "OU=Users,OU=$City,OU=AD,OU=akalya,OU=fr"

    # creación del usuario
    $adUser = [pscustomobject]$userData | New-ADUser -PassThru
    # añadir grupos
    Add-ADPrincipalGroupMembership -Identity $adUser `
       -MemberOf $GroupsList
}
```

Observación

Para el ejemplo, la función no comprueba contenido ni maneja errores. Para obtener más información sobre los comandos de Active Directory, consulte el capítulo Manipulación de directorios.

Para empezar, los parámetros `-GivenName` y `-SurName` estarán limitados por el atributo de validación `[ValidateLength()]` y, por supuesto, serán obligatorios:

```
        [Parameter(
           Mandatory = $true
        )]
        [ValidateLength(4,40)]
        [string]$SurName,

        [Parameter(
           Mandatory = $true
        )]
        [ValidateLength(4,40)]
        [string]$GivenName
```

A continuación, el parámetro `GroupsList` no será obligatorio, pero se restringirá a un máximo de 10 grupos mediante `[ValidateCount()]`:

```
        [Parameter(
           Mandatory = $true
        )]
        [ValidateCount(1,10)]
        [string[]]$GroupsList,
```

Para limitar la elección de los parámetros `City` y `Department`, se utilizará el atributo `[ValidateSet()]`:

```
        [Parameter(
           Mandatory = $true
        )]
        [validateSet('Barcelona', 'Madrid', 'Mexico DF', 'Lima',
'Bogotá')]
        [string]$City,

        [Parameter(
           Mandatory = $true
        )]
    [validateSet('Contabilidad','Dirección','Informática',
'RRHH','Producción')]
        [string]$Department,
```

Para la ubicación del perfil y el número de teléfono, se utilizará el atributo `[ValidateScript()]`. La ubicación del perfil se comprueba con el comando `Test-Path`, y el número de teléfono con el operador de comparación `-like`. Estos dos parámetros son opcionales:

```
        [Parameter(
           Mandatory = $false
         )]
         [ValidateScript({
           Test-Path -Path $_ -PathType Container
         })]
         [string]$ProfilePath,

         [Parameter(
           Mandatory = $false
         )]
         [ValidateScript({$_ -like '0[1245]*'})]
         [string]$ProfilePath,
```

Por último, el valor del parámetro `ID` se comprueba con `[ValidatePattern()]` utilizando una expresión regular:

```
        [Parameter(
          Mandatory = $true
        )]
        [ValidatePattern('^\d{5}$')]
        [string]$ID,
```

Observación

También es posible utilizar el atributo `[ValidatePattern()]` para validar el número de teléfono.

Ahora es posible crear escenarios de validación para la función, por ejemplo:

```
New-PSADUserAccount -City Brest `
    - Department Direction `
    - Email nicolasbdn@akalya.fr `
    - GivenName Nicolas `
    - SurName BAUDIN `
    - ID 58213 `
    - PhoneNumber 0220202020 `
    - ProfilePath '\\DataUser\Home\' `
    - GroupsList 'GG_LyonDirection'

New-PSADUserAccount: Cannot validate argument on parameter
'City'.
The argument "Brest" does not belong to the set
"Barcelona, Madrid, Mexico DF, Lima, Bogotá" specified by the
ValidateSet
attribute. Supply an argument that is in the set and then try
the command again.
```

Aquí vemos que el parámetro `City` ha sido invalidado, ya que no está presente en la colección de ciudades predefinidas en la función.

2.2 CmdletBinding()

El atributo `[CmdletBinding()]` se encuentra al principio de la función. Define un cierto número de comportamientos globales para la función. Gracias a este atributo, en el ámbito de las funciones se puede utilizar la variable automática `$PSCmdlet`, que tiene métodos y propiedades útiles. En particular, se pueden consultar para saber qué conjunto de parámetros se está utilizando. Veremos algunos ejemplos a lo largo de esta sección.

Sintaxis de la sección `CmdletBinding()`

```
Function <Nom_de_la_fontion> {
    [CmdletBinding(
            DefaultParameterSetName=<String>,

            ConfirmImpact=['Low','Medium','High'],

            HelpURI=<URI>,

            SupportsShouldProcess=<Boolean>,

            SupportsPaging=<Boolean>,

            PositionalBinding=<Boolean>
   )]
    ...
}
```

Definición

A continuación, se explica y define cada parámetro:

- `DefaultParameterSetName`

Este argumento define el conjunto de parámetros por defecto en el comando. Ya hemos visto el uso del atributo `ParameterSetName` en el bloque `Parameter`. Aquí, `DefaultParameterSetName` definirá el conjunto de parámetros por defecto si no se utiliza ninguno, o si los parámetros no tienen nombre.

```
[CmdletBinding( ParameterSetName = 'File' = )
```

- `SupportsShouldProcess`

El argumento SupportsShouldProcess permite el uso de los parámetros -Confirm y -WhatIf en la función. El parámetro -WhatIf simula las acciones de la función, describiéndolas una a una, lo que permite comprobar que la función realiza las acciones correctas. El parámetro -Confirm genera una pregunta que requiere la intervención del usuario. De esta forma, se valida cada proceso de la función, lo que resulta muy útil para confirmar acciones arriesgadas, como borrar datos permanentemente. Para implementarlo, utilizamos el método ShouldProcess() del objeto $PSCmdlet. En efecto, los parámetros -Confirm y -WhatIf afectan a las acciones del método.

Ejemplo

```
Function Test-ShouldProcess {
        [CmdletBinding(SupportsShouldProcess = $true )]
        Param()
        if ($PSCmdlet.ShouldProcess('Test','Llamada de ShouldProcess'))
        {
              Write-Host 'Ejecución de acción porque $true'
        }else{
              Write-Host 'Simulación de acción porque $false'
        }
}
```

Para los propósitos de este ejemplo y para entender cómo funciona, se crea una función Test-ShouldProcess. Se activa el argumento SupportsShouldProcess. No se declara ningún parámetro. A continuación, se llama al método ShouldProcess() dentro de una condición if. El primer argumento "Test" corresponde a la descripción de la situación en la que actuará el proceso. Por ejemplo, en el caso de la creación de carpetas, podría ser el directorio de destino. El segundo argumento, 'Llamada de ShouldProcess', es una descripción de la acción que se llevará a cabo. Utilizando el ejemplo de la creación de carpetas, la descripción podría ser: "Crear directorio".

Resultado de la función cuando se utiliza en diferentes casos:

```
PS > Test-ShouldProcess
Ejecutar acción, porque $true
PS > Test-ShouldProcess -WhatIf
WhatIf: Operación "Llamada de ShouldProcess" en progreso en el
objetivo "Test".
Simulación de acción, porque $false
PS > Test-ShouldProcess -Confirm
```

```
Confirmar
¿Está seguro de que desea realizar esta acción?
Operación "Llamada de ShouldProcess" en curso en el objetivo « Test ».
[S] Sí [O] Sí para todos [N] No [T] No para todos [U]
Suspender [?] Ayuda (por defecto es « N »): S
Ejecutar acción, porque $true
PS > Test-ShouldProcess -Confirm

Confirmar
¿Está seguro de que desea realizar esta acción?
Operación "Llamada de ShouldProcess" en curso en el objetivo « Test ».
[[S] Sí [O] Sí para todos [N] No [T] No para todos [U]
Suspender [?] Ayuda (por defecto es « N »): S
Simulación de acción, porque $false
```

En el primer caso, se llama a la función de forma estándar. El método `ShouldProcess()` valida automáticamente la función, porque la acción debe ejecutarse.

En el segundo caso, se llama a la función con el parámetro `-WhatIf`. El método `ShouldProcess()` devuelve un `false` porque no debe ejecutarse. Simplemente se necesita saber qué acción va a realizar la función.

En el tercer y cuarto caso, se llama a la función con el parámetro `-Confirm`. Se pide entonces confirmación al usuario antes de continuar. Si la solicitud es validada por la respuesta `Sí`, el método devuelve `true`. Si la solicitud es invalidada por la respuesta `No`, el método devuelve `false`.

Encontrará ayuda detallada sobre los distintos casos de uso del método `ShouldProcess()` en el sitio de Microsoft Learn:
https://learn.microsoft.com/en-us/dotnet/api/system.management.automation.cmdlet.shouldprocess?view=powershellsdk-7.3.0&viewFallbackFrom=powershellsdk-7.0.0&redirectedfrom=MSDN#overloads

- `ConfirmImpact`

En general, el parámetro `-Confirm` afecta a las llamadas al método `ShouldProcess()` para que generen una solicitud de validación. Puede ser útil que una llamada al método `ShouldProcess()` genere un mensaje de validación a pesar de la ausencia del parámetro `-Confirm`, para asegurar que un usuario valida una acción extremadamente crítica. Para ello, el argumento `ConfirmImpact` interactúa con la variable `$ConfirmPreference`.

Dependiendo del valor de este argumento y de la variable, las llamadas al método `ShouldProcess()` se comportan de forma distinta.

Observación

La declaración del argumento `SupportsShouldProcess` en la sección `CmdletBinding()` es necesaria para definir el argumento `ConfirmImpact`.

Hay una regla que debe recordar. Si el valor de la variable `$ConfirmPreference` es menor o igual que el valor del argumento `ConfirmImpact`, se realiza una solicitud de validación. Por defecto, el valor de `$ConfirmPreference` es `'High'` y el valor del argumento `ConfirmImpact` es `'Medium'`. Esto explica por qué, por defecto, no se muestra ninguna solicitud de confirmación. Se pueden definir tres valores: `'Low'<'Medium'<'High'`.

Volvamos al ejemplo anterior y hagamos algunos cambios:

```
Function Test-ShouldProcess {
    [CmdletBinding(
           SupportsShouldProcess = $true,
           ConfirmImpact = 'medium')]
    Param()
    $ConfirmPreference = 'Low'
    if ($PSCmdlet.ShouldProcess('Test','Appel ShouldProcess'))
    {
           Write-Host 'Respuesta Low : Sí'
    }else{
           Write-Host 'Respuesta Low : No'
    }
}
PS > Test-ShouldProcess

Confirmar
¿Está seguro de que desea realizar esta acción?
Operación "Llamada a ShouldProcess" en curso en el objetivo « Test ».
[S] Sí [O] Sí para todos [N] No [T] No para todos [U]
Suspender [?] Ayuda (por defecto es « N »): S
Respuesta Baja: Sí
```

Se ha añadido el argumento `ConfirmImpact` a la sección `CmdletBinding()` con un valor por defecto `"medium"`. Se llama al método `ShouldProcess()`. A continuación, se ejecuta la función. A pesar de la ausencia del parámetro `-Confirm`, aparece un mensaje de confirmación.

Observación

También es posible utilizar el método `ShouldContinue()` en lugar de `ShouldProcess()`. La diferencia principal es que `ShouldContinue ()` no tiene en cuenta la variable `$ConfirmPreference`, ni los parámetros establecidos en la función y siempre se solicitará la validación. Para más información, consulte el sitio Microsoft Learn: https://learn.microsoft.com/en-us/dotnet/api/system.management.automation.cmdlet.shouldcontinue?redirectedfrom=MSDN&view=powershellsdk-7.0.0#overloads

– `HelpURI`

El argumento `HelpURI` se utiliza para indicar una página de Internet en la que hay disponible ayuda más detallada sobre el cmdlet. Se llama a esta página utilizando el parámetro `-online` del comando `Get-Help`. La dirección debe comenzar por `'HTTP'` o `'HTTPS'`. También debe tenerse en cuenta que los valores `HelpURI` introducidos en un archivo de ayuda para un comando tienen prioridad sobre el valor de este argumento.

```
Function Test-ShouldProcess {
    [CmdletBinding(
            SupportsShouldProcess, = $true,
            ConfirmImpact = 'medium',
            HelpURI =
'https://nicolasbn.github.com/PowerShellAdvanced/Help/
test-ShouldProcess.md'
     )]
    Param()
    $ConfirmPreference = 'Low'
    if ($PSCmdlet.ShouldProcess('Test','Llamada a ShouldProcess'))
    {
         Write-Host 'Respuesta Low : Sí'
    }else{
         Write-Host 'Respuesta Low : No
    }
}

PS > Get-Help Test-ShouldProcess -Online
```

- `SupportsPaging`

Este argumento mejora el procesamiento de una gran colección de datos, por ejemplo la consulta de una base de datos SQL. Esta posibilidad surgió con la versión 3.0 de PowerShell. La activación del argumento añade a la función tres nuevos parámetros que se utilizan para filtrar la salida de la función:

- `First`: devuelve solo los n primeros objetos. Donde n es el número pasado como parámetro.
- `Skip`: salta los n primeros objetos devueltos. Donde n es el número pasado como parámetro. Este parámetro puede combinarse con el parámetro `-First`.
- `IncludeTotalCount`: se utiliza para devolver el número total de objetos, como un número entero. Si es imposible determinar el número total de objetos a devolver, aparece un mensaje de error: `'Número total desconocido'`.

No basta con utilizar los parámetros para que sean eficaces, sino que es necesario modificar el script para que los tenga en cuenta. Para ello, el objeto `$PSCmdlet` recibe cuatro nuevos miembros. De hecho, es el miembro `PagingParameter` el que obtiene un método y tres propiedades:

- `$PSCmdlet.PagingParameter.First`: propiedad que contiene el número pasado en el parámetro del mismo nombre. Por defecto, su valor es de: `18446744073709551615`.
- `$PSCmdlet.PagingParameter.Skip`: propiedad que contiene el número pasado como parámetro con el mismo nombre. El valor por defecto es de: 0.
- `$PSCmdlet.PagingParameter.IncludeTotalCount`: propiedad que contiene un valor booleano. Se utiliza para determinar la presencia o ausencia del parámetro `-IncludeTotalCount`.

- `$PSCmdlet.PagingParameter.NewTotalCount([Int64], [Double])`: método específico que devuelve, de forma más o menos aproximada, el número total de objetos. Acepta dos argumentos, siendo el primero el número de objetos. El segundo sirve para indicar la precisión del número devuelto por el método. Existen varios casos posibles:
  - `1.0`: la fuente de datos conoce el número exacto de objetos devueltos.
  - Entre `0.0` y `1.0`: la fuente de datos da una estimación del número total de objetos devueltos, y en este caso se elige un valor entre `0.0` y `1.0`.
  - `0.0`: la fuente de datos desconoce el número total de objetos que devuelve. El valor `0.0` devuelve: `Número total desconocido.`

Observación

Quizás se pregunte por qué debería utilizar este método y su noción de precisión, ya que la propiedad `.count` está disponible para la mayoría de objetos. Debe saber que la propiedad `count` tiene sus límites. No es raro que dé un error cuando se intenta averiguar por ejemplo cuántos objetos contiene una papelera de reciclaje de Active Directory, si tiene más de 150.000 objetos. En este caso, el método es muy útil.

El concepto puede parecer un poco abstracto al principio. Veamos cómo ponerlo en práctica con el siguiente ejemplo:

```
Function Test-Paging {
   [CmdletBinding(SupportsPaging = $true)]
   Param(
             [System.Collections.ArrayList]$Object
   )

   if($PsCmdlet.PagingParameters.IncludeTotalCount){
       #Parámetro Includetotalcount detectado
       $Accuracy = 1.0
       $PsCmdlet.PagingParameters.NewTotalCount($Object.count,
$Accuracy)
   }

   #Determina el primer objeto que se debe mostrar
   if ($PsCmdlet.PagingParameters.Skip -eq 0){
       $FirstObject = $PsCmdlet.PagingParameters.Skip
   }else{
       $FirstObject = $PsCmdlet.PagingParameters.Skip - 1
   }
```

```
   #Determinar el último objeto que se debe mostrar
   $LastObject = $FirstObject + `
    [Math]::Min(
      $PsCmdlet.PagingParameters.First,
      $Object.Count
- $FirstObject
    ) - 1

   #Devolvemos el Resultado
   $Object[$FirstObject..$LastObject]
}

#Generamos nuestros objetos
[System.Collections.ArrayList]$Obj = @()
For ($i=1; $i -le 15000; $i++){
   $Obj += [PSCustomObject]@{
       Name = "Objet N°$i"
       GUID = [GUID]::NewGuid()
   }
}
```

Observación

Tenga en cuenta que el bucle `for` tarda varios minutos en ejecutarse.

En este ejemplo, se crea la función `Test-Paging`, con un parámetro llamado `$Object`. En la función, el argumento `SupportsPaging` se activa en la sección `CmdletBinding()`. A continuación, se comprueba la presencia del parámetro `-IncludeTotalCount`. Si está presente, se devuelve el número total de objetos con una precisión de `1.0`. A continuación, se define la variable `$FirstObject`, que corresponde a la posición del primer objeto devuelto. Por defecto, `Skip` está fijado en `0`, lo que equivale al primer identificador del arreglo dinámico (`ArrayList`). Si se define el parámetro `-Skip`, el número de objetos eliminados de la pantalla de salida es igual al valor especificado en el parámetro. Si se especifica `20`, el índice del primer objeto devuelto es `20`. Como la matriz comienza en el índice `0`, el primer valor devuelto es, por tanto, el 21°. A continuación, se determina la posición del último valor en el arreglo.

Para ello, calculamos el mínimo entre el valor del miembro `First` y la diferencia entre el número total de objetos y el valor del primer índice contenido en la variable `$FirstObject`. Este mínimo se suma al valor de la variable `$PrimerObjeto`. A continuación, restamos `1` a esta suma. Esto se debe a que la matriz comienza en el índice `0`. El índice del último valor es `14.999`, no `15.000`. Esto da lugar a una multitud de escenarios, tres de los cuales se explican a continuación.

Cuando se declara la función, la variable `$obj` se inicializa como una matriz dinámica vacía que se rellena rápidamente en un bucle `For`. En este caso, se crean 15.000 objetos de tipo `[pscustomobjet]` y se añaden a la matriz dinámica. La matriz se compone de dos columnas. La primera, `llamada Name`, está formada por una cadena de caracteres constantes y la variable `$i`. La segunda columna, llamada `GUID`, contiene un identificador único que se genera utilizando la clase `[GUID]` y su método estático `NewGUID()`. Para más información sobre las clases, consulte el capítulo Clases.

Pasemos a los tres escenarios:

- Si se define el parámetro `-Skip`: los valores devueltos comienzan en n+1, donde n es el número pasado como parámetro a `-Skip`. El valor de `$LastObject` es `$object.count`, porque el resto es cero, y el valor de la propiedad por defecto `First` es mucho mayor.

```
PS > Test-Paging -Object $obj -skip 10
Name        GUID
----        ----
Objeto N°11 4eb57098-2ffd-43a4-8c3a-a75aa28082cd
Objeto N°12 f5d5ad33-53c3-45b7-8985-58e0a97327ff
Objeto N°13 688843d2-4655-47c5-babe-6972c02e0e7f
...
Objeto N°15000 93cead2e-ef5c-4081-8a5d-50639291e065
```

- Si se define el parámetro `-First`: los valores devueltos comienzan en el índice `0`, porque la propiedad `Skip` es igual a `0`. El último valor devuelto está indexado por el valor del parámetro `-First`, porque se hace más pequeño que el número total de objetos.

```
PS > Test-Paging -Object $obj -First 10

Name        GUID
----        ----
Objeto N°1  116b4ee3-787a-4d1a-939e-a0c9ba8f3f6b
Objeto N°2  d9df0d0f-4442-49ad-9cf5-39a5d30b4ab8
Objeto N°3  45e31888-00ce-438f-b58f-1e3bdc8b855a
Objeto N°4  4482e39e-5ba1-43e5-ba66-bf286c0bcf5a
Objeto N°5  d19ee5c8-f769-4c31-9682-702fb7cac165
Objeto N°6  4c86ec32-f15a-40e0-8e80-e7bd86a10cde
Objeto N°7  cb251358-ac8e-45e9-8772-1f2c0f7d12a2
Objeto N°8  9025a0b1-4aff-40fc-9ec2-e0b5c82031dc
Objeto N°9  7f0b307c-c0d0-4b1b-ab43-1eb2319d675f
Objeto N°10 5527b34d-ebd5-4ea9-b215-ae1eb0cd5053
```

- Si se definen los parámetros `-Skip` y `-First`: el escenario combina los dos esquemas anteriores, salvo un detalle. El valor del último índice es igual a la suma del valor del parámetro `-Skip` y del parámetro `-First`.

```
PS > Test-Paging -Object $obj -skip 10
Name        GUID
----        ----
Objeto N°11 4eb57098-2ffd-43a4-8c3a-a75aa28082cd
Objeto N°12 f5d5ad33-53c3-45b7-8985-58e0a97327ff
Objeto N°13 688843d2-4655-47c5-babe-6972c02e0e7f
Objeto N°14 85979eab-030d-4547-ab7a-f5a8cd11fa21
Objeto N°15 6c18065d-cd73-419a-b2a2-568c312dc68a
Objeto N°16 4288bfff-e055-42ab-a7fe-b59a799ae356
Objeto N°17 14f3d98c-eda4-4a43-9be1-649a61ec7ea3
Objeto N°18 dce20be9-ae98-422d-b459-5d42e23a600f
Objeto N°19 28ea8b9e-66d1-46c9-8e01-dd787655c211
Objeto N°20 24b71e50-0475-4889-b7d8-a24c12aad909
```

Para terminar con este argumento, veamos el retorno que puede hacer la función si se especifica el parámetro `-IncludeTotalCount`:

```
PS > Test-Paging -Object $obj -IncludeTotalCount
Nombre total: 15000

Name        GUID
----        ----
Objeto N°1  -787a-4d1a-939e-a0c9ba8f3f6b
Objeto N°2  d9df0d0f-4442-49ad-9cf5-39a5d30b4ab8
Objeto N°3  45e31888-00ce-438f-b58f-1e3bdc8b855a
```

```
Objeto N°4  4482e39e-5ba1-43e5-ba66-bf286c0bcf5a
Objeto N°5  d19ee5c8-f769-4c31-9682-702fb7cac165
...
```

Observación

Por supuesto, la función tiene algunas lagunas. Sobre todo, si el valor de `Skip` es demasiado grande. Por lo tanto, la aplicación tendrá que ser reelaborada para su uso en producción.

- `PositionalBinding`

El argumento `PositionalBinding` permite que el nombre del parámetro sea opcional al llamar a una función. En consecuencia, si el usuario omite declarar los nombres de uno o más parámetros y simplemente declara los valores, PowerShell asignará los valores a los parámetros según el orden en que se declaren.

El valor por defecto es `true`. Si desactiva este argumento, deberá especificar cada 'nombre de parámetro' antes del valor que desee pasarle.

Ejemplo con `Copy-Item`

```
PS > Copy-Item ./File1.txt ./File2.txt -Force
```

El comando `Copy-Item` acepta como primer argumento el archivo a copiar, y como segundo argumento el destino del archivo. Esto corresponde a los parámetros `-Path` y `- Destination` respectivamente. A continuación, se declara el parámetro `-Force`.

2.3 Tipo de salida (OutputType)

En una función básica, igual que en una avanzada, es posible documentar su tipo de salida. La palabra "documentar" es importante, ya que deja claro que esto no aplica ninguna forma de conversión o acción al resultado devuelto por el comando. El tipo realmente devuelto está determinado enteramente por el código que se ha escrito en su interior.

La instrucción `[OutputType()]` debe situarse antes del bloque `Param()`:

```
Function  <Nombre_de_la_función> {
    [CmdletBinding()]
```

```
    [OutputType (<nombre del tipo>)]
     Param ()
     ...
}
```

Es posible declarar varias instrucciones `[OutputType()]` en los casos en que se definan diferentes conjuntos de parámetros en el comando y en que cada conjunto de parámetros devuelva un tipo de objeto diferente.

Ejemplo

```
   [CmdletBinding()]
     [OutputType([string], 'Console')]
     [OutputType ([void],'File')]
     Param ()
     ...
```

El contenido de estas instrucciones se devolverá en el resultado del comando `Get-Command`.

2.4 Begin/Process/End/Clean

Los bloques de instrucciones `Begin`, `Process`, `End` y `Clean` representan el cuerpo de la función. Aquí es donde se escribe el código. Estos cuatro bloques de instrucciones no son específicos de las funciones avanzadas. Se pueden utilizar en una función básica, pero en este caso son principalmente por razones estéticas. `Begin/Process/End` también se puede encontrar en el cmdlet `Foreach-Object`.

Recordatorio de sintaxis

```
Function <Nombre_de_la_función> {
    [CmdletBinding()]
    Param ()
    Begin {...}
    Process {...}
    End {...}
    Clean {...} # Introducido en PowerShell v7.3
}
```

- Begin: este bloque es opcional. Permite ejecutar código una vez antes del bloque Process. Por ejemplo, puede utilizarse para importar módulos, enviar un mensaje al usuario, etc.
- Process: este bloque tiene un comportamiento particular que, si no se entiende, puede resultar confuso. Es obligatorio cuando se utiliza Begin/Process/End. Si la función donde se posiciona se utiliza sola, o en la primera posición del pipeline, se ejecuta una sola vez. Si el comando se utiliza en la segunda posición del pipeline, se ejecuta tantas veces como valores pasen por el pipeline. Si un parámetro acepta la entrada a través del pipeline con los argumentos ValueFromPipeline o ValueFromPipelineByPropertyName, debe utilizarse el bloque Process.
- End: este bloque, al igual que el bloque Begin, también es opcional. Se ejecuta una sola vez, después del bloque Process. Puede devolver una variable o una matriz que se haya rellenado en el bloque Process. Si una función no introduce uno de los tres bloques, equivale a una función que declara solo el bloque End.
- Clean: este bloque se introdujo en la versión 7.3 de PowerShell a petición de la comunidad. Si el bloque Process detiene el procesamiento debido a un error de bloqueo, el bloque End nunca se ejecuta. Si se trata de un servicio remoto como Exchange o SQL Server, se tenderá a iniciar la conexión en el bloque Begin y a cerrarla en el bloque End. Sin embargo, si el bloque Process genera un error de bloqueo, la conexión nunca se cierra. Por lo tanto, el bloque Clean lo compensa ejecutándose, independientemente del procesamiento realizado en el bloque Process.

Observación

Si se define el bloque Process, es imposible definir acciones fuera de Begin, Process, y End. Si esto no se respeta, se genera un mensaje de error.

3. Preparación del escenario

En esta sección, los escenarios presentados agrupan sintaxis que son más globales a la función, involucrando varios de los elementos ya presentados, en particular la implementación de conjuntos de parámetros, o la aceptación de entrada por el pipeline.

3.1 Conjuntos de parámetros

Al diseñar una función, resulta útil trabajar con asociaciones de parámetros. Para cada grupo de parámetros, la función tiene diferentes acciones. Esta es una característica común de los cmdlets nativos de PowerShell.

Ejemplo con Get-Process

```
PS > get-help get-process

NOMBRE
   Get-Process

RESUMEN
   Gets the processes that are running on the local computer or
a remote computer.


SINTAXIS
  Get-Process [[-Name] <String[]>] [-ComputerName <String[]>]
[-FileVersionInfo] [-Module] [<CommonParameters>]

   Get-Process [-ComputerName <String[]>] [-FileVersionInfo] -Id
<Int32[]> [-Module] [<CommonParameters>]


  Get-Process [-ComputerName <String[]>] [-FileVersionInfo]
-InputObject <Process[]> [-Module] [<CommonParameters>]

   Get-Process -Id <Int32[]> -IncludeUserName
[<CommonParameters>]

   Get-Process [[-Name] <String[]>] -IncludeUserName
[<CommonParameters>]
```

```
Get-Process -IncludeUserName -InputObject <Process[]>
[<CommonParameters>]
```

Se requiere un poco de trabajo de análisis. Los tres parámetros `Id`, `Name` e `InputObject` no pueden utilizarse juntos. En segundo lugar, `IncludeUserName` no puede utilizarse con el conjunto `ComputerName/Module/FileVersionInfo`. Sin embargo, cada uno de los tres primeros parámetros puede utilizarse en los dos conjuntos de parámetros. Este es un caso elaborado de conjuntos de parámetros. Es posible alcanzar este nivel de complejidad utilizando funciones avanzadas. Para ello, es necesario utilizar el argumento `ParameterSetName` y asignarlo a un parámetro. Como recordatorio, un parámetro que no tiene un conjunto de parámetros definido pertenece a todos los conjuntos de parámetros.

Tomemos la función `Test-ParameterSet`:

```
Function Test-ParameterSet {
   [CmdletBinding()]
   Param(
       [Parameter(Mandatory=$true,
            ParameterSetName='SetName')]
       [string[]]
       $Name,

       [Parameter(Mandatory=$true,
           ParameterSetName='SetName')]
       [string[]]
       $Path,

       [Parameter(Mandatory=$true,
           ParameterSetName='SetFile')]
       [System.IO.FileSystemInfo]
       $InputObject,

       [Parameter(Mandatory=$true,
           ParameterSetName='SetName')]
       [Parameter(Mandatory=$False,
           ParameterSetName='SetFile')]
       [ValidateSet('File','Directory')]
       [String]
       $Type,
```

```
        [Parameter(Mandatory=$False)]
        [Datetime]
        $DateAction
    )

    Switch ($PSCmdlet.ParameterSetName){
        'SetName'{
            Write-Host 'Conjunto de parámetros SetName'
            $Name
        }
        SetFile'{
            Write-host ' Conjunto de parámetros SetFile'
            $InputObject. Name
        }
    }
}
```

La función tiene un total de cinco parámetros (excluyendo los comunes): `-Name`, `-Path`, `-InputObject`, `-Type` y `-DateAction`.

Estos parámetros se dividen en dos conjuntos de parámetros, `SetName` y `SetFile`. Los parámetros `-Name` y `-Path` forman parte del conjunto `SetName` mientras que `-InputObject` forma parte del conjunto `SetFile`. Una característica especial del parámetro `-Type` es que tiene dos secciones `[Parameter()]`, cada una de las cuales define un comportamiento diferente dependiendo del conjunto de parámetros. El parámetro es obligatorio en `SetName`, pero opcional en `SetFile`. Por último, `-DateAction` no tiene ningún conjunto definido, por lo que se puede acceder a él independientemente del conjunto de parámetros. Para comprobar qué conjunto de parámetros se reproduce, la variable `$PSCmdlet`tiene una propiedad llamada `ParameterSetName` que se comprueba en un bucle `switch`. Dependiendo de su valor, se adopta un comportamiento diferente. En este caso, simplemente devolvemos valores.

Uso

```
PS > Test-ParameterSet -InputObject (Get-item .) -DateAction
(Get-Date)
Conjunto de parámetros SetFile
Script

PS > Test-ParameterSet -InputObject (Get-item .) -Type Directory
Conjunto de parámetros SetFile
```

```
Script

PS > Test-ParameterSet -Name 'Documents' `
-Path C:\Users\Nicolas\ -Type Directory -DateAction (Get-Date)
Conjunto de parámetros SetName
Documents

PS > Test-ParameterSet -Name 'Documents'
-Path C:\Users\Nicolas\ -Type Directory
Conjunto de parámetros SetName
Documents

PS > Test-ParameterSet -Name 'Documents' -Path C:\Users\Nicolas\
El applet de comando Test-ParameterSet en la posición 1 del
pipeline del comando
Proporcione valores para los siguientes parámetros:
Tipo:
```

Se realizan cinco llamadas diferentes a la función. Las dos primeras recogen el conjunto de parámetros `SetFile`. Los parámetros `-DateAction`y `-Type` son opcionales. Las otras tres llamadas recogen el conjunto de parámetros `SetName`. Observe que el parámetro `-DateAction` es opcional, a diferencia del parámetro `-Type`.

3.2 Pipeline

El pipeline es una herramienta maravillosa que se puede encontrar en otros lenguajes de administración, especialmente en Bash. Pasa el resultado de un primer comando a un segundo comando, sin utilizar una variable, y en una sola línea de código. Se caracteriza por el carácter pipe |. Si es usuario habitual de PowerShell, no le resultará desconocido.

3.2.1 Determinar qué comandos aceptan el pipeline

Las entradas de valores a través del pipeline vienen determinadas por los parámetros de un comando. Los valores que pasan por el pipeline se colocan implícitamente en los parámetros del comando situados a la derecha del pipeline. Esta acción la realiza el componente `Parameter Binding` de PowerShell.

Por lo tanto, para determinar si un control puede posicionarse después del pipeline, es necesario inspeccionar la ayuda del control y, sobre todo, la información de sus parámetros.

Ejemplo con el comando `Get-Service` que se encuentra de forma nativa en PowerShell:

```
PS > Get-Help Get-Service -Parameter *
...
-Name <System.String[]>
   Specifies the service names of services to be retrieved.
Wildcards are permitted.

   Required?                    false
   Position?                    0
   Default value                None
   Accept pipeline input?       True (ByPropertyName, ByValue)
   Accept wildcard characters?  True
...
```

Por razones prácticas, la salida del comando se ha reducido y dirigido específicamente al parámetro `-Name`.

El ejemplo muestra que el parámetro acepta la entrada a través del pipeline de dos maneras: `ByPropertyName` y `ByValue`.

Antes de examinar estos dos elementos con más detalle, le doy un consejo que reducirá el tiempo de búsqueda necesario para determinar qué parámetros se pueden utilizar a través del pipeline. En PowerShell, todo es un objeto, y los resultados del comando `Get-Help` no son una excepción. De esta manera, es posible inspeccionar el resultado del comando, utilizando `Get-Member`, y luego filtrar lo que nos interese:

```
PS > Get-Help Get-Service -Parameter * | Get-Member

  TypeName: MamlCommandHelpInfo#parameter

Name          MemberType   Definition
----          ----------   ----------
Equals        Method       bool Equals(System.Object obj)
GetHashCode   Method       int GetHashCode()
GetType       Method       type GetType()
ToString      Method       string ToString()
aliases       NoteProperty string aliases=DS
```

```
defaultValue    NoteProperty System.String defaultValue=False
description     NoteProperty psobject[] description=System.Mana...
globbing        NoteProperty string globbing=false
name            NoteProperty System.String name=DependentServices
parameterValue  NoteProperty System.String parameterValue=Syste...
pipelineInput   NoteProperty string pipelineInput=False
position        NoteProperty string position=named
required        NoteProperty string required=false
type            NoteProperty MamlCommandHelpInfo#type type=@{na...
variableLength  NoteProperty string variableLength=true
```

Observación

La noción de objeto se describe más adelante en este libro, en el capítulo Objetos personalizados y tipos estándar.

Esto da lugar a una propiedad interesante, `pipelineInput`, sobre la que se puede imponer un filtro utilizando el comando `Where-Object`:

```
PS > Get-Help Get-Service -Parameter * |
     Where-Object pipelineInput -like 'True*'
-InputObject <System.ServiceProcess.ServiceController[]>
   Specifies ServiceController objects representing the services
to be retrieved. Enter a variable that contains the objects,
or type a command or expression that gets the objects. You can
pipe a service object to this cmdlet.

   Required?                    false
   Position?                    named
   Default value                None
   Accept pipeline input?       True (ByValue)
   Accept wildcard characters?  false



-Name <System.String[]>
   Specifies the service names of services to be retrieved.
Wildcards are permitted.

   Required?                    false
   Position?                    0
  Default value                 None
   Accept pipeline input?       True (ByPropertyName, ByValue)
   Accept wildcard characters?  true
```

También en este caso, si unos diez parámetros tuvieran que aceptar entradas del pipeline, podría producirse una sobrecarga de información. Por lo tanto, puede ser una buena idea seleccionar solo aquellas propiedades del ayudante de parámetro que sean relevantes para la búsqueda. Para ello se utiliza el comando `Select-Object`:

```
PS > Get-Help Get-Service -Parameter * |
     Where-Object pipelineInput -like 'True*' |
     Select-Object -Property Name,pipelineInput,Type


name        pipelineInput                   type
----        -------------                   ----
InputObject True (ByValue)                  @{name=System.Servi...
Name        True (ByPropertyName, ByValue)  @{name=System.Strin...
```

Aquí hay dos parámetros, `InputObject` y `Name`. Este último acepta entradas de los pipelines `ByValue`y `ByPropertyName`. Por `ByValue` se entiende el mismo tipo de objeto que el parámetro, en este caso `[system.string]`, también llamado `[string]`.

A continuación el siguiente ejemplo

```
PS > Get-Service -Name 'winrm','wuauserv','bits'

Status   Name               DisplayName
------   ----               -----------
Running  bits                Servicio de transferencia inteligente en...
Running  winrm               Gestión remota de Windows (Gest...
Running  wuauserv            Windows Update


PS > 'winrm','wuauserv','bits' | Get-service

Status   Name               DisplayName
------   ----               -----------
Running  winrm               Gestión Remota de Windows (Gest...
Running  wuauserv            Windows Update
Running  bits                Servicio de transferencia inteligente en...
```

Inicialmente, el comando se utiliza con una matriz de valores pasada directamente como parámetros. En segundo lugar, se declara una matriz de valores y se pasa a través del pipeline. El resultado es el mismo, porque los valores se pasan implícitamente en el parámetro `-Name`.

Cuando un parámetro acepta `ByPropertyName`, esto significa que si un objeto que pasa a través del pipeline tiene una propiedad con el mismo nombre que el parámetro, su valor se establecerá a esa propiedad. Por ejemplo, el parámetro `-Name` de `Get-Service` recuperará todos los valores de propiedades de un objeto llamado `Name`. Es posible probar este comportamiento con `Get-Process` en la primera posición del pipeline, porque los objetos de `process` tienen una propiedad llamada `Name`:

```
PS > Get-Process | Get-Service
...
Get-Service: Cannot find any service with service name 'dwm'.
Get-Service: Cannot find any service with service name
'explorer'.
Get-Service: Cannot find any service with service name
'FileCoAuth'.
Running  FileSyncHelper    FileSyncHelper
Get-Service: Cannot find any service with service name
'fontdrvhost'.
Get-Service: Cannot find any service with service name
'fontdrvhost'.
...
```

`Get-Service` buscará entonces cada servicio correspondiente a los nombres contenidos en las propiedades `Name` de los procesos. Naturalmente, se devolverán muchos errores, pero algunos servicios tienen nombres similares a procesos, como se muestra aquí con `FileSyncHelper`.

También habrá varias búsquedas del mismo nombre:

```
...
Get-Service: Cannot find any service with service name 'svchost'.
Get-Service: Cannot find any service with service name 'svchost'.
Get-Service: Cannot find any service with service name 'svchost'.
Get-Service: Cannot find any service with service name 'svchost'.
Get-Service: Cannot find any service with service name 'svchost'.
Get-Service: Cannot find any service with service name 'svchost'.
Get-Service: Cannot find any service with service name 'svchost'.
Get-Service: Cannot find any service with service name 'svchost'.
Get-Service: Cannot find any service with service name 'svchost'.
Get-Service: Cannot find any service with service name 'svchost'.
Get-Service: Cannot find any service with service name 'svchost'.
Get-Service: Cannot find any service with service name 'svchost'.
...
```

3.2.2 Cuando un comando no acepta el pipeline

Cuando un comando no puede utilizarse a través de un pipeline, puede solucionar el problema utilizando el cmdlet `Foreach-Object`. La desventaja de esto es que la lectura del código es más confusa al principio, y el procesamiento tarda un poco más.

Ejemplo con el comando `Get-Process`

```
PS > 'Powershell','explorer' | Get-Process
Get-Process: The input object cannot be bound to any parameters
for the command either because the command does not take pipeline
input or the input and its properties do not match any of
the parameters that take pipeline input.
Get-Process: The input object cannot be bound to any parameters
for the command either because the command does not take pipeline
input or the input and its properties do not match any of
the parameters that take pipeline input.

PS > 'Powershell','explorer'| Foreach-Object {Get-Process -Name $_ }

Handles  NPM(K)    PM(K)      WS(K)     CPU(s)     Id  SI ProcessName
-------  ------    -----      -----     ------     --  -- -----------
    713      32    59512      73076      2,11    9808   1 powershell
    531      28    53064      13748      1,14    9888   1 powershell
   647      45     132868     17160      3,36     12484 1 powershell
  2352      84     63424      71592      17,98    6624  1 explorer
```

En el primer caso, se intenta utilizar el pipeline para pasar una matriz de valores que contiene los nombres de los procesos deseados. Se genera un error. El mensaje es explícito: `the command does not take pipeline input or the input and its properties do not match any of the parameters`. Esto indica que ningún parámetro acepta entradas por el pipeline `ByValue` para un tipo de objeto `[string]`.

En el segundo caso, se utiliza el cmdlet `Foreach-Object` con la variable automática `$_`. El comando se ejecuta correctamente.

3.2.3 Implementación de pipelines

Como vimos anteriormente, puede ser útil implementar la aceptación de entrada por parte del pipeline. Esto podría, por ejemplo, limitar la necesidad de pasar a través de variables, bucles o el comando `ForEach-Object`. De esta forma, podríamos reproducir el mismo modo de funcionamiento que los comandos `Set-Service`, `Start-Service`, `Start-VM`, etc.

```
PS > Get-Service WinRm | Start-Service
PS > Get-VM DC1 | Start-VM
```

El componente `Parameter Binding` asocia los objetos que pasan por el pipeline con los parámetros de las funciones, o cmdlets, situados en la segunda posición. Según la documentación de PowerShell, para conseguirlo aplica una serie de reglas:

- Los parámetros deben aceptar los objetos devueltos por el pipeline, utilizando el argumento `ValueFromPipeline` o el argumento `ValueFromPipelineByPropertyName`.
- Los parámetros deben aceptar los tipos de objeto devueltos por el pipeline o un tipo en el que se pueda convertir el objeto. Si no se declara ningún tipo en el argumento, se aceptan todos los tipos.
- Los parámetros que aceptan valores a través del pipeline no deben utilizarse al llamar a un comando.

Observación

Para ayudar a establecer el vínculo con los conceptos vistos anteriormente, `ValueFromPipeline` y `ValueFromPipelineByPropertyName` corresponden a `ByValue` y `ByPropertyName` respectivamente en los temas de ayuda.

También hay dos variables disponibles dentro de la función: `$input` y `$_`. Dependiendo de la estructura de la función, estas variables se comportan de forma diferente:

- Si el comando está en la primera posición del pipeline, ambas variables son cero.
- Si el comando está en la segunda posición del pipeline y no hay el bloque `Process`, la variable `$_` es nula, pero la variable `$input` contiene todos los objetos pasados a través del pipeline, independientemente del parámetro.

– Si el comando se encuentra en la segunda posición del pipeline y se utiliza el bloque `Process`, la variable `$input` es nula, pero la variable `$_` contiene todos los valores del parámetro o parámetros que pasan por el pipeline en un momento dado.

3.2.4 ValueFromPipeline

Veamos ahora cómo funciona el pipeline con algunos ejemplos. La siguiente función tiene un único parámetro `-Value`, de tipo `[string]`, que acepta la entrada pasada a través del pipeline.

```
Function Test-ValueFromPipeline {
    [CmdletBinding()]
    Param(
        [Parameter(Mandatory=$true,
            ValueFromPipeline=$true)]
        [string]
         $Value
    )
 Begin {

        Write-Verbose 'Inicio del procesamiento : Begin '
    }

    Process {
        Write-Verbose 'Procesamiento en curso ...'
       $Value
    }

    End {
        Write-Verbose 'Fin del procesamiento: End'
    }

}
```

Observación

Como se ha mencionado anteriormente en este capítulo, `[CmdletBinding()]` añade parámetros como `-Debug` y `-Verbose`, lo que permite utilizar los cmdlets `Write-Debug` y `Write-Verbose`. A continuación, puede replantear la función con ellos para que sea más fácil resolver cualquier bug.

La función tiene bloques `Begin/Process/End` que no realizan ningún procesamiento especial, aparte de mostrar los valores pasados como parámetros y ejecutar algunas instrucciones.

```
PS > Test-ValueFromPipeline -Value ` 'Computer1' -Verbose
COMENTARIOS: Inicio del procesamiento: Begin
COMENTARIOS: Procesamiento en curso ...
Computer1
COMENTARIOS: Fin del procesamiento: End
```

En el ejemplo anterior, cuando se llama a una función, cada bloque se ejecuta una sola vez.

Utilizar con el pipeline:

```
PS > 'Computer1','Computer2','Computer3','Computer4' | `
Test-ValueFromPipeline -Verbose
COMENTARIOS: Inicio del procesamiento: Begin
COMENTARIOS: Procesamiento en curso ...
Computer1
COMENTARIOS: Procesamiento en curso ...
Computer 2
COMENTARIOS: Procesamiento en curso ...
Computer 3
COMENTARIOS: Procesando ...
Computer 4
COMENTARIOS: Fin de procesamiento: End
```

En este caso, los bloques `Begin` y `End` se ejecutan una sola vez. Y el bloque `Process` se ejecuta tantas veces como valores haya en la colección pasada por el pipeline.

Anteriormente, hemos hablado de dos variables, `$input` y `$_`. Si necesita detectar el uso del pipeline, puede probar la variable `$_`.

Ejemplo

```
Function Test-ValueFromPipeline {
    [CmdletBinding()]
    Param(
        [Parameter(Mandatory=$true,
            ValueFromPipeline=$true)]
        [string]
        $Value
    )
```

```
    Begin {
        Write-Verbose 'Inicio del procesamiento: Begin'
    }

    Process {
        if($_){
            Write-Warning 'Procesando a través de un pipeline'
        }else{
            Write-Warning 'Procesando con parámetros'
        }
        Write-Verbose 'Procesamiento actual ...'
        $Value
    }

    End {
        Write-Verbose 'Fin del proceso: End'
    }

}
```

Resultados

```
PS > Test-ValueFromPipeline -Value ` 'Computer1'
ADVERTENCIA: Procesando con parámetros
Computer1

PS > 'Computer1','Computer2','Computer3','Computer4' | `
Test-ValueFromPipeline
ADVERTENCIA: Procesando a través de un pipeline
Computer1
ADVERTENCIA: Procesando a través de un pipeline
Computer2
ADVERTENCIA: Procesando a través de un pipeline
Computer3
ADVERTENCIA: Procesando a través de un pipeline
Computer4
```

Un parámetro puede aceptar una colección de objetos (comparable a una matriz de valores). En este tipo de casos, se utiliza un bucle para enumerar la colección y llevar a cabo el procesamiento. Si se utiliza el pipeline, esto no cambia la forma de escribir la función:

```
Function Test-ValueFromPipeline {
    [CmdletBinding()]
    Param(
        [Parameter(Mandatory=$true,
            ValueFromPipeline=$true)]
        [string[]]
          $Value
    )
    Begin {
        Write-Verbose 'Inicio del procesamiento: Begin'
    }
    Process {
           Write-Verbose 'Ejecución del bloque Process ...'
        foreach ($val en $Value) {
           Write-Verbose 'Procesamiento  en curso...'
           $val
        }
    }
    End {
        Write-Verbose 'Fin del Procesamiento : End'
    }

}
```

Observación

Aquí, el `[]` después del tipo indica que se trata de una colección de cadenas de caracteres.

La función tendrá el mismo retorno, independientemente de cómo se utilice:

```
PS > Test-ValueFromPipeline -Value ` 'Computer1','Computer2',
'Computer3','Computer4' -Verbose
COMENTARIOS: Inicio del procesamiento: Begin
VERBOSE: Ejecución del bloque Process
COMENTARIOS: Procesamiento en curso ...
Computer1
COMENTARIOS: Procesamiento en curso ...
Computer2
```

```
COMENTARIOS: Procesamiento en curso ...
Computer3
COMENTARIOS: Procesamiento en curso ...
Computer4
COMENTARIOS: Fin del procesamiento: End

PS > 'Computer1','Computer2','Computer3','Computer4' | `
Test-ValueFromPipeline -Verbose
COMENTARIOS: Inicio del procesamiento: Begin
VERBOSE: Ejecución
bloque Process
VERBOSE: Procesamiento en curso ...
Computer1
VERBOSE: Ejecución de bloque de Process
VERBOSE: Procesamiento en curso ...
Computer2
VERBOSE: Ejecución del bloque Process
VERBOSE: Procesamiento en curso ...
Computer3
VERBOSE: Ejecución del bloque Process
VERBOSE: Procesamiento en curso ...
Computer4
COMENTARIOS: Fin del procesamiento: End
```

Observación

Sin embargo, hay que tener en cuenta dos puntos. Aunque los dos retornos sean idénticos, la ejecución de la función sigue siendo diferente en el sentido de que el bloque Process solo se ejecuta una vez sin el pipeline, y varias veces con el pipeline. Además, el uso del pipeline ralentiza la ejecución del código.

3.2.5 ValueFromPipelineByPropertyName

Acabamos de ver cómo pasar objetos a través del pipeline según su tipo, asociándolos a un parámetro bien definido. En lugar de elegir un tipo `string`, podríamos haber elegido otro tipo, como el tipo archivo. Los objetos de este tipo son devueltos por los comandos `Get-Item` y `Get-ChildItem` (cuando el parámetro `-Path` apunta a una unidad de tipo `FileSystem`). En el contexto anterior, se recuperaron todos los miembros del objeto.

Sin embargo, puede ser más sensato conformarse con una sola propiedad, como el nombre o la ruta. Para ello, utilice el argumento ValueFromPipelineByPropertyName.

Ejemplo

```
Function Test-ValueFromPipelineByPropertyName {
    [CmdletBinding()]
    Param(
        [Parameter(Mandatory=$true,
            ValueFromPipelineByPropertyName=$true)]
       [string]
       $Name
    )

    Begin {
        Write-Verbose 'Inicio del procesamiento: Begin'
    }

    Process {

    Write-Host 'Nombre del archivo o carpeta: '
            $Name
        }
    }

    End {
        Write-Verbose 'Fin del procesamiento: End'
    }
}
```

La función tiene un parámetro -Name que acepta las propiedades de objetos con el mismo nombre. En el ejemplo, el parámetro -Name es obligatorio. Por lo tanto, el objeto que pasa por el pipeline debe tener una propiedad llamada Name.

Resultados

```
PS > Test-ValueFromPipelineByPropertyName -Name `
(Get-tem C:\ Windows ).Name
Nombre del archivo o carpeta:
Windows

PS > Get-ChildItem C:\ -Force | `
```

```
Test-ValueFromPipelineByPropertyName
Nombre del archivo o carpeta:
Documents and Settings
...
Nombre del archivo o carpeta:
hiberfil.sys
Nombre del archivo o carpeta:
pagefile.sys
Nombre del archivo o carpeta:
swapfile.sys
```

Hay que tener en cuenta que, durante una llamada normal a una función, sin pipeline, no se aplica el componente `Parameter Binding`. Por lo tanto, es necesario filtrar antes los valores pasados a los parámetros. Por eso, en el primer caso del ejemplo, se utiliza la sintaxis `(<Cmdlet>).<Property>` para asignar un valor al parámetro `-Name`.

Es posible utilizar un segundo parámetro que acepte el objeto completo y no solo una propiedad. En este caso, la función debe estar perfectamente estructurada y debe asegurarse de que los parámetros no puedan utilizarse a la vez.

Ejemplo con `Stop-Service`

```
PS > (Get-Command Stop-Service).Definition

Stop-Service [-InputObject] <ServiceController[]> [-Force] [-NoWait]
[-PassThru] [-Include <string[]>] [-Exclude <string[]>] [-WhatIf]
[-Confirm] [<CommonParameters>]

Stop-Service [-Name] <string[]> [-Force] [-NoWait] [-PassThru]
[-Include <string[]>] [-Exclude <string[]>] [-WhatIf] [-Confirm]
[<CommonParameters>]

Stop-Service -DisplayName <string[]> [-Force] [-NoWait] [-PassThru]
[-Include <string[]>] [-Exclude <string[]>] [-WhatIf] [-Confirm]
[<CommonParameters>]
```

El cmdlet `Stop-Service` acepta nombres de servicio de tipo `[String[]]` en el parámetro `-Name`, pero también objetos de tipo `[ServiceController[]]` en el parámetro `-InputObject`. Estos dos parámetros no se pueden llamar a la vez. Como resultado, se pueden encontrar estos dos casos:

```
Ps > Stop-Service -Name (Get-Service wuauserv).Name
Ps > Stop-Service -InputObject (Get-Service wuauserv)
```

4. Parámetro dinámico

Hay casos de uso en los que las opciones vistas hasta ahora no son suficientes. Tomemos, por ejemplo, el caso de un parámetro cuyo contenido cambia en función del valor de otro parámetro, o en función del origen de datos (FileSystem, Registry, ActiveDirectory, etc.) en el que se encuentre el usuario.

Es en estas diferentes situaciones en las que los parámetros dinámicos pueden adaptarse y ofrecer parámetros y/o valores que cambian en función del contexto.

4.1 Declaración

Los parámetros dinámicos se declaran mediante la instrucción `DynamicParam{}`, que se coloca después del bloque `Param()`:

```
Param()
DynamicParam{
   ...
}
```

Observe que `DynamicParam{}` se define utilizando llaves en lugar de paréntesis, a diferencia de `Param()`. De hecho, se trata de un bloque de script que se ejecutará de forma periódica, para generar sobre la marcha los parámetros dinámicos de la función.

Un bloque de script permite utilizar todas las funciones disponibles: comandos, funciones, estructura, comparación, etc.

Sin embargo, antes de presentar un ejemplo complejo, concentrémonos en lo mínimo necesario para crear un parámetro dinámico.

Todos los comandos que veremos en las siguientes secciones deben colocarse, por supuesto, en el bloque de script `DynamicParam{...}`. La sección Resumen ofrece un resumen de las tres secciones anteriores.

4.2 Nueva colección de atributos

El uso de atributos se explica en la sección Param de este capítulo, en la que vimos que un parámetro puede tener varios atributos (`[Parameter[]]`, `[Alias()]`, etc.). En el caso de los parámetros dinámicos, utilizamos una colección de atributos para agruparlos. Esto se crea con el siguiente comando:

```
    $attributeCollection = New-Object ` System.Collections.
ObjectModel.Collection[System.Attribute]
```

El siguiente paso consiste en crear el equivalente del atributo `[Parameter()]` utilizando la función:

```
    $parameterAttribut = New-Object ` System.Management.
Automation.ParameterAttribute
```

Es posible cambiar las opciones de este atributo. Encontrará entonces los mismos elementos que antes:

- `Mandatory`
- `HelpMessage`
- `ParameterSetName`
- `ValueFromPipeline`
- `ValueFromPipelineByPropertyName`
- `Alias`
- `Position`
- `SupportsWildCards`

Para hacer el cambio, modificamos las propiedades del objeto que hemos creado y asignado a la variable `$parameterAttribut`. Si quiere que el parámetro dinámico sea obligatorio:

```
    $parameterAttribut.Mandatory = $true
```

A continuación, el atributo se añade a la colección de atributos creada anteriormente mediante el método `Add()` de `$attributeCollection`:

```
    $attributeCollection.Add($parameterAttribut)
```

Observación

Comparado con lo que vimos al principio del capítulo, esto equivale a la siguiente sintaxis: `[parameter(mandatory=$true)]`

4.3 Definición y publicación del parámetro dinámico

Una vez creados los atributos, se debe crear el parámetro utilizando el tipo `[System.Management.Automation.RuntimeDefinedParameter]`. Este espera como valor del parámetro su nombre (aquí `Tier`), el tipo de parámetro (aquí `[string]`) y la colección de atributos (como la creada anteriormente).

Para ello, utilice el siguiente comando:

```
        $tierParam = New-Object ` System.Management.Automation.
RuntimeDefinedParameter('Tier', [String], $attributeCollection)
```

A continuación, es necesario crear un diccionario de parámetros que contendrá todos los parámetros dinámicos que queremos publicar. Así que añadimos el objeto parámetro `'Tier'`, reespecificando su nombre:

```
        $paramDictionary = New-Object
System.Management.Automation.RuntimeDefinedParameterDictionary
        $paramDictionary.Add('Tier', $tierParam)
```

A continuación, debe devolverse utilizando la instrucción `return`.

```
        return $paramDictionary
```

El nuevo parámetro ya está publicado y puede utilizarse.

4.4 En resumen

Si juntamos todas las instrucciones vistas hasta ahora, y las incluimos en una función, obtenemos el siguiente código de ejemplo:

```
function New-MyPSADUser {
    param (
        [parameter(
            Mandatory = $true
```

```
        )]
        [String]$Name,

        [parameter(
            Mandatory = $true
        )]
        [securestring]$AccountPassword,

        [parameter(
            Mandatory = $false
        )]
        [Switch]$IsAdministrativeAccount
    )

    DynamicParam {
        $attributeCollection = New-Object
` System.Collections.ObjectModel.Collection[System.Attribute]

        $parameterAttribut = New-Object
`  System.Management.Automation.ParameterAttribute
        $parameterAttribut.Mandatory = $true
        $parameterAttribut.ParameterSetName = '__AllParameterSets'

        $attributeCollection.Add($parameterAttribut)

        $tierParam = New-Object ` System.Management.Automation.
RuntimeDefinedParameter('Tier', [String], $attributeCollection)

        $paramDictionary = New-Object `
System.Management.Automation.RuntimeDefinedParameterDictionary
        $paramDictionary.Add('Tier', $tierParam)

        return $paramDictionary
    }

    # Instrucción de creación de usuario
}
```

Aquí, la función `New-MyPSADUser` consta de tres parámetros fijos, `Name`,`AccountPassword` e `IsAdministrativeAccount`, y un parámetro dinámico `Tier`.

No se ha incluido ninguna lógica en el bloque de parámetros dinámicos. En este caso, el parámetro se mostrará independientemente del contexto.

Ejemplo de visualización de parámetros dinámicos

```
PS > New-MyPSADUser -Name NicolasB -Tier Test

cmdlet New-MyPSADUser at command pipeline position 1
Supply values for the following parameters:
AccountPassword: *********
```

4.5 Ir más lejos

4.5.1 Lógica de visualización

Si desea incluir una condición de visualización, por ejemplo, puede utilizar la estructura `if` y comprobar el valor de otro parámetro.

En el ejemplo anterior, el objetivo es comprobar el valor del parámetro `IsAdministrativeAccount` y, en función de este, elegir si se añade o no el parámetro dinámico `Tier`:

```
    DynamicParam {
        if ($IsAdministrativeAccount)
        {
        $attributeCollection = New-Object ` System.Collections.
ObjectModel.Collection[System.Attribute]

        $parameterAttribut = New-Object `  System.Management.
Automation.ParameterAttribute
        $parameterAttribut.Mandatory = $true
        $parameterAttribut.ParameterSetName = '__AllParameterSets'

        $attributeCollection.Add($parameterAttribut)

        $tierParam = New-Object ` System.Management.Automation
.RuntimeDefinedParameter('Tier', [String], $attributeCollection)

        $paramDictionary = New-Object ` System.Management.
Automation.RuntimeDefinedParameterDictionary
        $paramDictionary.Add('Tier', $tierParam)

        return $paramDictionary
      }
    }
```

Con esta definición, mientras no se especifique el parámetro `-IsAdministrativeAccount`, el parámetro `Tier` no se mostrará en autocompletar y no se podrá utilizar, aunque se especifique manualmente.

4.5.2 Añadir un atributo de validación

Como con un parámetro estándar, es posible que desee restringir las opciones o validar los valores dados a los parámetros.

Por ejemplo, en el ejemplo anterior, queremos restringir los valores a T0, T1, T2 y T3. Para ello, tenemos que crear un atributo de tipo `System.Management.Automation.ValidateSetAttribute`, antes de añadirlo a la colección de atributos (`$attributeCollection`) específica del parámetro.

Ejemplo

```
# Creación del atributo de validación
$validateSetAttribut = New-Object
System.Management.Automation.ValidateSetAttribute('T0','T1','T2',
'T3')
# Añadir el atributo de validación a la colección
$attributeCollection.Add($validateSetAttribut)
```

A continuación, añada estas líneas a las ya existentes:

```
DynamicParam {
  if ($IsAdministrativeAccount)
 {
    # Crear la colección de atributos
    $attributeCollection = New-Object `
      System.Collections.ObjectModel.Collection[System.Attribute]

    # Creación del atributo [Parameter()]
    $parameterAttribut = New-Object `
      System.Management.Automation.ParameterAttribute
    $parameterAttribut.Mandatory = $true

    # Añadir el atributo [Parameter()] a la colección
      $attributeCollection.Add($parameterAttribut)

    # Crear el atributo [ValidateSet()]
   $validateSetAttribut = New-Object `
System.Management.Automation.ValidateSetAttribute('T0','T1','T2', 'T3')

    # Añadir el atributo a la colección
    $attributeCollection.Add($validateSetAttribut)

    # Crear el parámetro Tier
   $tierParam = New-Object `
      System.Management.Automation.RuntimeDefinedParameter('Tier',
[String], $attributeCollection)
```

```
    # Creación del diccionario de parámetros
    $paramDictionary = New-Object `
     System.Management.Automation.RuntimeDefinedParameterDictionary

    # Añadir el parámetro Tier al diccionario
    $paramDictionary.Add('Tier', $tierParam)

    return $paramDictionary
  }
}
```

A partir de ahora, las únicas opciones posibles para el parámetro `-Tier` son las siguientes:

```
PS >new-myPSADUser -Name NicolasB -IsAdministrativeAccount -Tier
T4
New-MyPSADUser: Cannot validate argument on parameter 'Tier'.
The argument "T4" does not belong to the set "T0,T1,T2,T3"
specified by the ValidateSet attribute. Supply an argument
that is in the set and then try the command again.
```

Para determinar los demás tipos de atributos de validación, basta con repetir lo utilizado anteriormente, sustituyendo el nombre por lo que nos interesa.

Por ejemplo

Atributos de validación	Correspondencia en el tipo de objeto
ValidateCount	System.Management.Automation.**ValidateCount**Attribute
ValidateLength	System.Management.Automation.**ValidateLength**Attribute
ValidatePattern	System.Management.Automation.**ValidatePattern**Attribute
ValidateRange	System.Management.Automation.**ValidateRange**Attribute
ValidateScript	System.Management.Automation.**ValidateScript**Attribute

4.6 Limitaciones y casos de uso

A pesar de las posibilidades que ofrecen los parámetros dinámicos, también hay algunos inconvenientes:

- Bajo rendimiento: el bloque de script `DynamicParam` se reproduce cada vez que se modifican los parámetros del comando, lo que ralentiza el procesamiento y el descubrimiento de parámetros mediante autocompletado. Del mismo modo, el bloque se analiza aunque el comando se haya rellenado correctamente, como al copiar y pegar, o al llamar al historial de la consola.
- Complicado de mantener: si `DynamicParam` gestiona uno o dos parámetros, sigue siendo mantenible. Pero cuando se generan varias decenas de parámetros, más allá del aspecto del rendimiento, lo que se complica es la mantenibilidad del código.

Debido a las limitaciones anteriores, los parámetros dinámicos deben manejarse con cuidado. Por estas razones, su uso solo se recomienda en los siguientes casos:

- Si desea copiar los parámetros de una función a otra.
- Si el valor de un parámetro depende del valor de otro.
- Si el parámetro depende del uso de un origen de datos específico (FileSystem, Registry, etc.).

Si un requisito no figura en esta lista, puede que merezca la pena estudiar las opciones descritas en la siguiente sección.

5. ArgumentCompleter y Dynamic ValidateSet

Los atributos `ArgumentCompletions`, `ArgumentCompleter` y `Dynamic ValidateSet` se tratan por separado, ya que tienen algunas características especiales. `ArgumentCompletion` se añadió con la versión 6.0 de PowerShell, y los otros dos tienen una gestión dinámica de validación o finalización.

5.1 ArgumentCompletions

`ArgumentCompletion` es similar a `ValidateSet`, excepto en que no comprueba el valor pasado al parámetro. Los valores que se le pasan solo se utilizan como sugerencias al autocompletar mediante la tecla [Tab].

La sintaxis sigue siendo similar:

Ejemplo

```
Param (
    [Parameter(Mandatory=$true)]
    [ArgumentCompletions('Info','Warning','Error')]
    [String]$Type
)
```

Aquí el usuario ve aparecer las sugerencias `Info`, `Warning` y `Error` cuando utiliza la tecla `[Tab]` (autocompletado) en el parámetro `-Type`. Sin embargo, es perfectamente posible introducir otro valor, como `Información` o `Advertencia`.

5.2 ArgumentCompleter

El atributo `ArgumentCompleter` es más complejo de manejar que los atributos anteriores. Al igual que `ValidateScript`, requiere el uso de un bloque de script *(scriptblock)*, pero le diferencia que debe devolver uno o más valores enumerados. Estos valores se utilizarán como sugerencias para el usuario cuando se llame a autocompletar, con la ventaja de que parte de la entrada del usuario puede tenerse en cuenta cuando se llama a autocompletar.

Observación

La enumeración de objetos se refiere a los elementos presentes en una colección/matriz. Estos se devuelven uno a uno en la salida, y no en un solo bloque. En el caso de `ArgumentCompleter`, debe respetarse la enumeración, ya que de lo contrario se corre el riesgo de acabar con todos los valores en cuanto se pulse la tecla [Tab].

También es posible utilizar una clase PowerShell en lugar de un bloque de script. Para obtener más información, consulte el capítulo Clases - Uso de clases para la validación de parámetros.

5.2.1 Estructura

El bloque de script debe incluir un bloque `Param` con cinco parámetros:

```
[ArgumentCompleter(
 {
  param (
        $commandName,
        $parameterName,
        $wordToComplete,
        $commandAst,
        $fakeBoundParameters
    )
    Instrucción #ArgumentCompleter
}
)]
```

No es obligatorio seguir escrupulosamente esta nomenclatura de parámetros. Es solo lo que encontrará en los archivos de ayuda disponibles en Internet y en los temas de ayuda de PowerShell.

Veamos cada parámetro en detalle:

- `$commandName`: contiene el nombre del comando o función.
- `$parameterName`: contiene el nombre del parámetro al que se asigna el atributo.
- `$ wordToComplete`: contiene el valor introducido por el usuario que debe ser completado. Se utiliza para prefiltrar los valores que se devolverán al usuario cuando se llame a autocompletar.
- `$commandAst`: contiene el objeto AST (*Abstract Syntax Tree*) del comando.

- `$fakeBoundParameters`: contiene el equivalente de `$PSBoundParameter` en el momento en que el usuario utiliza autocompletar.

Observación

El AST es un objeto especial. Se utiliza para representar el código en forma de objeto que puede ser manipulado y analizado. Por ejemplo, el módulo `PSScriptAnalyzer` es un módulo basado en AST para analizar el código PowerShell y comprobar que cumple las reglas de codificación preestablecidas.

Para el ejemplo, tomemos la función `Nuevo-MiPSAdUsuario`. Recordemos que esta función se utiliza para crear usuarios de Active Directory según la nomenclatura del dominio. La función tendrá un parámetro `-ID` que contiene el identificador único de una persona dentro de la empresa. Se introduce en el `SamAccountName` del usuario precedido del carácter `'a'`.

Ejemplo de usuario

```
DistinguishedName: CN=a339083,OU=Denmark,OU=Lab Accounts,DC=akalya,DC=fr
Enabled          : True
GivenName        : Cairo
Name             : a339083
ObjectClass      : user
ObjectGUID       : 46c77b85-d9b9-4fb2-88e3-eb762dc47ab7
SamAccountName   : a339083
SID              : S-1-5-21-532418205-129402747-3486938157-2080
Surname          : Garrett
UserPrincipalName: a339083@akalya.fr
```

La idea es ofrecer los diez ID siguientes al último ID utilizado. Para ello, tenemos que recuperar la lista de todos los usuarios, extraer sus ID, convertirlos en enteros `[int]` y, a continuación, ordenarlos de forma ascendente:

```
$allID = Get-AdUser -Filter * |
  Where-Object SamAccountName -match '^a[0-9]{6}$' |
  ForEach-Object {
       [int]($_.SamAccountName -replace 'a')
   } | Sort-Object
```

A partir de ahí, es cuestión de tomar la última identificación y generar las diez siguientes:

```
1..10 | ForEach-Object {$lastId + $_}
```

Veamos ahora cómo incluir esto en el archivo:

```
[ArgumentCompleter({
 param (
   $command,
    $parameterName,
    $wordToComplete,
    $commandAst,
    $fakeBoundParameters
 )
  $allID = Get-AdUser -Filter * |
   Where-Object SamAccountName -match '^a[0-9]{6}$' |
   ForEach-Object {
      [int]($_.SamAccountName -replace 'a')
    } | Sort-Object

  $lastId = $allID[-1]

  # les 10 prochains ID:
 1..10 | ForEach-Object {$lastId + $_}
})]
[int]$ID
```

Observación

Por supuesto, para que este comando funcione, es necesario tener instalado el módulo ActiveDirectory, ya sea desde las características de Windows Server o desde las RSAT en Windows 10 y 11.

Este es el resultado cuando el usuario llama a autocompletar en la función ([Ctrl][Espacio]):

```
PS > New-MyPSADUser -ID 999872
999872  999873  999874  999875  999876  999877  999878  999879
999880  999881
```

5.2.2 Añadir entradas de usuario

¿Cómo incluir los elementos introducidos por el usuario en el retorno del bloque de script?

Añadiendo un filtro basado en el valor de `$wordToComplete`:

```
[ArgumentCompleter({
 param (
   $command,
    $parameterName,
    $wordToComplete,
    $commandAst,
    $fakeBoundParameters
 )
  $allID = Get-AdUser -Filter * |
   Where-Object SamAccountName -match '^a[0-9]{6}$' |
   ForEach-Object {
      [int]($_.SamAccountName -replace 'a')
    } | Sort-Object

  $lastId = $allID[-1]

  # les 10 prochains ID:
 1..10 | ForEach-Object {$lastId + $_} |
   Where-Object {$_ -Like "$wordToComplete*"}
})]
[int]$ID
```

Este es el resultado obtenido cuando se introduce 99987 antes de llamar a autocompletar en el parámetro ID:

```
PS > New-MyPSADUser -ID 999872
999872  999873  999874  999875  999876  999877  999878  999879
```

Y al introducir 99988:

```
PS C:\Users\Administrator> New-MyPSADUser -ID 999880
999880  999881
```

Tenga en cuenta, sin embargo, que los valores devueltos no son obligatorios sino meras sugerencias diseñadas para facilitar la introducción de datos por parte del usuario.

Esto sigue siendo más eficaz y fácil de mantener que los ajustes dinámicos.

5.2.3 Uso de PSBoundParameter

También es posible comprobar el valor de otros parámetros a través de la variable `$fakePSBoundParameters`, o simplemente comprobar su presencia.

Por ejemplo, a partir del valor de la OU (*Organizational Unit*) de destino del usuario, es posible recuperar todos los campos `Department` o `City` de los usuarios presentes en la OU, y proponerlos mediante autocompletado.

Para crear esta lista, utilice el siguiente comando:

```
(Get-ADUser -Filter * -SearchBase $OUDestinationUser `
   -Properties Department -ErrorAction SilentlyContinue |
    Where-Object {
       $_.SamAccountName -match '^a[0-9]{6}$'
    }
).Department | Sort-Object -Unique
```

El contexto es el mismo que en la sección anterior.

Se añade el parámetro `-OUPath` a la función `New-MyPSADUser`, así como el parámetro `-Department`. Para adaptarse a los requisitos, se coloca el atributo `[ArgumentCompleter()]` en el parámetro `-Department`. Para que sea sensible al contenido del parámetro `-OUPath`, utilizamos el parámetro `$fakeBoundParameters` en el bloque de script. Al igual que con la variable `$PSBoundParameter`, es posible comprobar si se utiliza un parámetro cuando se llama a la función, script o bloque de script:

```
[parameter(
 Mandatory = $true
)]
[string]$OUPath,

[ArgumentCompleter( {
  param (
     $command,
     $parameterName,
     $wordToComplete,
     $commandAst,
     $fakeBoundParameters
   )
   if ($fakeBoundParameters.ContainsKey('OUPath'))
  {
    #Instrucción
```

```
    }
} )]
[string]$Department
```

En este caso, si el parámetro `-OUPath` tiene un valor, el bloque de instrucciones se ejecutará cuando se llame al autocompletado sobre el valor del parámetro `-Department`.

Solo queda completar el bloque de instrucciones adaptando el comando visto al principio de esta sección:

```
[ArgumentCompleter( {
 param (
   $command,
   $parameterName,
   $wordToComplete,
   $commandAst,
   $fakeBoundParameters
  )
  if ($fakeBoundParameters.ContainsKey('OUPath'))
  {
   (Get-ADUser -Filter * `
    -SearchBase $fakeBoundParameters['OUPath'] `
     -Properties Department `
    -ErrorAction SilentlyContinue |
     Where-Object {
       $_.SamAccountName -match '^a[0-9]{6}$'
      }
   ).Department | Sort-Object -Unique
   }
})]
[string]$Department
```

A continuación, integramos el uso del valor del parámetro `$wordToComplete` en el filtro `Where-Object`:

```
[ArgumentCompleter( {
 param (
   $command,
   $parameterName,
   $wordToComplete,
   $commandAst,
   $fakeBoundParameters
  )
```

```
    if ($fakeBoundParameters.ContainsKey('OUPath'))
    {
     (Get-ADUser -Filter * `
      -SearchBase $fakeBoundParameters['OUPath'] `
      -Properties Department `
      -ErrorAction SilentlyContinue |
       Where-Object {
          $_.SamAccountName -match '^a[0-9]{6}$'`
        -And $_.Department -like "$wordToComplete*"
        }
     ).Department | Sort-Object -Unique
     }
})]
[string]$Department
```

El otro elemento que se puede sustituir es el uso explícito del término `'Department'` en el bloque de script. Este es el nombre del parámetro, que a su vez está contenido en el parámetro del bloque de script `$parameterName`.

He aquí el resultado:

```
[ArgumentCompleter( {
 param (
   $command,
   $parameterName,
   $wordToComplete,
   $commandAst,
   $fakeBoundParameters
  )
  if ($fakeBoundParameters.ContainsKey('OUPath'))
  {
   (Get-ADUser -Filter * `
    -SearchBase $fakeBoundParameters['OUPath'] `
     -Properties $parameterName `
    -ErrorAction SilentlyContinue |
      Where-Object {
       $_.SamAccountName -match '^a[0-9]{6}$'`
      -And $_.$parameterName -like "$wordToComplete*"
       }
   ).$parameterName | Sort-Object -Unique
   }
})]
[string]$Department
```

El resultado es un bloque de guiones que puede adaptarse a diferentes necesidades y parámetros.

Por ejemplo, si crea un parámetro `-City`, es perfectamente posible reutilizar el mismo bloque de script para este parámetro:

```
[ArgumentCompleter( {
 param (
   $command,
   $parameterName,
   $wordToComplete,
   $commandAst,
   $fakeBoundParameters
  )
  if ($fakeBoundParameters.ContainsKey('OUPath'))
  {
   (Get-ADUser -Filter * `
    -SearchBase $fakeBoundParameters['OUPath'] `
    -Properties $parameterName `
    -ErrorAction SilentlyContinue |
      Where-Object {
       $_.SamAccountName -match '^a[0-9]{6}$'`
      -And $_.$parameterName -like "$wordToComplete*"
      }
   ).$parameterName | Sort-Object -Unique
   }
})]
[string]$Department,


[ArgumentCompleter( {
 param (
   $command,
   $parameterName,
   $wordToComplete,
   $commandAst,
   $fakeBoundParameters
  )
  if ($fakeBoundParameters.ContainsKey('OUPath'))
  {
   (Get-ADUser -Filter * `
    -SearchBase $fakeBoundParameters['OUPath'] `
     -Properties $parameterName `
    -ErrorAction SilentlyContinue |
```

```
        Where-Object {
         $_.SamAccountName -match '^a[0-9]{6}$' `
        -And $_.$parameterName -like "$wordToComplete*"
       }
    ).$parameterName | Sort-Object -Unique
    }
})]
[string]$City
```

5.2.4 Utilizar una función

Al final de la sección anterior se describe el uso de un bloque de secuencia de comandos idéntico para dos parámetros diferentes. Para mayor claridad y facilidad de uso, recomendamos trasladar el procesamiento a una función externa y llamarla en el bloque de script para el atributo `[ArgumentCompleter()]`.

Esta es la función que realizará el procesamiento:

```
function Get-ArgComplADProperty {
  param (
    $command,
    $parameterName,
    $wordToComplete,
    $commandAst,
    $fakeBoundParameters
  )

   if ($fakeBoundParameters.ContainsKey('OUPath'))
  {
    (Get-ADUser -Filter * `
     -SearchBase $fakeBoundParameters['OUPath'] `
      -Properties $parameterName -ErrorAction SilentlyContinue |
       Where-Object {
         $_.SamAccountName -match '^a[0-9]{6}$' -And `
         $_.$parameterName -like "$wordToComplete*"
       }
    ).$parameterName | Sort-Object -Unique
    }
}
```

Para utilizarlo en el bloque de script `ArgumentCompleter`, los parámetros deben pasarse uno a uno al comando:

```
        [ArgumentCompleter( {
           param (
              $command,
              $parameterName,
              $wordToComplete,
              $commandAst,
              $fakeBoundParameters
           )
            Get-ArgComplADProperty `
            -Command $command `
              -ParameterName $parameterName `
              -WordToComplete $wordToComplete `
              -CommandAst $commandAst `
             -FakeBoundParameters $fakeBoundParameters
        } )]
        [string]$Department,
...
```

O, si quiere ser más eficiente, puede optar por el splatting:

```
        [ArgumentCompleter( {
           param ( $command,
             $parameterName,
             $wordToComplete,
             $commandAst,
             $fakeBoundParameters
             )
             Get-ArgComplADProperty @PSBoundParameters
          } )]
          [string]$Department,
...
```

Para saber más sobre el splatting, se le dedica una sección al final de este capítulo.

Por último, obtenemos una propuesta basada en los elementos pasados como parámetros:

```
PS > $OUPath = 'OU=Lithuania,OU=Lab Accounts,DC=akalya,DC=fr'
PS > New-MyPSADUser -OUPath $OUPath `
>> -Department Business Development
Business Development  Inventory               Organizational
Customer Service      IT                      Purchasing
Customers             Licenses                Quality Asurance
Engineering           Management              Research &
Development
Financial             Market Development      Sales
Human Resources       Marketing               Services
Insurance             Operational             Staff
```

Observación

Preste atención a utilizar las comillas si la propuesta contiene un espacio, como en este caso con `Business Development`. De lo contrario, PowerShell lo interpretará como dos valores en lugar de uno, a menos que lo haya previsto con la función `Get-ArgComplADProperty` y añadido comillas a los resultados devueltos. Por ejemplo: | `ForEach-Object {"'$_'"}`

Ejemplo con el valor `I` ya introducido en el parámetro `-Department`

```
PS > $OUPath = 'OU=Lithuania,OU=Lab Accounts,DC=akalya,DC=fr'
PS > New-MyPSADUser -OUPath $OUPath -Department Insurance
Insurance  Inventory  IT
```

5.3 Dynamic ValidateSet

`Dynamic ValidateSet` genera dinámicamente una lista que puede ser utilizada por el atributo `[ValidateSet()]`. A diferencia de `[ArgumentCompleter()]`, que solo proporciona sugerencias, aquí los elementos deben respetar la lista devuelta.

Este método requiere el uso de clases PowerShell. Por este motivo, no vamos a verlo aquí, sino en el capítulo Clases. También debe tenerse en cuenta que este método solo está disponible desde la versión 7 de PowerShell.

6. Register-ArgumentCompleter

El comando `Register-ArgumentCompleter` registra un *completador de argumentos* (*argument completer*) personalizado. La idea es hacer lo mismo que el atributo `ArgumentCompleter` visto en la sección anterior.

La diferencia es que el atributo se coloca en un parámetro de una función que usted ha escrito mientras que el comando `Register-ArgumentCompleter` tiene un alcance más amplio. Es posible colocar `Argument Completer` en comandos nativos de PowerShell, como `Get-Service` o `Get-Process` así como interactuar con binarios como `ping.exe`o `nslookup.exe`.

En esta sección, nos centraremos principalmente en la integración con comandos PowerShell y no con ejecutables.

`Register-ArgumentCompleter` también se puede utilizar para anular el autocompletado ya existente para un parámetro. Por ejemplo, el comando `Start-Service` tiene autocompletado el parámetro `-Name` para todos los servicios presentes en la máquina, independientemente de su estado de ejecución. Para simplificar la tarea, es posible registrar un `Argument Completer` que solo proponga servicios en estado detenido y no en estado de inicio desactivado.

Este es el comando que devuelve los servicios que cumplen estos criterios:

```
Get-Service | Where-Object {
  $_.StartType -ne 'Disabled' -and $_.Status -eq 'Stopped'
}
```

`Register-ArgumentCompleter` cumple los mismos requisitos que el atributo `[ArgumentCompleter()]`. Por lo tanto, es necesario disponer de un bloque de script con el mismo número de parámetros. Por coherencia, se mantendrá la nomenclatura de los parámetros de la sección anterior:

```
$scriptBlock = {
 param(
   $commandName,
   $parameterName,
   $wordToComplete,
   $commandAst,
   $fakeBoundParameters
 )
```

```
# Instrucciones
}
```

El comando está integrado al bloque de script:

```
$scriptBlock = {
 param(
   $commandName,
   $parameterName,
   $wordToComplete,
   $commandAst,
   $fakeBoundParameters
)
 Get-Service | Where-Object {
   $_.StartType -ne 'Disabled' -and $_.Status -eq 'Stopped'
 }
}
```

Observe la presencia del parámetro `$wordToComplete`, que contiene el valor introducido por el usuario cuando se llama a autocompletar. Al igual que el atributo `[ArgumentCompleter()]`, puede integrarse en el código:

```
$scriptBlock = {
 param(
   $commandName,
   $parameterName,
   $wordToComplete,
   $commandAst,
   $fakeBoundParameters
)
 Get-Service -Name "$wordToComplete*" | Where-Object {
   $_.StartType -ne 'Disabled' -and $_.Status -eq 'Stopped'
 }
}
```

Observación

En este caso, la variable `$wordToComplete` se ha colocado directamente en el comando `Get-Service`, porque el parámetro `-Name` acepta wildcards. Esto optimiza el procesamiento, ya que `Where-Object` tiene menos elementos que filtrar.

Ahora que el bloque de script está escrito, se necesita guardarlo. Para ello, el valor del parámetro Register-ArgumentCompleter debe incluir el nombre del comando y el nombre del parámetro en el que desea colocar el ArgumentCompleter. En nuestro caso, el comando Start-Service y el parámetro -Name:

```
PS > Register-ArgumentCompleter -CommandName Start-Service `
    -ParameterName Name -ScriptBlock $scriptBlock
```

En esta prueba, se especificó el carácter "a*" en el parámetro -Name de Start-Service antes de utilizar la función de autocompletar:

```
PS > Get-Service -Name A* | Select-Object `
>>  -Property Status,StartType,Name

Status StartType Name
------ --------- ----
Running Automatic ADWS
Stopped    Manual AJRouter
Stopped    Manual ALG
Stopped    Manual AppIDSvc
Stopped    Manual Appinfo
Stopped    Manual AppMgmt
Stopped    Manual AppReadiness
Stopped  Disabled AppVClient
Stopped    Manual AppXSvc
Stopped    Manual AudioEndpointBuilder
Stopped    Manual Audiosrv
Stopped    Manual AxInstSV

PS > Start-Service -Name AJRouter
AJRouter              AppMgmt               Audiosrv
ALG                   AppReadiness          AxInstSV
AppIDSvc              AppXSvc
Appinfo               AudioEndpointBuilder
```

Aquí podemos ver que el servicio ADWS, que está en estado Running, no se muestra en las propuestas cuando se llama a autocompletar, y tampoco el servicio AppVClient, que está desactivado.

7. Splatting

El *splatting* es una función disponible desde PowerShell V2.0, pero recomendada para su uso en PowerShell V3.0. ¿Qué hace exactamente?

El primer beneficio directo es la minimización de la entrada de parámetros cuando se utiliza un comando. Algunos comandos tienen un número bastante alto de parámetros obligatorios, que pueden resultar rápidamente ilegibles, a pesar del uso del carácter ` ([Alt Gr]+7).

Ejemplo con el comando `Send-MailMessage`

```
Send-MailMessage -Body 'Hello' `
    -From nicolas@akalya.fr `
    -SmtpServer mail.akalya.fr `
    -Subject 'Enviado por PowerShell' `
    -To stephane.vangulick@frpsug.fr `
    -Port 465 `
    -UseSsl
```

En otro caso, a veces se tiene que reutilizar un comando varias veces con los mismos parámetros. Normalmente, los parámetros se definen uno a uno. Lo mejor es centralizar los valores en variables y luego asignarlos a los parámetros de cada comando.

Ejemplo

```
$ForegrounColor = 'Yellow'

Write-host 'Hello' -ForegroundColor $ForegrounColor

Write-Host 'World' -ForegroundColor $ForegrounColor
```

Sin embargo, si necesita añadir un parámetro a todos los comandos, tiene que volver a cada comando para añadirlo.

El splatting permite superar estas limitaciones, de dos maneras posibles: utilizando *una hashtable* (diccionario) o superponiéndola a un `array` *(arreglo)*. Esto puede compararse con las dos formas de asignar un valor a un parámetro: o bien se designa el parámetro y luego su valor, o bien se asigna el valor omitiendo el parámetro, y PowerShell asigna el valor según la posición de los parámetros.

Observación

Una hashtable es un diccionario de datos, con dos miembros: una clave (`Key`) y un valor (`Value`). Cada valor `Key`está asociado a un valor `Value`. Las hashtables se utilizan para construir los objetos personalizados que veremos en el capítulo Objetos personalizados y tipos estándar.

Para utilizar la hashtable, utilicemos como ejemplo el applet de comandos `Send-MailMessage`:

```
$HashSend = @{
    Body = 'Hello'
    From = 'Nicolas.Baudin@frpsug.fr'
    SmtpServer = 'mail.frpsug.fr'
    Subject = 'Enviado por PowerShell'
    To = 'stephane.vangulick@frpsug.fr'
    Port = 465
    UseSsl = $true
}

PS > Send-MailMessage @HashSend
```

En primer lugar, se crea una hashtable llamada `$HashSend` utilizando la sintaxis `@{...}` que contiene todos los parámetros del primer ejemplo. La particularidad del parámetro `-UseSsl` es que es del tipo `[Switch]`. Para interactuar con este tipo de parámetro a través de una hashtable, se le debe asignar un valor booleano: `$true` o `$false`. `$true` significa que el parámetro está presente, y `$false` que está ausente. Un detalle que debe tener en cuenta es que cuando se llama a una función, el tradicional `$` se sustituye por `@`. Esto indica al comando que se está utilizando splatting.

Observación

El splatting solo puede utilizarse llamando directamente a una variable. No es posible llamar a una hashtable contenida en una hashtable o a un array que enumere un conjunto de hashtables.

Ahora podemos imaginar su integración en el desarrollo de futuras funciones. Una hashtable puede mejorarse en función de los parámetros introducidos por el usuario.

Cuando se utiliza un array, la tarea es sin duda un poco más compleja, porque es necesario conocer la posición de cada parámetro.

Ejemplo con el comando `Copy-Item`

```
$ArrayCI = @('File1.txt', 'File2.txt')
Copy-Item @ArrayCI -Force
```

Creamos un arreglo, `$ArrayCI`, utilizando la sintaxis `@(...)`. En él, el primer valor, `File1.txt`, se asigna al parámetro `-Path` cuando se llama al cmdlet. El segundo valor, `File2.txt`, se asigna al parámetro `-Path`. Por último, el parámetro `-Force` se ejecuta fuera del splatting. Se puede utilizar junto con la asignación tradicional de parámetros de comandos.

Capítulo 3
Creación de módulos

1. Introducción

La palabra "módulo" generalmente evoca la idea de "modular". Se concibe como un elemento básico central, alrededor del cual se agrupan otros elementos más pequeños que completan su funcionalidad. Estos elementos pueden eliminarse, mejorarse, añadirse o incluso transferirse.

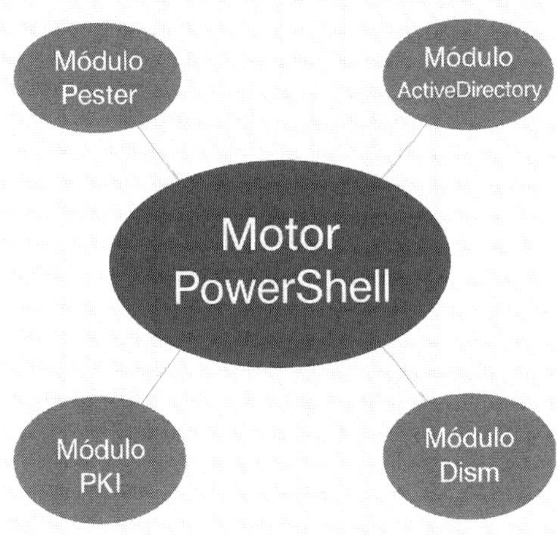

Ilustración de la modularidad en PowerShell

Lo mismo ocurre con los módulos PowerShell, aunque son algo más que simples complementos. De hecho, todos los comandos de PowerShell, especialmente los comandos básicos, están contenidos en módulos. Los módulos se introdujeron con PowerShell 2.0. Sustituyeron a los *snapins*, que aparecieron en la primera versión de PowerShell. Los snapins se siguen utilizando, pero Microsoft recomienda el uso de módulos, que son mucho más sencillos de configurar.

Los módulos permiten organizar adecuadamente el código. Sobre todo, facilitan el intercambio de código con colegas e incluso con toda la comunidad.

Observación

Cuando se escribió este libro, Microsoft tenía una lista de 11.554 módulos publicados en su plataforma de descargas PowerShell Gallery (véase el capítulo Gestión de módulos y paquetes). Esto da una idea de su verdadera relevancia y del impacto que pueden tener.

¿Qué tipos de archivos son? ¿Y qué pueden contener?

- PSM1: archivo de script. Es el archivo principal y basta con incluirlo para definir un módulo. Se ejecuta para cargar todas las funciones.
- DLL: archivo binario, normalmente compilado en C#. Puede contener cmdlets, proveedores, recursos DSC, variables o incluso clases.
- PS1: archivo de script. Este archivo generalmente declara funciones, variables o clases.
- PSD1: manifiesto del módulo. Se trata de un archivo utilizado para rellenar un gran número de elementos relativos al módulo. Se describirá con más detalle más adelante en este capítulo.
- PSRC: archivo de configuración de roles JEA (*Just Enough Administration*). Este tipo de archivo se aborda en el capítulo Gestión remota avanzada.

Existen varios tipos de módulos: módulo script, módulo binario, módulo dinámico. Todos ellos se tratarán en las secciones siguientes.

2. Módulo dinámico

La segunda opción para crear un módulo es el comando `New-Module`. Esto crea un módulo dinámico. Se carga en memoria y existe mientras dura la sesión de PowerShell. Esto significa que no se escribe en el disco y, por lo tanto, es invisible para el comando `Get-Module` (más adelante veremos cómo hacerlo visible). Sin embargo, las funciones creadas permanecen visibles a través del comando `Get-Command`.

Argumentos para el comando `New-Module`:

Parámetro	Descripción
`ArgumentList`	Especifica un arreglo de valores para pasar al parámetro `-ScriptBlock`.
`AsCustomObject`	Devuelve el módulo como un `CustomObject`cuando se crea. A continuación, se puede asignar a una variable. Las funciones o cmdlets exportados se presentan como métodos de ese objeto.
`Cmdlet`	Filtra los cmdlets exportados desde el módulo. Para ello, es necesario especificar una lista con el nombre de los cmdlets a exportar. Por defecto, se exportan todos los cmdlets. Se admiten *wildcards*.
`Function`	Filtra las funciones exportadas desde `-ScriptBlock`. Misma sintaxis que el parámetro `-Cmdlet`.
`Name`	Especifica un nombre de módulo. Como es obligatorio, si el valor es nulo o está vacío, PowerShell genera un nombre de configuración aleatorio. Su nombre empieza por "`_DynamicModule`". Irá seguido de un GUID.
`ReturnResult`	Devuelve la salida del bloque de script, así como la creación del módulo.

Parámetro	Descripción
ScriptBlock	Indica el contenido del módulo dinámico. Este bloque está delimitado por llaves. Las funciones deben ir separadas por un salto de línea o un punto y coma. Se podría decir que equivale al archivo PSM1 de un módulo script.

Ahora se crearán dos funciones que se integrarán en el -ScriptBlock del módulo dinámico. La primera, Get-PSInstalledHotFix, enumera las actualizaciones instaladas en una estación de trabajo. La segunda, Rename-PSWindowUITitle, se utiliza para cambiar el nombre de la ventana de PowerShell. Esto puede resultar útil cuando hay muchas ventanas abiertas y resulta complicado identificarlas. Por último, también se crea un alias, gpih. Sirve como alias de la función Get-PSInstalledHotFix.

Creación del módulo dinámico

```
PS > New-Module -ScriptBlock {
   Function Get-PSInstalledHotFix {
       Get-WmiObject -Class Win32_QuickFixEngineering |
Select HotFixID,InstalledOn,Description
   }
   Function Rename-PSWindowUITitle ($NewName) {
       $host.UI.RawUI.WindowTitle = $NewName
   }
   Set-Alias -Name gpih -Value Get-PSInstalledHotFix
}

ModuleType Version  Name                        ExportedCommands
---------- -------  ----                        ----------------
Script     0 0       __DynamicModule_9a4c... {Get-PSInstalledHo...
```

No se ha especificado el parámetro -Name. Como resultado, PowerShell generó un nombre aleatorio.

Para listar los comandos

```
PS > Get-Command -Module "__DynamicModule_*"

CommandType Name                  Version Source
----------- ----                  ------- ------
Function    Get-PSInstalledHotFix 0.0      __DynamicModule_...
```

```
Function      Rename-PSWindowUITitle 0.0       __DynamicModule_...
```

Los dos comandos del módulo están presentes. ¿Puede decirse lo mismo del alias?

```
PS >  get-alias gpih
get-alias : Cette commande ne trouve pas d'alias correspondant,
car l'alias avec name « gpih » n'existe pas.
Au caractère Ligne:1 : 1
+ get-alias gpih
+ ~~~~~~~~~~~~~~
   + CategoryInfo           : ObjectNotFound: (gpih:String)
[Get-Alias], ItemNotFoundException
   + FullyQualifiedErrorId : ItemNotFoundException,Microsoft.
PowerShell.Commands.GetAliasCommand
```

Como puede verse, se genera una excepción, lo que indica que el alias no se ha exportado junto con las funciones. Los módulos dinámicos no exportan variables ni alias. Sin embargo, es posible forzar este comportamiento utilizando el comando `Export-ModuleMember`:

```
PS > New-Module -ScriptBlock {
   Function Get-PSInstalledHotFix {
       Get-WmiObject -Class Win32_QuickFixEngineering |
Select HotFixID,InstalledOn,Description
   }
   Function Rename-PSWindowUITitle ($NewName) {
       $host.UI.RawUI.WindowTitle = $NewName
   }
   Set-Alias -Name gpih -Value Get-PSInstalledHotFix
   Export-ModuleMember -Alias gpih `
     -Function Get-PSInstalledHotFix,Rename-PSWindowUITitle
}
PS > get-alias gpih

CommandType  Name                             Source
-----------  ----                             ------
Alias        gpih -> Get-PSInstalledHotFix    __DynamicModule_9...
```

Volveremos al comando `Export-ModuleMember` más adelante en este capítulo.

Ya se ha dicho que el comando `Get-Module` no es capaz de ver un módulo dinámico. El truco consiste en añadir el cmdlet `Import-Module` a la izquierda de la creación del módulo, separado por un pipeline:

```
PS > New-Module -ScriptBlock {…} | Import-Module
PS C:\Users\Nicol> Get-Module

ModuleType Version    Name                   ExportedCommands
---------- -------    ----                   ----------------
Script     0 0        __DynamicModule_...   {Get-PSInstalledHot...
```

3. Módulo binario

Los módulos binarios son una categoría particular dentro de los módulos de PowerShell. Contienen código compilado en un lenguaje .NET. Pueden citarse ejemplos en C#, en VB.NET e incluso en ASP.NET. Aunque el diseño de un módulo binario es similar al de un snapin, existen diferencias importantes entre ambos. La instalación de un snapin requiere derechos de administrador, lo que no ocurre con un módulo binario. Basta con copiar los archivos, como sucede con los módulos de script (salvo que se copien en una carpeta que requiera privilegios elevados, como Program Files).

Diseñar cmdlets en un lenguaje .NET resulta especialmente útil. Proporciona un tiempo de ejecución más rápido que las funciones PowerShell. Sin embargo, descubrir estas funciones está fuera del alcance de este libro. Está dirigido a desarrolladores. No obstante, en términos generales, se recomienda encarecidamente interesarse por el framework .NET, especialmente si se busca constantemente el rendimiento en los scripts y funciones de PowerShell. .NET ofrece una gran variedad de clases que permiten ahorrar una cantidad considerable de tiempo.

4. Módulo script

Los módulos script son los más conocidos porque son rápidos y fáciles de crear. También son sencillos de desplegar y de utilizar.

Crear un módulo es relativamente sencillo. Se puede almacenar en diferentes lugares. Para ello, conviene comprobar el contenido de la variable de entorno `$Env:PSModulePath`. Si el módulo creado no está contenido en uno de los directorios de esta variable, entonces no será descubierto automáticamente por PowerShell. También es posible modificar esta variable para añadir sus propias rutas de acceso.

Observación

Nota: si modifica esta variable, asegúrese de conservar los valores predeterminados ya existentes.

Si se decide prescindir de`$Env:PSModulePath`, siempre es posible importar el módulo manualmente, especificando la ruta completa al applet en el comando `Import-Module`. Puede consultar el contenido de la variable `$Env:PSModulePath` con el siguiente comando:

```
PS > $Env:PSModulePath.Split(';')
C:\Users\Nicol\Documents\WindowsPowerShell\Modules
C:\Program Files\WindowsPowerShell\Modules
C:\WINDOWS\system32\WindowsPowerShell\v1.0\Modules
```

Una vez encontrada la ubicación, basta con crear una carpeta con el nombre del módulo y, a continuación, un archivo PSM1. Debe tener el mismo nombre que la carpeta. Este archivo contendrá el código PowerShell, e incluso puede llamar a scripts PS1.

Ejemplo de creación de un módulo

```
PS > New-Item -Path $Home\Documents\WindowsPowerShell\Modules `
          -Name MyModuleTools -Type directory

PS > New-Item -Name MyModuleTools.psm1 -Type File `
-Path $Home\Documents\WindowsPowerShell\Modules\MyModuleTools
```

Por el momento, el módulo está vacío. A continuación, añadiremos algunas funciones útiles. También es una buena idea incluir una función que llame a una segunda función bastante larga que se utiliza regularmente.

Observación

Los usuarios de Bash en Linux suelen crear alias para definir comportamientos preestablecidos de ciertos comandos. En PowerShell, los alias no se utilizan de esta manera. Es necesario declarar una nueva función que actuará como alias y llamará a la función o comando que quieres acortar. Estas nuevas funciones se denominan generalmente funciones proxy.

En este caso, simplemente añadiremos dos funciones al archivo PSM1:

- La función `Get-PSSerialNumber`: recupera el número de serie del ordenador.
- La función `Get-PSFolderSiz`: determina el tamaño de una carpeta con todos los archivos que contiene. El valor devuelto está en megabytes.

Código de funciones

```
Function Get-PSSerialNumber {
    (Get-CIMInstance -ClassName Win32_Bios).SerialNumber
}

Function Get-PSFolderSize {
    Param(
        [ValidateScript({Test-Path $_})]
        [String]$Path
    )
    (Get-ChildItem -Path $Path -Recurse -File | `
    Measure-Object -Property Length -Sum ).Sum /1MB
}
```

Ahora es posible constatar que el módulo se ha tenido en cuenta en el descubrimiento automático de módulos por parte de PowerShell:

```
PS > Get-Module -ListAvailable

    Directorio :
C:\Users\Nicolas\Documents\WindowsPowerShell\Modules
ModuleType Version Name                          ExportedCommands
---------- ------- ----                          ----------------
Script     0.0     MyModuleTools                 {Get-PSFolder...

    Directorio  :
C:\WINDOWS\system32\WindowsPowerShell\v1.0\Modules
```

```
ModuleType Version    Name                     ExportedCommands
---------- -------    ----                     ----------------
Manifest   1.0.0.0    AppBackgroundTask        {Disable-AppBackgro...
Manifest   2.0.0.0    AppLocker                {Get-AppLockerFileI...
Manifest   1.0.0.0    AppvClient               {Add-AppvClientConn...
...
```

Como se mencionó anteriormente, no es necesario importar el módulo para utilizar las funciones que acabamos de crear:

```
   PS > Get-PSFolderSize -Path .
  10682,433052063
```

4.1 Conversión de un script en un módulo

Convertir un script en un módulo PowerShell es un proceso sencillo. En muchos casos, basta con cambiar la extensión del archivo a .psm1. No obstante, asegúrese de que el código esté organizado en funciones PowerShell. Veremos más adelante que es posible exportar solo unos pocos elementos de todo el código.

Ejemplo de renombramiento

```
PS > Rename-Item -Path MyFunction.ps1 -NewName MyFunction.psm1
```

Para el resto, repetiremos las instrucciones dadas en la sección anterior. En función de la política de importación de módulos configurada, es posible que deba importar el nuevo módulo manualmente, utilizando el applet de comandos `Import-Module`.

```
   PS > Import-Module ./MyFunction.psm1
```

4.2 Convenciones de nomenclatura

La convención de nomenclatura recomendada por Microsoft para las funciones es `Verbo-Nombre`.

Si el nombre de la función no sigue esta convención, aparecerá un mensaje de advertencia al cargar el módulo.

A modo de ejemplo, cambiaremos el nombre del comando `Get-PSFolderSize` por `Take-PSTFolderSize`.

Importar el módulo

```
PS > import-module MyModuleTools -Verbose
NOTA: Se ha importado la función "Get-PSSerialNumber".
ADVERTENCIA: Algunos comandos importados del módulo
"MyModuleTools" contienen verbos no aprobados, lo que puede dificultar
su detección. Para identificar los comandos con verbos no aprobados,
ejecute nuevamente el comando Import-Module con el parámetro -Verbose.
Para obtener la lista de verbos aprobados, escriba Get-Verb.
OBSERVACIONES: El comando «Tomar-PSTamañoDirectorio » del módulo
módulo «MyModuleTools» ha sido importado, pero debido a que su nombre no
no contiene ningún verbo aprobado, puede ser difícil encontrarlo.
para encontrarlo. Puede obtener la lista de verbos aprobados ejecutando
el comando Get-Verb.
COMENTARIOS: Importación de la función "Tomar-PSTamañoDirectorio".
```

El mensaje mostrado es relativamente claro. La función `Tomar-PSTamañoDirectorio` no tiene un verbo aprobado. Se ha especificado el parámetro `-Verbose` para mostrar la función problemática. Sin él, solo aparecería el siguiente mensaje:

```
ADVERTENCIA: Los nombres de ciertos comandos importados del módulo
módulo "MyModuleTools" contienen verbos no aprobados que
que los hacen menos detectables. Para encontrar comandos
que contienen verbos no aprobados, vuelva a ejecutar el comando
Import-Module con el parámetro -Verbose.
Para obtener una lista de verbos aprobados, escriba Get-Verb.
```

Como se ha indicado, para conocer la lista de verbos aprobados:

```
Get-Verb

Verb        AliasPrefix Group           Description
----        ----------- -----           -----------
Add         a           Common          Adds a resource to a cont...
Clear       cl          Common          Removes all the resources...
Close       cs          Common          Changes the state of a re...
Copy        cp          Common          Copies a resource to anot...
Enter       et          Common          Specifies an action that ...
Exit        ex          Common          Sets the current environm...
...
Backup      ba          Data            Stores data by replicatin...
Checkpoint  ch          Data            Creates a snapshot of the...
Compare     cr          Data            Evaluates the data from o...
```

```
Compress     cm          Data          Compacts the data of a re...
Convert      cv          Data          Changes the data from one...
ConvertFrom  cf          Data          Converts one primary type...
...
Approve      ap          Lifecycle     Confirms or agrees to the...
Assert       as          Lifecycle     Affirms the state of a re...
Build        bd          Lifecycle     Creates an artifact (usua...
Complete     cmp         Lifecycle     Concludes an operation
Confirm      cn          Lifecycle     Acknowledges, verifies, o...
Deny         dn          Lifecycle     Refuses, objects, blocks,...
...
Grant        gr          Security      Allows access to a resour...
Protect      pt          Security      Safeguards a resource fro...
Revoke       rk          Security      Specifies an action that ...
Unblock      ul          Security      Removes restrictions to a...
Unprotect    up          Security      Removes safeguards from a...
```

Fíjese en las propiedades `Group` y `Description`, que dan una idea del posible uso de cada verbo. Consúltelas cuando te falte inspiración.

Observación

La propiedad `Description` *se introdujo con PowerShell 7.*

4.3 Internacionalización y difusión del módulo

La facilidad con la que un módulo puede adaptarse a distintos sistemas lo hace accesible al mayor número posible de usuarios. En este contexto, es legítimo querer hacer más comprensible su interacción con usuarios internacionales. Teniendo esto en cuenta, la implementación de módulos en PowerShell v2 ha ido acompañada de su internacionalización. Esta funcionalidad no se limita a los módulos, sino que también puede aplicarse a los scripts.

4.3.1 Estructura y nomenclatura de las carpetas

La internacionalización consiste en guardar datos, como mensajes, en diferentes idiomas en archivos PSD1. Cada archivo PSD1 representa un idioma. Estos archivos deben colocarse en subdirectorios que acompañen al módulo o script. Estos subdirectorios deben seguir la sintaxis de la nomenclatura `UICulture` (*User Interface Culture*). Se trata de los parámetros regionales configurados en la máquina. Por ejemplo, para la cultura americana, es `en-US`.

Para Francia, es `es-ES`. En PowerShell 7, es posible puede obtenerse la lista completa de culturas con el comando `Get-Culture` y el parámetro `-ListAvailable`.

Uso de `Get-Culture`

```
PS > Get-Culture -ListAvailable

LCID        Name            DisplayName
----        ----            -----------
127                         Invariant Language (Invariant Country)
4096        aa              Afar
4096        aa-DJ           Afar (Djibouti)
4096        aa-ER           Afar (Eritrea)
4096        aa-ET           Afar (Ethiopia)
54          af              Afrikaans
4096        af-NA           Afrikaans (Namibia)
1078        af-ZA           Afrikaans (South Africa)
4096        agq             Aghem
4096        agq-CM          Aghem (Cameroon)
4096        ak              Akan
4096        ak-GH           Akan (Ghana)
94          am              Amharic
1118        am-ET           Amharic (Ethiopia)
1           ar              Arabic
...
```

Para saber qué configuración regional de interfaz de usuario está activa, puede utilizar el comando `Get-UICulture`.

Uso de `Get-UICulture`

```
PS > Get-UICulture

LCID             Name             DisplayName
----             ----             -----------
1033             en-US            English (United States)
```

Para internacionalizar un módulo o script, es necesario utilizar los valores contenidos en la propiedad `Name` de los comandos anteriores para nombrar las carpetas.

Ejemplo

```
#Module.
.\MymoduleTools\MyModuleTools.psm1
#Archivo de traducción al inglés americano
.\MyModuleTools\en-US\MyModuleTools.psd1
#Archivo de traducción al alemán
.\MyModuleTools\de-DE\MyModuleTools.psd1
```

Observación

El nombre de los archivos debe ser similar al del módulo. Hay una sección de ayuda que trata de la internacionalización: about_Script_Internationalization.

4.3.2 Formato de los datos y contenido de los archivos

¿Cómo se construyen los archivos PSD1 para la internacionalización del módulo?

Un archivo PSD1 puede construirse de distintas formas, ya que su uso no se limita a la internacionalización. Este tipo de archivo también se emplea para los manifiestos de módulo, un concepto que se abordará más adelante en este capítulo.

Para nuestros propósitos, la construcción del archivo debe comenzar con un hashtable @{}.

Ejemplo del contenido del archivo MyModulesTools.psd1 para la cultura es-ES

```
@{
    GetSerialNumber = 'Recupera el número de serie de la
máquina local'.
    CalculatedSize = Mide el tamaño de la carpeta basándose en la
suma de todos los archivos.
}
```

Puede utilizar el comando `ConvertFrom-StringData` en el archivo PSD1 para trabajar con una única cadena de caracteres, conocida como `HereString @'...'@`.

Ejemplo del contenido del archivo MyModulesTools.psd1 con ConvertFrom-StringData

```
ConvertFrom-StringData -StringData @'
   GetSerialNumber = Recupera el número de serie de la máquina local.
   CalculatedSize = Mide el tamaño de la carpeta basándose
en la suma de todos los archivos.
'@
```

Observación

`ConvertFrom-StringData` es el único comando que se puede poner por defecto en un archivo PSD1. Asimismo, el uso de variables se limita a las siguientes: `$PSCulture`, `$PSUICulture`, `$True`, `$False` y `$null`.

4.3.3 El comando Import-LocalizedData

Una vez creado el archivo PSD1, debemos incorporar su contenido al módulo. Para ello, utilice el comando `Import-LocalizedData`. Como recordatorio, la estructura de árbol de la carpeta del módulo debe ser la descrita anteriormente. Esto permitirá al comando localizar automáticamente los archivos adecuados. En esta sección, tomaremos el módulo MyModuleTools y lo adaptaremos para su internacionalización.

No es necesario especificar un parámetro por defecto para el comando de importación. Se puede utilizar de la siguiente manera:

Ejemplo

```
Function Get-PSSerialNumber {
   [CmdletBinding()]
   Param()

   $localizedData = Import-LocalizedData
   Write-Verbose $localizedData.GetSerialNumber
   (Get-CIMInstance -ClassName Win32_Bios).SerialNumber
}
```

Aquí se añade el atributo `[CmdletBinding()]` a la función para poder utilizar los parámetros `-Verbose` y `Write-Verbose`. A continuación, utilizamos `Import-LocalizedData` para asignar su resultado a la variable `$localizedData` y utilizar el contenido de su clave GetSerialNumber.

Cuando importamos el módulo y llamamos a la función Get-PSSerialNumber, obtenemos el siguiente retorno:

```
PS > Import-Module MyModuleTools
PS > Get-PPSerialNumber -Verbose
VERBOSE: Recupera el número de serie de la máquina local.
...
```

Lo mismo podría hacerse para el comando Get-FolderSize. Pero también es posible generalizar la llamada a Import-LocalizedData a todo el módulo para evitar tener que hacerlo en cada función. Para ello, en el archivo PSM1, fuera de cualquier función, llamamos al comando con una asignación de variable en ámbito script:

Ejemplo de asignación en ámbito script

```
$script:localizedData = Import-LocalizedData
```

A continuación definimos las funciones del módulo y llamamos a la variable $script:localizedData.

Definición de funciones

```
Function Get-PSSerialNumber {
   [CmdletBinding()]
   Param()

   Write-Verbose $script:localizedData.GetSerialNumber

   (Get-CIMInstance -ClassName Win32_Bios).SerialNumber
}

Function Get-PSFolderSize {
   [CmdletBinding()]
   Param(
       [ValidateScript({Test-Path $_})]
       [String]$Path
   )
   Write-Verbose $script:localizedData.CalculatedSize

   (Get-ChildItem -Path $Path -Recurse -File | `
   Measure-Object -Property Length -Sum ).Sum /1MB
}
```

Observación

El ámbito `script` se extiende a todo el módulo, por lo que todos los comandos definidos en él pueden utilizar esta variable. Sin embargo, no está accesible desde la consola.

4.3.4 Gestión de errores en caso de archivo ausente

En la sección anterior, asumimos que el sistema estaba configurado en una UICultura contenida en los archivos de datos del módulo. Pero, ¿qué ocurre si la UICultura del sistema no coincide con uno de los archivos de datos?

En el siguiente ejemplo, el módulo se utiliza en un sistema en inglés que no dispone de archivos de idioma correspondientes. Cuando se importa el módulo, el comando `Import-LocalizedData` genera un mensaje.

```
PS > Import-Module MyModuleTools
Import-LocalizedData: Cannot find the PowerShell data file
'MyModuleTools.psd1' in directory 'C:\Users\Nicolas\Documents\
WindowsPowerShell\Modules\MyModuleTools\en-US', or in any parent
culture directories.
```

En este caso, puede utilizar la estructura Try/Catch para interceptar el error y forzar el uso de una cultura específica en el comando `Import-LocalizedData`.

Ejemplo

```
Try {
   $script:localizedData = Import-LocalizedData -ErrorAction Stop
}Catch{
   $script:localizedData = Import-LocalizedData -UICulture es-ES `
            -ErrorAction Stop
}
```

De este modo, al importar el módulo, no se producirá ningún error y se cargará por defecto el archivo de datos es-ES, incluso si el sistema utiliza la cultura en-US.

Observación

Lo más recomendable es crear primero los archivos en en-US y añadir posteriormente las traducciones, especialmente si el módulo está destinado a usuarios internacionales.

4.3.5 Sección Data

La sección Data es similar a un archivo PSD1, pero se integra directamente en un script, módulo o función. Se beneficia de las mismas limitaciones y restricciones que un archivo PSD1 en cuanto al uso de comandos y variables. Quizás se pregunte por qué es necesario utilizar esta sección. ¿Por qué no declarar directamente los mensajes en el propio script?

La idea es separar los datos de los elementos lógicos del código. Por "datos" nos referimos a mensajes de pantalla como errores o mensajes verbose, como vimos antes.

Por lo tanto, para la internacionalización, es posible declarar una sección de datos que contenga los mensajes por defecto, como para la UICulture en-US. Los datos se asignan a una variable. En segundo lugar, se llama al comando `Import-LocalizedData` en modo `SilentlyContinue` para enmascarar la generación de errores, y su parámetro `BindingVariable` se establece en el nombre de la variable de la sección de datos.

Ejemplo

```
$script:localizedData = data {
   ConvertFrom-StringData -StringData @'
   GetSerialNumber = Recupera el número de serie del local
localizado.
   CalculatedSize = Mide el tamaño de la carpeta basándose en la
suma de todos los archivos.
'@
}
Import-LocalizedData -BindingVariable script:localizedData
-UICulture es-ES -ErrorAction SilentlyContinue
```

Si el comando `Import-LocalizedData` no encuentra un archivo PSD1 correspondiente a la UICultura del sistema, no se genera ningún error, y la variable `$script: LocalizedData` no se sobrescribe, lo que habría ocurrido si se hubiera utilizado el operador de asignación igual "= ".

5. Manifiesto de módulo

El manifiesto de un módulo es un elemento importante si quieres compartir tu trabajo. Es un archivo en formato PSD1. Está estructurado como una tabla hash (`hashtable`), donde cada campo contiene metadatos sobre el módulo. Estos metadatos agrupan una serie de elementos sobre el módulo, como el nombre del autor, el número de versión, las notas de publicación, los diferentes archivos que se deben cargar y los diferentes requisitos previos del módulo. Esta última sección no es meramente informativa. Tiene un impacto importante cuando se carga el módulo.

Si se especifica una versión mínima de PowerShell en el manifiesto, el módulo no podrá utilizarse si la versión de PowerShell que ejecuta el sistema es anterior a la especificada.

PowerShell incluye dos cmdlets principales para trabajar con manifiestos: `New-ModuleManifest`, que permite crearlos, y `Test-ModuleManifest`, que verifica su validez.

5.1 Creación del manifiesto

El cmdlet `New-ModuleManifest` tiene un gran número de parámetros. Esto se debe a que cada parámetro corresponde a un campo de la tabla hash definida en el manifiesto. Solo el parámetro `-Path` es obligatorio. Si no se especifican otros parámetros, el archivo generado incluirá por defecto todos los campos necesarios.

Parámetros del cmdlet :

Parámetro	Descripción
`AliasToExport`	Lista de alias que deben exportarse para que el usuario pueda utilizarlos.
`Author`	Autor del módulo.
`ClrVersion`	Versión del CLR utilizada por el módulo. Esta información está contenida en la variable `$PSVersionTable`.

Parámetro	Descripción
`CmdletsToExport`	Lista de cmdlets que se exportarán para que el usuario pueda utilizarlos.
`CompanyName`	Nombre de la empresa del autor.
`Copyright`	`Copyright` por los que se rige el módulo.
`DefaultCommandPrefix`	Prefijo que se antepone a cada comando para evitar conflictos con otros módulos que contienen comandos con el mismo nombre. El prefijo se coloca antes del nombre del comando, no antes del verbo.
`Description`	Descripción del módulo.
`DotNetFrameworkVersion`	Versión mínima del framework del entorno .NET Framework necesaria para ejecutar el módulo.
`DscResourcesToExport`	Lista de recursos DSC contenidos en el módulo, para ser exportados.
`FileList`	Inventario de archivos que contiene el módulo. No se exportan.
`FormatsToProcess`	Ruta al archivo en formato .ps1xml.
`FunctionsToExport`	Lista de funciones que deben exportarse para que el usuario pueda utilizarlas.
`GUID`	Identificador único del módulo.
`HelpInfoURI`	URL que apunta al archivo XML de ayuda en línea del módulo.
`LicenseURI`	URL que apunta a una página web que contiene la licencia de usuario para el módulo.
`ModuleList`	Lista los módulos contenidos en el módulo. Los módulos son simplemente inventariados. No se exportan con el módulo principal.
`ModuleVersion`	Número de versión del módulo. Por defecto: 1.0.

Parámetro	Descripción
`NestedModules`	Indica qué módulos son necesarios para utilizar este módulo. Si los módulos de esta lista no están presentes, el módulo no se importa.
`Path`	Ruta del archivo de manifiesto que se va a crear. La extensión es PSD1.
`PowerShellVersion`	Versión mínima de PowerShell necesaria para utilizar el módulo.
`PrivateData`	Indica datos al módulo cuando se importa.
`ProcessorArchitecture`	Arquitectura del procesador compatible con el módulo.
`ProjectURI`	Indica la página web específica del proyecto (por ejemplo, repositorio GitHub).
`ReleaseNotes`	Conjunto de notas de la versión del módulo.
`RequiredAssemblies`	Lista de archivos .dll necesarios para utilizar el módulo.
`RequiredModules`	Lista de módulos necesarios para el funcionamiento del módulo.
`RootModule`	Especifica el archivo principal del módulo, normalmente un archivo PSM1.
`ScriptsToProcess`	Especifica un script PS1 que se ejecutará al importar el módulo. Útil, por ejemplo, para inicializar un proveedor específico.
`Tags`	Indica las etiquetas del módulo. Útil cuando se utilizan repositorios Nuget (véase el capítulo Gestión de módulos y paquetes).
`TypesToProcess`	Especifica un archivo de extensión de tipo que se cargará al importar el módulo (véase el capítulo Objetos personalizados y tipos estándar).
`VariablesToExport`	Lista de variables que se exportarán para uso de los usuarios.

Ahora vamos a crear el manifiesto del módulo. Para ello, tenemos que ir al directorio del módulo. El directorio donde se almacena el archivo PSM1 para un módulo de script.

Ejemplo

```
PS > New-ModuleManifest -Path ./MyModuleTools.psd1 `
    -Author 'Nicolas Baudin'
```

Observación

Advertencia: el comando `New-ModuleManifest` sobrescribe el archivo `PSD1` si ya está presente, y sin previo aviso.

Ejemplo de archivo de manifiesto

```
#
# Manifiesto de módulo para el módulo « MyModuleTools » #
#
# Generado por : Nicolas Baudin
#
# Generado el: 18/05/2017
#

@{

# Archivo de script o módulo binario asociado a este manifiesto
# RootModule = ''

# Número de versión de este módulo
ModuleVersion = '1.0'

# Ediciones PS compatibles
# CompatiblePSEditions = @()

# ID utilizado para identificar de manera única este módulo
GUID = 'ed72078c-39d3-411a-a14f-6fe857355c6e'

# Autor de este módulo
Author = 'Nicolas Baudin'

# Empresa o proveedor de este módulo
CompanyName = 'Unknown'

# Declaración de derechos de autor de este módulo
Copyright = '(c) 2017 Nicolas Baudin. Todos los derechos reservados.'

# Descripción de la funcionalidad proporcionada por este módulo
```

```
# Description = ''

# Versión mínima del motor Windows PowerShell requerida por este módulo
# PowerShellVersion = ''

# Nombre del host de Windows PowerShell requerido por este módulo
# PowerShellHostName = ''

# Versión mínima del host Windows PowerShell requerida por este módulo
# PowerShellHostVersion = ''

# Versión mínima de Microsoft .NET Framework requerida por este módulo.
Estos requisitos solo son válidos para PowerShell Desktop Edition.
# DotNetFrameworkVersion = ''

# Versión mínima del entorno CLR (Common Language Runtime)
requerido por este módulo. Este requisito es válido solo
para PowerShell Desktop Edition.
# CLRVersion = ''

# Arquitectura de procesador (None, X86, Amd64) requerida por este módulo
# ProcessorArchitecture = ''

# Módulos que deben importarse en el entorno global
antes de importar este módulo
# RequiredModules = @()

# Ensamblados que deben cargarse antes de importar
este módulo
# RequiredAssemblies = @()

# Archivos de script (.ps1) ejecutados en el entorno del solicitante
antes de importar este módulo
# ScriptsToProcess = @()

# Archivos de tipo (.ps1xml) que se cargarán al importar este
módulo
# TypesToProcess = @()

# Archivos de formato (.ps1xml) que se cargarán al importar este módulo
módulo
# FormatsToProcess = @()

# Módulos a importar como módulos anidados del módulo especificado
en RootModule/ModuleToProcess
# NestedModules = @()

# Funciones a exportar desde este módulo. Para un mejor
```

```
rendimiento, no utilice caracteres genéricos y no elimine
la entrada. Utilice un arreglo vacío si no tiene funciones
para exportar.
FunctionsToExport = @()

# Cmdlets a exportar desde este módulo. Para un mejor rendimiento,
evite caracteres comodín y no elimine esta entrada. Use una matriz vacía
si no hay cmdlets que exportar.
CmdletsToExport = @()

# Variables a exportar desde este módulo
VariablesToExport = '*'

# Alias a exportar desde este módulo. Para un mejor rendimiento,
evite caracteres comodín y no elimine esta entrada. Use una matriz
vacía si no hay alias que exportar.
AliasToExport = @()

# Recursos DSC a exportar desde este módulo
# DscResourcesToExport = @()

# Lista de todos los módulos empaquetados con este módulo
# ModuleList = @()

# Lista de todos los archivos empaquetados con este módulo
# FileList = @()

# Datos privados a enviar al módulo especificado en RootModule/
ModuleToProcess. Esto también puede incluir una tabla hash
PSData con metadatos adicionales del módulo utilizados por
PowerShell.
PrivateData = @{

    PSData = @{

        # Estas etiquetas facilitan la localización del módulo
en las galerías públicas de PowerShell.
        # Tags = @()

         # URL de la licencia de este módulo.
         # LicenseURI = ''

         # URL del sitio web principal de este proyecto.
        # ProjectURI = ''

         # URL de un icono que representa este módulo.
         # IconURI = ''
```

```
        # Notas de la versión del módulo (ReleaseNotes)
        # ReleaseNotes = ''

    } # Fin de la tabla hash PSData

} # Fin de la tabla hash PrivateData

# URI de información de ayuda para este módulo
# HelpInfoURI = ''

# Este módulo exporta un prefijo de comando predeterminado. Puede
sustituirlo utilizando Import-Module con el parámetro -Prefix.
# DefaultCommandPrefix = ''

}
```

Observación

Los campos no utilizados se comentan.

Buscar el argumento adecuado puede resultar bastante tedioso cuando la lista es larga, como ocurre en este caso. Aquí tiene dos consejos para facilitarle la tarea:

- Uso de `Show-Command`: se trata de un cmdlet que genera una interfaz gráfica con todos los campos del comando por rellenar. Los campos obligatorios están marcados con un asterisco `*`.

```
PS > Show-Command New-ModuleManifest
```

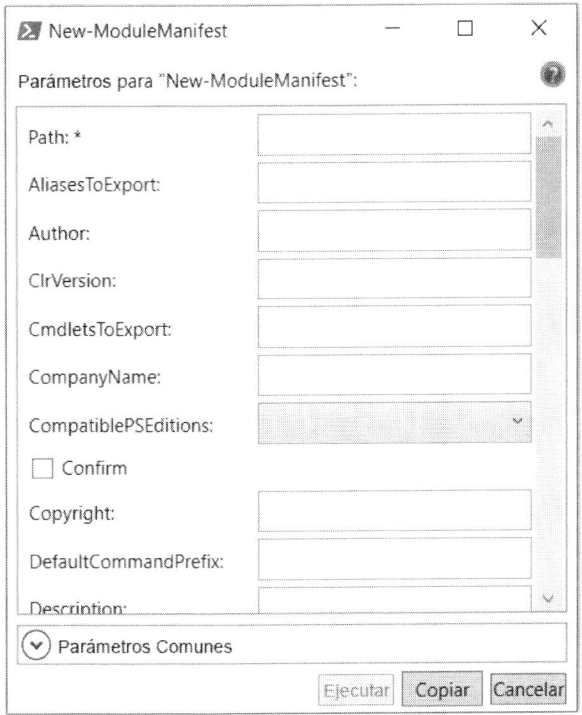

Interfaz `Show-Command` *para el comando* `New-ModuleManifest`

- Utilización del módulo PSReadLine: se trata de un módulo desarrollado por la comunidad. Ha sido muy bien recibido por los equipos encargados de PowerShell. Por ello, se decidió integrarlo en Windows 10. Aporta un gran número de cambios a la consola PowerShell (por ejemplo, resaltado de sintaxis). Pero, sobre todo, hace un amplio uso de IntelliSense.

▶ Introduzca su orden en el terminal, deteniéndose en el primer guión:

```
PS > New-ModuleManifest -
```

▶ Posteriormente pulse [Ctrl][Espacio]. A continuación, verá todos los parámetros del comando, que puede seleccionar con las flechas del teclado.

▶ Una vez seleccionado el parámetro, pulse [Espace]. No pulse [Intro], ya que confirmará el comando.

5.2 Gestión de versiones

La gestión de versiones, también conocida como *versionning*, es un aspecto fundamental en cualquier aplicación que deba ser utilizada o mantenida por terceros. Esta funcionalidad se incorporó en la gestión de módulos de PowerShell y se perfeccionó significativamente en la versión 5.0. El control de versiones le permite saber si se han realizado cambios en la aplicación, módulo o script que esté utilizando. Esta es la razón por la que se incluye un parámetro `-Version` en el manifiesto del módulo. Es posible importar una versión concreta de un módulo utilizando el comando `Import-Module`, que acepta el parámetro `-Version`. El número de versión tiene la forma 0.0.0.0. Cada cero puede sustituirse por un número.

En el ejemplo de la sección anterior, el manifiesto generó por defecto el número de versión 1.0. Este es el mismo número que aparece al ejecutar el comando `Get-Module`:

```
PS > Get-Module -ListAvailable MyModuleTools


    Directorio:
C:\Users\Nicolas\Documents\WindowsPowerShell\Modules


ModuleType Version    Name                    ExportedCommands
---------- -------    ----                    ----------------
Manifest   1.0     MyModuleTools
```

Observación

La sección `ExportedCommands` está vacía porque los campos `FunctionsToExport` y `RootModule` también lo están. Para ver y utilizar los cmdlets y alias, es necesario rellenar el campo `RootModule`. En este caso, se verán todas las funciones y alias que contiene. Para filtrar los comandos a exportar, utilice el campo `FunctionsToExport`.

A partir de PowerShell 5.0, el gestor de módulos permite tener varias versiones de un mismo módulo instaladas en el sistema. Además, ambas versiones pueden hacerse visibles utilizando el cmdlet `Get-Module` junto con el parámetro `-ListAvailable`.

Para implementar este mecanismo en los módulos, es necesario modificar la estructura de carpetas de los mismos. Se debe crear una carpeta cuyo nombre coincida con el número de versión del módulo. Los archivos PSM1 y PSD1 (y otros archivos binarios o de script) se trasladan a esta carpeta. La estructura de carpetas debe seguir este formato: `NombreDelMódulo\NúmeroDeVersión\ArchivosDelMódulo`.

En el ejemplo, se reutiliza el módulo MyModuleTools y se crea una segunda versión. La primera contendrá el módulo en su versión actual con el manifiesto creado anteriormente. Es decir, la versión 1.0. Las acciones deben realizarse en el directorio del módulo:

```
PS > New-Item -Path . -Name '1.0' -ItemType Directory
  Directorio:
C:\Users\Nico\Documents\WindowsPowerShell\Modules\MyModuleTools


Mode                LastWriteTime         Length Name
----                -------------         ------ ----
d-----        18/05/2017     19:32               1.0
PS > Copy-Item 'MyModuleTools.psd1','MyModuleTools.psm1' .\1.0\
```

A continuación, se crea un segundo directorio con un nombre que represente una versión superior, en este caso la 1.1. Esto se debe a que contendrá una versión más reciente del módulo, es decir, la 1.1. Para que la operación tenga más sentido, se añade el alias `gpsn` al cmdlet `Get-PSSerialNumber`. Se ha corregido el nombre de la segunda función para que vuelva a estar en inglés:

```
PS > Add-Content -Value "Set-Alias -Name gpsn `
>>    -Value 'Get-PSSerialNumber'" -Path .\MyModuleTools.psm1
PS > (Get-Content .\MyModuleTools.psm1)`
>>  -Replace 'Prendre-PSTailleDossier','Get-PSFolderSize' | `
>>  Set-Content -Path .\MyModuleTools.psm1 -Encoding UTF8
PS > (Get-Content .\MyModuleTools.psd1)`
>>  -Replace "ModuleVersion = '1.0'","ModuleVersion = '1.1'" | `
>>  Set-Content -Path .\MyModuleTools.psd1 -Encoding UTF8
PS > New-Item -Path . -Name '1.1' -ItemType Directory


    Directorio:
C:\Users\Nico\Documents\WindowsPowerShell\Modules\MyModuleTools
```

```
Mode                LastWriteTime         Length Name
----                -------------         ------ ----
d-----       19/05/2017     08:12                1.1
```

Una vez que todo está listo, los archivos modificados se trasladan al nuevo directorio.

```
PS > Move-Item 'MyModuleTools.psm1','MyModuleTools.psd1' `
>>  -Destination .\1.1\
```

Comprobemos su detección con el comando **Get-Module**:

```
PS > Get-Module -ListAvailable MyModuleTools


    Directorio: C:\Users\Nicol\Documents\WindowsPowerShell\Modules


ModuleType Version    Name                                ExportedCommands
---------- -------    ----                                ----------------
Manifest   1.1        MyModuleTools
Manifest   1.0        MyModuleTools
```

Las dos versiones están disponibles y pueden importarse mediante `Import-Module`. Tenga en cuenta que no es posible importar simultáneamente dos versiones del mismo módulo.

5.3 Gestión de versiones del framework .NET

En los últimos años, las versiones del entorno .NET se han sucedido con relativa rapidez. No es raro encontrarse con aplicaciones que no son compatibles con el entorno .NET que se está utilizando.

PowerShell depende en gran medida de este entorno. Por lo tanto, puede ser útil gestionar la dependencia del entorno de ejecución, en este caso, .NET. En el manifiesto, puede limitar esta dependencia mediante las opciones `CLRVersion` y `DotNetFrameworkVersion`. En términos sencillos, el CLR (*Common Language Runtime*) es un mecanismo que transforma un lenguaje .NET compilado para que pueda ser interpretado por la máquina. Podría pensarse que PowerShell no se ve afectado, ya que su código no se compila. En realidad, el código se compila dinámicamente en el momento de su ejecución, lo que hace especialmente importante prestar atención al CLR.

Para conocer la versión del CLR, utilice la variable `$PSVersionTable`:

```
PS > $PSVersionTable

Name                           Value
----                           -----
PSVersion                      5.1.15063.296
PSEdition                      Desktop
PSCompatibleVersions           {1.0, 2.0, 3.0, 4.0...}
BuildVersion                   10.0.15063.296
CLRVersion                     4.0.30319.42000
WSManStackVersion              3.0
PSRemotingProtocolVersion      2.3
SerializationVersion           1.1.0.1
```

Esta información está contenida en la propiedad `CLRVersion`.

5.4 Gestión adicional de contenidos

Un módulo no es simplemente un manifiesto y un archivo PSM1 que contiene funciones, alias y otra información. A partir de cierto nivel de complejidad, un módulo puede incluir una colección de archivos con funciones específicas.

Por ello existen parámetros como `NestedModules`, `RequiredAssemblies`, `ScriptsToProcess` y `TypesToProcess`, cada uno encargado de importar un tipo diferente de contenido. Para obtener más información, consulte la ayuda del comando correspondiente. Sin embargo, la importación tiene una limitación: el comando `Import-Module` no funciona de forma convencional con las clases PowerShell. Veremos esto un poco más adelante.

5.5 Prueba de conformidad de un manifiesto

El manifiesto ya está listo, pero ¿es correcto?

El comando `New-ModuleManifest` ha generado una estructura básica que se ha completado posteriormente. Sin embargo, es posible que se haya deslizado algún error tipográfico o que se haya utilizado una opción obsoleta. Para asegurarse de que el manifiesto es correcto, se puede ejecutar el comando `Test-ModuleManifest`. Su uso es muy sencillo. Ejemplo con el manifiesto de módulo creado anteriormente:

```
PS > Test-ModuleManifest .\MyModuleTools.psd1

ModuleType Version    Name                          ExportedCommands
---------- -------    ----                          ----------------
Manifest   1.0        MyModuleTools
```

Como puede observar, la salida es similar a la del comando `Get-Module`. Se trata del mismo tipo de objeto que devuelve el comando.

Para demostrar un caso práctico, se modifica el manifiesto para incluir un error tipográfico. La cadena `# RootModule = ''` se sustituye por `RoootModules = 'MyModuleTools.psm1'`:

```
PS > (Get-Content .\MyModuleTools.psd1) -replace `
    "# RootModule = ''","RoootModules = 'MyModuleTools.psm1'" `
    | Set-Content -Path .\MyModuleTools.psd1 -Encoding UTF8
```

Resultado del comando `Test-ModuleManifest`:

```
PS > Test-ModuleManifest .\MyModuleTools.psd1
Test-ModuleManifest: El módulo
«C:\Users\Nicol\Documents\WindowsPowerShell\Modules\MyModuleTools\
1.0\MyModuleTools.psd1» no se puede importar, porque su manifiesto
contiene uno o más miembros no válidos. Los miembros de manifiesto
válidos
son ('ModuleToProcess', 'NestedModules', 'GUID', 'Author',
'CompanyName', 'Copyright', 'ModuleVersion', 'Description',
'PowerShellVersion', 'PowerShellHostName',
'PowerShellHostVersion', 'CLRVersion',
'DotNetFrameworkVersion', 'ProcessorArchitecture',
'RequiredModules', 'TypesToProcess', 'FormatsToProcess',
'ScriptsToProcess', 'PrivateData',
'RequiredAssemblies', 'ModuleList', 'FileList',
```

```
'FunctionsToExport',
'VariablesToExport', 'AliasesToExport', 'CmdletsToExport',
'DscResourcesToExport',
'CompatiblePSEditions', 'HelpInfoURI', 'RootModule',
'DefaultCommandPrefix'). Elimine los miembros no válidos
('RoootModules')
y, a continuación, intente importar
el módulo.
En carácter en la Línea:1 : 1
+ Test-ModuleManifest .\MyModuleTools.psd1
+ ~~~~~~~~~~~~~~~~~~~~~~~~~~~~~~~~~~~~~~~~
    + CategoryInfo          : InvalidData :
(C:\Users\Nicol\...oduleTools.psd1:String) [Test-ModuleManifest],
InvalidOperationException
    + FullyQualifiedErrorId :
Modules_InvalidManifestMember,Microsoft.PowerShell.Commands.
TestModuleManifestCommand

ModuleType Version    Name
ExportedCommands
---------- -------    ----
----------------
Manifest   1.0        MyModuleTools
```

El mensaje se explica por sí mismo. El miembro `RoootModules` es incorrecto.

6. Exportación de los miembros de un módulo

6.1 El comando Export-ModuleMember

Por defecto, con o sin manifiesto, un módulo contenido en un archivo PSM1 exporta todas sus funciones. Sin embargo, las variables y los alias no se exportan, a pesar de la presencia de los campos `VariablesToExport` y `AliasToExport` en el manifiesto.

Por esta razón, puede ser útil utilizar el cmdlet `Export-ModuleMember`. Solo puede utilizarse en dos casos: en un módulo dinámico o en un archivo PSM1. El comando solo tiene cuatro parámetros: `-Function`, `-Alias`, `-Cmdlet`, `-Variable`. Cada parámetro acepta una matriz de cadenas de caracteres (`[String[]]`).

Observación

En cuanto se utiliza el comando `Export-ModuleMember`, todos los elementos que se deseen exportar deben indicarse explícitamente. Por ello, debe tener cuidado al añadir un elemento a su módulo.

Ejemplo de declaración

```
Function Get-PSSerialNumber {
    (Get-WMIObject -Class Win32_Bios).SerialNumber
}

Function Get-PSFolderSize {
    Param(
           [ValidateScript({Test-Path $_})]
           [String]$Path
    )
    (Get-ChildItem -Path $Path -Recurse -File | `
    Measure-Object -Property Length -Sum ).Sum /1MB
}
Set-Alias -Name gpsn -Value 'Get-PSSerialNumber'
$ScriptAuthor = 'Nicolas Baudin'

Export-ModuleMember -Function `
    'Get-PSFolderSize','Get-PSSerialNumber'
Export-ModuleMember -Variable 'ScriptAuthor' -Alias 'gpsn'
```

Una vez importado el módulo, es posible utilizar alias y funciones, pero también acceder a la variable `$ScriptAuthor`.

6.2 Comportamiento específico

Existen diferentes formas de exportar los miembros de un módulo. En esta sección se analizará cada tipo de miembro por separado.

El comportamiento puede variar en función de la versión de PowerShell. A continuación, se muestra la versión utilizada en los siguientes casos:

```
PS > $PSVersionTable

Name                           Value
----                           -----
PSVersion                      5.1.15063.296
```

```
PSEdition                      Desktop
PSCompatibleVersions           {1.0, 2.0, 3.0, 4.0...}
BuildVersion                   10.0.15063.296
CLRVersion                     4.0.30319.42000
WSManStackVersion              3.0
PSRemotingProtocolVersion      2.3
SerializationVersion           1.1.0.1
```

Para ofrecer una visión más clara de los mecanismos de exportación de los miembros de un módulo, los distintos casos se presentan en forma de tabla, con tres columnas. La primera, **Manifiesto**, corresponde a la entrada del campo en el archivo de manifiesto del módulo (PSD1). La segunda, **Export-ModuleMember**, corresponde a la utilización del cmdlet del mismo nombre en el archivo del módulo (PSM1). La última columna, **Resultados de la exportación**, indica el resultado obtenido en función de los valores de las dos primeras columnas.

– Funciones:

En todos los casos, el archivo PMS1 contiene todas las funciones del módulo.

Manifiesto	Export-ModuleMember	Resultados de la exportación
Comentado	No se utiliza	Todas las funciones.
Entrada `FunctionsToExport` null (@())	No se utiliza	Todas las funciones. Sin embargo, la propiedad `ExportedCommands` de la salida `Get-Module` está vacía.
Entrada `FunctionsToExport` que define las funciones a exportar	No se utiliza	El conjunto de funciones. La propiedad `ExportedCommands` de la salida `Get-Module` es igual al valor del manifiesto.

Manifiesto	Export-ModuleMember	Resultados de la exportación
Comentado	Parámetro `-Function` que define las funciones que deben exportarse	Se exportan las funciones definidas en el cmdlet `Export-ModuleMember`. La propiedad `ExportedCommands` de la salida `Get-Module`es igual al valor del manifiesto.
Entrada `FunctionsToExport` null (@())	Parámetro `-Function` que define las funciones que deben exportarse	Las funciones definidas en el cmdlet `Export-ModuleMember` se exportan. Sin embargo, la propiedad `ExportedCommands` de la salida `Get-Module` está vacía.
Entrada `FunctionsToExport` que define las funciones a exportar	Parámetro `-Function` que define las funciones que deben exportarse	Se exportan las funciones definidas en el cmdlet `Export-ModuleMember`. Sin embargo, la propiedad `ExportedCommands` de la salida `Get-Module` es igual al valor del manifiesto.

– Alias:

En todos los casos, el archivo PSM1 contiene todos los alias del módulo.

Manifiesto	Export-ModuleMember	Resultados de la exportación
Comentado	No se utiliza	Todos los alias.
Comentado	Parámetro `-Alias` que define los alias que se exportarán	Exportación de alias definidos en el cmdlet `Export-ModuleMember`.

Manifiesto	Export-ModuleMember	Resultados de la exportación
Entrada `AliasToExport` null (@())	No se utiliza	No hay exportaciones.
Entrada `AliasToExport` null (@())	Parámetro `-Alias` que define los alias que se exportarán	No hay exportaciones.
Entrada `AliasToExport` que define los alias a exportar	No se utiliza	Exportación de alias definidos en el manifiesto.
Entrada `AliasToExport` que define los alias a exportar	Parámetro `-Alias` que define los alias que se exportarán	Exportación de alias definidos en el cmdlet `Export-ModuleMember`.

– Variables:

En todos los casos, el archivo PSM1 contiene todas las variables del módulo.

Manifiesto	Export-ModuleMember	Resultados de la exportación
Comentado	No se utiliza	No hay exportaciones.
Entrada `VariablesToExport` con valor *	No se utiliza	No hay exportaciones.
Comentado	Parámetro `-Variables` que definen las variables a exportar	Exportación de variables introducidas en el cmdlet `Export-ModuleMember`.
Entrada `VariablesToExport` null ('')	Parámetro `-Variables` que definen las variables a exportar	No hay exportaciones.

Manifiesto	Export-ModuleMember	Resultados de la exportación
Entrada `VariablesAExportar` con valor *	Parámetro `-Variables` que definen las variables a exportar	Exportación de variables introducidas en el cmdlet `Export-ModuleMember`.

En general, los mejores resultados se obtienen utilizando el manifiesto del módulo, junto con el cmdlet `Export-ModuleMember`. De hecho, se trata de una buena práctica.

– Clases:

Las clases representan un caso particular. En la versión actual, no hay forma de exportarlas utilizando el comando `Export-ModuleMember`.

Sin embargo, existen dos formas de exportar las clases contenidas en un módulo. consiste en utilizar la instrucción `using module`, seguida del archivo `.psm1` que contiene la clase. Esto hace que las clases puedan ser utilizadas por las funciones del módulo, pero no directamente en la consola. En cierto modo, las clases quedan restringidas al ámbito del módulo.

El segundo método hace públicas las clases. Pueden ser utilizadas en la consola después de que el módulo haya sido importado a través de `Import-Module`. Este aspecto se aborda en el capítulo Clases.

7. Estructura multiarchivo

A la hora de mantener y desarrollar un módulo, su estructura es un punto importante. Si está muy mal organizado, nadie querrá trabajar en él, ni siquiera utilizarlo. En cambio, si la estructura está clara y definida, a la gente le gustará participar en su ciclo de vida.

Realmente no existe una estructura convencional. Lo más importante es documentar la finalidad de cada carpeta y archivo. Esto facilitará mucho el trabajo de un corrector o colaborador.

La estructura que se muestra aquí es un ejemplo. No es perfecta, pero tiene grandes ventajas a la hora de facilitar el mantenimiento de un módulo.

Estructura jerárquica

```
$Env:PSModulePath
  └─<Versión>
    └─<Nombre del módulo>
      ├─Public
      │  └─<Nombre Script>.ps1
      ├─Private
      │  └─<Nombre de script>.ps1
      ├─<Manifiesto del módulo>.psd1
      ├─<Archivo principal>.psm1
      └─<other files>
```

El módulo consta de dos carpetas, Private y Public. En cada una de estas carpetas, se colocan los archivos de script PS1 que contienen las funciones del módulo. Preferiblemente, un archivo PS1 por función. Los nombres de los archivos son similares a los nombres de las funciones que contienen. ¿Qué diferencia hay entre colocar las funciones en una u otra carpeta?

La carpeta Public contiene todas las funciones que se exportan al importar el módulo y que, por tanto, pueden ser utilizadas por el usuario. Por el contrario, la carpeta Private contiene todas las funciones que están ocultas al usuario. Estas funciones son utilizadas por las demás funciones del módulo.

Para que este enfoque sea operativo, el archivo PSM1 del módulo debe estructurarse de una manera especial.

Ejemplo

```
#Get public and private function definition files.
$Public = @(Get-ChildItem -Path $PSScriptRoot\Public\*.ps1 `
 -ErrorAction SilentlyContinue)
$Private = @(Get-ChildItem -Path $PSScriptRoot\Private\*.ps1 `
 -ErrorAction SilentlyContinue)

#Dot source the files
Foreach ($import in @($Public + $Private))
{
    TRY{
         $import.fullname
    }
```

```
    CATCH{
        Write-Error -Message `
          "Failed to import function $($import.fullname): $_"
    }
}

# Export all the functions
Export-ModuleMember -Function $Public.Basename -Alias *
```

Observación

Este ejemplo está tomado del módulo `ADSIPS` que se presenta más adelante en el libro.

Inicialmente, el contenido de las carpetas Private y Public se recupera filtrando solo los archivos PS1. A continuación, se realiza un dot sourcing en cada uno de estos archivos para importar las funciones que contienen. Por último, las funciones de la carpeta Public se exportan utilizando el comando `Export-ModuleMember`.

Sin embargo, este método tiene un punto negativo. El procesamiento del archivo PSM1 añade un tiempo adicional de carga o ejecución en comparación con un archivo PSM1 que contiene todo el código.

8. Pasar a Build con Sampler

La filosofía de desarrollo de un paquete suele incluir una fase de construcción (build). Esta fase toma el código fuente y lo organiza para generar el paquete que luego se desplegará. Esta fase de build suele incluir con frecuencia la compilación del código.

En nuestro caso, se trata de un módulo. El objetivo es poder combinar la estructura vista anteriormente con la ventaja de un archivo PSM1 completo y de alto rendimiento. Para ello, partimos de una estructura multiarchivo, similar a la presentada en el apartado anterior, para el desarrollo del módulo. A continuación, se utiliza una herramienta de compilación para crear un módulo construido sobre un único PSM1. La herramienta presentada aquí es Sampler. Es un módulo comunitario desarrollado por Gael Colas. Existen otras herramientas similares, como Stucco.

La principal motivación de Gael para diseñar este módulo fueron los recursos DSC. De hecho, Gael es uno de los miembros fundamentales de la comunidad DSC y quería normalizar la redacción de recursos DSC basando su desarrollo en una estructura y unos procesos de validación y despliegue comunes.

Sampler utiliza una serie de módulos para construir un módulo de principio a fin. He aquí algunos de ellos:

- `Plaster`: genera la estructura del nuevo módulo a partir de plantillas.
- `InvokeBuild`: organiza un conjunto de acciones en forma de task.
- `PSDepend`: gestiona las dependencias para construir el módulo.
- `PSDeploy`: gestiona el despliegue del módulo en una galería interna o externa.

El módulo Sampler está disponible en la PowerShell Gallery. El módulo se instala mediante el módulo `PowerShellGet`. Para obtener más información sobre el uso de este módulo, consulte el capítulo Gestión de módulos y paquetes.

```
PS > Install-Module Sampler
```

8.1 Creación de un módulo sencillo

Sampler ofrece varias plantillas de estructura para crear módulos:

- `SimpleModule`: proyecto de módulo simple con una estructura y un proceso de automatización mínimos.
- `SimpleModule_NoBuild`: proyecto de módulo simple sin estructura de automatización.
- `CompleteSample`: proyecto de módulo completo con todos los ejemplos.
- `Dsccommunity`: proyecto de recursos DSC en línea con las BaseLines de la comunidad DSC, acompañado de un sistema de automatización.
- `CustomModule`: proyecto de módulo personalizado, el prompt preguntará por los distintos elementos a añadir.

- `GCPackage`: proyecto de módulo que puede ser desplegado y utilizado por Azure Automanage Machine Configuration (anteriormente Azure Policy Guest Configuration).

En esta sección, se toma como referencia el tipo `SimpleModule`, que proporcionará una estructura básica para diseñar el módulo. Para iniciar este proyecto, utilizamos el comando `New-SampleModule`. El comando espera la siguiente información:

- `DestinationPath`: ubicación de la carpeta padre del proyecto.
- `ModuleName`: nombre del nuevo módulo.
- `ModuleType`: tipo de módulo de entre los enumerados anteriormente.
- `ModuleAuthor`: nombre del autor del módulo.
- `Description`: descripción del módulo.

Ejemplo de creación de un módulo

```
PS > New-SampleModule -DestinationPath . -ModuleType SimpleModule
-ModuleAuthor 'Nicolas Baudin' -ModuleName MyModuleTools -Description
'Module demo'
Destination path: C:\Users\nicolasb\Documents\Projet\03Creation de modules
  Create MyModuleTools/source\
  Create MyModuleTools/source/Private\
  Create MyModuleTools/source/Public\
  Create MyModuleTools/tests\
  Create MyModuleTools\tests\QA\module.tests.ps1
  Create MyModuleTools/output\
  Create MyModuleTools/output/RequiredModules\
  Create MyModuleTools\.gitignore
  Create MyModuleTools\.gitattributes
  Create MyModuleTools\build.ps1
  Create MyModuleTools\RequiredModules.psd1
  Create MyModuleTools\Resolve-Dependency.ps1
  Create MyModuleTools\Resolve-Dependency.psd1
  Create MyModuleTools\build.yaml
  Create MyModuleTools\azure-pipelines.yml
  Create MyModuleTools\source\MyModuleTools.psd1
  Modify MyModuleTools\source\MyModuleTools.psd1 into temp file
before copying to destination
  Update MyModuleTools\source\MyModuleTools.psd1
  Modify MyModuleTools\source\MyModuleTools.psd1 into temp file
before copying to destination
  Update MyModuleTools\source\MyModuleTools.psd1
  Create MyModuleTools\source\MyModuleTools.psm1
```

```
  Create MyModuleTools\README.md
  Create MyModuleTools\source\en-US\about_MyModuleTools.help.txt
  Create MyModuleTools\CHANGELOG.md
  Create MyModuleTools\codecov.yml
```

En la estructura de carpetas, la carpeta llamada source contendrá todo el código fuente final del proyecto.

El proyecto generado por Sampler es apto para herramientas de gestión de versiones como Git. También puede alojarse de forma centralizada en plataformas como GitHub. De hecho, todos los recursos de la comunidad DSC están alojados en esta plataforma. El proceso de *compilación, prueba y despliegue* (*build/test/deploy*) está preaprovisionado para su uso en Azure DevOps.

8.2 Añadir una función

Una vez definida la estructura, puede añadirse al proyecto nuevos recursos PowerShell. Para ello, utilice el comando `Add-Sample`. Puede añadir varios recursos PowerShell, como clases, funciones y recursos DSC. En este ejemplo, se añade la función pública `Get-PSSerialNumber`.

Las funciones públicas están destinadas a ser ejecutadas por un usuario del módulo. Las funciones privadas tienen un alcance limitado al módulo. No están pensadas para ser descubiertas o utilizadas por un usuario final, solo por otros recursos PowerShell del módulo.

Adición de la función Get-PSSerialNumber

```
Add-Sample -Sample PublicFunction -DestinationPath .\MyModuleTools\
-PublicFunctionName Get-PSSerialNumber

  ____  _           _
 |  _ \| | __ _ ___| |_ ___ _ __
 | |_) | |/ _` / __| __/ _ \ '__|
 |  __/| | (_| \__ \ ||  __/ |
 |_|   |_|\__,_|___/\__\___|_|
                                                          v1.1.3
==================================================================
What is your source folder? (source):
Destination path: C:\Users\nicolasb\Documents\Projet\03Creation
de modules\MyModuleTools\
  Create tests/Unit/Public\
  Create source\Public\Get-PSSerialNumber.ps1
  Create tests\Unit\Public\Get-PSSerialNumber.tests.ps1
```

En este ejemplo, se introduce la ubicación del proyecto además del tipo y el nombre de la función. Si no se ha introducido la carpeta de origen al ejecutar el comando, aparecerá un mensaje solicitándola. Si no se ha modificado la estructura, basta con pulsar [Intro].

Se crea un archivo PS1 en la carpeta Public de la carpeta fuente. También se crea un archivo de prueba específico para su uso con el módulo Pester para la fase de prueba del módulo. En el archivo PS1 fuente, inyectamos el código de la función tal y como se ha creado anteriormente. A continuación, se vuelve a utilizar el comando `Add-Sample` para añadir la función `Get-PSFolderSize` y completamos su código en el archivo recién generado.

Ahora podemos pasar a la fase de build.

8.3 Build del módulo

Antes de pasar a la fase de build, es necesario descargar todas las dependencias necesarias para compilar el módulo. Se requiere una conexión a Internet si no se dispone de una galería interna. Los módulos necesarios se descargan de la PowerShell Gallery y se hace referencia a ellos en el archivo Resolve-Dependency.psd1. Para el ejemplo, no es necesario modificarlo.

Sampler almacena un archivo build.ps1 en cada proyecto. Este ejecuta varias tareas de build/test/deploy basadas en la información del archivo `build.yaml`. El contenido de este archivo no se aborda en esta sección.

Para compilar este módulo, vaya a la carpeta del proyecto y ejecute el script build.ps1 con los parámetros `-Task` y `-ResolveDependency`. El valor de `build` se establecerá en el parámetro `-Task`.

```
PS > cd .\MyModuleTools\
PS > .\build.ps1 -Tasks build -ResolveDependency
```

El módulo construido se coloca en una nueva carpeta de `output`. Los módulos necesarios también se colocan en esta carpeta, en una subcarpeta llamada `RequiredModules`.

La salida del comando es a veces un poco larga. Lo más relevante es la última línea de salida del comando. Si el build se ha realizado correctamente, aparecerá el siguiente mensaje:

```
Build succeeded. 7 tasks, 0 errors, 0 warnings
00:00:03.3568132
```

Se confirma la creación de módulo

```
PS > ls .\output\MyModuleTools\0.0.1\

   Directory: C:\Users\nicolasb\Documents\Projet\03Creation
de modules\MyModuleTools\output\MyModuleTools\0.0.1

Mode                 LastWriteTime         Length Name
----                 -------------         ------ ----
la---           5/30/2023  5:56 PM                en-US
la---           5/30/2023  5:56 PM           4554 MyModuleTools.psd1
la---           5/30/2023  5:56 PM           1119 MyModuleTools.psm1
```

También se carga automáticamente en la consola.

8.4 A continuación

Como ya se ha indicado, Sampler no se limita a crear módulos que contengan únicamente funciones. El proceso de creación y validación puede incluir un gran número de elementos: por ejemplo, es posible copiar archivos específicos dentro del módulo, crear tareas propias e incorporarlas al proceso de build, o gestionar el versionado y mantener un registro de cambios que se añadirá automáticamente al archivo psd1 del módulo...

Familiarizarse con Sampler puede parecer un poco desalentador, pero es una herramienta muy útil cuando se desarrollan regularmente recursos PowerShell que deben ser utilizados o mantenidos por otras personas.

Capítulo 4
Gestión de módulos y paquetes

1. Introducción

Seguro que alguna vez ha envidiado la "facilidad" con la que los usuarios de Linux actualizan sus aplicaciones, bibliotecas y otros binarios. Todo ello desde un único repositorio alojado. Basta un solo comando para completar el proceso. Le alegrará saber que Microsoft también ha puesto a disposición su propia solución de gestión de paquetes. Llamada NuGet, fue creada en 2010 bajo la licencia Apache 2.0. Proporciona paquetes en formato NUPKG.

NuGet se integró inicialmente en Visual Studio 2012 para gestionar fácilmente las dependencias de bibliotecas y los proyectos interfuncionales. Puede utilizarse mediante líneas de comandos o interfaces gráficas. Desde entonces, ha seguido despertando un gran interés. Como resultado, se lanzó el repositorio Chocolatey. Basado en esta tecnología, puede utilizarse para instalar aplicaciones como 7zip, Adobe Reader, etc. con solo unas líneas de comando.

¿Y qué ocurre con PowerShell? Desde su creación, su principal objetivo ha sido simplificar y automatizar la administración de los sistemas de información. Con este objetivo en mente, y en el contexto de DevOps, el módulo PackageManagement se incluye de forma predeterminada en PowerShell 5.0. Inicialmente denominado OneGet, interactúa con repositorios de tipo NuGet. Por lo tanto, es posible utilizar el módulo:

- instalar aplicaciones
- desinstalar el código fuente de las aplicaciones
- actualizar un paquete
- realizar un inventario de las aplicaciones instaladas en el equipo
- buscar paquetes en un repositorio
- guardar paquetes
- añadir nuevos repositorios NuGet

PowerShell V5.0 también introduce un segundo módulo, PowerShellGet. Este módulo se basa en el módulo PackageManagement. Sin embargo, su uso está más orientado. Permite el uso de repositorios que contienen recursos PowerShell, como:

- Recurso DSC (véase el capítulo Desired State Configuration (DSC))
- Módulo
- Script
- Capacidad de rol (véase Gestión remota avanzada)

Por defecto, Windows tiene como fuente la Galería PowerShell, denominada PowerShell Gallery. Ésta reúne un gran número de recursos creados por la comunidad. Puedes crear tu propio repositorio interno para facilitar aún más el despliegue de recursos.

Observación

Atención: ¡los repositories (repositorios) deben utilizarse con precaución! Algunos no verifican los paquetes. Como resultado, es posible instalar un paquete, módulo o script infectado. Chocolatey dispone de un sistema de verificación. Pero siempre hay que ser precavido y realizar una auditoría de seguridad adecuada de los elementos que se ponen a disposición. Un ejemplo es PowerSploit, una herramienta de hacking muy potente disponible en PowerShell Gallery.

La versión actual de PowerShellGet es la 2.2.5. Desde hace tres años se está desarrollando una versión 3.0. El objetivo de esta nueva versión es eliminar la dependencia del módulo PackageManagement. Actualmente no se recomienda utilizar esta nueva versión en un entorno de producción. Puede averiguar cómo funciona consultando la siguiente sección de ayuda:
https://learn.microsoft.com/en-us/powershell/module/microsoft.powershell.psresourceget/about/about_psresourceget?view=powershellget-3.x

Podemos ver que el número de comandos ha cambiado y que ahora hay un único comando para las búsquedas: `Find-PSResource`.

2. Módulo PackageManagement

Para instalar un paquete desde un repositorio, este debe estar registrado como origen en el sistema cliente. Para saber qué fuentes ya están presentes, utilice el comando `Get-PackageSource`:

```
PS > Get-PackageSource

Name        ProviderName   IsTrusted  Location
----        ------------   ---------  --------
PSGallery   PowerShellGet  False      https://www.powershellga...
```

Como ya se ha mencionado, la galería PowerShell está presente de forma predeterminada como origen en PackageManagement. Sin embargo, antes de empezar a utilizarla, hay un último aspecto que debe conocer. Las fuentes añadidas a los clientes tienen cada una un tipo de proveedor específico. Cada tipo de proveedor presenta sus propias características. Para averiguar qué tipos de proveedores están presentes en el sistema, utilice el comando `Get-PackageProvider`:

```
PS > Get-PackageProvider

Name              Version        DynamicOptions
----              -------        --------------
msi               3.0.0.0        AdditionalArguments
msu               3.0.0.0
PowerShellGet     1.0.0.1        PackageManagementProvider, Typ...
Programs          3.0.0.0        IncludeWindowsInstaller, Inclu...
```

Aquí se presentan los cuatro proveedores configurados de forma predeterminada. Hay otros que pueden descargarse e instalarse desde Internet. Para obtener la lista de proveedores disponibles, utilice el comando `Find-PackageProvider`:

```
Find-packageProvider -Name * | Format-table Name,Version,Source

Name                        Version    Source
----                        -------    ------
nuget                       2.8.5.208  https://oneget.org/nuge...
psl                         1.0.0.210  https://oneget.org/psl-...
chocolatey                  2.8.5.130  https://oneget.org/Choc...
NanoServerPackage           1.0.1.0    PSGallery
ChocolateyGet               1.0.0.1    PSGallery
GistProvider                0.6        PSGallery
GitHubProvider              0.5        PSGallery
TSDProvider                 0.2        PSGallery
DockerMsftProviderInsider 1.0.0.2      PSGallery
OfficeProvider              1.0.0.1    PSGallery
MyAlbum                     0.1.2      PSGallery
DockerMsftProvider          1.0.0.1    PSGallery
PowerShellGet               1.1.3.2    PSGallery
ContainerImage              0.6.4.0    PSGallery
GitLabProvider              1.3.4      PSGallery
WSAProvider                 1.0.0.4    PSGallery
0install                    2.13.6     PSGallery
AppxGet                     0.1.0.1    PSGallery
DockerProvider              0.0.0.3    PSGallery
```

La lista se descarga desde el almacén de blobs de Azure de PackageManagement.

A continuación, nos centraremos en el repositorio Chocolatey.

2.1 Añadir el primer proveedor

Para instalar el proveedor de Chocolatey, utilice el cmdlet `Install-PackageProvider`:

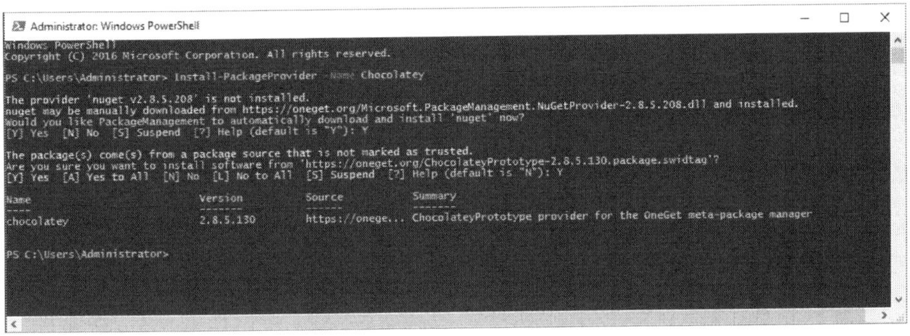

Instalación del proveedor Chocolatey

Si aún no lo ha hecho, se le pedirá que instale el proveedor NuGet. Es necesario aceptar la instalación. PackageManagement le advertirá de que la fuente que va a registrar no es segura y solicitará su confirmación. Chocolatey es un caso especial en cuanto al proveedor. Cuando se instala, también se instala su fuente:

```
PS > Get-PackageSource

Name          ProviderName    IsTrusted  Location
----          ------------    ---------  --------
chocolatey    Chocolatey      False      http://chocolatey.org/
a...
PSGallery     PowerShellGet   False      https://www.powershellg...
```

Esto no ocurre con todos los proveedores. También se ha instalado el proveedor NuGet, pero faltan las fuentes que apuntan a nuget.org. Para utilizarlos, es necesario añadir la fuente manualmente.

Ejemplo de cómo utilizar el comando `Register-PackageSource`

```
PS > Register-PackageSource -Name NuGet-Org -Location `
'https://www.nuget.org/api/v2/' -ProviderName nuget

Name          ProviderName       IsTrusted  Location
----          ------------       ---------  --------
NuGet-Org      NuGet             False      https://www.nuget.org/...
```

Breve explicación: el parámetro `-Name`se utiliza para dar un nombre a la fuente. Este nombre podrá utilizarse posteriormente para buscar, instalar y actualizar paquetes. El parámetro `-Location`indica la URL de Internet de la fuente. También puede tratarse de una URL interna o de un recurso compartido de red (consulte la sección Creación de un repositorio). Finalmente, el parámetro `-ProviderName`define el tipo de proveedor fuente.

En resumen, añadimos orígenes que apuntan a repositorios (proveedores), los cuales están gestionados por un proveedor determinado. El tipo de proveedor caracteriza los recursos contenidos en el repositorio. También es esencial que el tipo de proveedor sea conocido por el sistema y, por tanto, instalado. Esto significa que un mismo tipo de proveedor puede estar asociado a varios orígenes, cada uno vinculado a un repositorio diferente.

2.2 Búsqueda de un paquete

El proveedor y el origen de Chocolatey ya están registrados en PackageManagement. Puede buscar en el repositorio el software que necesite. Para ello, se utiliza el cmdlet `Find-Package`. Estos son algunos de los parámetros que admite:

Parámetro	Descripción
`Name`	Indica el nombre de uno o varios paquetes a buscar. El parámetro acepta wildcards.
`Source`	Especifica el nombre de una o más fuentes en las que buscar paquetes.

Parámetro	Descripción
ProviderName	Especifica el nombre de uno o varios tipos de proveedor a buscar.
AllVersions	Indica al comando que busque todas las versiones disponibles del paquete o paquetes.
MinimumVersion	Limita la búsqueda a una versión mínima cuando se utiliza con AllVersions.
MaximumVersion	Permite limitar la búsqueda a una versión máxima, con o sin utilizar AllVersions. También se puede utilizar junto con el parámetro MinimumVersion.
RequiredVersion	Especifica la versión que se debe buscar para un paquete determinado. Sin este parámetro, el comando busca la versión máxima.

En este ejemplo, se buscará el paquete correspondiente a 7-Zip, una herramienta avanzada para comprimir y descomprimir archivos en distintos formatos y algoritmos.

Para encontrarlo:

```
PS > Find-Package -Name 7zip
Name    Version            Source          Summary
----    -------            ------          -------
7zip    16.4.0.20170506    chocolatey      7-Zip is a file archiv...
```

El parámetro -Name admite comodines, por lo que es posible mostrar todos los paquetes cuyo nombre comience por "7":

```
PS > Find-Package -Name 7*
Name                 Version            Source          Summary
----                 -------            ------          -------
7Zip4Powershell      1.8.0              PSGallery       Powershel...
7-taskbar-twe...     5.3                chocolatey      7+ Taskba...
7zip                 16.4.0.20170506    chocolatey      7-Zip is ...
7zip.install         16.4.0.20170506    chocolatey      7-Zip is ...
7zip.portable        16.04              chocolatey      7-Zip is ...
7zip.commandline     16.02.0.20170209   chocolatey      7-Zip is ...
```

La versión del software también es un criterio relevante en las búsquedas. El parámetro `-AllVersions` muestra todas las versiones disponibles en el repositorio. Los parámetros `-MinimumVersion` y `-MaximumVersion` deben utilizarse junto con `-AllVersions`. Limitan la búsqueda a una versión mínima y máxima respectivamente, lo que permite obtener un intervalo de versiones.

Lista de todas las versiones disponibles de 7zip

```
PS > Find-Package -Name 7zip -AllVersions

Name        Version     Source        Summary
----        -------     ------        -------
7zip        15.05       chocolatey    7-Zip is a file archiver wit...
7zip        15.06       chocolatey    7-Zip is a file archiver wit...
7zip        15.07       chocolatey    7-Zip is a file archiver wit...
7zip        15.08       chocolatey    7-Zip is a file archiver wit...
7zip        15.09       chocolatey    7-Zip is a file archiver wit...
7zip        15.10       chocolatey    7-Zip is a file archiver wit...
7zip        15.11       chocolatey    7-Zip is a file archiver wit...
7zip        15.12       chocolatey    7-Zip is a file archiver wit...
7zip        15.14       chocolatey    7-Zip is a file archiver wit...
...
```

Listado de versiones de 7-Zip comprendidas entre la 15 y la 18

```
PS > Find-Package -Name 7zip -AllVersions -MinimumVersion 15 `
             -MaximumVersion 17

Name        Version            Source        Summary
----        -------            ------        -------
7zip        15.05              chocolatey        7-Zip is a file ...
7zip        15.06              chocolatey        7-Zip is a file ...
7zip        15.07              chocolatey        7-Zip is a file ...
7zip        15.08              chocolatey        7-Zip is a file ...
7zip        15.09              chocolatey        7-Zip is a file ...
7zip        15.10              chocolatey        7-Zip is a file ...
7zip        15.11              chocolatey        7-Zip is a file ...
7zip        15.12              chocolatey        7-Zip is a file ...
7zip        15.14              chocolatey        7-Zip is a file ...
7zip        16.00              chocolatey        7-Zip is a file ...
7zip        16.01              chocolatey        7-Zip is a file ...
7zip        16.02              chocolatey        7-Zip is a file ...
7zip        16.02.0.20160811   chocolatey        7-Zip is a file ...
7zip        16.04              chocolatey        7-Zip is a file ...
7zip        16.4.0.20170402    chocolatey        7-Zip is a file ...
```

```
7zip        16.4.0.20170403  chocolatey        7-Zip is a file ...
7zip        16.4.0.20170420  chocolatey        7-Zip is a file ...
7zip        16.4.0.20170506  chocolatey        7-Zip is a file ...
7zip        17.0             chocolatey        7-Zip is a file ...
```

El parámetro `-Source` acepta varios valores. De esta forma, se puede buscar un paquete en varios repositorios específicos. Por defecto, se buscan todas las fuentes. Para limitar el alcance de las búsquedas, también puede especificar un proveedor concreto mediante el parámetro `-ProviderName`. De este modo, se consultan todos los orígenes asociados al tipo de proveedor especificado.

2.3 Instalación de un paquete

Antes de proceder a la instalación, es necesario comprobar la política de ejecución de scripts de PowerShell (*ExecutionPolicy*). Esta política debe estar configurada para permitir la ejecución de scripts firmados procedentes de Internet. La mayoría de los paquetes disponibles en el repositorio Chocolatey incluyen scripts de PowerShell. Por lo tanto, estos scripts deben poder ejecutarse si se desea instalar la aplicación.

Cambiar la política de ejecución a `RemoteSigned`:

```
PS > Set-ExecutionPolicy RemoteSigned -Confirm:$false -Force
```

2.3.1 Desde Chocolatey

Una vez localizado el paquete mediante la búsqueda, puede proceder a instalarlo. Para ello, utilice el comando `Install-Package`. Estos son algunos de los parámetros:

Parámetro	Descripción
`Name`	Indica el nombre de uno o varios paquetes a instalar. El parámetro acepta wildcards.
`Source`	Especifica el nombre de una o varias fuentes en las que buscar los paquetes que se van a instalar.
`ProviderName`	Especifica el nombre de uno o más tipos de proveedores en los que buscar paquetes para instalar.

Parámetro	Descripción
RequiredVersion	Especifica la versión que se debe buscar para un paquete determinado. Sin este parámetro, el comando busca la versión máxima.

Para el ejemplo, se ha instalado la versión 15.14 de 7zip. Se ha validado en el entorno de producción.

```
PS > Install-Package -Name 7zip -RequiredVersion 15.14

Los paquetes provienen de un origen que no está marcado como aprobado.
¿Realmente desea instalar el software de 'chocolatey'?
[S] Sí [O] Sí para todos [N] No [T] No para todos [U]
Suspender [?] Ayuda (por defecto es « N »): S
```

El origen Chocolatey no está marcado como de confianza (`Trusted`). Como resultado, aparece un mensaje de advertencia para avisar al administrador de que el paquete que está a punto de descargar e instalar no es seguro. Por motivos de seguridad, se recomienda encarecidamente mantener este comportamiento de forma predeterminada. Idealmente, una fuente es segura cuando es creada y suministrada internamente por la empresa. Puede utilizar el parámetro `-Force` para omitir este mensaje y realizar la instalación de forma automática. El resultado es una instalación automatizada sin intervención del usuario.

Observación

Los paquetes NuGet del repositorio Chocolatey se descargan y almacenan en la carpeta C:\Chocolatey\lib.

2.3.2 Desde un MSI o MSU

También es posible instalar paquetes que no procedan de repositorios registrados en PackageManagement. Se pueden instalar paquetes de tipo MSI y MSU (actualizaciones de Windows). Es importante tener en cuenta que la instalación será silenciosa, al igual que la instalación de paquetes de tipo NUPKG. Basta con especificar la ubicación del paquete.

Ejemplo de cómo instalar Excel Viewer a partir de un paquete MSI

```
PS > Install-Package $Home\Downloads\*.msi -Force
```

2.4 Lista de paquetes instalados

PackageManagement permite obtener un listado de todas las aplicaciones instaladas en el sistema. No se limita a las aplicaciones instaladas mediante el módulo. También detecta aplicaciones instaladas mediante paquetes MSI y MSU, así como programas ejecutables .exe.

La lista puede crearse utilizando el comando `Get-Package`:

```
PS > Get-Package -IncludeWindowsInstaller

Name                       Version          Source       ProviderName
----                       -------          ------       ------------
7-Zip 16.02 (x64)          15.14                         Programs
Git version 2.12.2.2       2.12.2.2                      Programs
Microsoft Office 36...     16.0.8431.2079                Programs
GitHub                     3.3.4.0                       Programs
Microsoft OneDrive         17.3.6998.0830                Programs
Slack                      2.8.0                         Programs
...
VMware vSphere Clie...     5.5.0.6958       C:\Prog...   msi
...
Actualización de definiciones...                                   msu
Actualización de definiciones...                                   msu
Actualización de definiciones...                                   msu
Actualización de definiciones...                                   msu
Surface - HIDClass ...                                           msu
Actualización de definiciones...                                   msu
Actualización de definiciones...                                   msu
...
GitHubProvider             0.5              https:/...   PowerShellGet
MsrcSecurityUpdates        1.7.2            https:/...   PowerShellGet
...
```

Estos son algunos ejemplos de la salida del comando. Es posible consultar el origen de cada programa o paquete a través de la propiedad `ProviderName`.

2.5 Actualización de un paquete

Actualizar un paquete es un proceso sencillo. Para ello, se utiliza el mismo comando que en la instalación: `Install-Package`. En este ejemplo, se supone que una nueva versión ha sido validada para su despliegue en el sistema de información.

Actualización de 7-Zip a la versión 16.04:

```
PS > Install-Package -Name 7zip -RequiredVersion 16.04 -Force
```

Observación

Si el programa dispone de su propio sistema de actualización automática, y este no ha sido desactivado, esta operación no será necesaria.

2.6 Eliminación de un paquete

Para eliminar un paquete, se utiliza el comando `Uninstall-Package`. Este comando elimina únicamente los recursos que se descargaron para instalar la aplicación. No desinstala la aplicación propiamente dicha.

```
PS > Get-Package -Name 7zip | Uninstall-Package

Name          Version    Source           Summary
----          -------    ------           -------
7zip          16.04      C:\Chocolatey... 7-Zip is a file arc...
7zip.install  17.0       C:\Chocolatey... 7-Zip is a file arc...
```

3. Módulo PowerShellGet

Las versiones 1 y 2 del módulo PowerShellGet se basan en PackageManagement. Su funcionamiento es prácticamente idéntico. Sin embargo, hay algunas diferencias.

Por defecto, PowerShellGet tiene una fuente registrada cuando se instalan Windows 10 y Windows Server 2016. Se trata de la galería de PowerShell. Será la utilizada como referencia a lo largo de esta sección.

La sección Creación de un repositorio explicará cómo organizar su propio proveedor y cómo registrarlo como fuente para el módulo PowerShellGet.

3.1 Actualización de PowerShellGet para admitir TLS

Desde abril de 2020, Microsoft ha dejado de admitir la compatibilidad con TLS 1.0 en la PowerShell Gallery, y la versión 1 del módulo PowerShellGet, incluida de forma predeterminada en los sistemas, no es compatible con TLS 1.2, necesario para utilizar correctamente la PowerShell Gallery.

En primer lugar, le recomendamos actualizar PowerShellGet a la versión 2.2.5 mediante el siguiente comando:

```
PS > Install-Module PowerShellGet -RequiredVersion 2.2.5
-SkipPublisherCheck -AllowClobber -Force
```

A continuación, compruebe si su versión de TLS 1.2 está activada. Por defecto, este es el caso de Windows 11.

Para modificar esta configuración, utilice el siguiente comando:

```
PS > [Net.ServicePointManager]::SecurityProtocol = `
   [Net.SecurityProtocolType]::Tls12
```

Para más información, consulte la siguiente entrada del blog:
https://devblogs.microsoft.com/powershell/powershell-gallery-tls-support/

3.2 Búsqueda de un recurso

Existen cinco comandos específicos para buscar recursos, uno para cada tipo disponible:

```
PS > Get-Command Find-* -Module PowerShellGet
CommandType     Name                    Version    Source
-----------     ----                    -------    ------
Function        Find-Command            1.0.0.1    PowerShellGet
Function        Find-DscResource        1.0.0.1    PowerShellGet
Function        Find-Module             1.0.0.1    PowerShellGet
Function        Find-RoleCapability     1.0.0.1    PowerShellGet
Function        Find-Script             1.0.0.1    PowerShellGet
```

Comando	Descripción
`Find-Module`	Busca uno o varios módulos disponibles en los repositorios configurados.
`Find-Script`	Busca uno o varios scripts disponibles en los repositorios configurados.
`Find-Command`	Busca uno o varios comandos disponibles en los recursos definidos en los módulos presentes en los repositorios.
`Find-DscResource`	Busca uno o varios recursos DSC disponibles en el conjunto de recursos de módulo enumerados en los repositorios.
`Find-RoleCapability`	Busca una o varias capacidades de rol disponibles en el conjunto de recursos de módulo enumerados en los repositorios.

Observación

Los conceptos asociados a los recursos DSC y las funcionalidades de rol no se abordan en este capítulo. Para obtener más información, consulte los capítulos Desired State Configuration (DSC) y Gestión remota avanzada, respectivamente. Tenga en cuenta que solo se considerarán si están incluidos en un módulo.

La organización de los recursos es bastante sencilla. Los dos recursos principales, módulos y scripts, pueden contener los siguientes tipos de elementos: `Functions`, `Commands`, `DSCResources`, `RoleCapability`, `Workflow`.

Representación esquemática de la organización de recursos para PowerShellGet.

- Componentes de los módulos:
  - `Functions`
  - `Commands`
  - `Cmdlets`
  - `DSCResources`
  - `RoleCapability`

  - `Workflow`
- Componentes de los scripts:
  - `Functions`
  - `Commands`
  - `Workflow`

Los comandos `Find-Command`, `Find-DscResource` y `Find-RoleCapability` interrogan el contenido de los recursos principales para obtener un resultado.

Observación

Para que la búsqueda sea eficaz, los autores que publiquen proyectos deben declarar los recursos incluidos en sus módulos o scripts.

Para buscar el módulo Posh-SSH.

```
PS > Find-Module -Name Posh-SSH

Version     Name          Repository          Description
-------     ----          ----------          -----------
2.0.1       Posh-SSH      PSGallery           Provide SSH and ...
```

Este es un módulo comunitario que permite establecer conexiones SSH. Ideal para ejecutar una serie de comandos remotos en sistemas de tipo Linux/Unix.

3.2.1 Versionado

Para gestionar las versiones de los recursos, los comandos de búsqueda PowerShellGet funcionan de forma similar a los del módulo PackageManagement. Es posible obtener un listado con todas las versiones de un recurso, seleccionar un intervalo comprendido entre una versión mínima y máxima, o bien una versión específica.

```
PS > Find-Module -Name Posh-SSH -RequiredVersion 1.7.7

Version     Name          Repository          Description
-------     ----          ----------          -----------
1.7.7       Posh-SSH      PSGallery           Provide SSH func...
```

3.2.2 Contenido de un recurso

Resulta útil obtener un listado de los recursos incluidos en este módulo. Para ello, puede utilizar el comando `Find-Module` y consultar la propiedad `Includes`.

Ejemplo de los recursos incluidos en el módulo Posh-SSH

```
PS > $Module = Find-Module Posh-SSH -RequiredVersion 1.7.7
PS > $Module.includes

Name                 Value
----                 -----
Function             {Get-SSHSession, Remove-SSHSession, Invoke-S...}
RoleCapability       {}
Command              {Get-SCPFile, Get-SCPFolder, Get-SFTPFile, S...}
DscResource          {}
Workflow             {}
Cmdlet               {Get-SCPFile, Get-SCPFolder, Get-SFTPFile, S...}
```

El módulo no tiene funciones de rol, flujo de trabajo o recursos DSC. Se compone simplemente de cmdlets y funciones. La propiedad `Command` combina las propiedades `Function` y `Cmdlet`. De esta forma, con una sola línea de código, es posible ver todos los comandos disponibles en el módulo:

```
PS > $Module.includes.command
...
Get-SFTPFile
Set-SFTPFile
New-SFTPSession
New-SSHSession
Set-SCPFile
Set-SCPFolder
Get-SSHSession
Remove-SSHSession
Invoke-SSHCommand
Get-PoshSSHModVersion
Invoke-SSHCommandStream
New-SSHShellStream
Invoke-SSHStreamExpectAc
...
```

Para obtener el mismo resultado, también puede utilizar el comando `Find-Command`. Esto le permite buscar comandos específicos, ya sea en toda la galería o dentro de un módulo determinado. Al igual que `Find-Module`, dispone de parámetros de filtrado de versiones.

El parámetro `-Filter` tiene ciertas limitaciones, ya que no admite comodines. Reproduce el comportamiento de la barra de búsqueda del sitio web de PowerShell Gallery. Sin embargo, es posible utilizar métodos alternativos para ampliar sus capacidades.

Los comandos obtenidos mediante `Find-Command` incluyen también el nombre del módulo al que pertenece cada comando.

Ejemplo de búsqueda del comando `Get-SSHSession` con `Find-Command`:

```
PS > Find-Command -Name Get-SSHSession -ModuleName Posh-SSH `
-RequiredVersion 1.7.7

Name             Version   ModuleName                 Repository
----             -------   ----------                 ----------
Get-SSHSession   1.7.7     Posh-SSH                   PSGallery
```

Por lo tanto, se puede realizar una búsqueda introduciendo el nombre del módulo en el parámetro `-Filter` y apuntando al módulo con el parámetro `-ModuleName`. Esto mostrará todos los comandos disponibles en ese módulo:

```
PS > Find-Command -Filter Posh-SSH -ModuleName Posh-SSH `
-RequiredVersion 1.7.7

Name                     Version    ModuleName    Repository
----                     -------    ----------    ----------
Get-SCPFile              1.7.7      Posh-SSH      PSGallery
Get-SCPFolder            1.7.7      Posh-SSH      PSGallery
Get-SFTPFile             1.7.7      Posh-SSH      PSGallery
Set-SFTPFile             1.7.7      Posh-SSH      PSGallery
New-SFTPSession          1.7.7      Posh-SSH      PSGallery
New-SSHSession           1.7.7      Posh-SSH      PSGallery
Set-SCPFile              1.7.7      Posh-SSH      PSGallery
Set-SCPFolder            1.7.7      Posh-SSH      PSGallery
Get-SSHSession           1.7.7      Posh-SSH      PSGallery
Remove-SSHSession        1.7.7      Posh-SSH      PSGallery
Invoke-SSHCommand        1.7.7      Posh-SSH      PSGallery
Get-PoshSSHModVersion    1.7.7      Posh-SSH      PSGallery
Invoke-SSHCommandStream  1.7.7      Posh-SSH      PSGallery
New-SSHShellStream       1.7.7      Posh-SSH      PSGallery
```

Aquí se presentan todos los comandos contenidos en la versión 1.7.7 del módulo Posh-SSH. El proceso es idéntico para los recursos DSC y las capacidades de rol.

3.3 Instalación de un recurso

Para instalar un recurso desde un origen, como la galería PowerShell, se utilizan dos comandos: `Install-Module` e `Install-Script`. Cada uno se utiliza para instalar un recurso concreto. Ambos comandos se utilizan de forma similar a `Install-Package`, explicado anteriormente.

Pueden utilizarse de manera directa desde la consola:

```
PS > Install-Module -Name Posh-SSH -RequiredVersion 1.7.7

Repositorio no aprobado
Está instalando módulos desde un origen no aprobado. Si
desea aprobar este repositorio, modifique su política de instalación
mediante el comando Set-PSRepository.
¿Realmente desea instalar módulos desde PSGallery?
[S] Sí  [O] Sí a todo  [N] No  [T] No a todo  [U] Suspender  [?] Ayuda
(el valor predeterminado es "N"): S
```

Observación

La PowerShell Gallery no se considera segura de forma predeterminada. Por lo tanto, se requiere validación cuando se instala el módulo.

El pipeline también puede utilizarse para una mayor flexibilidad:

```
PS > Find-Module Posh-SSH -RequiredVersion 1.7.7 |
Install-Module -Force
```

Una vez instalado el módulo, puede verificar su presencia con el comando `Get-Module -ListAvailable`. Verá que los módulos se guardan en el directorio C:\Program Files\WindowsPowerShell\Modules. Este comportamiento predeterminado puede modificarse. El parámetro `-Scope` del comando `Install-Module` acepta los valores `AllUser` y `CurrentUser`, siendo el primero el predeterminado. El valor CurrentUser instala el módulo en C:\Users\%User%\Documents\WindowsPowerShell\Modules, donde %User% corresponde al nombre de cuenta del usuario actual. La ventaja de esta opción es que no se requieren privilegios de administrador para realizar la instalación.

Comprobación de la instalación del módulo Posh-SSH:

```
PS > Get-Module Posh-SSH -ListAvailable

Directorio : C:\Program Files\WindowsPowerShell\Modules


ModuleType Version    Name         ExportedCommands
---------- -------    ----          ----------------
Manifest   1.7.7      Posh-SSH     {Get-SCPFile, Get-SCPFolde...}
```

3.4 Actualización de un recurso

Los recursos se actualizan mediante el comando `Update-Module` en el caso de los módulos, y `Update-Script` para los scripts.

Una característica destacada del comando `Update-Module` es que, si no se especifica el parámetro `-Name`, se actualizan todos los módulos instalados en el sistema.

Para actualizar el módulo Posh-SSH a la versión 2.0, utilice el siguiente comando:

```
PS > Update-Module -Name Posh-SSH -RequiredVersion 2.0 -Force
```

Si desea instalar la última versión disponible, basta con indicar el nombre del módulo.

```
PS > Update-Module -Name Posh-SSH -Force
```

Al utilizar `Get-Module`, se puede comprobar qué versiones están instaladas:

```
Get-Module posh-ssh -ListAvailable


    Directorio: C:\Program Files\WindowsPowerShell\Modules


ModuleType Version    Name         ExportedCommands
---------- -------    ----         ----------------
Manifest   2.0.1      Posh-SSH     {Get-SCPFile, Get-SCPFolder...}
Manifest   2.0        Posh-SSH     {Get-SCPFile, Get-SCPFolder...}
Manifest   1.7.7      Posh-SSH     {Get-SCPFile, Get-SCPFolder...}
```

La actualización no elimina las versiones anteriores del módulo. Esto resulta útil en caso de que sea necesario revertir a una versión anterior debido a problemas con la más reciente.

3.5 Eliminación de un recurso

Un recurso se elimina mediante comandos cuyo verbo principal es `Uninstall`. En este caso, se trata de los comandos `Uninstall-Module` y `Uninstall-Script`. Estos comandos tienen los mismos parámetros de gestión de versiones que el comando `Install-Module`.

Por lo tanto, si desea eliminar el módulo del sistema, basta con indicar su nombre y versión.

Desinstalación del módulo Posh-SSH versión 1.7.7

```
PS > Uninstall-Module -Name Posh-SSH -RequiredVersion 1.7.7
```

Comprobación de la desinstalación

```
Get-Module posh-ssh -ListAvailable


    Directorio: C:\Program Files\WindowsPowerShell\Modules


ModuleType Version    Name         ExportedCommands
---------- -------    ----         ----------------
Manifest   2.0.1      Posh-SSH     {Get-SCPFile, Get-SCPFolder...}
Manifest   2.0        Posh-SSH     {Get-SCPFile, Get-SCPFolder...}
```

4. Creación de un repositorio

La posibilidad de desplegar una aplicación o un recurso PowerShell con unos pocos comandos y actualizarlo con cada nueva versión representa una ventaja considerable. Sin embargo, si trabaja en un entorno con un acceso a Internet bastante restringido (por motivos de seguridad, limitaciones de ancho de banda, etc.), puede resultar esencial contar con su propio proveedor interno.

Hay dos posibilidades:

- uso compartido de la red
- un sitio web basado en la tecnología NuGet

Observación

La estructura de los paquetes Chocolatey presenta algunas particularidades que pueden resultar confusas. Por ello, en esta sección no se aborda la creación de paquetes desde cero. En el caso de PowerShellGet, la creación del paquete forma parte del proceso de publicación del recurso.

4.1 A través de una simple red compartida

Los módulos PackageManagement y PowerShellGet pueden utilizar un recurso compartido de red como origen. Los paquetes deben agruparse en carpetas separadas según su tipo respectivo. Esto significa que los paquetes Chocolatey deben estar separados de los paquetes de recursos PowerShell. No es necesario crear un recurso compartido para cada tipo de recurso; basta con indicar la ubicación correcta al añadir el origen en el cliente.

Ejemplo de jerarquía

```
\\myserver\LocalGet
  └─MyChocolatey
        └─<Packages Chocolatey>
  └─MyPowerShell
    └─<Packages Ressources PowerShell>
```

Para crear el recurso compartido en el servidor:

```
PS > New-Item -Path `
C:\LocalGet\MyChocolatey,C:\LocalGet\MyPowerShell `
-ItemType Directory

    Répertoire : C:\LocalGet


Mode                LastWriteTime         Length Name
----                -------------         ------ ----
d-----        12/10/2017     15:52                MyChocolatey
d-----        12/10/2017     15:52                MyPowerShell

PS > New-SmbShare -Name LocalGet -Path C:\LocalGet\

Name       ScopeName Path        Description
----       --------- ----        -----------
LocalGet * C:\LocalGet
```

Observación

Para la gestión de derechos NTFS, es aconsejable conceder únicamente derechos de modificación a los grupos de usuarios que publicarán los paquetes. Para descargar e instalar, solo se requieren permisos de lectura.

4.1.1 PackageManagement

El siguiente paso es hacer que un paquete esté disponible a través del proveedor para que pueda ser gestionado utilizando el módulo PackageManagement. Para ello, utilizaremos el paquete 7zip. En C:\Chocolatey\lib\, debe haber una o más carpetas cuyo nombre comience por 7zip. Dentro hay un archivo que termina en NUPKG. Cópielo (o cópielos) directamente en la carpeta C:\LocalGet\MyChocolatey del servidor compartido.

Ejemplo de copia si los paquetes Chocolatey se han instalado en el servidor compartido

```
PS > Copy-Item  C:\Chocolatey\lib\7zip*\*.nupkg `
C:\LocalGet\MyChocolatey\
```

Una vez preparado el repositorio, puede añadir los orígenes que apunten al recurso compartido de Chocolatey.

En un cliente con el módulo PackageManagement, el comando es el siguiente:

```
PS > Register-PackageSource -Name MyChoco -Location `
\\SERV-2K16-Nuget\localGet\MyChocolaty -Trusted `
-ProviderName Chocolatey

Name     ProviderName IsTrusted Location
----     ------------ --------- --------
MyChoco  Chocolatey   True      \\SERV-2K16-Nuget\LocalGet\MyC...
```

Observación

La presencia del parámetro `-Trusted` certifica que el origen es de confianza.

Para comprobar que los paquetes se han encontrado correctamente, puede ejecutar una búsqueda:

```
PS > Find-Package -Name * -Source MyChoco
Name          Version           Source      Summary
----          -------           ------      -------
7zip.install  16.4.0.20170506   MyChoco     7-Zip is a file arc...
```

A continuación, puede añadir los paquetes que considere necesarios.

4.1.2 PowerShellGet

Proporcionar un paquete para un repositorio de recursos PowerShell funciona de forma diferente. El módulo PowerShellGet tiene comandos llamados `Publish-Module` y `Publish-Script`. Estos se utilizan respectivamente para publicar módulos y scripts a los proveedores de tipo PowerShellGet. Comprimen el módulo directamente en el formato NUPKG. La información de los módulos y scripts se recupera de su manifiesto. Por lo tanto, es importante completarlos correctamente.

Observación

Los recursos de script no disponen de un archivo de manifiesto como los módulos (véase el capítulo Creación de módulos - Manifiesto de módulo). Sin embargo, es posible incluir varios elementos informativos al inicio del script, además de la sección de ayuda. Para ello, utilice el comando `New-ScriptFileInfo`.

Antes de publicar el primer recurso PowerShell, es necesario añadir el repositorio como fuente en el cliente. Esto se hace utilizando el comando `Register-PSRepository`:

```
PS > Register-PSRepository -Name MyPowerShell `
-Location \\SERV-2K16-Nuget\localGet\MyChocolaty `
-InstallationPolicy Trusted
```

A continuación, se publicará el primer recurso PowerShell en este repositorio. El recurso será de tipo `Module`. Por lo tanto, es necesario asegurarse de que el módulo es accesible. Es posible publicar un módulo por su nombre, utilizando el parámetro `-Name`. Para ello, el módulo debe colocarse en una de las carpetas referenciadas en la variable `$Env:PSModulePath`. También es posible publicar el módulo directamente desde la carpeta que lo contiene, utilizando el parámetro `-Path`.

El comando `Publish-Module` admite parámetros que permiten introducir información sobre el recurso en la sección `PSData` del archivo del manifiesto:

Parámetro	Descripción
`IconURI`	Especifica la URL del icono del módulo. Se utilizará cuando se publique en un repositorio web como la PowerShell Gallery.
`LicenseURI`	Especifica la URL de los términos de licencia que rigen el módulo que se está publicando.
`ProjectURI`	Especifica la URL de la página web que describe el proyecto en torno al módulo.
`ReleaseNote`	Permite introducir notas sobre la versión que serán visibles para el usuario.
`Tags`	Especifica una o más etiquetas para el módulo publicado. Estas etiquetas facilitan la identificación del contenido del módulo o script. También se utilizan en las búsquedas.

Estos parámetros se aplican al comando `Publish-Script`.

Como ejemplo, se utilizará un módulo conocido, `Posh-SSH`, y se publicará en la plataforma:

```
PS > Publish-Module -Name Posh-SSH -Repository MyPowerShell
WARNING: This module
'C:\Users\nbaudin\AppData\Local\Temp\1660955656\Posh-SSH\
Posh-SSH.psd1' has exported cmdlets. As a best practice, include
exported cmdlets in the module manifest file(.psd1). You can run
Update-ModuleManifest -CmdletsToExport to update the manifest
with ExportedCmdlets field.
WARNING: This module
'C:\Users\nbaudin\AppData\Local\Temp\1660955656\Posh-SSH\
Posh-SSH.psd1' has exported functions. As a best practice, include
exported functions in the module manifest file(.psd1). You can
run Update-ModuleManifest -FunctionsToExport to update the
manifest with ExportedFunctions field.
```

Si el manifiesto del módulo utiliza campos considerados obsoletos, el comando emitirá advertencias.

El módulo ya está disponible a través del origen:

```
PS > Find-Module -Repository MyPowerShell
Version    Name      Repository    Description
-------    ----      ----------    -----------
2.0.2      Posh-SSH  MyPowerShell  Provide SSH and SCP functio...
```

El paquete NUPKG del módulo Posh-SSH está presente en el recurso compartido:

```
PS > gci \\serv-2k16-nuget\LocalGet\MyPowerShell\


    Directory: \\serv-2k16-nuget\LocalGet\MyPowerShell


Mode     LastWriteTime         Length  Name
----     -------------         ------  ----
-a----   10/15/2017   7:02 PM  2360141 Posh-SSH.2.0.2.nupkg
```

4.1.3 Organización del recurso compartido

Cuando el número de paquetes empieza a ser demasiado grande y el rendimiento deja de ser satisfactorio, conviene revisar la organización del recurso compartido. El cliente NuGet, utilizado por los comandos PowerShell, consigue un mejor rendimiento con una estructura de carpetas determinada:

```
\\myserver\packages
  └─<packageID>
    └─<version>
      ├─<packageID>.<version>.nupkg
      └─<other files>
```

Para más información, consulte el documento de Microsoft:
https://docs.microsoft.com/es-es/nuget/hosting-packages/local-feeds

4.2 A través de un sitio web

Si compartir ya no resulta suficiente, es posible utilizar un repositorio más avanzado, comparable a la galería PowerShell o Chocolatey. El código fuente de NuGet.Server está disponible de forma gratuita. El procedimiento de compilación e instalación también está disponible:

- Fuentes: https://github.com/NuGet/NuGet.Server
- Instalación:
  https://docs.microsoft.com/es-es/nuget/hosting-packages/nuget-server

Algunas empresas han tomado este código fuente y lo han adaptado a un producto más fácil de instalar y administrar. Es el caso de ProGet, desarrollado y publicado por Inedo.

La ventaja de este producto es que cuenta con una versión gratuita, aunque con funciones limitadas.

4.2.1 Instalación

El instalador debe descargarse primero del sitio web de Inedo: http://inedo.com/proget/download. También puede descargar los instaladores sin conexión desde: https://my.inedo.com/downloads/installers

Observación

La versión utilizada es la 2023.3. Es posible que esta y el proceso de instalación descrito en esta sección cambien con el tiempo. En caso de duda, consulte la documentación.

- Una vez descargado el instalador, ejecútelo. Si utiliza el instalador en línea, este intentará descargar el programa. A continuación, seleccione la versión y haga clic en **Install**:

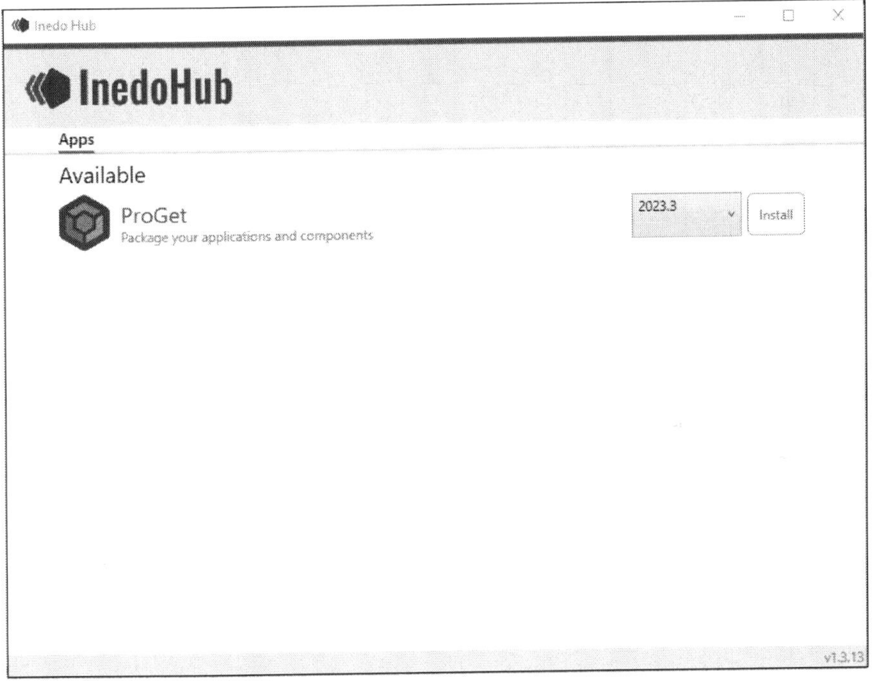

Selección de la versión ProGet

A continuación, se le pedirán todos los elementos que desea instalar. Para el ejemplo, los valores predeterminados serán:

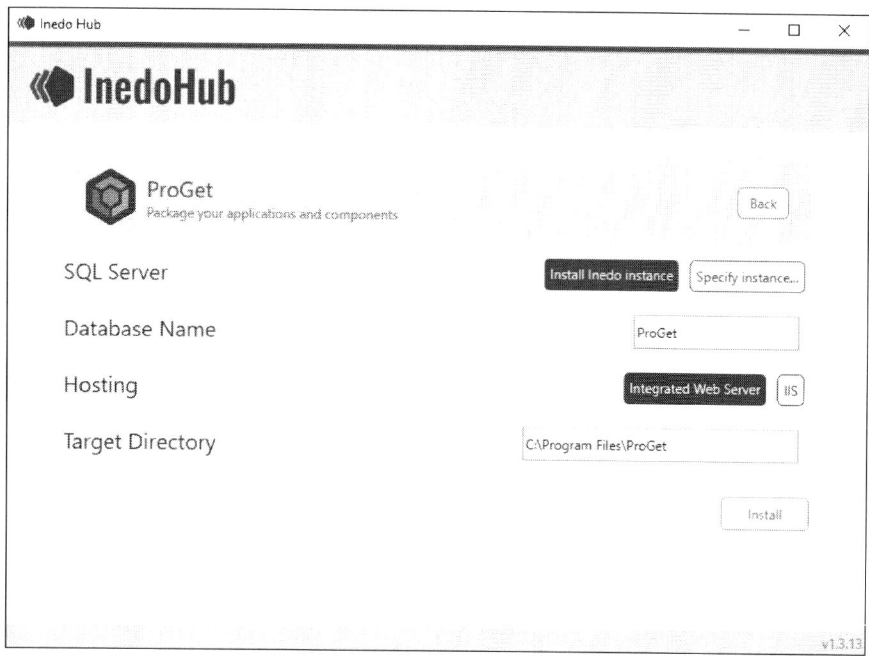

Selección de componentes de ProGet

- Una vez definidos todos los parámetros, haga clic en **Install**. Tenga en cuenta que si la opción SQL Server está configurada como **Install Inedo instance**, el instalador seguirá necesitando conexión a Internet para buscar los orígenes necesarios. Si esto no es posible, tendrá que instalar manualmente una instancia previa de SQL Server.

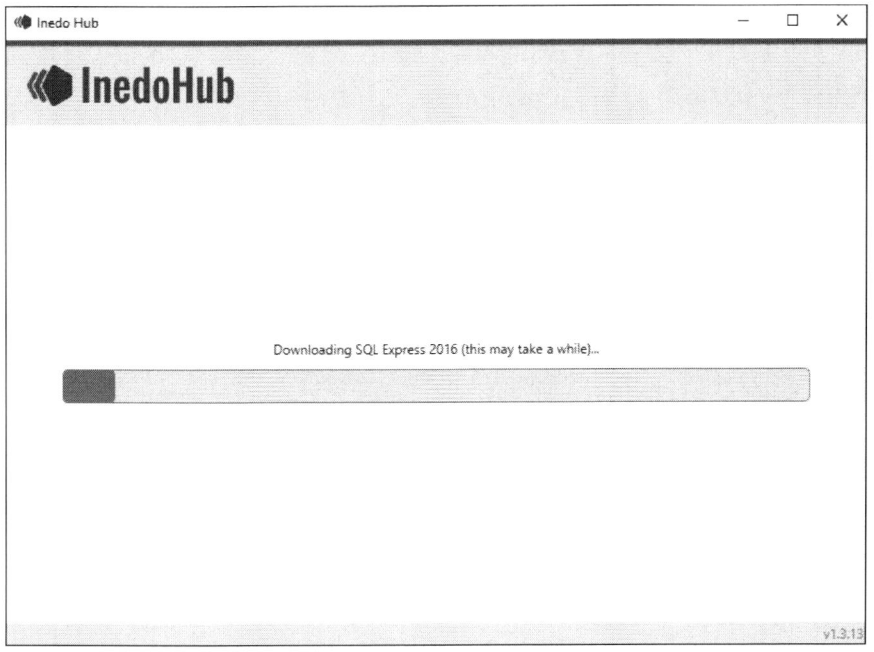

Descarga de SQL Server Express

- A continuación, el instalador llevará a cabo todo el proceso de instalación. Al final del proceso, se le pedirá que inicie ProGet mediante el botón **Launch**. Haga clic en él.

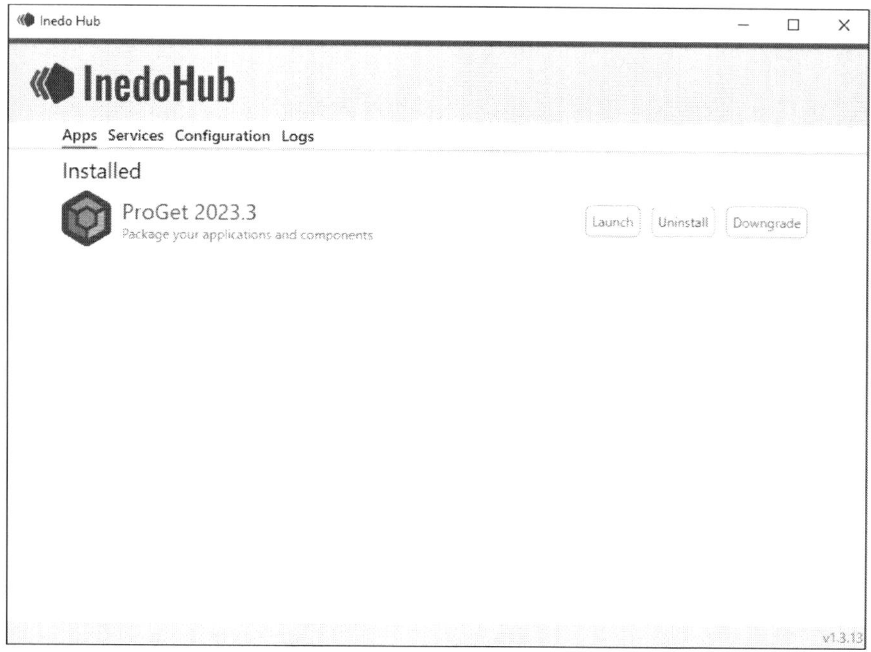

Fin de la instalación

Se abre una página web:

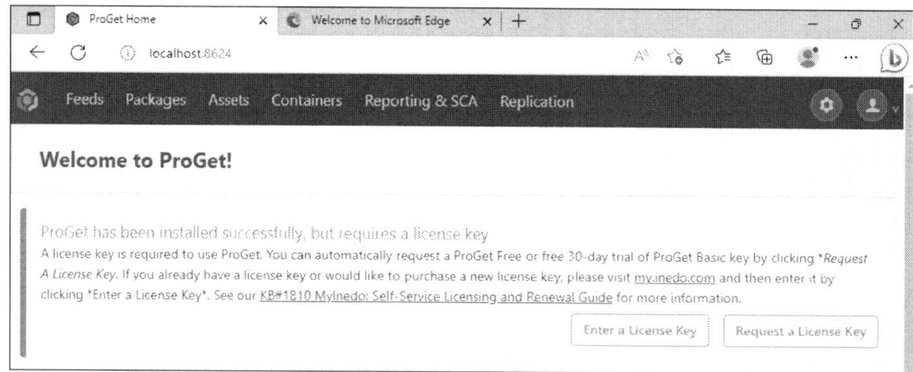

Página de inicio de ProGet

En el caso de una prueba como esta, puede solicitar una licencia temporal utilizando el botón **Request a Licence Key**. Aparecerá una ventana emergente en la que se le pedirá una dirección de correo electrónico, un nombre y el tipo de licencia:

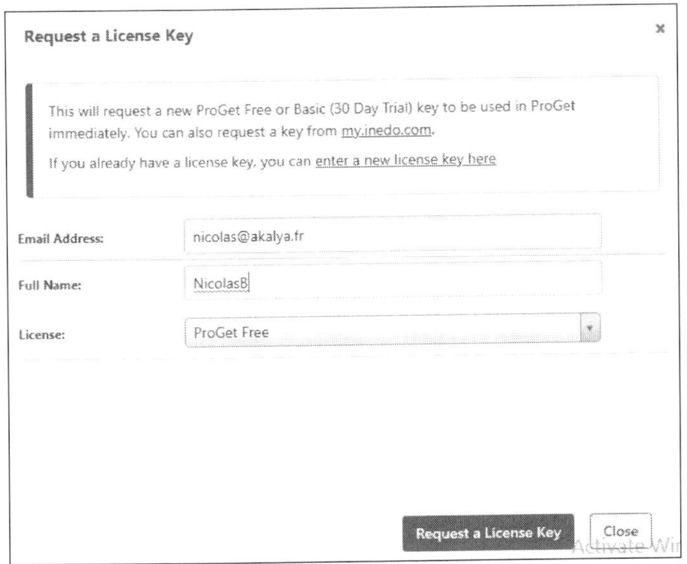

Formulario de solicitud de licencia

- Una vez que haya rellenado los campos, haga clic en **Request a License Key**.

El instalador recupera una licencia. Aparece un mensaje cuando se ha completado el registro:

Mensaje de activación completada

4.2.2 Creación de usuario

El siguiente paso es crear el primer usuario. Con la versión gratuita, no es posible interconectar ProGet con Active Directory. Esto supone una limitación a la gestión de la plataforma.

- Haga clic en el logotipo de usuario en la parte superior derecha de la página web y, a continuación, en **Log In**. Se le pedirán sus datos de acceso. Por defecto, ProGet utiliza el par de credenciales Admin/Admin (distingue entre mayúsculas y minúsculas). Introdúzcalas en sus respectivos campos o haga clic en el botón **Log In as Admin/Admin**.

Interfaz web de login al proyecto

- Una vez de vuelta en la página de inicio, haga clic en la rueda dentada de la parte superior derecha para acceder a la interfaz de administración.
- En la sección **Security & Authentication**, haga clic en el campo **Manage Security** y, a continuación, en la pestaña **Built-In Users & Groups**.

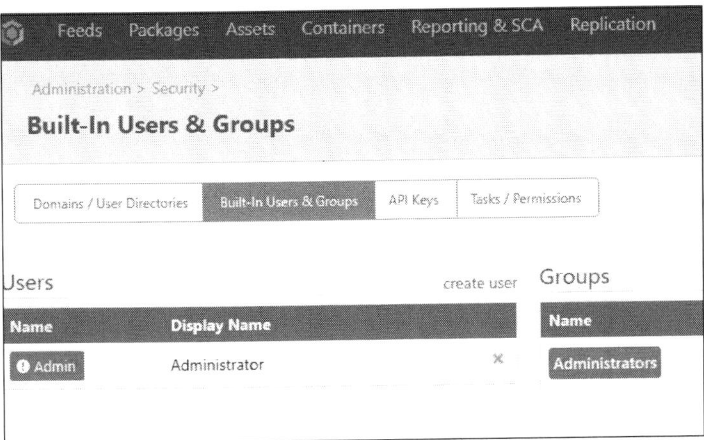

A continuación, haga clic en **Create User**. Aparecerá una ventana. Rellene los datos del usuario como se muestra a continuación:

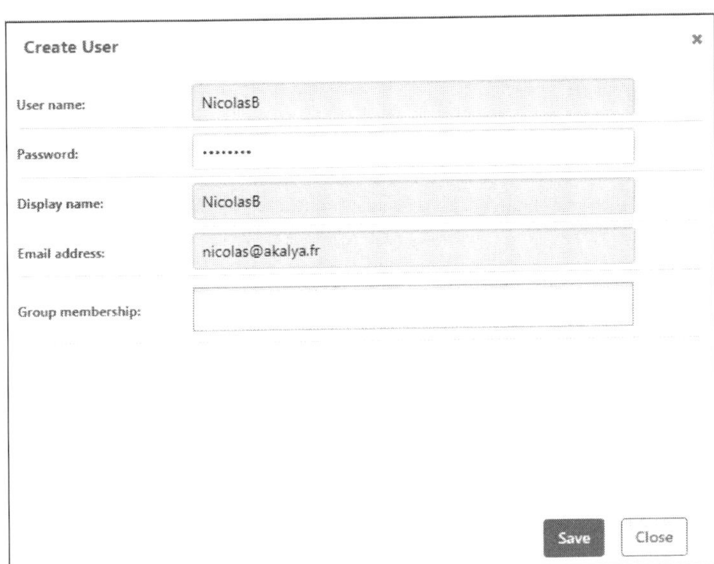

Creación de un nuevo usuario NicolasB

Es aconsejable cambiar la contraseña de la cuenta Admin.

A continuación, es necesario otorgar al usuario permisos de consulta y publicación. Esto le permitirá descargar y publicar recursos PowerShell en el repositorio. Para ello, la pestaña **Tasks / Permissions** de la sección **Manage Security** permite gestionar las distintas tareas que puede realizar el usuario. Entre las posibles tareas, nos centraremos en **Publish Packages**, ya que, por defecto, todo el mundo tiene derecho a ver y descargar paquetes. También es aconsejable eliminar los derechos administrativos del grupo **Anonymous**, haciendo clic en el botón **Remove Anonymous Access**:

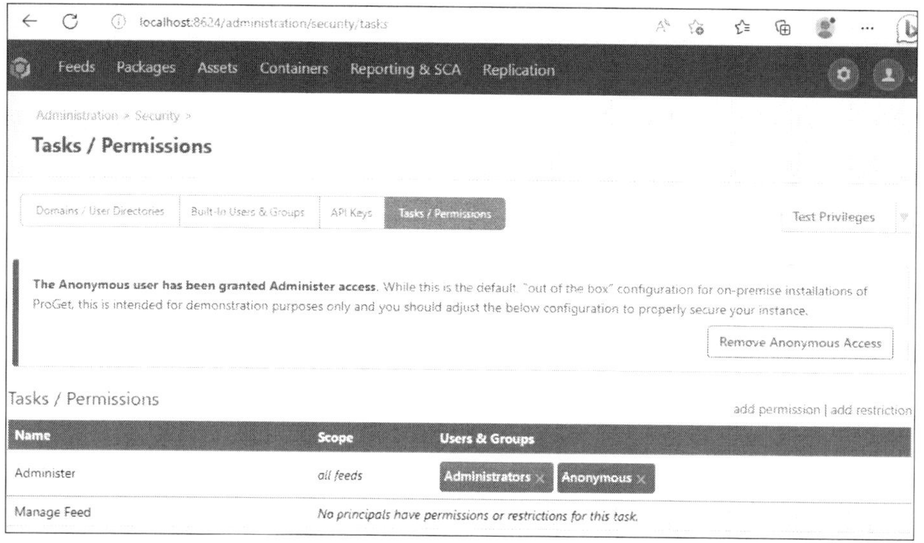

*Mensaje solicitando la eliminación del grupo **Anonymous** de los permisos **Administer***

- A continuación, haga clic en **Add Permission** y, en la ventana que aparece, introduzca el nombre del usuario que acaba de crear en el campo **User** y, a continuación, la tarea que puede realizar en el campo **Tasks**, en este caso **Publish Packages**. A continuación, haga clic en **Save Privilege**.

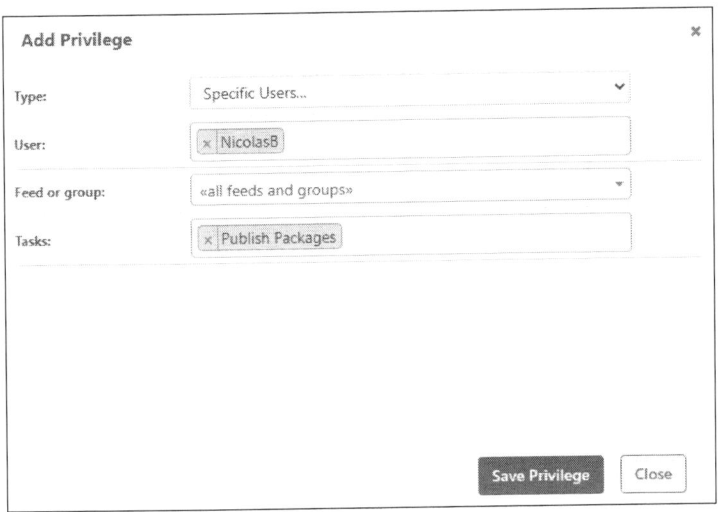

Añadir derechos de publicación para el usuario NicolasB

Observación

Lo ideal, si se integran varios usuarios, es utilizar grupos. A continuación, asigne privilegios a los grupos de usuarios.

4.2.3 Creación del primer feed (repositorio)

Los *feeds* ProGet son el equivalente de los repositorios NuGet.

- Para crear un nuevo feed, vaya a la sección **Feeds** en la parte superior izquierda de la interfaz web. Haga clic en **Create New Feed**.
- En la nueva ventana, seleccione **PowerShell Modules** en la sección **System & Software Configuration**.

Selección de un feed de módulos PowerShell

- A continuación, es posible crear un conector para enlazar con una galería externa, como la PowerShell Gallery. En este caso, el feed será privado y solo se publicarán los módulos privados. Este comportamiento puede modificarse más adelante. Seleccione **No Connectors (private packages only)**:

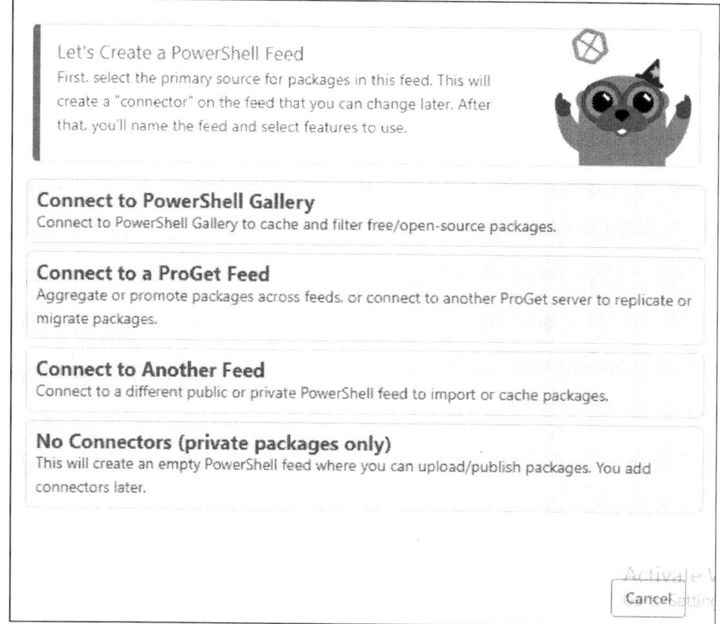

Selección del tipo de conector

- A continuación, asigne un nombre al feed, en este caso **MyPowerShellFeed**, y haga clic en **Create Feed**. Se le pedirá que configure un análisis de seguridad y detecte cualquier licencia open source utilizada. Esto dependerá de su política de seguridad, para limitar la presencia de software malicioso en el repositorio y de la licencia de los recursos. Si se diseña y comercializa software utilizando recursos cuyas licencias no lo permiten, esto podría conllevar problemas legales.

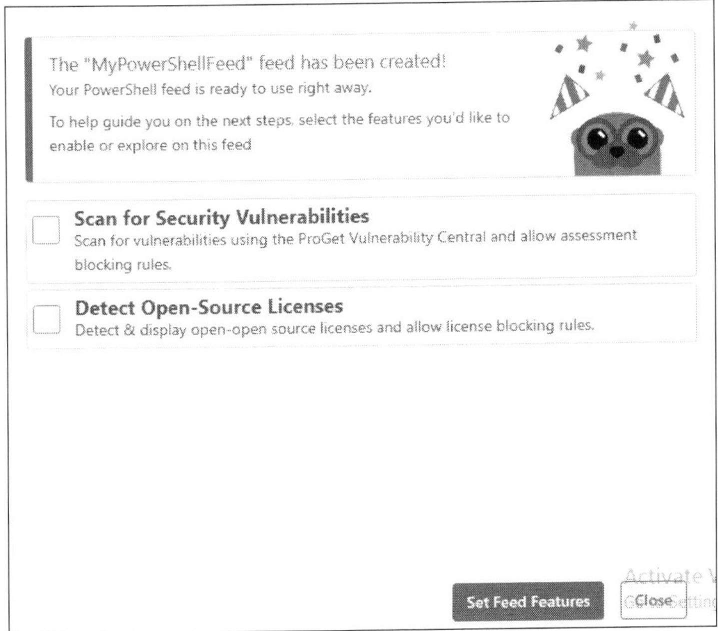

Selección de la política de seguridad y del modo de licencia

En las opciones de feed, puede cambiar los elementos de configuración. Se mantendrá la configuración predeterminada.

4.2.4 Registro como fuente y publicación de un módulo

Solo queda registrar el repositorio de ProGet como origen en el cliente. La URL de la fuente sigue la siguiente sintaxis:
http://<nombre_del_servidor>:<puerto>/nuget/<nombre_ del_feed>

Para el ejemplo, el resultado es:
http://SERV-2K16-NUGET:8624/nuget/MyPowerShellGet/

Truco

*Para averiguar la URL exacta, solo tiene que ir a la sección **Feeds**, hacer clic en el feed que desee y anotar la URL en el campo **API Endpoint URL**.*

El procedimiento es el mismo que el anterior. Se utiliza el comando `Register-PSRepository`.

```
PS > Register-PSRepository -Name MyPowerShellGet `
-SourceLocation http://SERV-2K16-NUGET:8624/nuget/MyPowerShellGet/`
-PublishLocation http://SERV-2K16-NUGET:8624/nuget/MyPowerShellGet/`
-InstallationPolicy Trusted
```

El método para publicar recursos es el mismo que el anterior, salvo por un detalle. Para publicar en un repositorio ProGet, se debe introducir una clave API en el comando. En la configuración actual, la clave tiene el formato: `<nombre_de_usuario>:<contraseña>`. No se recomienda utilizar esta sintaxis en un entorno de producción. Los usuarios pueden verse tentados a escribir la contraseña en texto plano, lo que permitiría recuperarla fácilmente mediante una búsqueda en el historial de comandos. En su lugar, las claves API deben generarse y utilizarse a través de la interfaz de administración de ProGet. Para esta implementación, la documentación en línea de ProGet es muy completa.

Sin embargo, existe una forma más segura de introducir su contraseña sin que esta quede registrada en su historial.

Para ello, utilice el comando `Get-Credential`.

```
PS > $cred = Get-Credential Nicolasb
```

Una vez introducida la contraseña, se genera la cadena que representa la clave API:

```
PS > $APIKey = '{0}:{1}' -f `
$cred.GetNetworkCredential().UserName,
$cred.GetNetworkCredential().Password

PS > $APIKey
NicolasB:P@ssw0rd
```

Observación

Para obtener más información sobre el operador `-f`, consulte el tema de ayuda about_operators, sección Special Operators.

Para publicar el módulo Posh-SSH:

```
PS > Publish-Module -Name Posh-SSH -Repository MyPowerShellGet `
-NuGetApiKey $APIKey
WARNING: This module
'C:\Users\nbaudin\AppData\Local\Temp\1660955656\Posh-SSH\
Posh-SSH.psd1' has exported cmdlets. As a best practice, include
exported cmdlets in the module manifest file(.psd1). You can run
Update-ModuleManifest -CmdletsToExport to update the manifest
with ExportedCmdlets field.
```

Resultado en la interfaz web de ProGet:

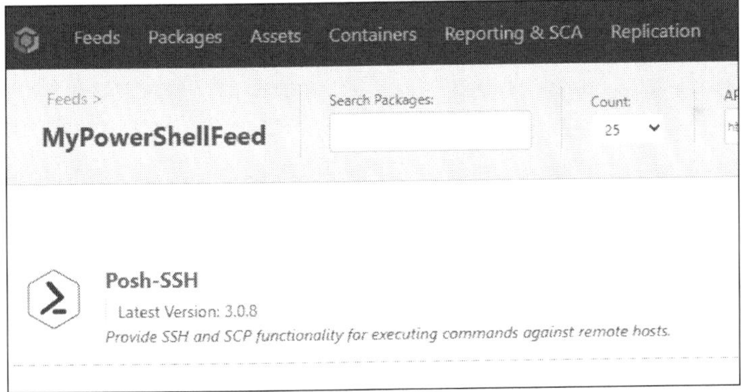

Paquete Posh-SSH en el feed MyPowerShellGet

Para la demostración, también se publicará el módulo creado en la sección Creación de módulos. Antes de hacerlo, deberá introducir una descripción en el manifiesto del módulo:

```
PS > $ModulePath = "$Home\Documents\WindowsPowerShell\Module\" +
"MyModuleTools\1.1\MyModuleTools.psd1"
PS > $pattern = "# Description = ''"
PS > $Descr = "Description = 'Módulo con mis herramientas'
PS > (Get-Content -Path $ModulePath) -replace $pattern,$Descr |
Set-Content $ModulePath
```

Para publicar el módulo:

```
PS > Publish-Module -Name MyModuleTools `
-Repository MyPowerSHellGet -NugetAPIKey $APIKey
WARNING: This module
'C:\Users\nbaudin\AppData\Local\Temp\1417773652\MyModuleTools\
MyModuleTools.psd1' has exported functions. As a best practice,
include exported functions in the module manifest file(.psd1).
You can run Update-ModuleManifest -FunctionsToExport to update
the manifest with ExportedFunctions field.
```

Ahora los módulos pueden compartirse y desplegarse de forma centralizada y rápida.

Capítulo 5
Objetos personalizados y tipos estándar

1. Introducción

PowerShell es un lenguaje de scripting orientado a objetos. Esto significa que los resultados de los comandos y las asignaciones de variables son objetos. Esto contrasta con lenguajes de scripting más convencionales, como cmd o bash en Linux, que manipulan cadenas de caracteres. PowerShell también permite manipular cadenas de caracteres, si es necesario.

En programación, la noción de objeto es una transposición de la vida cotidiana. Puede utilizarse el ejemplo de un coche para explicarlo. Un coche es un objeto. Tiene varios miembros, al igual que un archivo PowerShell:

- Propiedades: una propiedad contiene información sobre el objeto. En el caso de un coche: su marca, modelo, tapicería o color. Una propiedad también puede contener otro tipo de objeto hijo con sus propios miembros. Ya sea similar a su padre, o completamente diferente. Un coche tiene puertas, que suelen ser del mismo color que el resto del coche, pero con una estructura muy diferente.
- Métodos: un método se utiliza para realizar una acción sobre el objeto. En el caso de un coche, sirve para arrancarlo o hacerlo avanzar. Y en el caso de las puertas, para abrirlas.

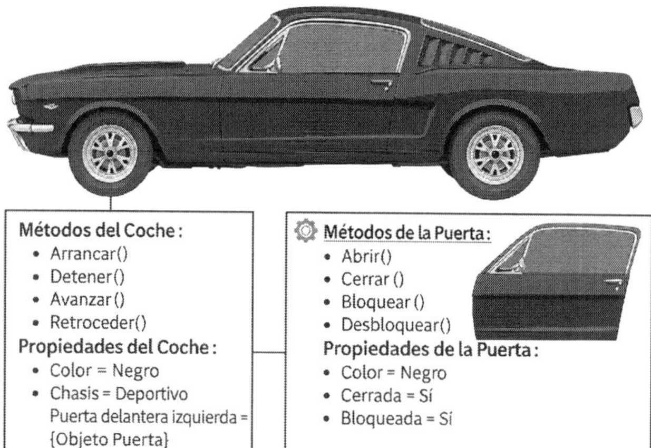

En este caso, solo se tratarán dos tipos de miembros (método y propiedad), ya que son los más utilizados. Hay otros, como los eventos, que tienen sus propios usos.

2. Objetos personalizados

Lo interesante es que puede crear sus propios objetos con los miembros que decida definir para ellos. De este modo, pueden incorporarse a funciones y utilizarse a través de un pipeline. Esto ofrece una gran flexibilidad y libertad a la hora de programar. También es una buena práctica a la hora de diseñar scripts.

2.1 Crear un objeto personalizado

Para crear un objeto personalizado, puede utilizar el tipo `[psobject]` con el comando `New-Object`:

```
PS > New-Object -TypeName psobject -Property @{
    Name = 'Nicolas BAUDIN'
    Email = 'nicolas.baudin@frpsug.com'
    Age = 25
    PostalCode = 44000
}
```

```
Email                           Name             Age PostalCode
-----                           ----             --- ----------
nicolas.baudin@frpsug.com       Nicolas BAUDIN    25      44000
```

Se puede observar que no se respeta el orden de las propiedades. Para que esto sea así, es necesario utilizar un hashtable de tipo `[ordered]`:

```
PS > $Hash = [ordered]@{
    Name = 'Nicolas BAUDIN'
    Email = 'nicolas.baudin@frpsug.com'
    Age = 25
    PostalCode = 44000
}
PS > New-Object -TypeName psobject -Property $Hash

Name             Email                        Age PostalCode
----             -----                        --- ----------
Nicolas BAUDIN   nicolas.baudin@frpsug.com     25      44000
```

Existe un método más rápido y sencillo para crear un objeto personalizado. Consiste en utilizar el alias de tipo `[PSCustomObject]`:

```
PS > [PSCustomObject]@{
    Name = 'Nicolas BAUDIN'
    Email = 'nicolas.baudin@frpsug.com'
    Age = 25
    PostalCode = 44000
}

Name             Email                        Age PostalCode
----             -----                        --- ----------
Nicolas BAUDIN   nicolas.baudin@frpsug.com     25      44000
```

La ventaja es que al utilizar `[PSCustomObject]` se conserva directamente el orden de las propiedades.

2.2 Añadir un miembro

Añadir un miembro a un objeto existente es sencillo, utilizando el comando Add-Member. Esta acción puede realizarse en cualquier tipo de objeto. Sin embargo, su impacto se limita a la instancia actual del objeto. Concretamente, creamos un objeto de un tipo muy específico. Se añade una nueva propiedad al primero y, posteriormente, se crea un segundo objeto del mismo tipo que el primero. Este segundo objeto no incluirá la propiedad añadida al primero. Este comportamiento debe tenerse en cuenta al utilizar Add-Member.

2.2.1 Añadir una propiedad

Para el ejemplo, se instanciará un nuevo objeto:

```
PS > $Computer1 = [PSCustomObject]@{
    ComputerName = 'PC01-IT'
    SerialNumber = 'SN00001'
    IP = '192.168.0.10'
}
```

La propiedad Commissioning se añade para indicar la fecha de puesta en servicio del ordenador:

```
PS > Add-Member -InputObject $Computer1 -TypeName MyComputer `
    -NotePropertyMembers @{Commissioning=[datetime]'01/16/2015'}
```

Resultado:

```
PS > $Computer1

ComputerName SerialNumber IP           Commissioning
------------ ------------ --           -------------
PC01-IT      SN00001      192.168.0.10 16/01/2015 00:00:00
```

El cmdlet Add-Member también se puede utilizar con los parámetros -NotePropertyName y -NotePropertyValue. Sin embargo, son menos útiles que el parámetro -NotePropertyMembers. Este último acepta una hashtable, como en el ejemplo. Esto significa que las propiedades que se van a añadir se pueden agrupar en una sola llamada al comando.

Ejemplo

```
PS > Add-Member -InputObject $Computer1 -TypeName MyComputer `
    -NotePropertyMembers @{Commissioning=[datetime]'01/16/2015'
    Decommissioning = ([datetime]'01/16/2015').AddYears(5)}
```

Observación

El parámetro `-TypeName` modifica el valor `TypeName` devuelto por el comando `Get-Member`. La utilidad de esta modificación se describirá más adelante en este capítulo, en la sección Formato.

2.2.2 Añadir un método

Se dispone de la fecha de puesta en servicio del ordenador. Esta información puede utilizarse para determinar su antigüedad y si es necesario sustituirlo o no.

Para ello, se añade el método `GetComputerAge()`:

```
PS > $GetComputerAge = {
   [int]((New-TimeSpan -End (Get-Date) `
   -Start ($this.Commissioning)).totaldays /365)
}

PS > Add-Member -InputObject $Computer1 -Name GetComputerAge `
   -MemberType ScriptMethod -Value $GetComputerAge

PS > $Computer1.GetComputerAge()
2
```

Como habrá observado, el parámetro `-Value` acepta bloques de script como valores. Por tanto, es posible ir más allá en la creación de métodos, en particular añadiendo parámetros.

Para referenciar el objeto actual dentro del bloque de script, se utiliza la variable automática `$this`.

2.3 Creación de una colección de objetos

En general, es poco habitual trabajar con un único objeto. Por eso es interesante manejar toda una colección de ellos.

Para ello se utiliza un array. También se denomina matriz (*array*). Para crearlo se llama a la expresión `@()`.

Creación de objetos:

```
PS > $Computer1 = [PSCustomObject]@{
    ComputerName = 'PC01-IT'
    SerialNumber = 'SN00001'
    IP = '192.168.0.10'
}
PS > $Computer2 = [PSCustomObject]@{
    ComputerName = 'PC02-IT'
    SerialNumber = 'SN00002'
    IP = '192.168.0.11'
}
PS > $Computer3 = [PSCustomObject]@{
    ComputerName = 'PC03-IT'
    SerialNumber = 'SN00003'
    IP = '192.168.0.12'
}
```

Creación de la colección:

```
PS > $AllComputer = @($Computer1,$Computer2,$Computer3)
PS > $AllComputer
```

También puede declarar el arreglo de antemano y añadir objetos personalizados sobre la marcha:

```
PS > $AllComputer = @ ()
PS > $AllComputer += $Computer1
PS > $AllComputer += $Computer2
PS > $AllComputer += $Computer3
PS > $AllComputer
```

El ejemplo anterior es básico, pero ilustra con claridad el uso de un bucle `for` o `foreach` para rellenar la tabla. También se pueden utilizar para recorrer el array:

```
PS > Foreach ($Computer in $AllComputer){
    $Ping = Test-Connection $Computer.IP -Count 1 -Quiet
    Write-Out "Prueba de ping a $($Computer.ComputerName): $Ping"
}
```

En el ejemplo anterior, se realiza una prueba en cada dirección IP contenida en la propiedad IP de cada objeto del arreglo.

Observación

Es fácil terminar con una colección muy grande de objetos. En este caso, utilice el tipo `[System.Collection.ArrayList]`. Se trata de una matriz dinámica más robusta que una matriz simplee. Para crear: `[System.Collection.ArrayList]$Array = @()`.

2.4 Transformación de un objeto existente en un objeto personalizado

A veces es necesario transformar un objeto existente en un objeto personalizado. Por ejemplo, porque los nombres de las propiedades no son representativos o porque se desea añadir un miembro sin utilizar el cmdlet `Add-Member`.

En el siguiente ejemplo, utilizamos el cmdlet `Get-WmiObject` para consultar la clase `Win32_DiskDrive`. Esta clase contiene información sobre los dispositivos de almacenamiento conectados al ordenador:

```
PS > Get-WmiObject Win32_DiskDrive



Partitions : 3
DeviceID   : \\.\PHYSICALDRIVE0
Model      : NVMe SAMSUNG MZFLV128
Size       : 128034708480
Caption    : NVMe SAMSUNG MZFLV128

Partitions : 1
```

```
DeviceID   : \\.\PHYSICALDRIVE1
Model      : Generic Flash Disk USB Device
Size       : 4022161920
Caption    : Generic Flash Disk USB Device
```

Se observa que algunos datos no son necesarios para el tratamiento y que faltan otros. Estos pueden identificarse utilizando el comando `Get-Member`. Antes de seguir adelante, se recupera el tipo de objeto devuelto por el comando para poder ver el cambio más adelante:

```
PS > (Get-WmiObject Win32_DiskDrive)[0].gettype()

IsPublic IsSerial Name                  BaseType
-------- -------- ----                  --------
True     True     ManagementObject System.Management.Managemen...
```

Observación

El comando devuelve una colección de objetos, dado que hay dos periféricos en el ordenador. Por ello se utiliza el índice `[0]`.

El objeto es de tipo `ManagementObject`.

Para personalizarlo, el comando es `Select-Object`. Es extremadamente potente. Permite seleccionar determinadas propiedades de un objeto para crear uno nuevo. También acepta un hashtable específico en lugar de un nombre de propiedad para crear uno nuevo.

Ejemplo

```
PS > $Obj = Get-WmiObject Win32_DiskDrive |
         Select-Object Model,Status,InterfaceType,
          @{Name='NbPartitions';Expression={$_.Partitions}},
          @{n='SizeGB';e={"{0:N2}" -f $($_.Size /1GB)}}
PS > $Obj

Model         : NVMe SAMSUNG MZFLV128
Status        : OK
InterfaceType : SCSI
NbPartitions  : 3
SizeGB        : 119,24

Model         : Generic Flash Disk USB Device
Status        : OK
```

```
InterfaceType : USB
NbPartitions  : 1
SizeGB        : 3,75
```

Solo las propiedades `Model`, `Status` e `InterfaceType` se recuperan tal cual. La propiedad `Partitions` pasa a llamarse `NbPartitions`. Por último, la propiedad `Size` estaba en bytes. Realizar esta conversión manualmente cuando hay múltiples dispositivos en decenas de servidores puede resultar muy laborioso. La clave `Expression` de la hashtable es un scriptblock, ya que se declara entre llaves. El retorno de este scriptblock es por tanto el contenido de la propiedad. Para este ejemplo, la propiedad `Size` del objeto inicial se convierte a gigabytes (GB), y luego se formatea para mostrar solo dos dígitos después del punto decimal.

Observación

En la segunda hashtable, las claves `Name` y `Expression` se sustituyen por sus alias `n` y `e` respectivamente. Esto simplifica el código.

Es el tipo de objeto devuelto por el cmdlet `Select-Object`:

```
PS > $Obj[0].gettype()

IsPublic IsSerial Name                                     BaseType
-------- -------- ----                                     --------
True     False    PSCustomObject                           System.Object
```

El tipo ha cambiado y se trata de un objeto nuevo. Sin embargo, es posible identificar el objeto original utilizando la subpropiedad `TypeName` de la propiedad `Psobject`:

```
PS > $Obj[0].psobject.TypeNames
Selected.System.Management.ManagementObject
System.Management.Automation.PSCustomObject
System.Object
```

Esta subpropiedad no está restringida a `PsCustomObject`. Está disponible para todos los objetos en PowerShell. Se puede utilizar para probar parámetros en funciones avanzadas.

3. Tipos estándar

Hasta ahora, hemos hablado de añadir miembros a instancias de objetos específicos, utilizando el comando `Add-Member`. Ahora bien, ¿cómo se añade un miembro a un tipo de objeto? Supongamos que el miembro que desea añadir es esencial para llevar a cabo las tareas cotidianas, y que llamar a `Add-Member` cada vez que crea un objeto de un tipo concreto resulta poco práctico. ¿Cuáles son las opciones?

Hay muchas soluciones que se pueden aplicar en esta situación, pero solo dos serán descritas en el resto de este capítulo. La primera es utilizar un archivo .types.ps1xml, junto con el cmdlet `Update-TypeData`. El archivo .types.ps1xml se basa en un esquema XML diseñado específicamente para este fin. El archivo .types.ps1xml del directorio de instalación de PowerShell ($PSHOME) puede utilizarse como ejemplo. La segunda solución consiste en utilizar únicamente el cmdlet `Update-TypeData`.

Observación

Atención: no es aconsejable modificar directamente el archivo .types.ps1xml. Dado que Microsoft ha firmado digitalmente este archivo, cualquier modificación podría provocar fallos de funcionamiento al utilizar PowerShell.

3.1 Añadir un miembro mediante un archivo .types.ps1xml

Es útil utilizar un archivo de extensión de tipo en un módulo. Para ello, basta con colocar el archivo en un directorio del módulo e indicarlo en el manifiesto en el campo `TypeToProcess`. El archivo se cargará cuando se importe el módulo.

Antes de seguir adelante, es necesario determinar con precisión qué hay que hacer y sobre qué tipo de objeto.

Recuperar los derechos NTFS asignados a un archivo o carpeta puede resultar complicado al principio. Generalmente, esto implica buscar en los distintos miembros de los objetos archivo y carpeta. Estos objetos tienen un método llamado `GetAccessControl()`. Este método recupera los distintos derechos de acceso de un archivo o carpeta.

```
PS > $File = Get-Item ./MyFile.docx
PS > $File.GetAccessControl()

Path Owner                Access
---- -----                ------
     AUTORITE NT\Système AUTORITE NT\Système Allow  FullContro ...
```

Observación

Este resultado también puede obtenerse mediante el comando `Get-Acl`.

La propiedad `Access` devuelta por el método `GetAccessControl()` contiene la información requerida:

```
PS > $File.GetAccessControl().Access

FileSystemRights  : FullControl
AccessControlType : Allow
IdentityReference : AUTORITE NT\Système
IsInherited       : False
InheritanceFlags  : ContainerInherit, ObjectInherit
PropagationFlags  : None

FileSystemRights  : FullControl
AccessControlType : Allow
IdentityReference : BUILTIN\Administrateurs
IsInherited       : False
InheritanceFlags  : ContainerInherit, ObjectInherit
PropagationFlags  : None

FileSystemRights  : FullControl
AccessControlType : Allow
IdentityReference : MYCOMPUTER\Nicolas
IsInherited       : False
InheritanceFlags  : ContainerInherit, ObjectInherit
PropagationFlags  : None
```

A continuación, nos centraremos primero en los archivos.

3.1.1 Archivo .types.ps1xml

Ahora que se dispone de la información necesaria, es hora de implementarla en un archivo XML.

Como se mencionó anteriormente, los archivos .types.ps1xml deben seguir un esquema particular. Puede utilizar el archivo .types.ps1xml del directorio de instalación de PowerShell como ejemplo.

Ejemplo

```
<?xml version="1.0" encoding="utf-8" ?>

<Types>
  <Type>
    <Name>System.IO.FileInfo</Name>
    <Members>
      <ScriptProperty>
      <Name>ACL</Name>
        <GetScriptBlock>
         $this.GetAccessControl().Access
        </GetScriptBlock>
      </ScriptProperty>
    </Members>
  </Type>
</Types>
```

La primera línea es obligatoria. Indica el número de versión y la codificación del archivo XML. A continuación, se declara una sección `Types`. Contiene todos los tipos que deben modificarse. Después, hay una sección `Type`. En ella se describe la modificación que se va a realizar en los distintos tipos. Se indica su nombre en la sección `Name`, en este caso `System.IO.FileInfo`. A continuación, se definen los miembros que se añadirán al tipo. En el ejemplo, se trata de una propiedad (`ScriptProperty`). Posteriormente, se especifica su nombre en la sección `Name` y, por último, el bloque de script que se ejecutará. Es totalmente posible declarar varias propiedades en el mismo tipo, al igual que es posible declarar varios tipos en el mismo archivo XML.

Para obtener más información sobre los archivos de extensión de tipo, consulte:

```
Get-Help about_Types.ps1xml
```

3.1.2 Añadir una propiedad

El archivo de extensión de tipo ya está listo. Solo queda actualizar el tipo con el cmdlet `Update-TypeData`:

```
PS > Update-TypeData -AppendPath './Acl.types.ps1xml'
```

Resultado del comando:

```
PS > Get-item -Path .\MyFile2.docx | Format-List
    Directorio : C:\Docs



Name           : MyFile2.docx
Length         : 1091
CreationTime   : 03/07/2017 10:21:36
LastWriteTime  : 05/07/2017 08:15:41
LastAccessTime : 03/07/2017 10:21:36
Mode           : -a----
LinkType       :
Target         : {}
VersionInfo    : File:             C:\Docs\MyFile2.Docx
                 InternalName:
                 OriginalFilename:
                 FileVersion:
                 FileDescription:
                 Product:
                 ProductVersion:
                 Debug:            False
                 Patched:          False
                 PreRelease:       False
                 PrivateBuild:     False
                 SpecialBuild:     False
                 Language:
```

La propiedad añadida no se muestra, pero esto no implica que el procedimiento haya fallado. Es porque el tipo `System.IO.FileInfo` solo muestra un máximo de seis propiedades por defecto. Para mostrar la propiedad añadida, puede utilizar el comodín * con el cmdlet `Format-List`:

```
PS > Get-item -Path .\MyFile2.docx | Format-list *

...
```

```
Mode                : -a----
VersionInfo         : File:             C:\Docs\MyFile2.docx
                      InternalName:
                      OriginalFilename:
                      FileVersion:
                      FileDescription:
                      Product:
                      ProductVersion:
                      Debug:            False
                      Patched:          False
                      PreRelease:       False
                      PrivateBuild:     False
                      SpecialBuild:     False
                      Language:

BaseName            : MyFile2
Target              : {}
LinkType            :
ACL                 :
{System.Security.AccessControl.FileSystemAccessRule,
System.Security.AccessControl.FileSystemAccessRule,
System.Security.AccessControl.FileSystemAccessRule}
Name                : MyFile2.docx
Length              : 1091
DirectoryName       : C:\Docs
Directory           : C:\Docs
IsReadOnly          : False
Exists              : True
FullName            : C:\Docs\MyFile2.docx
Extension           : .docx
CreationTim         : 03/07/2017 10:21:36
CreationTimeUtc     : 03/07/2017 08:21:36
LastAccessTime      : 03/07/2017 10:21:36
LastAccessTimeUtc   : 03/07/2017 08:21:36
LastWriteTime       : 05/07/2017 08:15:41
LastWriteTimeUtc    : 05/07/2017 06:15:41
Attributes          : Archive
```

La propiedad `Access` está presente en el objeto. Para consultarla, puede utilizar la siguiente sintaxis:

```
PS > (Get-item -Path .\MyFile2.docx).ACL

FileSystemRights  : FullControl
AccessControlType : Allow
IdentityReference : AUTORITE NT\Système
IsInherited       : True
```

```
InheritanceFlags   : None
PropagationFlags   : None

FileSystemRights   : FullControl
AccessControlType  : Allow
IdentityReference  : BUILTIN\Administrateurs
IsInherited        : True
InheritanceFlags   : None
PropagationFlags   : None

FileSystemRights   : FullControl
AccessControlType  : Allow
IdentityReference  : WINSURFP4NICO\Nicol
IsInherited        : True
InheritanceFlags   : None
PropagationFlags   : None
```

3.1.3 Añadir un método

No es raro tener que calcular el tamaño de una carpeta. Sin embargo, para ello hay que sumar el tamaño de todos los archivos que contiene, incluidas las subcarpetas y su contenido. Proporcionalmente, cuanto mayor sea el subárbol de una carpeta, más tiempo llevará el cálculo. Por tanto, si este proceso se implementa como una propiedad, mostrar un objeto directorio lleva su tiempo. Si, por ejemplo, se utiliza el cmdlet `Get-ChildItem` en una carpeta que tiene más de 100 subcarpetas, que a su vez tienen varios miles de archivos y subcarpetas, se tarda mucho tiempo en mostrar el resultado. Por este motivo, este procedimiento se define como método y solo se invoca cuando es necesario.

Para calcular el tamaño de una carpeta, utilice el siguiente comando:

```
PS > (Get-ChildItem -Path ./MyFolder -File -Recurse |
Measure-Object -Property Length -Sum).Sum

3567
```

Para adaptarlo a sus necesidades, defina el archivo getfoldersize.types.ps1xml :

```
<?xml version="1.0" encoding="utf-8" ?>

<Types>
   <Type>
     <Name>System.IO.DirectoryInfo</Name>
      <Members>
```

```
         <ScriptMethod>
            <Name>GetFolderSize</Name>
              <Script>
                (Get-ChildItem $this -File -Recurse |
                Measure-Object -Property Length -Sum).Sum
             </Script>
          </ScriptMethod>
      </Members>
    </Type>
</Types>
```

Para añadir un método, se utiliza el campo `ScriptMethod` en lugar de `ScriptProperty`, y `Script` en lugar de `GetScriptBlock`.

Solo queda cargar el archivo getfoldersize.types.ps1xml mediante el cmdlet `Update-TypeDate`:

```
PS > Update-TypeData -AppendPath getfoldersize.types.ps1xml
```

3.2 Añadir miembro solo con Update-TypeData

Existe un segundo método para actualizar un tipo estándar sin utilizar un archivo de extensión de tipo .ps1xml. Para ello, puede utilizar los parámetros `Update-TypeData`.

He aquí algunos ejemplos:

Parámetros	Descripciones
`TypeName`	Nombre del tipo a actualizar.
`MemberName`	Nombre del miembro que se va a añadir.
`MemberType`	Tipo de miembro a añadir. Varios valores posibles: `AliasProperty`, `CodeMethod`, `CodeProperty`, `Noteproperty`, `ScriptMethod`, `ScriptProperty`.
`Value`	Valor que debe contener el miembro añadido. Este parámetro acepta bloques de script.

3.2.1 Añadir una propiedad

Veamos ahora cómo utilizar `Update-TypeData` para obtener el mismo resultado que con un archivo de extensión de tipos:

```
PS > Update-TypeData -TypeName IO.FileInfo `
-MemberType ScriptProperty -MemberName ACL `
-Value {$this.GetAccessControl().Access}
```

Esta comando puede incluirse en el archivo de perfil. De esta forma, cada vez que inicie una nueva sesión de PowerShell, se ejecutará automáticamente y se añadirá el miembro.

Observación

El archivo profile es un archivo de script PS1. Se utiliza para definir una serie de comandos que se cargan cuando se abre una sesión de PowerShell. No está presente por defecto. Para saber dónde se encuentra el archivo, consulte la variable `$PROFILE`.

3.2.2 Añadir un método

A continuación, se explica cómo hacer lo mismo para el método:

```
PS > $Value = {
    (Get-ChildItem $this -File -Recurse |
     Measure-Object -Property Length -Sum).Sum
}
PS > Update-TypeData -TypeName IO.DirectoryInfo `
-MemberType ScriptMethod -MemberName GetFolderSize -Value $Value
```

Como puede observar, esta sintaxis es más sencilla de configurar que mediante un archivo XML.

3.3 Ir más lejos

El objetivo de esta sección es mostrar, mediante un ejemplo, hasta qué punto se puede personalizar un tipo con `Update-TypeData`.

Cuando se desea conocer el tamaño de un archivo mediante PowerShell, se recupera la propiedad `Length` al utilizar `Get-Item`. Sin embargo, la propiedad está en bytes y no se convierte automáticamente cuando se trata de archivos grandes (varios gigabytes). Por tanto, es necesario realizar una conversión manual o interpretar el valor con cuidado.

Ejemplo de conversión

```
PS > $File = Get-Item '.\MyFile.docx'
Switch ($File.length.ToString().length){
    {$_ -gt 9}{
        '{0} GB' -f $('{0:N2}' -f $($File.length /1GB))
        break
    }
    {$_ -gt 6}{
       '{0} MB' -f $('{0:N2}' -f $($File.length /1MB))
       break
    }
    {$_ -gt 3}{
        '{0} KB' -f $('{0:N2}' -f $($File.length /1KB))
         break
    }
    Default {
        '{0} B' -f $File.length
        break
    }
}
282,22 KB
```

En primer lugar, se obtiene el objeto que representa el archivo. A continuación, la condición del bucle de `switch` comprueba el número de caracteres que contiene la propiedad `Length`. En cada caso, la conversión sigue el mismo método, solo cambia la unidad. Para entenderlo, conviene analizar la expresión de derecha a izquierda. Primero, se convierte el valor de la propiedad `Length` en gigabytes, megabytes o kilobytes. Se formatea la salida utilizando el operador `-f` para limitar a dos el número de dígitos después del punto decimal. Posteriormente, se vuelve a llamar a `-f` para mostrar el resultado del formateo anterior, añadiendo la unidad.

A continuación se muestra cómo implementar esto en un archivo `.ps1xml`:

```
<?xml version="1.0" encoding="utf-8" ?>

<Types>
  <Type>
    <Name>System.IO.FileInfo</Name>
    <Members>
      <ScriptProperty>
       <Name>RHSize</Name>
        <GetScriptBlock>
         Switch ($this.length.ToString().length){
```

```
            {$_ -gt 9}{
              $ConvertSize = '{0:N2}' -f $($this.length /1GB)
              '{0} GB' -f $ConvertSize
              break
            }
            {$_ -gt 6}{
             $ConvertSize = '{0:N2}' -f $($this.length /1MB)
             '{0} MB' -f $ConvertSize
              break
            }
            {$_ -gt 3}{
              $ConvertSize = '{0:N2}' -f $($this.length /1KB)
              '{0} KB' -f $ConvertSize
              break
            }
            Default {
              '{0} B' -f $this.length
              break
            }
          }
      </GetScriptBlock>
      </ScriptProperty>
    </Members>
  </Type>
</Types>
```

Observación

El resultado es funcionalmente equivalente al del bloque de script mostrado anteriormente.

4. Formato

Después de ver cómo se trabaja con objetos en PowerShell, queda un último aspecto por conocer: cómo se presentan en la consola. Como se ha descrito en capítulos anteriores, los applets de comandos de PowerShell devuelven objetos. Estos se presentan de diferentes maneras en la consola. Es importante tener en cuenta que no es el comando el que define el formato del objeto que devuelve. De hecho, lo que determina el formato de sus propiedades, ya sea en forma de tabla o lista, es su tipo. Esta es la razón por la que dos comandos diferentes que devuelven el mismo objeto tienen la misma presentación en pantalla. La elección de las propiedades mostradas ha sido realizada por Microsoft.

Este proceso garantiza un cierto grado de legibilidad en la consola, sin abrumarla. Aunque se aplique un formato a un objeto, todas las propiedades siguen estando disponibles. Se trata ante todo de una cuestión estética.

Dicho esto, PowerShell ofrece la posibilidad de modificar las propiedades que muestra un objeto, sea del tipo que sea: personalizado o estándar. Pero antes de entrar en materia, hay que saber algunas cosas. El formato se define en los archivos .format.ps1xml. Al igual que los archivos .types.ps1xml, éstos tienen su propio esquema XML. En el caso de que un tipo no tenga un archivo de formato, como los objetos personalizados, el formato se produce de la siguiente manera:

– Mostrar como tabla si el objeto tiene cuatro propiedades o menos
– Mostrar como lista si el objeto tiene más de cuatro propiedades

Hay otro dato importante que conviene conocer. En el caso de una colección de objetos, si el primer objeto contiene un número limitado de propiedades (por ejemplo, tres), pero los objetos que le siguen tienen más, solo se mostrarán las propiedades idénticas al primer objeto cuando se utilice `Format-Table`.

Cuando se utiliza un comando y devuelve un resultado, este se envía primero por la canalización (`pipeline`) y lo procesa el comando `Out-Default`. Si el resultado es una cadena de caracteres, entonces se envía por la canalización para mostrarse mediante `Out-Host`. En caso contrario, `Out-Default` utiliza el tipo de objeto que pasa por la tubería para organizar su visualización. Utiliza las vistas definidas en los archivos .format.ps1xml. Por último, si no encuentra una vista para el tipo de objeto, aplica las reglas mencionadas anteriormente.

Dependiendo de las vistas definidas en los archivos .format.ps1xml, `Out-Default` utiliza los comandos `Format-List`, `Format-Table` o `Format-Wide`. Por consiguiente, si un archivo .format.ps1xml define una vista en tabla para un objeto, `Out-Default` utilizará `Format-Table`.

▶ Así, si ejecutamos la siguiente serie de comandos, las salidas son todas idénticas:

```
Get-Item .
Get-Item . | Out-Default
Get-Item . | Format-Table
Get-Item . | Format-Table | Out-Host
Get-Item . | Format-Table | Out-String | Out-Host
Get-Item . | Format-Table | Out-String | Out-Default
```

4.1 Archivos de formato por defecto

Como ya se ha mencionado, existen archivos de formato predeterminados, al igual que existen archivos de extensión de tipo predeterminados. Estos se encuentran en la carpeta de instalación de PowerShell ($PSHome).

He aquí una lista de lo que se puede encontrar actualmente en la carpeta:

- `Certificate.format.ps1xml`
- `Diagnostics.Format.ps1xml`
- `DotNetTypes.format.ps1xml`
- `Event.Format.ps1xml`
- `FileSystem.format.ps1xml`
- `Help.format.ps1xml`
- `HelpV3.format.ps1xml`
- `PowerShellCore.format.ps1xml`
- `PowerShellTrace.format.ps1xml`
- `Registry.format.ps1xml`
- `WSMan.Format.ps1xml`

Al igual que con los archivos de extensión de tipo, se recomienda encarecidamente no modificarlos. Sin embargo, su lectura es útil para crear archivos de formato.

Estructura de un archivo format.ps1xml

Información sobre la vista

Información de los encabezados de las

Información del contenido de las columnas

```
<?xml version="1.0" encoding="utf-8" ?>
<Configuration>
  <ViewDefinitions>
    <View>
      <Name>Nombre de la vista</Name>
      <ViewSelectedBy>
        <TypeName>Nombre del tipo de objeto a definir</TypeName>
      </ViewSelectedBy>
      <GroupBy>
        <PropertyName>Nombre de una propiedad de agrupación</PropertyName>
        <Label>Nombre de la propiedad</Label>
      </GroupBy>
      <TableControl>
        <TableHeaders>
          <TableColumnHeader>
            <Label>Título de la columna 1</Label>
            <Width>Tamaño de la columna 1</Width>
            <Alignment>Posición</Alignment>
          </TableColumnHeader>
          <TableColumnHeader>
            <Label>Título de la columna 2</Label>
            <Width>Tamaño de la columna 2</Width>
            <Alignment>Posición</Alignment>
          </TableColumnHeader>
          <TableColumnHeader/>
        </TableHeaders>
        <TableRowEntries>
          <TableRowEntry>
            <TableColumnItems>
              <TableColumnItem>
                <PropertyName>Nombre de la propiedad 1</PropertyName>
              </TableColumnItem>
              <TableColumnItem>
                <ScriptBlock>
                  Bloque de Script 2
                </ScriptBlock>
              </TableColumnItem>
              <TableColumnItem>
                <PropertyName>Nombre de la propiedad 3</PropertyName>
              </TableColumnItem>
            </TableColumnItems>
          </TableRowEntry>
        </TableRowEntries>
      </TableControl>
    </View>
  </ViewDefinitions>
</Configuration>
```

El diagrama que se muestra aquí merece una pequeña explicación. Al principio del archivo XML, la cabecera indica la versión XML utilizada y la codificación del archivo. A continuación, vienen las secciones básicas `Configuration` y `ViewDefinition`, que contienen todas las vistas. Estas vistas están delimitadas por etiquetas `View` y se dividen en tres partes distintas. La primera indica información general sobre la vista, como su nombre (`Name`), el tipo de objeto al que se aplica (`TypeName`) o el nombre de una propiedad de agrupación (`GroupBy`).

A continuación, la tabla se define en la sección `TableControl`. Esto reúne las dos partes principales restantes. En primer lugar, `TableHeader` contiene información sobre las cabeceras de las columnas. Define el nombre de la columna, el tamaño de la columna en caracteres y la alineación de los datos mostrados (`left` o `right`). Si no se da ninguna información, la columna se nombra utilizando el nombre de la propiedad. El tamaño se adapta en función del contenido. Esto equivale a escribir `<TableColumnHeader><TableColumnHeader/>` o `<TableColumnHeader/>`. Los dos son equivalentes.

La última sección, `TableColumnItem`, contiene el contenido de las columnas. Los nombres de las propiedades se definen utilizando la sección `PropertyName`. También puede utilizar la sección `ScriptBlock`. En este caso, puede definir un diseño más visual, por ejemplo, cambiando el color del texto.

4.2 Objetos personalizados

Para mantener la lógica del capítulo, se abordará primero el caso del formato aplicado a un objeto personalizado . Se trata de un caso particular, ya que estos objetos se crean sin un tipo definido. En su lugar, se utiliza el tipo general `[pscustomobject]`. Si se aplica un archivo de formato a este tipo, todos los objetos personalizados se verán afectados. Sin embargo, esto no es lo que se requiere. Por lo tanto, es necesario personalizar su tipo antes de poder aplicarles un archivo de formato.

4.2.1 Personalización del tipo

Considera el siguiente objeto:

```
PS > $Obj = [PSCustomObject]@{
    Name = 'Nicolas BAUDIN'
    Email = 'nicolas.baudin@frpsug.com'
    Age = 25
    PostalCode = 44000
    Country = 'France'
}
```

El objeto tiene cinco propiedades. Al invocarlo directamente, se muestra en formato de lista:

```
PS > $Obj

Name       : Nicolas BAUDIN
Email      : nicolas.baudin@frpsug.com
Age        : 25
PostalCode : 44000
Country    : France
```

Este comportamiento viene dictado por la configuración por defecto descrita anteriormente.

El objetivo aquí es ofrecer una visualización en formato de arreglo y restringir el número de propiedades mostradas. Aunque en este caso pueda parecer innecesario, si se trata de una colección de 100 objetos con múltiples propiedades, limitar la visualización resulta especialmente útil.

Ahora que el objeto ha sido creado, necesitamos modificar su tipo. Para ello, se accede al miembro `pstypenames` del objeto.

En primer lugar, comprobamos el tipo del objeto:

```
PS > $Obj.pstypenames
System.Management.Automation.PSCustomObject
System.Object
```

Observación

La información también puede obtenerse mediante el comando `Get-Member`.

Ahora asignamos un nuevo tipo al objeto:

```
PS > $Obj.pstypenames.Clear()
PS > $Obj.pstypenames.Add('My.Informations')
```

Comprobamos que se han tenido en cuenta los cambios:

```
PS > $Obj.pstypenames
My.Informations
```

Es importante señalar que el método `GetType()` no se ve afectado por estos cambios. La explicación más plausible es que este método modifica únicamente el nombre del tipo, sin que ello implique que el objeto adopte realmente dicho tipo. Volviendo al ejemplo de los coches, aunque se ponga el logotipo de una marca alemana en un coche francés, el coche seguirá siendo francés. El número del chasis lo demostrará... PowerShell añade elementos a los tipos del framework .NET. `Pstypenames` es uno de estos añadidos, y `Get-Member` se basa en él, a diferencia de `GetType()`.

Observación

La sección de ayuda del comando `Get-Member`, en la descripción del parámetro `-View`, también explica esta particularidad. Existen varias "vistas" de los miembros de un objeto. El parámetro muestra miembros específicos del objeto .NET framework (`Base`), o miembros añadidos por PowerShell (`Adapted`), o incluso miembros añadidos desde un archivo de extensión de tipo o el comando `Add-Member (Extended)`.

4.2.2 Aplicación de un archivo de formato

Una vez definido el tipo de objeto personalizado, ya es posible crear un archivo de formato y aplicarlo a ese tipo.

El objeto debe mostrarse por defecto como una columna con solo cuatro propiedades. Las únicas propiedades mostradas son `Name`, `Age`, `Email` y `Country`, salvo en el formato lista, done también se incluye la propiedad `PostalCode`. Para ello, se definen dos vistas diferentes:

```
<?xml version="1.0" encoding="utf-8" ?>
<Configuration>
   <ViewDefinitions>
      <View>
         <Name>My.Informations</Name>
```

```
    <ViewSelectedBy>
      <TypeName>My.Informations</TypeName>
    </ViewSelectedBy>
    <TableControl>
      <Autosize/>
       <TableHeaders>
          <TableColumnHeader/>
          <TableColumnHeader/>
          <TableColumnHeader/>
          <TableColumnHeader/>
       </TableHeaders>
       <TableRowEntries>
          <TableRowEntry>
             <TableColumnItems>
               <TableColumnItem>
                   <PropertyName>Name</PropertyName>
               </TableColumnItem>
               <TableColumnItem>
                   <PropertyName>Age</PropertyName>
               </TableColumnItem>
               <TableColumnItem>
                   <PropertyName>Email</PropertyName>
               </TableColumnItem>
               <TableColumnItem>
                   <PropertyName>Country</PropertyName>
               </TableColumnItem>
             </TableColumnItems>
        </TableRowEntry>
        </TableRowEntries>
   </TableControl>
 </View>
 <View>
    <Name>My.Informations</Name>
    <ViewSelectedBy>
       <TypeName>My.Informations</TypeName>
    </ViewSelectedBy>
    <ListControl>
       <ListEntries>
         <ListEntry>
             <ListItems>
                <ListItem>
                   <PropertyName>Name</PropertyName>
                </ListItem>
                <ListItem>
                   <PropertyName>Age</PropertyName>
                </ListItem>
```

```
                    <ListItem>
                       <PropertyName>Email</PropertyName>
                    </ListItem>
                    <ListItem>
                       <PropertyName>Country</PropertyName>
                    </ListItem>
                    <ListItem>
                      <PropertyName>PostalCode</PropertyName>
                    </ListItem>
                 </ListItems>
             </ListEntry>
           </ListEntries>
       </ListControl>
     </View>
  </ViewDefinitions>
</Configuration>
```

La etiqueta `<Autosize/>`, dentro de la sección de cabeceras de columna, activa automáticamente el parámetro `-Autosize` del comando `Format-Table`. Esto significa que las columnas mostradas tienen un tamaño de columna gestionado automáticamente.

A continuación, se guarda el archivo como My.Informations.format.ps1xml. y se carga con el comando `Update-FormatData`. Funciona de forma similar al `comando Update-TypeData` utilizado anteriormente.

Aplicación del archivo .formats.ps1.xml :

```
PS > Update-FormatData -AppendPath ` ./My.Informations.for-
mats.ps1.xml
```

Llamada al objeto:

```
PS > $Obj

Name            Age Email                       Country
----            --- -----                       -------
Nicolas BAUDIN 25   nicolas.baudin@frpsug.com France
```

El resultado se muestra correctamente en formato tabular con cuatro columnas.

Llamada en formato lista:

```
PS > $Obj | Format-List

Name       : Nicolas BAUDIN
Age        : 25
Email      : nicolas.baudin@frpsug.com
Country    : France
PostalCode : 44000
```

En este formato, también se muestra la propiedad `PostalCode`.

4.3 Tipo estándar

A veces es necesario modificar el comportamiento por defecto de PowerShell. En el caso de los tipos estándar, es habitual necesitar información precisa de forma recurrente. Sin embargo, si para obtenerla se requiere un comando especialmente extenso, puede resultar conveniente simplificar su ejecución.

Ejemplo con el cmdlet `Get-Service`, que proporciona una lista de los servicios de Windows:

```
PS > Get-Service

Status   Name               DisplayName
------   ----               -----------
Stopped  AJRouter           Servicio de enrutador AllJoyn
Stopped  ALG                Servicio de puerta de enlace de c...
Stopped  AppIDSvc           Identidad de la aplicación
Running  Appinfo            Información de la aplicación
Stopped  AppMgmt            Gestión de aplicaciones
Stopped  AppReadiness       Preparación de las aplicaciones
Stopped  AppVClient         Microsoft App-V Client
Stopped  AppXSvc            Servicio de implementación AppX (AppXSVC)
Running  AudioEndpointBu... Generador de puntos de terminación...
Running  Audiosrv           Audio Windows
Stopped  AxInstSV           Programa de instalación ActiveX (...
Running  BDESVC             Servicio de cifrado de unidad ...
Running  BFE                Motor de filtrado básico
Stopped  BITS               Servicio de transferencia inteligente e...
...
```

Podemos consultar el estado actual de los servicios, `Running` o `Stopped`. No obstante, en general también puede resultar útil conocer el tipo de inicio del servicio. Esta información no se muestra por defecto, ni siquiera en el formato de lista:

```
PS > Get-Service | Format-List

Name                : AJRouter
DisplayName         : Servicio de enrutador AllJoyn
Status              : Stopped
DependentServices   : {}
ServicesDependedOn  : {}
CanPauseAndContinue : False
CanShutdown         : False
CanStop             : False
ServiceType         : Win32ShareProcess

Name                : ALG
DisplayName         : Servicio de puerta de enlace de capa de aplicación
Status              : Stopped
DependentServices   : {}
ServicesDependedOn  : {}
CanPauseAndContinue : False
CanShutdown         : False
CanStop             : False
ServiceType         : Win32OwnProcess

Name                : AppIDSvc
DisplayName         : Identidad de la aplicación
Status              : Stopped
DependentServices   : {applockerfltr}
ServicesDependedOn  : {RpcSs, CryptSvc, AppID}
CanPauseAndContinue : False
CanShutdown         : False
CanStop             : False
ServiceType         : Win32ShareProcess
...
```

Por lo tanto, es necesario ampliar la sintaxis para incluir la propiedad `StartType` mediante el cmdlet `Format-Table`:

```
PS > Get-service | Format-Table Status,Name,DisplayName,StartType

Status Name         DisplayName                     StartType
------ ----         -----------                     ---------
Stopped AJRouter     Servicio de enrutador AllJoyn Manual
Stopped ALG          Servicio de puerta de en la...Manual
Stopped AppIDSvc     Identidad de la aplicación    Manual
Running Appinfo      Información de la aplicación  Manual
Stopped AppMgmt      Gestión de aplicación         Manual
Stopped AppReadi...  Preparación de las aplicac... Manual
Stopped AppVClient   Microsoft App-V Client        Disabled
Stopped AppXSvc      Servicio de implementación... Manual
Running AudioEnd...  Generador de puntos de ter... Automatic
Running Audiosrv     Audio Windows                 Automatic
Stopped AxInstSV     Programa de instalación Ac... Manual
Running BDESVC       Servicio de cifrado de uni... Manual
Running BFE          Motor de filtrado básico      Automatic
Stopped BITS         Servicio de transferencia...  Manual
...
```

4.3.1 Modificación del archivo de formato por defecto

El tipo que se debe modificar en este caso es `System.ServiceProcess.ServiceController`. El formato para su visualización está contenido en el archivo DotNetTypes.formats.ps1xml. Antes de realizar cualquier cambio, es necesario copiar el archivo en cuestión. Como se mencionó anteriormente en este capítulo, este archivo está firmado digitalmente.

```
PS > Copy-Item $PsHome\DotNetTypes.format.ps1xml `
$HOME\Documents\WindowsPowerShell\
```

Utilice un editor de archivos de texto para modificar el archivo de la siguiente manera.

- Antes:

```
...
<View>
  <Name>service</Name>
  <ViewSelectedBy>
    <TypeName>System.ServiceProcess.ServiceController</
TypeName>
```

```
  </ViewSelectedBy>
  <TableControl>
    <TableHeaders>
      <TableColumnHeader>
        <Width>8</Width>
      </TableColumnHeader>
      <TableColumnHeader>
        <Width>18</Width>
      </TableColumnHeader>
      <TableColumnHeader>
        <Width>38</Width>
      </TableColumnHeader>
    </TableHeaders>
    <TableRowEntries>
      <TableRowEntry>
        <TableColumnItems>
          <TableColumnItem>
              <PropertyName>Status</PropertyName>
            </TableColumnItem>
            <TableColumnItem>
              <PropertyName>Name</PropertyName>
            </TableColumnItem>
            <TableColumnItem>
              <PropertyName>DisplayName</PropertyName>
            </TableColumnItem>
          </TableColumnItems>
        </TableRowEntry>
      </TableRowEntries>
    </TableControl>
</View>
...
```

– Después:

```
...
<View>
  <Name>service</Name>
  <ViewSelectedBy>
    <TypeName>System.ServiceProcess.ServiceController</
TypeName>
  </ViewSelectedBy>
  <TableControl>
    <TableHeaders>
      <TableColumnHeader>
```

```
          <Width>8</Width>
        </TableColumnHeader>
        <TableColumnHeader>
          <Width>18</Width>
         </TableColumnHeader>
        <TableColumnHeader>
          <Width>27</Width>
        </TableColumnHeader>
        <TableColumnHeader>
          <Width>9</Width>
        </TableColumnHeader>
      </TableHeaders>
      <TableRowEntries>
        <TableRowEntry>
          <TableColumnItems>
            <TableColumnItem>
               <PropertyName>Status</PropertyName>
            </TableColumnItem>
            <TableColumnItem>
             <PropertyName>Name</PropertyName>
            </TableColumnItem>
            <TableColumnItem>
             <PropertyName>DisplayName</PropertyName>
            </TableColumnItem>
            <TableColumnItem>
              <PropertyName>StartType</PropertyName>
            </TableColumnItem>
          </TableColumnItems>
        </TableRowEntry>
      </TableRowEntries>
    </TableControl>
  </View>
  ...
```

Se ha modificado la visualización en formato tabular. Se ha añadido la columna `StartType`, que se muestra con nueve caracteres. El número de caracteres de la columna `DisplayName` se ha ajustado a 27 caracteres. Ahora bien, ¿qué sucede con el formato de lista? En la sección siguiente se realiza una segunda modificación del archivo:

```
...
<View>
  <Name>System.ServiceProcess.ServiceController</Name>
  <ViewSelectedBy>
```

```
    <TypeName>System.ServiceProcess.ServiceController</
TypeName>
  </ViewSelectedBy>
  <ListControl>
    <ListEntries>
      <ListEntry>
        <ListItems>
          <ListItem>
           <PropertyName>Name</PropertyName>
          </ListItem>
          <ListItem>
           <PropertyName>DisplayName</PropertyName>
          </ListItem>
          <ListItem>
            <PropertyName>Status</PropertyName>
          </ListItem>
          <ListItem>
            <PropertyName>DependentServices</PropertyName>
          </ListItem>
          <ListItem>
            <PropertyName>ServicesDependedOn</PropertyName>
          </ListItem>
          <ListItem>
            <PropertyName>CanPauseAndContinue</PropertyName>
          </ListItem>
          <ListItem>
            <PropertyName>CanShutdown</PropertyName>
          </ListItem>
          <ListItem>
            <PropertyName>CanStop</PropertyName>
          </ListItem>
          <ListItem>
            <PropertyName>ServiceType</PropertyName>
          </ListItem>
        </ListItems>
      </ListEntry>
    </ListEntries>
  </ListControl>
</View>
...
```

Para obtener el comportamiento deseado, basta con añadir lo siguiente y guardar:

```
          ...
          <ListItem>
            <PropertyName>CanStop</PropertyName>
          </ListItem>
          <ListItem>
            <PropertyName>ServiceType</PropertyName>
          </ListItem>
          <ListItem>
            <PropertyName>StartType</PropertyName>
          </ListItem>
        </ListItems>
      </ListEntry>
    </ListEntries>
  </ListControl>
</View>
...
```

4.3.2 Aplicación del archivo de formato

El procedimiento es similar al utilizado con objetos personalizados, con una diferencia importante. Se utiliza el parámetro `-PrependPath` en lugar de `-AppendPath`. El objetivo esque el archivo modificado tenga prioridad sobre el archivo predeterminado. Ese es precisamente el propósito de este parámetro:

```
PS > Update-FormatData -PrependPath `
$HOME\Documents\WindowsPowerShell\DotNetTypes.format.ps1xml
```

Resultado:

```
PS > Get-Service

Status   Name               DisplayName                          StartType
------   ----               -----------                          ---------
Stopped  AJRouter           Servicio de enrutador AllJoyn        Manual
Stopped  ALG                Servicio de puerta de enlace...Manual
Stopped  AppIDSvc           Identidad de la aplicación           Manual
Running  Appinfo            Información de la aplicación         Manual
Stopped  AppMgmt            Gestión de aplicaciones              Manual
Stopped  AppReadiness       Preparación de las aplicacio...Manual
Stopped  AppVClient         Microsoft App-V Client               Disabled
Stopped  AppXSvc            Servicio de implementación A...Manual
Running  AudioEndpointBu... Generador de puntos de termi...Automatic
```

```
Running  Audiosrv             Audio Windows                    Automatic
Stopped  AxInstSV             Programa de instalación Acti...Manual
Running  BDESVC               Servicio de cifrado de disco...Manual
Running  BFE                  Motor de filtrado básico         Automatic
Stopped  BITS                 Servicio de transferencia in...Manual
Running  BrokerInfrastru...Servicio de infraestructura... Automatic
Stopped  Browser              Explorador de equipos            Manual
Stopped  BthHFSrv             Servicio manos libres Bluet... Manual
Running  bthserv              Servicio de gestión...           Manual
...
```

```
...

PS > Get-Service | Format-List


Name                : AJRouter
DisplayName         : Servicio de enrutador AllJoyn
Status              : Stopped
DependentServices   : {}
ServicesDependedOn  : {}
CanPauseAndContinue : False
CanShutdown         : False
CanStop             : False
ServiceType         : Win32ShareProcess
StartType           : Manual

Name                : ALG
DisplayName         : Servicio de puerta de enlace
Application
Status              : Stopped
DependentServices   : {}
ServicesDependedOn  : {}
CanPauseAndContinue : False
CanShutdown         : False
CanStop             : False
ServiceType         : Win32OwnProcess
StartType           : Manual

Name                : AppIDSvc
DisplayName         : Identidad de la aplicación
Status              : Stopped
DependentServices   : {applockerfltr}
ServicesDependedOn  : {RpcSs, CryptSvc, AppID}
CanPauseAndContinue : False
CanShutdown         : False
```

```
CanStop             : False
ServiceType         : Win32ShareProcess
StartType           : Manual

Name                : Appinfo
DisplayName         : Información de la aplicación
Status              : Running
DependentServices   : {}
ServicesDependedOn  : {RpcSs, ProfSvc}
CanPauseAndContinue : False
CanShutdown         : False
CanStop             : True
ServiceType         : Win32OwnProcess, Win32ShareProcess
StartType           : Manual
...
```

Puede resultar tentador modificar intencionadamente los nombres de las cabeceras de las columnas. Sin embargo, esto puede resultar confuso para los usuarios, especialmente para quienes se inician en PowerShell.

El comando `Get-Process` puede utilizarse como ejemplo. Al ejecutarlo, las cabeceras de columna mostradas, como `PM(K)` o `CPU(s)`, son en realidad nombres alternativos de propiedades internas del objeto.

Ejemplo

```
PS C:\Users\Nicol>Get-Process explorer

Handles  NPM(K)  PM(K)   WS(K) VM(M)  CPU(s)    Id  SI ProcessName
-------  ------  -----   ----- -----  ------    --  -- -----------
   2729     120 141760   60352 ...93   140,416780   1 explorer
```

A primera vista, puede parecer razonable intentar lo siguiente:

```
PS > (Get-Process explorer).'CPU(s)'
```

Sin embargo, la cabecera `CPU(S)` hace referencia a la propiedad `CPU`, que ha sido formateada para mostrar dos decimales.

Capítulo 6
Clases

1. Introducción

Las clases han estado disponibles desde la versión 5.0 de PowerShell. Se han integrado en gran medida para DSC. Su uso en DSC reduce la interacción con archivos de tipo MOF (véase el capítulo Desired State Configuration (DSC)).

La noción de clase puede parecer totalmente abstracta. En realidad, con PowerShell, usted trabaja con clases sin darse cuenta. O al menos, interactúa con objetos instanciados a partir de clases del framework .NET o proporcionados por terceros. Es muy importante comprender el concepto de objeto antes de continuar.

Observación

Tenga en cuenta que este capítulo no pretende ser un curso de programación orientada a objetos (POO).

2. Creación de una clase

Una clase sirve para definir la estructura de un objeto. En cierto modo, es su esqueleto. Define los miembros de un objeto, incluidas las propiedades y los métodos.

2.1 Palabra clave Class

Al igual que la declaración de una función o *workflow*, la declaración de una clase se realiza mediante una palabra clave: `Class`. El nombre de una clase debe ser lo más representativo posible de su funcionamiento. Es recomendable prestar atención al nombre que se utilice para evitar confusiones con otras clases.

Observación

Para evitar este tipo de problemas, las clases se agrupan bajo el mismo espacio de nombres. Ejemplo: `<Nombre de agrupación de clases>.<Nombre de clase>`.

Sintaxis

```
Class <NombreDeMiClase> {
    [Type]<Miembro1>
    [Type]<Miembro2>
    [Type]<Miembro3>
    ...
}
```

Observación

Es probable que el concepto de miembro ya le resulte familiar, ya que es la información que muestra el comando `Get-Member`. A diferencia de C#, los únicos tipos de miembros que se pueden definir son las propiedades y los métodos. Además, todos los miembros son públicos. La definición de miembros privadso aún no está implementada en PowerShell (versión 5.1). También puede enumerar los miembros de una clase mediante la siguiente sintaxis: `[Miclase].GetMembers()`.

Ejemplo de clase

```
PS > Class Autor {
    $Name
    $Email
    $Age
    $PostalCode
}
```

Se ha creado la clase `[Autor]`. Todos sus miembros son propiedades.

2.2 Propiedad

Una propiedad se compone en realidad de tres elementos: un campo y dos métodos. El campo contiene el valor. El campo que almacena el valor no puede definirse de forma independiente, como sí ocurre en C#. Los métodos de acceso (*getter*) y de modificación (*setter*) se utilizan respectivamente para leer y escribir el valor contenido en el campo.

Observación

En PowerShell, aún no es posible personalizar el comportamiento de estos dos métodos. Tampoco es posible eliminar el método modificador y, por tanto, declarar una propiedad de solo lectura. Sin embargo, se puede encontrar una solución alternativa utilizando el comando `Add-Member` dentro de la clase.

Habrá observado que una propiedad se declara del mismo modo que una variable o el parámetro de función. Pero no es lo único que tienen en común. Es posible asignar un tipo o una clase específica a una propiedad determinada.

Ejemplo de tipado de propiedades

```
PS > Class Autor {
    [String]$Name
    [String]$Email
    [int]$Age
    [String]$PostalCode
}
```

También es posible establecer un atributo de validación en una propiedad, del mismo modo que en los parámetros de una función. Estos atributos ya se explican en el capítulo Funciones avanzadas, por lo que no es necesario retomarlos aquí.

Ejemplo de atributos de validación

```
PS > Class Autor {
        [validatenotnullorempty()][String]$Name
        [ValidatePattern("^[a-z0-9.-_]+@[a-z0-9.-_]+`.[a-z]{2,4}")]
        [String]$Email
        [ValidateRange(1,160)][int]$Age
        [ValidateRange(01053,98821)][int]$PostalCode
}
```

Por último, puede asignar valores predeterminados a las propiedades.

Ejemplo de valor por defecto

```
PS > Class Autor {
        [validatenotnullorempty()][String]$Name = 'Nicolas BAUDIN'
        [ValidatePattern("^[a-z0-9.-_]+@[a-z0-9.-_]+`.[a-z]{2,4}")]
        [String]$Email = 'nicolas.baudin@frpsug.com'
        [ValidateRange(1,160)][int]$age = 25
        [ValidateRange(01053,98821)][int]$PostalCode
}
```

Si no se especifica ningún valor predeterminado para una propiedad, se aplicará el valor por defecto correspondiente a su tipo de datos. En ese caso, a la propiedad `PostalCode` se le asignará el valor 0.

2.3 Método

Al igual que las propiedades, los métodos deben declarar un tipo de retorno. Si un método no devuelve ningún valor, debe declararse con el tipo `[void]`. Está presente por defecto. Si un método devuelve un valor, debe utilizarse la palabra clave `return` para especificarlo.

Métodos UpdateAge() y GetNewBornYears()

```
PS > Class Autor {
    ...
    [int]$BornYear
```

```
    [void]UpdateAge($Age){
        $this.age = $Age
        $Now = Get-Date
        $this.BornYear = $Now.AddYears(-$Age).Year
    }
    [int]GetNewBornYears($Age){
        $Now = Get-Date
        $NewBornYear = $Now.AddYears(-$Age).Year
        Return $NewBornYear
    }
}
PS > $Me = [Autor]::New(25)
PS > $Me
Name        : Nicolas BAUDIN
Email       : nicolas.baudin@frpsug.com
Age         : 25
PostalCode : 0
BornYear    : 1991
```

Observación

En este caso, el método `New()` representa una llamada al constructor, concepto que se explicará en la próxima sección.

Se ha añadido la propiedad `BornYear`, que representa el año de nacimiento. El método `UpdateAge()` asigna la propiedad `Age`, calcula el año de nacimiento aproximado y lo almacena en la propiedad `BornYear`.

El método `GetNewBornYears()` calcula el año de nacimiento y lo devuelve como resultado, sin modificar las propiedades del objeto.

Resultado de utilizar el método GetNewBornYears

```
PS > $Me.GetNewBornYears(30)
1986
```

Los métodos pueden invocarse incluso después de que el objeto haya sido instanciado. En C#, es posible restringir el acceso a los miembros utilizando la palabra clave `private`. Desafortunadamente, esta funcionalidad aún no está disponible en PowerShell. Sin embargo, más adelante se mostrará cómo es posible superar esta limitación.

2.4 Constructor

Un constructor es un tipo especial de método. Su función es instanciar un objeto. Instanciar un objeto permite reservar espacio de memoria y, a continuación, inicializar sus miembros. Por esta razón, un constructor no tiene tipo de retorno, ya que no devuelve ningún valor. Para definir un constructor, basta con definir un método con el mismo nombre que la clase.

Ejemplo de constructor

```
PS > Class Autor {
    ...
    Autor(){
            $this.age = 25
    }
}
PS > $Me = [Autor]::New()
```

La sintaxis `[Miclase]::New()` permite invocar el constructor por defecto e instanciar el objeto desde la clase.

Observación

En este caso, `$this` hace referencia al objeto que se está instanciando. De este modo, permite acceder a todos sus miembros no estáticos.

Es posible declarar parámetros para los constructores, al igual que para los métodos.

Ejemplo de constructor con parámetros

```
PS > Class Autor {
        ...
        Autor([ValidateRange(1,160)][Int]$NewAge)
        {
            $this.age = $NewAge
        }
}
PS > $Me = [Autor]::New(25)
```

Observación

Si alguna vez es necesario construir un objeto utilizando variables externas a la clase, es aconsejable utilizar los parámetros del constructor, como en el ejemplo anterior. Existen métodos alternativos, aunque no se consideran recomendables.

Una clase puede definir varios constructores. Estas diferentes declaraciones son posibles gracias al uso de parámetros.

Ejemplo de sobrecarga de un constructor

```
PS > Class Autor {
       ...
       Autor([ValidateRange(1,160)][Int]$NewAge)
       {
            $this.age = $NewAge
       }
       Autor(
             [ValidateRange(1,160)][Int]$NewAge,
             [ValidateRange(01053,98821)][int]$PostalCode

        )
        {
        $this.age = $NewAge
       }
}
PS > $Me = [Autor]::New(25)
PS > $Me2 = [Autor]::New(25,44000)
```

Se han creado dos objetos instanciados a partir de la misma clase, pero utilizando dos constructores distintos. Esta técnica se trata más adelante en este capítulo.

Para consultar la lista de constructores disponibles en una clase determinada:
`[<MiClase>]. GetConstructors()`

2.5 Visibilidad

Por defecto, todos los miembros de un objeto son visibles cuando se crea mediante una clase en PowerShell . Sin embargo, es posible ocultar una propiedad o un método utilizando la palabra clave `Hidden`.

Sintaxis

```
PS > Class <NombreDeMiClase> {
    Hidden [Type]<Miembro1>
    [Type]<Miembro2>
    Hidden [Type]<Miembro3>
    ...
}
```

Para ocultar la propiedad Edad

```
PS > Class Autor {
    [validatenotnullorempty()][String]$Name = 'Nicolas BAUDIN'
    [ValidatePattern("^[a-z0-9.-_]+@[a-z0-9.-_]+`.[a-z]{2,4}")
    [String]$Email = 'nicolas.baudin@frpsug.com'
    Hidden [ValidateRange(1,160)][int]$age = 25
    [ValidateRange(01053,98821)][int]$PostalCode
    [int]$BornYear
    ...
}
PS > $Me = [Autor]::New(25)
PS > $Me
Name            Email                                    PostalCode BornYear
----            -----                                    ---------- --------
Nicolas BAUDIN  nicolas.baudin@frpsug.com                         0     1991
```

La propiedad `age` ya no aparece al inspeccionar el objeto. Un simple `Get-Member` no proporciona más información sobre ella:

```
  $Me | Get-Member

   TypeName : Autor

Name            MemberType Definition
----            ---------- ----------
...
GetNewBornYears Method     int GetNewBornYears(System.Object Age)
UpdateAge       Method     void UpdateAge(System.Object Age)
BornYear        Property   int BornYear {get;set;}
```

```
PostalCode       Property   int PostalCode {get;set;}
Email            Property   string Email {get;set;}
Name             Property   string Name {get;set;}
```

Sin embargo, es posible hacer que reaparezca. Para ello, basta con añadir el parámetro `-Force` al comando `Get-Member`:

```
  $Me | Get-Member -Force

   TypeName : Autor

Name             MemberType Definition
----             ---------- ----------
...
GetNewBornYears Method     int GetNewBornYears(System.Object Age)
UpdateAge        Method     void UpdateAge(System.Object Age)
age              Property   int age {get;set;}
BornYear         Property   int BornYear {get;set;}
PostalCode       Property   int PostalCode {get;set;}
Email            Property   string Email {get;set;}
Name             Property   string Name {get;set;}
```

Observación

El uso de la palabra clave `Hidden` no impide en modo alguno que la propiedad sea consultada tras la instanciación del objeto.

3. Sobrecarga de métodos (overload)

La sobrecarga de métodos (*overload* en inglés) permite definir un conjunto de métodos con el mismo nombre. Esto puede parecer un poco confuso, pero hay una explicación bastante sencilla para este proceso. Cada método tiene una firma. Esta firma se define en función de los parámetros del método. El número, el orden y, sobre todo, el tipo de parámetros determinan la firma.

Ejemplo de sobrecarga de un nuevo método `GetPostalCode()`

```
PS > Class Autor {
    ...
     [String]GetPostalCode([int]$PostalCode){
         if ($PostalCode -eq 44000){
            Return 'Nantes'
         }else{
            Return 'Desconocido'
```

```
            }
        }
        [int]GetPostalCode([string]$PostalCode){
            if ($PostalCode -eq 'Nantes'){
                Return 44000
            }else{
                Return 00000
            }
        }
}
PS > $Me = [Autor]::New(25)
PS > $Me.GetPostalCode(44000)
Nantes
PS > $Me.GetPostalCode('Angers')
00000
```

En este ejemplo, primero llamamos al método `GetPostalCode()` con un parámetro basado en `[int]`. Después, llamamos al método `GetPostalCode()` utilizando un parámetro de tipo cadena.

Observación

Advertencia: un método no definido como de tipo `[void]` debe devolver un valor usando `return`. Esta es la razón por la que los métodos utilizan un `else` en el bloque de instrucción `if`. Si no se respeta esta regla, PowerShell no crea la clase.

El overload también se aplica al constructor. Esto le permite controlar la instanciación del objeto con mayor precisión.

Ejemplo

```
PS > Class Autor {
    [validatenotnullorempty()][String]$Name
    [ValidatePattern("^[a-z0-9.-_]+@[a-z0-9.-_]+`.[a-z]{2,4}")]
    [String]$Email
    [ValidateRange(1,160)][int]$age
    [int]$BornYear
    [ValidateRange(01053,98821)][int]$PostalCode

    Autor($NewAge) {
        Write-Host 'Llamada al constructor 1'
            $this.UpdateAge($NewAge)
    }
    Autor([String]$NewName,
            [String]$NewEmail,
```

```
            [int]$NewAge,
            [int]$PostalCode){
        Write-Host ' Llamada al constructor 2'
        $this.Name = $NewName
        $this.PostalCode = $PostalCode
        $this.Email = $NewEmail
        $this.UpdateAge($NewAge)
    }
    [void]UpdateAge($Age){
        $this.age = $Age
        $Now = Get-Date
        $this.BornYear = $Now.AddYears(-$age).Year
    }
}

PS > $Me1a = [Autor]::New(25)
Llamar al constructor 1

PS > $Me1b = `
[Autor]::New('Nicolas Baudin','NicolasB@powershell.com',25,44000)
Llamada al constructor 2
```

En este ejemplo, la diferencia entre las llamadas de los fabricantes es muy clara. A partir de aquí, se abren multitud de posibilidades.

4. Estática

Las clases tienen una opción estática sobre sus miembros, identificada por la palabra clave `static`, situada antes del miembro.

Sintaxis

```
Clase <NombredeMiClase> {
    static [Type]<Miembro1>
    static [Type]<Miembro2>
    ...
}
```

Esta característica garantiza que el miembro esté disponible sin necesidad de instanciar el objeto y, por tanto, de llamar a un constructor.

Las sintaxis para utilizar miembros estáticos son las siguientes:

```
[MiClase]::<MiembroEstático>
$MiObjeto::<MiembroEstático>
```

Los miembros estáticos se encuentran en un gran número de clases del sistema.

Ejemplo de clase conocida

```
PS > [DateTime]::Now
sábado 15 octubre 2016 19:47:04
```

Ejemplo de integración de un miembro estático

```
PS > Class Autor {
     ...
        Static $Edition = 'ExpertIT'
}
PS > [Autor]::Edition
ExpertIT
PS > $Me = [Autor]::New(25)
PS > $Me::Edition
ExpertIT
```

Preste especial atención a la sintaxis con `::`, y no al punto simple (`.`). Si ha comprendido bien los principios anteriores comprenderá fácilmente la lógica detrás del uso de la variable automática `$this`:

```
PS > Class Autor {
     ...
        Static $Edition = 'ExpertIT'
     [void]Show(){
         Write-Host "Mi edición es $this::Edición"
     }
}
PS > $Me = [Autor]::New(25)
PS > $Me.Show()
Mi edición es ExpertIT
```

Si se modifica el valor de una propiedad estática, todas las instancias se ven afectadas.

Ejemplo

```
PS > $Me = [Autor]::New(25)
PS > $Me::Edition
ExpertIT
PS > $Me1 = [Autor]::New(24)
PS > $Me1::Edition
ExpertIT
PS > [Autor]:: Edition = 'Recurso informático'
PS > $Me::Edition
Recurso informático
PS > $Me1::Edition
Recurso Informático
PS > $Me::Edition  = 'Epsilon'
PS > [Autor]::Edition
Epsilon
```

Observación

Para mostrar los miembros estáticos de una clase, es necesario añadir el parámetro -Static a `Get-Member`.

Pasemos al constructor estático (class constructor). Se utiliza para inicializar la clase, no un objeto. Se ejecuta una vez y solo una vez, ya sea cuando se llama a un constructor por primera vez, o cuando se llama a un miembro estático.

```
PS > Class Autor {
    ...
    Static $Edition

    Static Autor (){
         Write-host 'Llamada al constructor estático'
         [Autor]::Edition = 'ExpertIT'
    }
    Autor($NewAge) {
        Write-Host 'Llamada al constructor no estático'
           $this.UpdateAge($NewAge)
    }
    ...
    [void]Show(){
         Write-Host 'Mi edición es $($this::Edition)'
    }

}
```

```
PS > $Me = [Autor]::New(25)
Llamada al constructor estático
Llamada al constructor no estático
PS > $Me.Show()
Mi edición es ExpertIT
PS > $Me2 [Autor]
Llamada al constructor no estático
```

Para que el constructor estático vuelva a ejecutarse, la clase debe declararse de nuevo.

```
PS > Class Autor {
    ...
}

PS > $Me2 = [Autor]::New(30)
Llamada al constructor estático
Llamada al constructor no estático
PS > $Me2.Show()
Mi edición es ExpertIT
```

Terminemos nuestro recorrido por los miembros estáticos con los métodos. Un método static solo puede tener acceso a miembros static. Por lo tanto, debe evitarse el uso de `$this` en este tipo de métodos. Los parámetros deben usarse si se necesita modificar un objeto.

En este ejemplo, convertimos el método `Show()` en estático y eliminamos el uso de `$this`:

```
PS > Class Autor {
    ...
     Static [void]Show(){
        Write-Host "Mi edición es $([Autor]::Edition)"
    }
}

PS > [Autor]::Show()
Llamada al constructor estático
Mi edición es ExpertIT
```

Si, como en el ejemplo, se define un constructor estático, se ejecuta incluso con una simple llamada a un método estático.

5. Ámbito de las variables

Antes de seguir adelante, es importante conocer bien los conceptos básicos sobre los ámbitos de PowerShell.

Un recordatorio rápido:

- Ámbito global: este ámbito se crea al iniciar una sesión de PowerShell. Las variables definidas en él pueden ser leídas por todos los ámbitos hijos. Para modificar una variable global en un ámbito hijo, se debe utilizar la siguiente sintaxis: $global:<mi_variable>.
- Ámbito de script: el ámbito de script se refiere al ámbito que se crea al ejecutar un script. Una vez finalizado el script, las variables definidas en él dejan de existir. Cuando se trabaja desde la consola, el ámbito del script equivale al ámbito global. Para modificar una variable de script en un ámbito hijo, utilice la siguiente sintaxis: $script:<mi_variable>.
- Ámbito local: corresponde al contexto actual, como una función, un bloque de script o un script en ejecución. Se pueden utilizar dos sintaxis diferentes: $local:<mi_variable>, $<mi_variable>. La segunda sintaxis es más habitual.

En nuestra situación con las clases, solo es necesario tener en cuenta estos tres ámbitos. No se recomienda utilizar estas sintaxis en un script, a menos que sepa exactamente lo que está haciendo. Si necesita manipular un objeto dentro de una propiedad o método, lo más adecuado es utilizar parámetros en métodos o constructores.

5.1 Propiedad

Dentro de una propiedad, es posible acceder a una variable definida en el mismo ámbito en el que se declara la clase, lo cual no ocurre con los métodos.

Ejemplo

```
PS > $Var = 0
PS > Class Scoping {
        $Prop = $Var
        Static $StaticProp = $Var
    }
```

```
PS > $Sco = [Scoping]::New()
PS > [Scoping]::StaticProp
0
PS > $Sco.Prop
0
```

¿Qué ocurre si se modifica la variable `$Var`? La siguiente llamada al constructor utilizará el nuevo valor de la variable al establecer la propiedad `Prop`. Sin embargo, la propiedad estática conservará su valor original. Esto se debe a que el valor de una propiedad estática se establece durante la primera carga de la clase y se mantiene en las instancias posteriores.

Para modificar un valor estático, es necesario redefinir la clase o incrementar la variable estática directamente en la clase.

Ejemplo de cómo modificar el valor de una propiedad

```
...
PS > $Var = 10 # Nuevo valor
PS > $Sco1 = [Scoping]::New() # Nuevo objeto
PS > $Sco1.Prop
10
PS > $Sco.Prop
0
PS > [Scoping]::StaticProp
0
PS > [Scoping]::StaticProp = $Var # Nuevo valor estático
PS > $Sco::StaticProp
10
PS > $Sco1::StaticProp
10
```

El nuevo objeto `$Sco1` obtiene correctamente el nuevo valor de la variable `$Var`, a diferencia de `$Sco`. Tras la reasignación, la propiedad estática adopta el nuevo valor asignado a `$Var`.

Ejemplo de redefinición de una clase

```
...
PS > $Var = 20
PS > Class Scoping {
     $Prop = $Var
     Static $StaticProp = $Var
```

```
    } # Nueva definición de clase

PS > $Sco = [Scoping]::New()
PS > [Scoping]::StaticProp
20
PS > $Sco.Prop
20
PS > $Sco1.Prop
10
PS > $Sco1::StaticProp
10
```

Tras la redefinición, el valor estático ha cambiado, pero el objeto `$Sco1` no se ha visto afectado por esta modificación. De hecho, la instancia se mantiene en memoria y solo reflejará los nuevos valores si se vuelve a crear utilizando el constructor de la clase redefinida.

Ejemplo

```
...
PS > $Sco1 = [Scoping]::New()
PS > $Sco1.Prop
20
```

Aquí, `$Sco1` se inicializa con la nueva clase y por lo tanto obtiene el nuevo valor de `$Var`.

5.2 Método

En el caso de los métodos, no es posible acceder directamente a variables definidas en el mismo ámbito que la clase. Si se intenta acceder a ellas del mismo modo que a una propiedad, aparece un mensaje de error.

```
PS > $Var = 0
PS > Class Scoping {
       [Int] Show () {
          return $var
        }
      Static [Int] ShowStatic () {
         return $Var
        }
   }
```

```
Al carácter Línea:3 : 16
+ return $var
+              ~~~~
La variable no está accesible desde este método.
Al carácter Línea:6 : 16
+ return $var
+              ~~~~
La variable no está accesible desde este método.
```

Sin embargo, gracias al modificador scope, es posible eludir esta restricción, aunque con algunas limitaciones. De hecho, incluso utilizando la sintaxis `$local:<mi_variable>`, el mensaje de error persiste.

5.2.1 Global

El ámbito global hace referencia al entorno general de PowerShell. Sin importar cuántos ámbitos hijos existan, siempre apunta a ese entorno base.

Es posible acceder o modificar variables globales dentro de un método de clase utilizando la sintaxis `$global:<mi_variable>`.

Ejemplo

```
PS > $Var = 10
PS > Class ScopingGlobal {
  [Int] Show () {
        return $global:var
   }
     Static [Int] ShowStatic () {
        return $global:Var
     }
   }
PS > [ScopingGlobal]::ShowStatic()
 10
PS > $Sco = [ScopingGlobal]::New()
PS > $Sco.Show()
 10
```

En el ejemplo anterior, el método `ShowStatic()` recupera correctamente la variable `$Var`. Incluso si se añade un gran número de ámbitos hijos, el resultado sigue siendo el mismo.

Ejemplo con el bloque de script

```
PS > $Var = 10 ## Scope global
PS > &{ # Scope ScriptBlock
   $Var = 20
   Class ScopingGlobal {
      [Int] Show () {
        return $global:var
      }
      Static [Int] ShowStatic () {
       return $global:Var
      }
    }

   [ScopingGlobal]::ShowStatic()
   $Sco = [ScopingGlobal]::New()
   $Sco.Show()
 } # End ScriptBlock

10 # Resultado del método ShowStatic()
10 # Resultado del método Show() en el objeto $sco
```

Los métodos recuperan la primera aparición de `$Var`, es decir, la declarada en el ámbito global, y no la declarada en el bloque de script.

5.2.2 Script

En determinados casos, el comportamiento del ámbito de script es ligeramente diferente al de los demás ámbitos.

Ejemplo

```
PS > $Var = 10 ## Scope Script
PS > &{ # Scope ScriptBlock
   $Var = 20
   Class ScopingScript {
      [Int] Show () {
          return $script:var
      }
      Static [Int] ShowStatic () {
          return $script:Var
      }
    }
```

```
    [ScopingScript]::ShowStatic()
    $Sco = [ScopingScript]::New()
    $Sco.Show()
    } # End ScriptBlock

 10 # Resultado del método ShowStatic()
 10 # Resultado del método Show() en el objeto $sco
```

El resultado es el mismo que cuando se utiliza el ámbito global.

Ejemplo con la adición de un ámbito script:

```
PS > $Var = 10
PS > $Script = @"
       `$Var = 20
       &{
          `$Var = 30
          Class ScopingScript {
               [Int] Show () {
                   return `$script:var
               }
               Static [Int] ShowStatic () {
                   return `$script:Var
               }
           }
           [ScopingScript]::ShowStatic()
       }
  "@

PS > $Script > ./scriptscope.ps1
PS > ./scriptscope.ps1
 20
```

En este ejemplo, creamos una variable inicial `$Var` con un valor de 10. A continuación creamos una variable `$Script` que contiene el código del bloque de script que contiene la clase `[ScopingScript]`. Creamos el script scriptscope.ps1 a partir de la variable `$Script`. Después, ejecutamos el script. El resultado que se obtiene corresponde al valor de la variable `$Var` declarada al comienzo del script, y no al valor definido dentro del bloque de script.

Observación

El uso del dot sourcing no es una excepción a esta regla:

```
PS > . ./scriptscope.ps1
20
```

6. Herencia

La herencia se utiliza para declarar una clase base que luego utilizan las clases derivadas. Esta mecanismo permite que la clase derivada herede todos los miembros de la clase base, especialmente los métodos.

Sintaxis

```
PS > Class <BaseClass>{
    <Property1>
    <Property2>
    <Methode1>
    <BaseClass>($Parameter1,$Parameter2){}
}
PS > Class <DeriClass> : <BaseClass> {
    <otherProperty3>
<DeriClass>($Parameter1,$Parameter2):base($Parameter1,$Parameter2){}

}
```

La declaración de la clase derivada incluye su nombre y el de la clase base, separados por el carácter `:`. No es posible declarar varias clases base para una clase derivada:

```
PS > Class <DeriClass> : <BaseClass>,<BaseClase2>
```

A continuación, hay que declarar el constructor de la clase derivada. Para ello, entre la declaración de parámetros e instrucciones, es necesario añadir la palabra clave `base`, también precedida del carácter `:`. Le siguen los parámetros del constructor de la clase base.

Observación

Si la clase base utiliza el constructor predeterminado de PowerShell, o si se declara un constructor sin parámetros, entonces la palabra clave `base` *va seguida directamente de las instrucciones.*

Ejemplo

```
PS > Class Computer {
     [String]$Name
     [String]$OS
     Rename([String]$NewName){
         Rename-Computer -ComputerName $this.Name `
        -NewName $NewName
     }
     Computer([String]$Name,[String]$OS) {
         $this.Name = $Name
         $this.OS = $OS
     }
}
PS > Class Server : Computer{
     [String]$Role
     Server([String]$Name,[string]$OS,[string]$Role):base($Name,$OS){
        $this.Role = $Role
     }
}
```

En este ejemplo, creamos una primera clase `[Computer]`. En esta clase, declaramos dos propiedades, `Name` y `OS`, y un método, `Rename()`. También se declara un constructor con dos parámetros para asignar valores iniciales a las propiedades.

A continuación, declaramos la clase derivada `[Server]`, basada en `[Computer]`. Se le añade la propiedad `Role` y se declara un constructor con tres parámetros. Los dos primeros parámetros son para la clase base `[Computer]`. El tercer parámetro se utiliza para asignar la propiedad `Role` a la clase derivada.

Resultados

```
PS > $MyCompute = [Computer]::New('PC-Generic','Windows')
PS > $MyServer = [Server]::New('SRVWIN2K16','Win Srv 2016','IIS')
PS > $Mycompute
Name       OS
----       --
PC-Generic Windows
PS >  MyServer
Role Name       OS
---- ----       --
IIS  SRVWIN2K16 Win Srv 2016
```

La propiedad `Role` aparece en el objeto instanciado por la clase derivada `[Server]`.

Observación

Es posible declarar varias clases derivadas de la clase base. Por ejemplo, una clase `[Client]`, con la propiedad `Service` en lugar de `Role`. También es posible que la clase base tenga varios constructores. En este caso, hay que jugar con la firma del constructor (ver la sección Sobrecarga de método(overload)).

7. Creación Enum

PowerShell V5 implementa la noción de enumeración, palabra clave `enum`. Antes de PowerShell 5, era necesario utilizar el cmdlet `Add-Type` junto con código en C# para declarar enumeraciones.

Las enumeraciones pueden utilizarse para restringir los valores que puede contener una variable. De forma similar a lo que permite el atributo de validación `ValidateSet()` en un parámetro.

7.1 Palabra clave enum

Sintaxis de la palabra clave `enum`:

```
PS > enum <NombreDeLaEnumeración> {
    <NombreValor1>
    <NombreValor2>
    <NombreValor3>
    ...
}
```

Ejemplo

```
PS > enum CódigoLibro {
    Recurso Informático
    ExpertIT
    Epsilon
}
PS > [CódigoLibro]$Estelibro = 'ExpertIT'
```

Si especifica una cadena de caracteres distinta de los nombres de los valores contenidos en la enumeración `[CódigoLibro]`, aparecerá un error.

Observación

Los nombres de los valores no pueden empezar por un número.

Las enumeraciones son conjuntos de constantes que empiezan por 0. Permiten definir una variable en función de un valor y no de un nombre:

```
PS > [CódigoLibro]$Estelibro = 1
PS > $Estelibro
ExpertIT
```

Las enumeraciones pueden utilizarse como tipo en las declaraciones de parámetros, para estar seguros de los valores introducidos por el usuario.

Por último, IntelliSense detecta las enumeraciones, lo que permite interactuar tanto en la consola PowerShell como en PowerShell ISE, de forma similar a los entornos de desarrollo.

Utilización de IntelliSense en los parámetros de pedido

```
PS C:\WINDOWS\system32> [CodeLivre]::Epsilon
Epsilon                Format              GetValues          ToObject
ExpertIT               GetName             IsDefined          TryParse
RessourceInformatique  GetNames            Parse
Equals                 GetUnderlyingType   ReferenceEquals
```

Uso de IntelliSense en una enumeración

Truco

Para obtener este resultado, utilice la combinación de teclas [Ctrl][Espacio], que puede utilizarse siempre que esté disponible la función de autocompletado IntelliSense.

7.2 Valores de manipulación

Es posible definir sus propios valores constantes.

Sintaxis

```
enum <NombreDeLaEnumeración> {
    <constante1> = <valor1>
    <constante2> = <valor2>
    <constante3> = <valor3>
    ...
}
```

Ejemplo

```
PS > enum CódigoLibro {
    RecursoInformático = 12
    ExpertoIT = 8
    Epsilon = 32
}
PS > [CódigoLibro]$Estelibro = 8
PS > $Estelibro
ExpertIT
```

Observación

En una enumeración, solo se permiten constantes; no es posible utilizar valores que puedan cambiar en tiempo de ejecución, como la propiedad `Count`. Sin embargo, sí se pueden utilizar operadores de cálculo como `10 + 7`.

8. Formato

Las clases en PowerShell reaccionan de la misma manera que las clases en el framework .NET para dar formato. El proceso se describió en la sección anterior de este capítulo. Solo es necesario aplicar el mismo principio, adaptado a las clases definidas en PowerShell. En primer lugar, cree un archivo format.ps1xml. En el nombre del tipo, especificamos la clase que queremos asignarle. Por último, aplicamos el cambio mediante el comando `Update-FormatData`.

9. Integración en un módulo

Es probable que las clases tengan un destino más amplio que un simple script PowerShell. Por ello, resulta totalmente adecuado integrarlas en un módulo para facilitar su reutilización y distribución.

Los módulos constan de un manifiesto en formato PSD1 y un archivo de módulo en formato PSM1. En este caso, solo se necesita el archivo de manifiesto. El campo `ScriptToProcess` se utiliza para cargar la clase contenida en un archivo PS1.

Organización del módulo TestClass:

```
└─TestClass
    ├─ Classes
      └─ myclass.ps1
    └─ TestClass.psd1
```

El archivo myclass.ps1 contiene la clase `[Computer]` del ejemplo anterior. Para el archivo de manifiesto, rellenamos el campo `ScriptToProcess` de la siguiente manera:

```
ScriptsToProcess = @('Class/myclass.ps1')
```

Por último, el módulo se coloca en un directorio donde se descubre e importa automáticamente mediante el comando `Import-Module`:

```
PS > Import-Module TestClass
```

Por último, probamos la instanciación de la clase `[Computer]`:

```
PS > [Computer]::New('PC-Generic','Windows')

Name       OS
----       --
PC-Generic Windows
```

La clase puede ahora utilizarse en cualquier sistema que ejecute PowerShell a partir de la versión 5.

Observación

También es posible utilizar la palabra clave `using` en lugar de `Import-Module` para cargar únicamente la definición de clase. `Using` simplemente recupera la definición de la clase. Esta es una nueva característica de la versión 5.0 de PowerShell. Esta palabra clave se utiliza a menudo en C# para indicar el nombre del grupo de clases utilizadas en un código.

También es posible crear un único archivo psm1 que contenga primero las clases y después las funciones. Sin embargo, debe tener en cuenta que si se declara un parámetro cuyo tipo es una clase contenida en otro módulo, se genera una fuerte dependencia hacia ese módulo. Si el módulo que contiene la clase está ausente en el momento de la importación, esta fallará.

10. Palabra clave Using

La instrucción `using` ya se trató anteriormente, cuando se explicó cómo colocar clases en un módulo. También se utiliza para facilitar la llamada a clases presentes en los *namespaces*. Pero, ¿qué es un *namespace*?

Es una estructura jerárquica que organiza las clases de acuerdo con una utilidad/temática en particular.

Por ejemplo, la clase `Directory` designa una carpeta, y esta clase está contenida en el espacio de nombres `system.IO`. Este último también contiene la clase `File`, que designa archivos.

Cuando se llama a una clase del framework .NET en PowerShell, el namespace y el nombre de la clase aparecen entre corchetes.

```
Por ejemplo, crear un directorio utilizando la clase Directory:
PS > [System.IO.Directory]::CreateDirectory('C:\Temps')

Mode                 LastWriteTime         Length Name
----                 -------------         ------ ----
d----           5/17/2023  6:25 PM                Temps
```

Puede resultar tentador utilizar solo el nombre de la clase, como se hace con las clases definidas en PowerShell :

```
PS > [Directory]::CreateDirectory('C:\Temps')
InvalidOperation: Unable to find type [Directory].
```

Pero PowerShell devuelve un error indicando que no conoce la clase.

Observación

Existen algunas excepciones, especialmente con clases contenidas en el namespace `System`, como `datetime`, `string`, `int`, etc. Estas pueden llamarse directamente sin colocar el namespace [int].

Para llamar a la clase `Directory` sin especificar su namespace, es posible utilizar la sentencia `using` seguida del namespace en cuestión. PowerShell sabrá entonces dónde buscar para encontrar las clases.

Ejemplo

```
PS > using namespace System.IO
PS > [Directory]::CreateDirectory('C:\Temps')

Mode                LastWriteTime         Length    Name
----                -------------         ------    ----
d----            5/17/2023  6:25 PM         Temps
```

La instrucción `using` se utilizará en las siguientes secciones para reducir el número de llamadas a clases. Tenga esto en cuenta.

Otro punto importante es que cuando se `utiliza` la instrucción `using` en un módulo o script, esta debe colocarse al inicio del archivo, antes de cualquier instrucción.

11. Uso de clases en la validación de parámetros

En el capítulo Funciones Avanzadas, vimos en detalle cómo los parámetros pueden ser validados de diferentes maneras. Ahora que hemos cubierto la noción de clases, podemos añadir a estos elementos mediante el uso de clases.

11.1 ValidateSet Dinámico

El atributo de validación `[ValidateSet()]` limita los valores aceptables para el parámetro. En el capítulo Funciones avanzadas, los valores pasados al atributo `ValidateSet` estaban contenidos en una colección fija definida en la función. Para cambiar estos valores será necesario modificar la definición de la función.

¿Qué debemos hacer si necesitamos valores dinámicos en lugar de fijos? ¿Usar el atributo `ArgumentCompleter`?

Esto son solo sugerencias, el usuario puede proporcionar valores distintos a los sugeridos. ¿Utilizar parámetros dinámicos? Sí, es una posibilidad, pero también tiene importantes desventajas.

La otra solución propuesta aquí es utilizar clases para asignar dinámicamente valores a `[ValidateSet()]`. Esta funcionalidad está disponible únicamente a partir de PowerShell 7.

Para el ejemplo, se utilizará la función `Restart-ServiceRunning`. Esta función reinicia solo los servicios en estado de `Running`. Esta es la función:

```
function Restart-ServiceRunning {
    [CmdletBinding()]
    Param (
          [string[]]$Name
    )
    Restart-Service @PSBoundParameters
}
```

Observación

En este ejemplo, la variable `$PSBoundParameters` y la técnica de splatting se utilizan para pasar valores de parámetros directamente al comando `Restart-Service`. Para obtener más información sobre splatting, consulte el capítulo Funciones avanzadas.

En el caso de esta función, no se aplica ninguna lógica de verificación o filtrado para validar que el nombre del servicio pasado como parámetro corresponde a un servicio iniciado. El objetivo es transferir esta lógica a un `[ValidateSet()]` dinámico.

Para ello, creamos una clase `ServiceStarted` heredada de la clase `IValidateSetValuesGenerator` contenida en el namespace `System.Management.Automation`:

```
Class ServiceStarted : System.Management.Automation.
IValidateSetValuesGenerator {
...
}
```

Esta clase debe reescribir el método `GetValidValues()` de `IValidate-SetValuesGenerator` y devolver los valores que se pondrán en `[Vali-dateSet()]`. Para el ejemplo, estos serán los nombres de los servicios en el estado `Running`:

```
Class ServiceStarted : System.Management.Automation.
IValidateSetValuesGenerator {
   [string[]] GetValidValues() {
        $ServicesListStarted = Get-Service | Where-Object
Status -eq 'Running'
        return [string[]]$ServicesListStarted.Name
   }
}
```

Ahora es posible colocar esta clase directamente en el `ValidateSet` de la función `Restart-ServiceRunning`:

```
function Restart-ServiceRunning {
   [CmdletBinding()]
   Param (
        [ValidateSet([ServiceStarted])]
        [string[]]$Name
   )

   Restart-Service @PSBoundParameters
}
```

El parámetro `-Name` ahora solo acepta nombres de servicio en estado `Run-ning`. También debe tener en cuenta que el autocompletado funciona aunque se pasen varios valores como parámetros:

```
PS > Restart-ServiceStopped -Name Audiosrv,
Display all 135 possibilities? (y o n)
```

11.2 ArgumentCompleter

Al igual que el atributo `ValidateSet`, el atributo `ArgumentCompleter` se trató en el capítulo Funciones avanzadas. Inicialmente, este atributo fue presentado usando un bloque de script solo, luego acoplado con el uso de una función. En esta sección, se presentará una variante utilizando una clase.

Como recordatorio, `ArgumentCompleter` puede utilizarse para proponer opciones basadas en valores ya pasados como parámetros. Se pasan cinco elementos como parámetros al bloque de script:

- `$commandName` : contiene el nombre del comando o función.
- `$parameterName`: contiene el nombre del parámetro al que se asigna el atributo.
- `$ wordToComplete`: contiene el valor introducido por el usuario que necesita ser completado. Se utiliza para prefiltrar los valores que se devolverán al usuario cuando se llame a autocompletar.
- `$commandAst`: contiene el objeto AST (*Abstract Syntax Tree*) del comando.
- `$fakeBoundParameters`: contiene el equivalente de `$PSBoundParameter` en el momento en que el usuario utiliza autocompletar.

En el caso de una clase, estos valores se definen como parámetros de un método de la clase. En primer lugar, la clase utilizada debe heredar de la clase `IArgumentCompleter` del namespace `System.Management.Automation`:

```
Class ServiceStartedCompleter : System.Management.Automation.
IArgumentCompleter {
   ...
}
```

Para el ejemplo, utilizamos la función de la sección anterior sobre el `ValidateSet` dinámico.

Para simplificar la escritura, utilizamos la sentencia `using`:

```
using namespace System.Management.Automation
Class ServiceStartedCompleter : IArgumentCompleter {
   ...
}
```

A continuación, se redefine el método `CompleteArgument`. Este tendrá los cinco parámetros antes mencionados y, sobre todo, deberá devolver una colección enumerable de tipo `CompletionResult`.

El resultado es el siguiente:

```
using namespace System.Management.Automation
Class ServiceStartedCompleter : IArgumentCompleter {
 [System.Collections.IEnumerable[CompletionResult]]
```

```
CompleteArgument(
        [string]$CommandName,
        [string]$ParameterName,
        [string]$WordToComplete,
        [Language.CommandAst] $CommandAst,
        [System.Collections.IDictionary] $FakeBoundParameters
    ) {
    ...
      }
}
```

La clase `CompletionResult` pertenece al espacio de nombres `System.Management.Automation`, al igual que `Language.CommandAST`. Por último, se añade el contenido del método que devolverá el nombre de los servicios:

```
using namespace System.Management.Automation
Class ServiceStartedCompleter : IArgumentCompleter {
 [System.Collections.IEnumerable[CompletionResult]]
CompleteArgument(
        [string]$CommandName,
        [string]$ParameterName,
        [string]$WordToComplete,
        [Language.CommandAst] $CommandAst,
        [System.Collections.IDictionary] $FakeBoundParameters
    ) {
        $comodínName = ("*" + $WordToComplete + "*")
        $CompletionResults =
[System.Collections.Generic.List[CompletionResult]]::new()
      Get-Service -Name $comodínName |
            Where-Object Status -eq 'Running' |
            ForEach-Object { $CompletionResults.
Add([CompletionResult]::new("'"+ $_.Name + "'"))}
         return $CompletionResults
    }
}
```

En la instrucción, primero se crea un comodín que contiene la entrada ya introducida por el usuario, después se crea una colección vacía utilizando la clase `List`, especificando qué objeto debe contener, es decir, `CompletionResult`. A continuación, se recuperan todos los servicios que responden al comodín y que se encuentran en estado iniciado, y se añaden sus nombres a la colección creada anteriormente, asegurándose de encerrar el nombre entre comillas simples. Por último, se devuelve la colección.

Finalmente, la clase puede utilizarse directamente en el parámetro de la función:

```
function Restart-ServiceRunning {
   [CmdletBinding()]
   Param (
       [ArgumentCompleter([ServiceStartedCompleter])]
       [string[]]$Name
   )

   Restart-Service @PSBoundParameters
}
```

Si adaptáramos el ejemplo del apartado Funciones avanzadas, procederíamos del siguiente modo:

```
using namespace System.Management.Automation
Class IDArgumentCompleter : IArgumentCompleter {
   [System.Collections.IEnumerable[CompletionResult]]
CompleteArgument(
       [string]$CommandName,
       [string]$ParameterName,
       [string]$WordToComplete,
       [Language.CommandAst] $CommandAst,
       [System.Collections.IDictionary] $FakeBoundParameters
   ) {
       $comodínName = ("*" + $WordToComplete + "*")
       $CompletionResults =
[System.Collections.Generic.List[CompletionResult]]::new()
       $allID = Get-AdUser -Filter * | Where-Object SamAccountName
-match '^a[0-9]{6}$' | ForEach-Object {
           [int]($_.SamAccountName -replace 'a')
      } | Sort-Object

       $lastId = $allID[-1]

       # les 10 prochains ID :
       1..10 | ForEach-Object
{$CompletionResults.Add([CompletionResult]::new($lastId + $_))}

       return $CompletionResults
   }
}
```

Como recordatorio, el objetivo era buscar los diez ID que seguían al último ID presente en el SAMAccountName de los usuarios AD.

Capítulo 7
Jobs y paralelismo

1. Introducción

Cuando un proceso tarda demasiado, solemos impacientarnos por obtener el resultado. Cuando es necesario ejecutar un segundo proceso, lo habitual es abrir una segunda consola de PowerShell. Pero si el segundo proceso está vinculado a todos los objetos y variables que se recuperaron o crearon justo antes de ejecutar el primero, ¿cómo proceder?

Es posible establecer este primer proceso como un trabajo en segundo plano, y luego pasar directamente al segundo. En PowerShell, esta función se denomina *Jobs* (trabajo). Esta función se añadió en la versión 2.0 de PowerShell y desde entonces ha incorporado múltiples mejoras funcionales.

El lanzamiento de jobs permite recuperar la consola directamente y seguir trabajando. La necesidad de utilizar jobs para realizar varias tareas de forma asíncrona se debe a que PowerShell, por defecto, solo utiliza un núcleo de procesador y un solo hilo de ejecución. La mayoría de los jobs se ejecutan en una nueva instancia de PowerShell con su propio proceso powershell.exe dedicado. Sin embargo, veremos que hay una excepción.

Ahora se pueden utilizar varios tipos de jobs:

- BackgroundJob: trabajos en segundo plano. Se ejecutan desde el comando `Start-Job`.
- ThreadJob: trabajos en segundo plano basados en múltiples threads (hilos), a diferencia de los backgroundJob, que utilizan múltiples procesos. Este tipo requiere la instalación del módulo ThreadJob en PowerShellGallery.
- RemoteJob: trabajos remotos. Se ejecutan en ordenadores remotos. Se crean cuando se utiliza el parámetro `-AsJob` con el comando `Invoke-Command`.
- PSScheduledJob: tareas programadas. Son trabajos en segundo plano que se ejecutan mediante el programador de tareas.
- PSWorkflowJob: trabajos de tipo workflow. Se crean cuando se utiliza el parámetro `-AsJob` en la definición de un workflow.
- WMIJob: trabajos generados mediante el parámetro `-AsJob` en comandos relacionados con objetos WMI, como `Get-WmiObject`.
- ConfigurationJob: trabajos de configuración. Se crean mediante el comando `Start-DSCConfiguration`. Para obtener más información sobre DSC, lea el Desired State Configuration (DSC).

En el resto de este capítulo, solo se abordarán los cuatro primeros tipos de jobs. El tipo `PSWorkflowJob` se trata con más detalle en el capítulo Workflows.

En la última sección, se presenta una alternativa para ejecutar trabajos de forma asíncrona. Se trata de la API de PowerShell.

Desde la versión 6 de PowerShell Core, la creación de flujos de trabajo y el uso de comandos WMI ya no son posibles, ya que estas funciones están obsoletas. El uso del comando `Get-WMIObject` en PowerShell Core en realidad ejecuta un proceso oculto de Windows PowerShell. El comando `Get-CimInstance`, que sustituye a `Get-WmiObject`, no tiene el parámetro `-AsJob`. Por lo tanto, los trabajos `PSWorkflowjob` y `WMIJob` ya no están disponibles a partir de PowerShell 6.

2. Trabajo de fondo local (BackgroundJob)

El mecanismo que vamos a examinar aquí se refiere a los jobs locales. Es posible lanzar un proceso largo en segundo plano y recuperar el control de la consola de inmediato. Los resultados de los jobs se recuperan posteriormente.

El otro caso de uso es subdividir un trabajo global en varios más pequeños. Supongamos que se necesita exportar o sincronizar datos entre dos bases de datos o directorios. Si las diferencias son muy grandes, tardará varias horas o incluso varios días. Múltiples procesos asíncronos con programación pueden reducir el tiempo de ejecución.

Los jobs son procesos secundarios cuyo proceso principal es la consola desde la que se ejecutan. Si el proceso principal se detiene alguna vez, todos los procesos secundarios también se detienen. Esto también significa que los resultados de un job solo pueden ser recuperados desde la consola que lo lanzó. Los resultados no se escriben en disco (excepto para `PSWorkflowJoby` `RemoteJob`).

Hay varios comandos disponibles para interactuar con los jobs:

Comando	Descripción
`Start-Job`	Este comando crea e inicia un job en segundo plano.
`Get-Job`	Este comando recupera todos los jobs presentes, independientemente de su estado.
`Receive-Job`	Este comando recupera los resultados de uno o más jobs.
`Remove-Job`	Este comando borra los jobs que han finalizado. Para que un job se borre sin problemas, primero debe haber recuperado el resultado con `Receive-Job`.
`Stop-Job`	Este comando se utiliza para detener una tarea en segundo plano.
`Wait-Job`	Este comando se utiliza para esperar a que finalicen uno o varios jobs antes de entregarlos al usuario en la consola.

Observación

En las primeras versiones de PowerShell 2.0, los jobs locales se basaban en el mismo mecanismo que los jobs remotos. Utilizaban un flujo de interacción con WS-Management (o WSMan para Web Service Management). Debido a un comportamiento errático, este proceso se ha retirado.

2.1 Creación de un primer job

Ejemplo de creación de un job sencillo con el comando `Start-Job` y `Get-HotFix`:

```
PS > Start-Job -Scriptblock {Get-Hotfix}

Id  Name  PSJobTypeName   State   HasMoreData  Location  Command
--  ----  -------------   -----   -----------  --------  -------
1   Job1  BackgroundJob   Running True         localhost Get-H...
```

El comando crea un job que lista los parches instalados en el sistema. El resultado que se obtiene del comando es un objeto job. Contiene una serie de elementos que lo caracterizan. Tenemos su `Id` (de valor `1`), que es un identificador único para cada trabajo. A continuación, viene su nombre en la propiedad `Name`. La propiedad `PSJobTypeName` indica el tipo de job del que se trata. Puede tomar los distintos valores presentados en la introducción. La propiedad `State` es una de las más importantes, ya que indica el estado del job. En este caso, es `Running`, lo que significa que está en curso.

Aquí tiene una lista de los distintos estados:

- `Running`: el job se está ejecutando actualmente.
- `NotStarted`: el job aún no se ha iniciado. Este estado se encuentra la mayoría de las veces con trabajos de tipo `PSScheduledJob`.
- `Completed`: el job se ha completado con éxito.
- `Failed`: el job se ha detenido porque ha encontrado un error de bloqueo.
- `Stopping`: el job se está deteniendo.
- `Stopped`: el job está detenido. Este estado puede activarse mediante el comando `Stop-Job`.

- `Disconnected`: el job es un `PSRemoteJob`que ha perdido la conexión con el host remoto. Por lo tanto, se desconoce el estado real del job.
- `Blocked`: el job está bloqueado. Está esperando algo.
- `Suspended`: el job está suspendido. Este estado puede activarse mediante el comando `Suspend-Job` (se aplica principalmente al workflow).

Observación

El estado `Suspended` solo es posible para PSWorkflowJobs. Como estos ya no están disponibles desde PowerShell 6, lo mismo se aplica a este estado, y al comando `Suspend-Job`.

La propiedad `HasMoreData` es un valor booleano (`True` o `False`). Indica al usuario si el trabajo tiene elementos que devolver. Estos resultados se pueden recuperar utilizando el comando `Receive-Job`, que veremos más adelante.

Observación

Durante la ejecución del job, el valor se establece en `True`. Solo cambia a `False` al final del procesamiento del trabajo y si no se devuelve ningún valor.

La propiedad `Location` informa al usuario de la identidad del host que ejecuta el trabajo. Aquí se establece como `localhost`, porque el trabajo se ejecuta localmente. En el caso de un trabajo remoto, indica el nombre del host remoto.

Por último, la propiedad `Command` contiene todas las instrucciones que está ejecutando actualmente el job.

El comando `Get-Job` lista, por defecto, todos los trabajos presentes en la sesión y los guardados en disco (véase la sección Trabajos programados (PSScheduledJobs)).

```
PS > Get-Job

Id  Name  PSJobTypeName State     HasMoreData  Location  Command
--  ----  ------------- -----     -----------  --------  -------
1   Job1  BackgroundJob Completed True         localhost Get-H...
```

Si se crea un segundo job idéntico al primero, la salida es la siguiente:

```
PS > Start-Job -Scriptblock {Get-Hotfix}

Id  Name  PSJobTypeName   State    HasMoreData  Location  Command
--  ----  -------------   -----    -----------  --------  -------
3   Job3  BackgroundJob   Running True          localhost Get-H...

PS > Get-Job

Id  Name  PSJobTypeName State     HasMoreData  Location  Command
--  ----  ------------- -----     -----------  --------  -------
1   Job1  BackgroundJob Completed True         localhost Get-H...
3   Job3  BackgroundJob Completed True         localhost Get-H...
```

El nombre y el id del segundo job se han incrementado. Los números no son necesariamente consecutivos. Los trabajos PowerShell incorporan la noción de padre/hijo. El trabajo con id 1 tiene un trabajo secundario con id 2, que se puede identificar utilizando el parámetro `-IncludeChildJob`:

```
Ps > Get-Job -IncludeChildJob -Id 1

Id  Name  PSJobTypeName State     HasMoreData  Location  Command
--  ----  ------------- -----     -----------  --------  -------
1   Job1  BackgroundJob Completed True         localhost Get-H...
2   Job2                Completed True         localhost Get-H...
```

Este mecanismo es el resultado de jobs remotos (`RemoteJob`). Un `RemoteJob` tiene tantos jobs hijos como hosts en los que se va a lanzar. Los `BackgroundJobs` solo se ejecutan en el host en el que se lanzan. Por lo tanto, solo tienen un trabajo secundario. La noción de padre/hijo se explorará con más detalle más adelante con los jobs remotos.

Observación

El comando `Start-Job` tiene un parámetro llamado `-FilePath`. Este acepta scripts PowerShell (.ps1).

Conviene tener en cuenta un último aspecto. Cada vez que se crea un `BackGroundJob`, se crea un proceso powershell.exe. Cada uno de ellos tarda un cierto tiempo antes de ejecutar su primera línea de comando. Por lo tanto, es probable que, para un proceso relativamente corto (como en este ejemplo), el uso de jobs sea contraproducente porque es probable que alargue el proceso. Esto provocaría justo el efecto contrario al deseado. Por lo tanto, es necesario juzgar si el uso de un trabajo es coherente con el caso en cuestión.

2.2 Recuperación del resultado de un job

Los jobs pueden devolver el resultado de su ejecución. La presencia de este resultado se indica mediante el valor de la propiedad `HasMoreData`. En el ejemplo, hay un resultado presente. Para recuperarlo, se utiliza el comando `Receive-Job`.

```
PS > Get-Job -Id 1 | Receive-Job

Source         Description     HotFixID  InstalledBy
------         -----------     --------  -----------
WINSURFP4NICO Security Update  KB4049179 AUTORITE NT\Système
WINSURFP4NICO Security Update  KB4043961 AUTORITE NT\Système
```

Observación

Para garantizar un formato de caracteres correcto en el libro, se ha eliminado aquí la propiedad `InstalledOn`. Así que no se sorprenda al ver que aparece en la consola.

El comando `Receive-Job` se ejecuta a la derecha del pipeline. Recibe información del trabajo con id 1. Esta información es proporcionada por el comando `Get-Job`.

Veamos ahora qué ha cambiado en los jobs:

```
PS > Get-Job

Id  Name  PSJobTypeName State     HasMoreData  Location  Command
--  ----  ------------- -----     -----------  --------  -------
1   Job1  BackgroundJob Completed False        localhost Get-H...
3   Job3  BackgroundJob Completed True         localhost Get-H...
```

El valor de la propiedad `HasMoreData` pasó a `False`. Dado que los resultados ya se han recuperado una vez, la operación no se puede repetir:

```
PS > Get-Job -Id 1 | Receive-Job
PS >
```

Sin embargo, es posible anular este mecanismo utilizando el parámetro `-Keep` en el comando `Receive-Job`:

```
PS > Get-Job -Id 3 | Receive-Job -Keep

Source         Description      HotFixID  InstalledBy
------         -----------      --------  -----------
WINSURFP4NICO Security Update  KB4049179 AUTORITE NT\Système
WINSURFP4NICO Security Update  KB4043961 AUTORITE NT\Système
```

Observación

El parámetro `-Keep` debe utilizarse desde el principio. Si se omite, los resultados dejan de ser recuperables incluso con `-Keep`.

En este caso, el job conserva su resultado y puede utilizarse de nuevo con el comando `Receive-Job`:

```
PS > Get-Job

Id  Name  PSJobTypeName State     HasMoreData  Location  Command
--  ----  ------------- -----     -----------  --------  -------
1   Job1  BackgroundJob Completed False        localhost Get-H...
3   Job3  BackgroundJob Completed True         localhost Get-H...

PS > Get-Job -Id 3 | Receive-Job -Keep

Source         Description      HotFixID  InstalledBy
------         -----------      --------  -----------
WINSURFP4NICO Security Update  KB4049179 AUTORITE NT\Système
WINSURFP4NICO Security Update  KB4043961 AUTORITE NT\Système
```

Los comandos Start-Job y Get-Job devuelven uno o más objetos. Por lo tanto, es posible recuperarlos de un archivo:

```
PS > $Job = Start-Job -Scriptblock {Get-Hotfix}
PS > $Job

Id  Name  PSJobTypeName   State   HasMoreData Location  Command
--  ----  -------------   -----   ----------- --------  -------
5   Job5  BackgroundJob   Running True        localhost Get-H...
```

Esto significa que los demás comandos de gestión de jobs pueden utilizarse directamente:

```
PS > Receive-Job -Keep -Job $Job

Source       Description     HotFixID  InstalledBy
------       -----------     --------  -----------
WINSURFP4NICO Security Update KB4049179 AUTORITE NT\Système
WINSURFP4NICO Security Update KB4043961 AUTORITE NT\Système
```

2.3 Detener un job

Es posible detener un job en ejecución con el comando Stop-Job. Al igual que el comando Receive-Job, se puede utilizar a través del pipeline.

Para el ejemplo, creamos un trabajo con un tiempo de ejecución mucho mayor:

```
PS > Start-Job -ScriptBlock {
    1  60 | ForEach-Object {
        Write-Output "Boucle $_"
        Start-Sleep 1
    }
}

Id  Name  PSJobTypeName   State   HasMoreData Location  Command
--  ----  -------------   -----   ----------- --------  -------
7   Job7  BackgroundJob   Running True        localhost ...
```

Esperamos unos segundos y lo detenemos:

```
PS > Get-Job -Id 7 | Stop-Job
```

Ahora se muestra su estado:

```
PS > Get-Job -Id 7

Id  Name  PSJobTypeName   State    HasMoreData  Location  Command
--  ----  -------------   -----    -----------  --------  -------
7   Job7  BackgroundJob   Stopped True          localhost ...
```

El estado del job ha cambiado a `Stopped`. Sin embargo, todavía se pueden recuperar datos, como indica la propiedad `HasMoreData`.

Recuperamos los datos:

```
PS > Get-Job -Id 7 | Receive-Job
Bucle 1
Bucle 2
Bucle 3
Bucle 4
Bucle 5
Bucle 6
Bucle 7
Bucle 8
Bucle 9
Bucle 10
Bucle 11
```

Cuando se detuvo el trabajo, acababa de completarse por undécima vez.

Observación

Es posible recuperar un resultado mientras un job se está ejecutando, no solo cuando finaliza o se detiene. Sin embargo, si durante la ejecución se omite el parámetro -Keep al recuperar resultados, no será posible volver a acceder a los datos ya entregados.

2.4 Eliminación de un job

Una vez que los jobs se han completado o detenido, se pueden eliminar con el comando Remove-Job. Echemos un vistazo a los jobs en curso:

```
PS > Get-Job

Id  Name  PSJobTypeName State     HasMoreData  Location  Command
--  ----  ------------- -----     -----------  --------  -------
1   Job1  BackgroundJob Completed False        localhost Get-H...
3   Job3  BackgroundJob Completed True         localhost Get-H...
5   Job5  BackgroundJob Completed True         localhost Get-H...
7   Job7  BackgroundJob Stopped   False        localhost ...
```

Los jobs 1 y 7 pueden eliminarse a través de un pipeline:

```
PS > Get-Job -Id 1,7 | Remove-Job
```

Los jobs 3 y 5 también podrían borrarse, pero aún contienen datos recuperables. Si estos datos son importantes, es preferible recuperarlos antes de eliminarlos.

La siguiente función Clean-PSJob se puede utilizar para conservar los Jobs que aún contienen datos:

```
Ps > Function Clean-PSJob {
    Param(
         $Job
    )
    $FinishedSTate = 'Completed','Stopped'
    $Job.Where{($_.State -in $FinishedState) -and
         (-not $_.HasMoreData)} | Remove-Job
}
```

Si volvemos a partir del estado anterior a la eliminación de los jobs 1 y 7, obtenemos lo siguiente:

```
PS > Get-Job

Id  Name  PSJobTypeName State     HasMoreData  Location  Command
--  ----  ------------- -----     -----------  --------  -------
1   Job1  BackgroundJob Completed False        localhost Get-H...
3   Job3  BackgroundJob Completed True         localhost Get-H...
5   Job5  BackgroundJob Completed True         localhost Get-H...
7   Job7  BackgroundJob Stopped   False        localhost ...
```

```
PS > Clean-PSJob -Job $(Get-Job)

PS > Get-Job

Id  Name  PSJobTypeName State     HasMoreData  Location  Command
--  ----  ------------- -----     -----------  --------  -------
3   Job3  BackgroundJob Completed True          localhost Get-H...
5   Job5  BackgroundJob Completed True          localhost Get-H...
```

2.5 Errores y jobs

En los jobs, los errores tienen el mismo efecto que cuando se ejecuta un script o una serie de comandos:

- Los errores no bloqueantes permiten que el trabajo se ejecute hasta que entre en un estado `completed` o `stopped`.
- Los errores de bloqueo detienen el trabajo y lo ponen en estado `failed`.

En ambos casos, el comando `Receive-Job` recupera el error y lo muestra en la consola actual. Esto añade el error a la variable `$Error` del ámbito de la consola. A continuación, se pueden procesar los distintos errores.

El primer caso se refiere a los errores no bloqueantes:

```
PS > $Error.Clear()
PS > $ScriptBlock1 = {
    Write-Output '[JOB] $Error está vacío:'
    $Error.Count
    Write-Error 'Error no bloqueante'
    Write-Output '[JOB] $Error contiene un error:'
    $Error.Count
}
PS > $JobErrSimple = Start-Job -ScriptBlock $ScriptBlock1
```

En primer lugar, se elimina cualquier error en la variable `$Error`. A continuación, definimos el bloque de script que ejecutará la tarea. Finalmente, ejecutamos el job con el comando `Start-Job`. Dentro del bloque de script, mostramos el número de errores que contiene el job, antes y después de usar el comando `Write-Error`.

Resultado

```
PS > $JobErrSimple

Id Name PSJobTypeName State      HasMoreData Location  Command
-- ---- ------------- -----      ----------- --------  -------
1  Job1 BackgroundJob Completed  True        localhost ...
```

El job se ha ejecutado correctamente. Ahora veamos qué ocurre cuando se recupera el resultado:

```
PS > Write-Output '[CONSOLE] $Error está vacío:' ` $Error.Count
[CONSOLE] $Error está vacío:
0

PS > Receive-Job -Job $JobErrSimple
[JOB] $ Error está vacío:
0
Error no bloqueante
    + CategoryInfo          : NotSpecified: (:) [Write-Error],
WriteErrorException
    + FullyQualifiedErrorId :
Microsoft.PowerShell.Commands.WriteErrorException
    + PSComputerName        : localhost
[JOB] $Error contiene un error:
1

PS > Write-Output '[CONSOLE] $Error contiene un error:' `
$Error.Count
[CONSOLE] $Error contiene un error:
1
```

Para facilitar la lectura, los resultados de los comandos se han puesto en negrita. Inicialmente, la variable `$Error` de la sesión actual no contiene ningún error. Una vez recuperado el resultado y mostrado el error, la variable `$Error` deja de ser cero. La variable `$Error` dentro del trabajo también refleja el error generado.

Veamos ahora qué ocurre cuando se produce un error de tipo bloqueante:

```
PS > $Error.Clear()
PS > $ScriptBlock2 = {
    Write-Output '[JOB] $ Error está vacío:'
    $Error.Count
    Throw 'Error bloqueante'
```

```
    Write-Output '[JOB] $Error contiene un error:'
    $Error.Count
}

PS > $JobErrBlock = Start-Job -ScriptBlock $ScriptBlock2
PS > $JobErrBlock

Id Name PSJobTypeName State  HasMoreData Location  Command
-- ---- ------------- -----  ----------- --------  -------
3  Job3 BackgroundJob Failed True        localhost ...

PS > Write-Output '[CONSOLE] $ Error está vacío:' `
$Error.Count
[CONSOLE] $Error está vacío:
0

PS > Receive-Job -Job $JobErrBlock
[JOB] $ Error está vacío:
0
Error bloqueante
    + CategoryInfo          : OperationStopped:
(Erreur bloquante:String) [], RuntimeException
    + FullyQualifiedErrorId : Erreur bloquante
    + PSComputerName        : localhost

PS > Write-Output '[CONSOLE] $Error contiene un error:' `
$Error.Count
[CONSOLE]$Error contiene un error:
1
```

Lo primero que cambia en comparación con un error sin bloqueo es el estado del trabajo. Aquí se indica claramente que el job ha fallado (`failed`). También se observa que la instrucción `Write-Output` situada después del `Throw` en el job no se ejecuta. En cuanto se encuentra un error bloqueante, la ejecución del trabajo se interrumpe.

Para mejorar este tipo de gestión de errores, es posible establecer un método `Try/Catch`:

```
PS > $ScriptBlock3 = {
    Write-Output '[JOB] $Error del job está vacío:'
    $Error.Count
    Try {
        Throw 'Error bloqueante'
```

```
    }
    Catch {
        Write-Output '[JOB] $Error contiene un error:'
        $Error.Count
        Throw $Error
    }
}
PS > $JobErrBlock2 = Start-Job -ScriptBlock $ScriptBlock3
PS > $JobErrBlock2

Id Name PSJobTypeName State  HasMoreData Location  Command
-- ---- ------------- -----  ----------- --------  -------
5  Job5 BackgroundJob Failed True        localhost ...

PS > Receive-Job -Job $JobErrBlock2
[JOB] $Error del job está vacío: 0
[JOB] $ Error contiene un error:
1
Error bloqueante
    + CategoryInfo          : OperationStopped:
(System.Collections.ArrayList:ArrayList) [], RuntimeException
    + FullyQualifiedErrorId : Error bloqueante
    + PSComputerName        : localhost
```

Observación

Para obtener más información sobre `Try/Catch`*, consulte el tema de ayuda about_Try_Catch_Finally.*

La información se muestra correctamente, al igual que el mensaje de error. Asegúrese siempre de que la instrucción `Throw` se encuentra al final del bloque `Catch`, ya que de lo contrario las instrucciones posteriores no se ejecutarán.

3. Trabajo de fondo basado en threads (ThreadJob)

Los `ThreadJobs`, a diferencia de los `BackgroundJobs`, utilizan múltiples threads para ejecutar el job, mientras que los `BackgroundJobs` utilizan múltiples procesos.

Gracias a esta diferencia, los ThreadJobs ofrecen un rendimiento significativamente mejor. Los jobs se inician y finalizan en menos tiempo.

Los ThreadJobs no están disponibles de forma predeterminada en PowerShell. Es necesario instalar el módulo ThreadJob desde la Galería de PowerShell:

```
PS > Install-Module ThreadJob
```

3.1 Uso de los ThreadJobs

Una vez instalado el módulo, puede ver los comandos que contiene:

```
PS > Get-Command -Module ThreadJob

CommandType Name             Version Source
----------- ----             ------- ------
Cmdlet      Start-ThreadJob 2.0.3   Threadjob
```

El módulo tiene un único comando, Start-ThreadJob. Es el equivalente de Start-Job para BackgroundJob.

Esta es la única diferencia en el uso entre ambos tipos de job. Para el resto, se aplica la misma gestión que para BackgroundJob.

Volvamos al ejemplo anterior:

```
PS > Start-ThreadJob -ScriptBlock {
   1..60 | ForEach-Object {
      Write-Output "Bucle $_"
       Start-Sleep 1
   }
}
Id  Name    PSJobTypeName    State        HasMoreData      Location
--  ----    -------------    -----        -----------      --------
1   Job1    ThreadJob        NotStarted   False            PowerShell
```

Podemos ver aquí que el tipo de job es ThreadJob.

Observación

A diferencia de BackgroundJob, no es posible especificar un usuario diferente para la ejecución del job, ya que se ejecuta en el mismo proceso pero en un thread diferente.

Para recuperar y eliminar resultados, se utilizan los mismos comandos que antes, `Receive-Job` y `Remove-Job`:

```
PS > Get-Job -Id 1 | Receive-Job -Keep
Bucle 1
Bucle 2
Bucle 3
Bucle 4
Bucle 5
Bucle 6
Bucle 7
Bucle 8
Bucle 9
Bucle 10
Bucle 11
Bucle 12
Bucle 13
Bucle 14
Bucle 15

PS > Get-Job -Id 1 | Remove-Job
```

3.2 Comparativa de rendimiento con BackgroundJob

Desde el punto de vista del rendimiento, cuando se ejecuta un único job de cada tipo, la diferencia es mínima:

```
PS > Measure-Command {Start-Job {Sleep 1} | Wait-Job} | Select TotalSeconds

TotalSeconds
------------
  1.5379925

PS > Measure-Command {Start-ThreadJob {Sleep 1} | Wait-Job} |
       Select TotalSeconds

TotalSeconds
------------
  1.0698097
```

La diferencia es de medio segundo. Sin embargo, cuando se trata de ejecutar multitud de jobs en paralelo, la ganancia de rendimiento mediante Thread-Job es más que notable:

```
PS > Measure-Command {1..10 | % {Start-Job {Sleep 1}}|Wait-Job} |
       Select TotalSeconds

TotalSeconds
------------
  4.0677594

Measure-Command {1..10 | % {Start-ThreadJob {Sleep 1}}|Wait-Job} |
       Select TotalSeconds


TotalSeconds
------------
  2.2800512
```

El tiempo de ejecución de ThreadJob es casi el doble de rápido que el de BackgroundJob.

4. Jobs remotos (RemoteJob)

Una de las principales capacidades de los jobs es que pueden lanzarse en sistemas remotos. Estos trabajos se crean utilizando el comando Invokey su parámetro -AsJob.

Observación

Caso especial con los comandos WMI: es posible ejecutarlos en sistemas remotos. Sin embargo, los trabajos conservarán el tipo WMIJob.

Para que el comando Invoke-Command funcione correctamente, es imprescindible que la conexión remota a través de WinRM esté correctamente configurada entre los sistemas.

Los RemoteJobs tienen una estructura padre/hijo. Cada hijo representa un host remoto y un proceso dedicado.

■Observación

En cuanto a los errores, si uno de los trabajos hijo tiene un error, el trabajo padre también lo tiene. Sin embargo, esto no impide que los demás trabajos hijos continúen su ejecución.

4.1 Iniciar un job remoto

Para ello se utiliza el comando `Invoke-Command`. Puede ejecutarse utilizando un nombre de host o a través de una sesión existente. Por lo general, es preferible utilizar una sesión cuando es necesario llamar varios comandos `Invoke-Command`. Esto se debe a que este comando crea, utiliza y destruye una sesión remota de PowerShell cuando se utiliza con `-ComputerName`.

En este caso, solo se utiliza un comando:

```
PS > $SBRem = {Get-NetAdapter}
PS > Invoke-Command -ComputerName SRVDC01 -ScriptBlock $SBRem `
-AsJob

Id  Name  PSJobTypeName State     HasMoreData   Location   Command
--  ----  ------------- -----      -----------  --------   -------
1   Job1  RemoteJob     Running   True          SRVDC01    Get-N...
```

El comando `Get-NetAdapter` se envía al host remoto para recuperar todos los adaptadores de red presentes en el host SRVDC01. Se supone que las máquinas están en el mismo dominio y que el usuario actual tiene derechos suficientes para crear una sesión PowerShell remota en SRVDC01.

El parámetro `-AsJob` indica al comando que ejecute la solicitud como un trabajo en segundo plano. El trabajo es del tipo `RemoteJob`. La propiedad `Location` pasa a mostrar el nombre del host remoto.

Una vez finalizado el trabajo, se recupera el resultado:

```
PS > Get-Job -Id 1

Id  Name  PSJobTypeName State     HasMoreData  Location  Command
--  ----  ------------- -----     -----------  --------  -------
1   Job1  RemoteJob     Completed True         SRVDC01   Get-N...

PS > Get-Job -Id 1 | Receive-Job

Name     InterfaceDescription ifIndex Status Address
----     -------------------- ------- ------ ----------
Ethernet Microsoft Hyper-V...       5 Up     00-15-5D-01-01-05
```

Observación

Por razones prácticas, la propiedad `LinkSpeed` no se muestra aquí.

4.2 Múltiples destinos

Es posible listar los jobs hijos utilizando el parámetro `-IncludeChildJobs` en el comando `Get-Job`. También es posible acceder a los jobs hijos consultando la propiedad `ChildJobs` del trabajo principal. Tenga en cuenta que el trabajo padre solo se utiliza para supervisar sus jobs hijos. No ejecuta ningún código ni devuelve ningún resultado. Solo los jobs hijos lo hacen.

Observación

Los jobs, ya sean de hijos o de padres, pueden gestionarse por separado. Puede detener un job padre, lo que detendrá a todos sus hijos. También puede detener un job hijo, sin afectar al resto de sus hermanos.

Ejemplo de lanzamiento de un `RemoteJob` en varios hosts remotos:

```
PS > $Computer = 'SRVDC01','SRVDC02','SRVDC03'
PS > Invoke-Command -ComputerName $Computer -ScriptBlock $SBRem `
-AsJob

Id  Name  PSJobTypeName State     HasMoreData  Location   Command
--  ----  ------------- -----     -----------  --------   -------
3   Job3  RemoteJob     Running   True         SRVDC0...  Get-N...
```

Una vez que se muestra el job padre, la propiedad `Location` enumera todos los hosts remotos.

Cuando se recuperan los resultados de los jobs hijos, se mezclan todos.

```
PS > Get-Job -Id 3 | Receive-Job -Keep

Name     InterfaceDescription ifIndex Status Address
----     -------------------- ------- ------ ----------
Ethernet Microsoft Hyper-V...       5 Up     00-15-5D-01-01-05
Ethernet Microsoft Hyper-V...       4 Up     00-15-5D-01-01-20
Ethernet Microsoft Hyper-V...       5 Up     00-15-5D-01-01-08
```

Para facilitar el tratamiento de los resultados, puede utilizar una hashtable:

```
PS > (Get-Job -Id 3).ChildJobs | Foreach-Object `
-Begin {$HashResult = @{}}
-Process {
    $HashResult.Add($PSItem.Location, $($PSItem | Receive-Job)
}
-End {$HashResult}

Name    Value
----    -----
SRVDC01 MSFT_NetAdapter (CreationClassName = "MSFT_NetAdapter"...
SRVDC02 MSFT_NetAdapter (CreationClassName = "MSFT_NetAdapter"...
SRVDC03 MSFT_NetAdapter (CreationClassName = "MSFT_NetAdapter"...
```

A continuación, puede procesar los resultados individualmente según el host especificado:

```
PS > $HashResult.SRVDC01

Name     InterfaceDescription ifIndex Status Address
----     -------------------- ------- ------ ----------
Ethernet Microsoft Hyper-V...       5 Up     00-15-5D-01-01-05
```

4.3 Esperar el fin de la ejecución de los jobs

Cuando hay varios jobs en ejecución, a veces es necesario esperar el regreso de todos los jobs. En este caso, se utiliza el comando `Wait-Job`. Esto espera a que todos los trabajos hijo o padre se detengan antes de pasar a los siguientes procesos. Esto es útil si el procesamiento posterior depende de los resultados devueltos por los jobs.

```
PS > Get-Job -Id 3 | Wait-Job
```

5. Trabajos programados (PSScheduledJob)

Imaginemos que un proceso se ejecuta durante varias horas, a horas concretas, una o dos veces al día. Podría verse tentado a configurar una tarea programada. El problema es que el scripting PowerShell no es nativo de la aplicación y requiere que se llame al ejecutable powershell.exe. Sin embargo, existe una alternativa. Desde la versión 3.0, es posible crear tareas programadas que admiten totalmente la ejecución de código PowerShell.

Este tipo de job puede gestionarse mediante los comandos contenidos en el módulo `PSScheduledJob`:

```
PS C:\Users\Nicol> Get-Command -module  PSScheduledJob

CommandType     Name                          Version    Source
-----------     ----                          -------    ------
Cmdlet          Add-JobTrigger                1.1.0.0    PSScheduledJob
Cmdlet          Disable-JobTrigger            1.1.0.0    PSScheduledJob
Cmdlet          Disable-ScheduledJob          1.1.0.0    PSScheduledJob
Cmdlet          Enable-JobTrigger             1.1.0.0    PSScheduledJob
Cmdlet          Enable-ScheduledJob           1.1.0.0    PSScheduledJob
Cmdlet          Get-JobTrigger                1.1.0.0    PSScheduledJob
Cmdlet          Get-ScheduledJob              1.1.0.0    PSScheduledJob
Cmdlet          Get-ScheduledJobOption        1.1.0.0    PSScheduledJob
Cmdlet          New-JobTrigger                1.1.0.0    PSScheduledJob
Cmdlet          New-ScheduledJobOption        1.1.0.0    PSScheduledJob
Cmdlet          Register-ScheduledJob         1.1.0.0    PSScheduledJob
Cmdlet          Remove-JobTrigger             1.1.0.0    PSScheduledJob
Cmdlet          Set-JobTrigger                1.1.0.0    PSScheduledJob
Cmdlet          Set-ScheduledJob              1.1.0.0    PSScheduledJob
Cmdlet          Set-ScheduledJobOption        1.1.0.0    PSScheduledJob
Cmdlet          Unregister-ScheduledJob       1.1.0.0    PSScheduledJob
```

`PSScheduledJobs`puede dividirse en tres objetos distintos:

- `Job`: contiene información estándar del job (`Name`, `ScriptBlock`...).
- `JobTrigger`: contiene la información de programación para activar el job.
- `JobOption`: contiene las opciones que se pueden configurar en el job.

Cada uno de estos objetos se describe en las secciones siguientes.

Observación

Aunque la filosofía es la misma, es importante diferenciar entre tareas programadas estándar y los PSScheduledJob.

Una de las principales diferencias entre los jobs que hemos visto hasta ahora y los `PSScheduledJob` es que estos últimos siguen existiendo incluso después de cerrar la sesión de PowerShell. Dado que deben ejecutarse según una programación, es necesario que se guarden en disco después de crearse. También pueden recuperarse desde cualquier consola en la sesión de usuario.

Observación

`Los PSScheduledJobs` se guardan en la carpeta: $HOME\AppData\Local\Microsoft\Windows\PowerShell\ScheduledJobs. Los jobs se guardan en formato XML.

5.1 Crear un trabajo programado

Para crear un `PSScheduledJobs` se utiliza el comando `Register-ScheduledJob`. Dispone de un gran número de parámetros. Para estudiarlos en detalle, consulte su sección de ayuda.

En este ejemplo, hay una carpeta que contiene archivos de registro creados semanalmente en los servidores. Estos archivos son archivos de texto de gran tamaño. Afortunadamente, se pueden comprimir sin problemas. A continuación, se crea una tarea programada para comprimir estos archivos y así reducir su impacto en el espacio de almacenamiento.

Creación del job:

```
PS >  $ScriptBlock = {
    $LogPath = "$env:ProgramData\MyApp\Logs"
    $ArchivePath = Join-Path $LogPath `
       "LogArviches$(Get-Date 'yyyy-MM-dd-HH-mm')"
    $LogFiles = Get-ChildItem -Path $LogPath -File `
       -Filter '*.log'
    Write-Output " Archivos de registro encontrados: $LogFiles"
    $LogFiles | Compress-Archive -DestinationPath $ArchivePath
    Write-Output 'Fin de la compresión'
    $LogFiles | Remove-Item -Force
    Write-Output 'Fin del borrado'
}

PS > Register-ScheduledJob -Name 'CompressLogs' -ScriptBlock `
    $ScriptBlock

Id Name         JobTriggers Command      Enabled
-- ----         ----------- -------      -------
1  CompressLogs 0           ...          True
```

Sus propiedades son las siguientes:

```
Get-ScheduledJob | fl *


InvocationInfo         : Microsoft.PowerShell.ScheduledJob.Sch...
Definition             : System.Management.Automation.JobDefin...
Options                : Microsoft.PowerShell.ScheduledJob.Sch...
Credential             :
JobTriggers            : {}
Id                     : 1
GlobalId               : 8613ec80-816a-41d8-b038-d6c2c87a59c7
Name                   : CompressLogs
Command                : ...
ExecutionHistoryLength : 32
Enabled                : True
PSExecutionPath        : powershell.exe
PSExecutionArgs        : -NoLogo -NonInteractive -WindowStyle ...
```

Observe la estructura de una tarea programada.

Para comprobar que está presente en la GUI del programador de tareas, vaya a Microsoft/Windows/PowerShell/ScheduledJobs. La tarea `CompressLogs` aparecerá allí.

Para lanzar el trabajo manualmente, puede utilizar el parámetro `-RunNow` al crearlo con el comando `Register-ScheduledJob`. La segunda opción es utilizar este mismo parámetro en el comando `Set-ScheduledJob`:

```
PS > Get-ScheduledJob -Id 1 | Set-ScheduledJob -RunNow

PS > Get-Job -Name CompressLog

Id Name       PSJobTypeName  State   HasMoreData Location  Command
-- ----       -------------  -----   ----------- --------  -------
2  Compre... PSScheduledJob Running False       localhost ...
```

El trabajo aparece en el host local y ejecuta el bloque de script. Se trata de un objeto conocido. Por lo tanto, es posible recuperar los resultados de la misma manera que para `BackgroundJob` o un `RemoteJob`.

```
PS > Get-Job -Name CompressLog | Receive-Job
Archivos de registro encontrados : Log1.log Log2.log Log3.log
Log4.log Log5.log
Fin de la compresión
Fin del borrado
```

5.2 Configurar un disparador (trigger)

El siguiente paso es configurar el disparador en el job. Para ello, utilice el comando `New-JobTrigger`. Se puede utilizar en diferentes situaciones. Para conocerlas todas, consulte la ayuda del comando. En este caso, el trigger está configurado para ejecutarse diariamente a las 11pm.

```
PS > $Trigger = New-JobTrigger -Daily -At '22:00' -DaysInterval 1
PS > $Trigger

Id   Frequency  Time                     DaysOfWeek      Enabled
--   ---------  ----                     ----------      -------
0    Daily      24/11/2017 22:00:00                      True
```

El trigger creado anteriormente se asigna al `ScheduledJob` mediante el comando `Add-JobTrigger`:

```
PS > Get-ScheduledJob -Id 1 | Add-JobTrigger -trigger $Trigger
PS > Get-ScheduledJob -Id 1

Id Name        JobTriggers Command                          Enabled
-- ----        ----------- -------                          -------
1  MaJ_Modules 1           ...                              True
```

La propiedad `JobTriggers` está establecida en 1. De hecho, es posible colocar varios triggers en un `ScheduledJob`. El número total se muestra aquí. Si se apunta a la propiedad, se pueden obtener detalles de cada trigger:

```
PS > (Get-ScheduledJob -Id 1).JobTriggers

Id   Frequency  Time                    DaysOfWeek    Enabled
--   ---------  ----                    ----------    -------
0    Daily      24/11/2017 22:00:00                   True
```

En la sección anterior, el `ScheduledJob` se lanzó manualmente mediante el comando `Set-ScheduledJob`. También está disponible un método dentro del objeto: `RunAsTask()`. Ejecuta la tarea del mismo modo que si se ejecutara desde el programador de tareas.

```
PS > (Get-ScheduledJob -Id 1).RunAsTask()
```

Es posible recuperar el job y sus resultados desde otra consola PowerShell en el host:

```
PS > Get-Job -Name CompressLogs

Id Name      PSJobTypeName  State  HasMoreData Location  Command
-- ----      -------------  -----  ----------- --------  -------

3 Compr... PSScheduledJob Com... True localhost ...

PS > Get-Job -Name MaJ_Modules | Receive-Job
Archivos de registro encontrados: Log1.log Log2.log Log3.log Log4.log
Log5.log
Fin de la compresión
Fin del borrado
```

Observación

El resultado de un job se escribe incluso en disco, en formato XML. El archivo se encuentra en el mismo directorio que el ScheduledJob. Cuando se recupera el resultado sin el parámetro `-Keep`, ya no se puede volver a recuperar desde la consola actual. En cambio, si se abre otra consola, el trabajo está presente y el resultado puede volver a utilizarse.

Puede activar/desactivar un job o un trigger:

- `Enable/Disable-ScheduledJob`: activa/desactiva un `ScheduledJob`.
- `Enable/Disable-JobTrigger`: activa/desactiva un trigger.

5.3 Modificación de las opciones

Las opciones se pueden configurar en el `ScheduledJob`. Están se encuentran en su propiedad `Options`.

```
PS > (Get-ScheduledJob -Id 1).Options

StartIfOnBatteries       : False
StopIfGoingOnBatteries   : True
WakeToRun                : False
StartIfNotIdle           : True
StopIfGoingOffIdle       : False
RestartOnIdleResume      : False
IdleDuration             : 00:10:00
IdleTimeout              : 01:00:00
ShowInTaskScheduler      : True
RunElevated              : False
RunWithoutNetwork        : True
DoNotAllowDemandStart    : False
MultipleInstancePolicy   : IgnoreNew
JobDefinition            : Microsoft.PowerShell.ScheduledJob.Sch...
```

Observación

El comando `Get-ScheduledJobOption` puede utilizarse para obtener el mismo resultado. Basta con especificar el nombre del trabajo en el parámetro `-Name`.

La mayoría de las opciones se explican por sí mismas, siendo la más interesante RunElevated. Esto permite que el trabajo se ejecute en un entorno con privilegios elevados. Las opciones pueden modificarse utilizando el comando Set-ScheduledJobOption:

```
PS > (Get-ScheduledJob -Id 1).Options |
Set-ScheduledJobOption -RunElevated
PS > (Get-ScheduledJob -Id 1).Options.RunElevated
True
```

Existe una tercera forma de lanzar un ScheduledJob: usando el comando Start-Job, haciendo referencia al nombre del ScheduledJob con el parámetro -DefinitionName:

```
PS > Start-Job -DefinitionName CompressLogs

Id Name      PSJobTypeName State   HasMoreData Location  Command
-- ----      ------------- -----   ----------- --------  -------
3  Compre... PSScheduledJob Running True       localhost ...
```

6. Workflows (PSWorkflowJob)

El workflow es un tipo especial de job. Permite ejecutar trabajos en segundo plano, ya sea de forma local o remota. Los mecanismos implicados se explican con más detalle en el capítulo siguiente.

Si tomamos el ejemplo de la creación de archivos y lo adaptamos a un workflow, obtenemos:

```
PS > workflow CompressNBALogs {
    $LogPath = "$env:ProgramData\MyApp\Logs"
    $ArchivePath = Join-Path $LogPath `
        "LogArviches$(Get-Date 'yyyy-MM-dd-HH-mm')"
    $LogFiles = Get-ChildItem -Path $LogPath -File `
        -Filter '*.log'
    Write-Output "Fichiers logs trouves : $LogFiles"
    $LogFiles | Compress-Archive -DestinationPath $ArchivePath
    Write-Output 'Fin de la compresión'
    $LogFiles | Remove-Item -Force
    Write-Output 'Fin del borrado'
}
```

Para ejecutar el flujo de trabajo, basta con llamarlo añadiendo el parámetro `-AsJob`:

```
PS > CompressNBAJob -AsJob
Id Name PSJobTypeName  State   HasMoreData Location  Command
-- ---- -------------  -----   ----------- --------  -------
4  Job4 PSWorkflowJob  Running True        localhost CompressN...
```

La salida del comando da un formato conocido. Por lo tanto, es posible gestionar el flujo de trabajo utilizando los comandos descritos anteriormente. Una vez finalizado el trabajo, se puede utilizar el comando `Receive-Job` para recuperar el resultado.

7. ForEach-Object

En la versión 7.2 de PowerShell Core, es posible el paralelismo en las acciones del comando `ForEach-Object`.

Esto facilita el paralelismo en tareas sencillas, como probar conexiones a varios puertos de una máquina:

```
PS > 80,5001,5000,445 | ForEach-Object -Parallel { Test-NetConnec-
tion
-ComputerName 192.168.2.100 -Port $_ }
```

Para esta prueba, puede utilizar el comando `Measure-Command`para ver los beneficios. En este caso, el tiempo de ejecución se divide por cuatro, porque simplemente hay cuatro puertos que probar.

8. PowerShell API

Hay un último elemento que permite el paralelismo en las acciones PowerShell. Esto está dirigido principalmente a los desarrolladores. Sin embargo, siempre es una buena idea tener varias cuerdas a su arco. Se trata simplemente de una introducción.

En términos generales, una aplicación utiliza una API (*Application Programming Interface*) para interactuar con una tecnología determinada. PowerShell tiene su propia API. Permite a aplicaciones de terceros utilizar el motor PowerShell para lanzar un comando o un bloque de script. Es fácil imaginar un sitio web desarrollado en ASP.NET haciendo llamadas a PowerShell en el sistema anfitrión.

Es posible llamar a esta API directamente desde la consola PowerShell y ejecutar procesos asíncronos. El acelerador `[powershell]` se utiliza para interactuar con la API. Se pueden realizar acciones creando un *runspace* dedicado al procesamiento.

```
PS > $RS = [powershell]::Create()
```

En primer lugar, instanciamos el objeto.

```
PS > $RS.AddComand("Get-NetAdapter")
PS > $RS.Invoke()

Caption                                                 :
Description                                             :
ElementName                                             :
InstanceID                                              :
{2FB97B9A-B696-4946-8C4E-2D99802C7D88}
CommunicationStatus                                     :
DetailedStatus                                          :
HealthState                                             :
...
```

A continuación, se añade el comando a ejecutar y se lanza la ejecución usando el método `Invoke()`. La ejecución es sincrónica. El resultado se obtiene directamente de la consola. Pero, ¿cómo se cambia al modo asíncrono? El objeto tiene un método `BeginInvoke()`. Devuelve un objeto, mientras lanza el comando de forma asíncrona.

```
PS > $Invoke = $RS.BeginInvoke()
```

El resultado se almacena en la variable `$Invoke`. Puede utilizar este objeto para conocer el estado actual del procesamiento:

```
PS > $Invoke

CompletedSynchronously IsCompleted AsyncState AsyncWaitHandle
---------------------- ----------- ---------- ---------------
                 False        True            System.Threading...
```

La propiedad `IsCompleted` indica que el procesamiento ha finalizado. Por tanto, es posible recuperar el resultado. El método `EndInvoke()` se utiliza con el retorno del método `BeginInvoke()` como parámetro:

```
PS > $RS.EndInvoke($Invoke)

Caption                                        :
Description                                    :
ElementName                                    :
InstanceID                                     :
{2FB97B9A-B696-4946-8C4E-2D99802C7D88}
CommunicationStatus                            :
DetailedStatus                                 :
HealthStat                                     :
...
```

Veamos qué ocurre cuando se desea ejecutar múltiples procesos en paralelo:

```
PS > $Task = Foreach ($i in 1..10) {
    $RS = [powershell]::Create()
    [void]$RS.AddScript({100..1000 | Get-Random})

    [PScustomObject]@{RS = $RS; Invoke = $RS.BeginInvoke() }
}
PS > $Task | Foreach {
    $_.RS.EndInvoke($_.Invoke)
}
329
735
315
335
252
821
352
791
618
309
```

En primer lugar, se crea el conjunto de procesos utilizando el bucle `Foreach`, en este caso diez procesos en total. En cada bucle, se llama a la API para solicitar un número entre 100 y 1000. Finalmente, se crea un objeto personalizado que contiene el espacio de ejecución, la propiedad RS y el retorno del método `BeginInvoke()`. Todos los objetos personalizados se devuelven en la variable `$Task`. Finalmente, se recorre un segundo bucle `Foreach` para recuperar todos los resultados.

Observación

Una vez más, este concepto se presenta de forma resumida. Sería posible ir más allá con la gestión del pool de runspaces limitando el número de ejecuciones simultáneas.

Capítulo 8
Workflows

1. Introducción

Los workflows (flujos de trabajo) se introdujeron con la versión 3.0 de PowerShell. Como recordatorio, fueron Windows Server 2012 y Windows 8 los que trajeron esta versión. En aquella época, la noción de nube estaba bien asentada y la virtualización ya había conquistado prácticamente todas las empresas. Por lo tanto, era habitual gestionar varios cientos o incluso miles de servidores Windows. Entonces, ¿cómo hacerlo? El equipo de PowerShell respondió a esta pregunta con flujos de trabajo.

Los flujos de trabajo son definidos y gestionados *por la Windows Workflow Foundation* (WWF). Esta tecnología está presente en la plataforma .NET desde la versión 3. PowerShell interactúa con esta tecnología a través de un formato de datos llamado XAML. Este formato se utiliza en el diseño de interfaces gráficas WPF (véase el capítulo Creación de interfaces gráficas). El motor WWF simplemente interpreta los archivos XAML sin preocuparse de su procedencia. Esto significa que los workflows no son exclusivos de PowerShell y pueden ser utilizados por otras aplicaciones.

El objetivo de este capítulo es introducirte en el uso de esta tecnología, advirtiéndote al mismo tiempo de los obstáculos que puede encontrar. Se trata de una herramienta formidable, con posibilidades y casos de uso que van más allá de los scripts y trabajos de PowerShell analizados hasta ahora. Las acciones pueden trabajarse en paralelo dentro del mismo workflow. El workflow puede persistir tras un reinicio del sistema, un corte de red o incluso un apagón.

Tenga en cuenta, sin embargo, que los workflows no están disponibles en PowerShell Core.

1.1 ¿Qué es un flujo de workflow?

Los workflows se definen mediante una serie de normas. Las definen dos organizaciones: la *Workflow Management Coalition* (WfMC) y la *Workflow And Reengineering International Association* (WARIA).

Un workflow está definido por un conjunto de actividades. Una actividad, o acción, es la traducción de un cmdlet nativo de PowerShell. No todos los cmdlets se traducen automáticamente en actividades. Existen ciertas excepciones, que se tratarán más adelante en la sección Restricciones.

Los workflows son extremadamente flexibles y robustos. Son capaces de ejecutar actividades en paralelo, en uno o varios miles de sistemas, y pueden interrumpirse y reiniciarse desde un punto específico del proceso. Se ejecutan mediante `BackgroundJobs` (véase Jobos y paralelismo). Los reinicios del sistema no son un problema, ya que los workflows pueden persistir en el disco. Además, cada actividad puede ser registrada y auditada. En resumen, estamos hablando de orquestación.

1.2 ¿Cómo funciona?

Como se ha mencionado anteriormente, los cmdlets de PowerShell se traducen en actividades. Las actividades se representan en formato XAML. El flujo de datos XAML se pasa entonces al motor del workflow para que pueda empezar a ejecutar las tareas. La gran ventaja de utilizar PowerShell para manipular workflows es que no es necesario saber nada de XAML para utilizarlos. PowerShell se encarga de la traducción. Esto también incluye cualquier tipo de instrucción de bucle (`for`, `foreach`, `while`, `until`, etc.) o estructura condicional (`if`, `elseif`, etc.).

Para los sistemas remotos, los flujos de trabajo utilizan WinRM, al igual que las sesiones remotas de PowerShell. Por lo tanto, es importante que el servicio WinRM esté activo y acepte conexiones remotas. Para obtener más información sobre las sesiones de PowerShell y su implementación, consulte el capítulo Gestión remota avanzada. El uso de sesiones remotas de PowerShell proporciona a los flujos de trabajo un medio sólido de transporte a sistemas remotos. Esto permite reconectar una sesión tras el reinicio de un host y reanudar un trabajo en curso hasta su finalización. Se trata de una configuración cliente/servidor con centralización de la configuración del lado del cliente.

Existe un módulo PowerShell para gestionar determinados aspectos de los flujos de trabajo. Solo tiene dos comandos:

- `New-PSWorkflowSession`: crea una sesión específica para workflows. Para obtener más información: `Get-Help New-PSWorkflowSession -Online`.
- `New-PSWorkflowExecutionOption`: gestiona la configuración de las opciones locales de ejecución de *workflows*. Para obtener más información, consulte: `Get-Help New-PSWorkflowExecutionOption -Online`.

Observación

Para garantizar la persistencia de los workflows, éstos se escriben directamente en el disco. La carpeta que los contiene es $env:LOCALAPPDATA\Microsoft\Windows\PowerShell\WF\PS. Se trata, por supuesto, de una carpeta predeterminada incluida en el perfil de usuario. Esta ubicación puede cambiarse utilizando el parámetro `-PersistencePath` en el cmdlet `New-PSWorkflowExecutionOption`.

Aparte del módulo PSWorkflow, existe una palabra clave específica. Esto es lo que vamos a ver a continuación.

2. Creación de un workflow

2.1 Palabra clave workflow

Para crear un workflow, es necesario conocer una palabra clave: `workflow`. La sintaxis asociada a esta palabra clave es casi idéntica a la de una función avanzada. La única diferencia es que la instrucción `[CmdletBinding()]` solo autoriza determinados atributos.

Sintaxis

```
workflow <Verbe-Nom> {
    [CmdletBinding()]
    param(
        <bloque de parámetros>
   )
    <procesamiento del workflow ...>
}
```

Observación

El nombre de un workflow tiene la misma forma que el de una función: `Verbo-nombre`. Para más detalles, consulte el capítulo Funciones avanzadas.

Creación del primer workflow:

```
workflow Demo-Workflow {
    Write-Output "I am a flow"
}
```

Observación

Se recomienda usar `Write-Output` en lugar de `Write-Host`. Esta última es una de las restricciones que se explicarán más adelante.

Al igual que las funciones, los flujos de trabajo pueden listarse mediante el comando `Get-Command`, especificando el valor del `workflow` en el parámetro `-CommandType`.

```
PS > Get-Command -CommandType workflow

CommandType     Name                                Version    Source
-----------     ----                                -------    ------
workflow        Demo-Workflow
```

El workflow está presente.

La presencia del workflow también puede verificarse en el proveedor `function:\`.

2.2 Gestión de parámetros

Como ya se ha mencionado, los workflows permiten la configuración de parámetros. Existen varios tipos de parámetros. Hay parámetros comunes, los contenidos en el bloque `param()`, y parámetros específicos de los workflows.

2.2.1 Parámetros comunes

Los flujos de trabajo aceptan parámetros comunes, como `-Verbose` o `-ErrorAction`. Por lo tanto, puede adaptar el contenido del flujo de trabajo para que tenga en cuenta este tipo de parámetros:

```
workflow Demo-Workflow {
    Write-Output "I am a flow"
    Write-Verbose "I am a verbose flow"
}
```

Ejecución:

```
PS > Demo-Workflow
I am a flow

PS > Demo-Workflow -verbose
I am a flow
COMENTARIOS: [localhost]:I am a verbose flow
```

Truco

La pantalla en modo Verbose muestra el host donde se está ejecutando el flujo de trabajo entre corchetes. Esto es muy útil cuando el flujo de trabajo se ejecuta en un gran número de máquinas.

2.2.2 Bloque param

En la sintaxis del workflow, encontramos el bloque `param()` presente en cualquier tipo de bloque de script (*ScriptBlock*). Como recordatorio, las funciones y jobs de PowerShell utilizan bloques de script. Esto tiene el efecto de proporcionar toda la funcionalidad disponible para los parámetros, excepto la capacidad de gestionar su posicionamiento. Asimismo, los parámetros de los workflows no aceptan ninguna entrada desde el pipeline.

Ejemplo

```
PS > workflow Demo-Workflow2 {
    param (
        [Parameter(mandatory)]
        [ValidateRange(1,10)]
        [int]$Num
    )
    "The num parameter is : $Num"
}
PS > Demo-Workflow2

applet de comando Demo-Workflow2 en la posición 1 del
pipeline de comandos
Proporcione valores para los siguientes parámetros:
Num: 3
El parámetro Num es: 3
```

Aquí, el flujo de trabajo `Demo-Workflow2` está definido y tiene un parámetro `-Num`. Este parámetro solo acepta enteros entre `1` y `10`, y es obligatorio.

El atributo opcional `[CmdletBinding()]` está disponible, aunque con algunas restricciones. Esta es la lista de valores que acepta:

- `ConfirmImpact`
- `DefaultParameterSetName`
- `HelpURI`
- `PositionalBinding`

Para más información sobre estos atributos, consulte el capítulo Funciones avanzadas.

2.2.3 Parámetros propios de los workflows

Los workflows también tienen sus propios parámetros. Los casos de uso de algunos de ellos se presentarán más adelante en este capítulo.

Parámetro	Descripción
`PSAllowRedirection [switch]`	Cuando se ejecuta de forma remota utilizando el parámetro `-PSConnectionURI`, es posible que la petición sea redirigida a otro URI si se establece este parámetro. Este no es el caso por defecto.
`PSApplicationName [string]`	Especifica el nombre de la aplicación que se utilizará durante una conexión remota. Si el parámetro `-PSConnectionURI` no está presente, el valor por defecto es el almacenado en la variable `$PSApplicationName` o el contenido en el WSMan del host local.
`PSAuthentication [authenticationMechanism]`	Define el mecanismo de autenticación utilizado durante la conexión remota. Los valores posibles son `Default`, `Basic`, `CredSSP`, `Digest`, `Kerberos`, `Negotiate` y `NegotiateWithImplicitCredential`. `Default` es el valor por defecto.
`PSAUthenticationLevel [authenticationLevel]`	Indica el nivel de autenticación de la sesión. Los valores posibles son `Unchanged`, `Default`, `None`, `Connect`, `Call`, `Packet`, `PacketIntegrity` y `PacketPrivacy`.

Parámetro	Descripción
`PSCertificateThumbprint [string]`	Indica el certificado de clave pública digital (X509) de la cuenta de usuario que tiene derechos para realizar esta acción.
`PSComputerName [string[]]`	Especifica el nombre del ordenador remoto con el que se establecerá la sesión. El valor predeterminado es el computador local.
`PSConfigurationName [string]`	Indica el nombre de la configuración de sesión utilizada por el workflow.
`PSConnectionRetryCount [int]`	Especifica el número de intentos que se pueden realizar si falla el primer intento. El valor aceptado puede oscilar entre 1 y 4294967295. El valor por defecto es 0.
`PSConnectionRetryIntervalSec [int]`	Indica el número de segundos entre intentos de conexión. El valor por defecto es 0. Este parámetro solo es válido si el valor del parámetro -`PSConnectionRetryCount` es mayor que 1.
`PSConnectionURI [system.uri]`	Especifica un URI de *punto final* (*endpoint*) que se utilizará al conectarse al host remoto.
`PSCredential [PSCredential]`	Indica una cuenta de usuario que tiene los permisos para ejecutar el workflow.

Parámetro	Descripción
PSElapsedTimeoutSec [Int32]	Indica cuánto tiempo permanece activo el workflow en el sistema. Una vez transcurrido el tiempo, el workflow se elimina, aunque siga ejecutándose. El valor debe estar comprendido entre 1 y 4294967295. El valor por defecto es 0 (no caduca).
PSParameterCollection [hashtable[]]	Indica, a través de una colección de hashtables, parámetros comunes para diferentes workflows para cada máquina remota. Se acepta el carácter comodín (*) en la definición del campo PSComputerName. Ejemplo: `-PSComputerCollection @{PSComputerName="Win2k16"; PSPort='5985'}, @{PSComputerName="SRVDC*"; PSPort='5986'}`
PSPersist <Default, $true, $false>	Añade *puntos de control (checkpoints)* al workflow. Por defecto, se añade un checkpoint al principio y al final del workflow
PSPort [int32]	Especifica los puertos de red que se utilizarán para interrogar al WSMan de la máquina remota. Por defecto, los servicios WinRM escuchan en el puerto 5985 para HTTP y 5986 para HTTPS.
PSPrivateMedata [hashtable]	Indica al flujo de trabajo un hashtable que contiene información personalizada.

Parámetro	Descripción
PSRunningTimeoutSec [int32]	Indica el tiempo de ejecución del workflow en segundos. La suspensión del workflow también suspende esta cuenta atrás. Una vez transcurrido el tiempo, el workflow se detiene.
PSSessionOption [PSSessionOption]	Especifica las opciones de sesión. Estas opciones pueden gestionarse mediante el comando `New-PSSessionOption`.
PSUseSSL [switch]	Indica que se debe utilizar el protocolo *Secure Socket Layer* (SSL) en HTTPS. Por defecto, este no es el caso.
AsJob [switch]	Permite ejecutar el workflow como una tarea. Esto permite interactuar con él utilizando comandos de jobs. Como `Receive-Job` para recuperar el resultado del workflow.
JobName [string]	Permite especificar el nombre del workflow que se ejecuta en segundo plano.

Truco

Para más información sobre los parámetros del workflows:

```
Get-Help about_WorkflowCommonParameters
```

Es importante entender que estos parámetros no necesitan ser declarados por el autor del workflow. Están presentes automáticamente cuando este se llama. Son opcionales, pero cuando se utilizan, deben ser nombrados, ya que no aceptan entradas de parámetros posicionales.

Estos parámetros comunes también están presentes en el workflow. Así, es posible colocarlos directamente en las actividades.

Ejemplo con el comando `Get-Service` utilizando el parámetro `-PSPersist`

```
workflow Get-WfwService {
    Get-Service -PSPersist:$true
}
```

Observación

El uso del parámetro `-PSPersist` se describe más adelante en este capítulo.

2.3 Ejecución a través de una sesión remota

Los workflows pueden ejecutarse en un sistema remoto. Esta es una de las características que los hacen tan potentes y prácticos. En realidad, incluso en un sistema local, los flujos de trabajo establecen una conexión con el servicio WinRM local para consultar el WSMan. Por eso, establecer el parámetro `-PSComputerName` en `localhost` no cambia nada en términos de visualización o tiempo de ejecución:

```
PS > Demo-Workflow
I am a flow
PS > Demo-Workflow -PSComputerName localhost
I am a flow
```

En cuanto a los sistemas remotos, la conexión remota a través del servicio WinRM debe estar activada para que funcione. Para el ejemplo, se define un nuevo flujo de trabajo:

```
workflow Demo-Workflow3 {
    "I am on $PSComputerName"
}
```

Se intenta ejecutarlo desde el servidor SRVDC02 al servidor denominado SRV2K16:

```
PS > Demo-Workflow -PSComputerName SRV2K16
I am on SRV2K16
```

Los flujos de trabajo son bastante flexibles a la hora de establecer una conexión. Esto se hace evidente al observar los parámetros específicos de los workflows. Estos van desde el nombre del host hasta el nombre de la aplicación o punto final a utilizar.

2.4 Ejecución como job

En el capítulo Jobs y paralelismo, hablamos de los jobs en PowerShell, y en particular de PSWorkflowsJobs, que se crean a partir de workflows. Para ejecutar un workflow como un job y recuperar el control de la consola, se utiliza el parámetro `-AsJob`, que tiene el mismo comportamiento que el parámetro `Invoke-Command`. Sin embargo, el tipo es diferente.

Observación

En realidad, los workflows se ejecutan automáticamente como jobs. La diferencia es que, por defecto, un workflows espera hasta el final de su ejecución antes de entregar y mostrar el resultado directamente en la consola. Sin necesidad de utilizar el comando `Receive-Job`.

Ejecutar el workflow anterior como un job:

```
PS > Demo-Workflow -AsJob

Id  Name  PSJobTypeName State   HasMoreData  Location   Command
--  ----  ------------- -----   -----------  --------   -------
1   Job1  PSWorkflowJob Running True         localhost  Demo-W...
```

El nombre del job puede cambiarse utilizando el parámetro `-JobName`.

Por último, el resultado se recupera de la misma forma que para un job tradicional, utilizando el comando `Receive-Job`:

```
PS > Get-Job -ID 1 | Receive-Job
I am a flow
```

El workflow puede ejecutarse en un ordenador remoto:

Se reutiliza el workflow de la sección anterior:

```
PS > workflow Demo-Workflow3 {
    "I am on $PSComputerName"
}
```

Se ejecuta de SRVDC02 a SRV2K16:

```
PS > Demo-Workflow3 -PSComputerName SRV2K16 -AsJob -JobName Test

Id  Name  PSJobTypeName State     HasMoreData  Location Command
--  ----  ------------- -----     -----------  -------- -------
3   Test  PSWorkflowJob NotSta... True         SRV2K16  Demo-W...
```

Resultado:

```
PS > Get-Job -Id 3 | Receive-Job
I am on SRV2K16
```

3. Restricciones

No se puede hacer cualquier cosa con los workflows. Tienen limitaciones técnicas que derivan directamente de su modo de funcionamiento. Como recordatorio, se traducen en archivos XAML que describen actividades, se ejecutan como jobs y dependen del servicio WinRM. Eso implica gestionar muchos elementos para mantener un funcionamiento similar al de un script o función estándar de PowerShell.

En general, hay que tener en cuenta los siguientes aspectos al utilizar un workflow:

- restricción de lenguaje
- uso limitado de variables
- serialización y deserialización de objetos
- no es posible utilizar alias de parámetros ni pasar parámetros por posición.

3.1 Restricciones en los comandos

En consecuencia, algunos de los comandos básicos de PowerShell no tienen equivalente como actividad de workflow, y por lo tanto no son compatibles con XAML. He aquí una lista no exhaustiva:

Add-History	Add-PSSnapin
Clear-History	Clear-Variable
Complete-Transaction	Connect-Wsman
Debug-Process	Disable-PSBreakpoint
Disconnect-Wsman	Enable-PSBreakpoint
Enter-PSSession	Exit-PSSession
Export-Alias	Export-Console
Get-Alias	Get-History
Get-PSBreakpoint	Get-PSCallStack
Get-PSSnapin	Get-Transaction
Get-Variable	Import-Alias
Invoke-History	New-Alias
New-Variable	Out-GridView
Remove-PSSnapin	Remove-Variable
Set-Alias	Set-PSBrealkpoint
Set-PSDebug	Set-StrictMode
Set-Variable	Start-Transaction
Start-Transcript	Stop-Transcript
Trace-Command	Undo-Transaction
Use-Transaction	Write-Host

También se excluye el conjunto de comandos de formato (`Format-*`), así como cualquier comando que requiera la acción del usuario.

Algunos comandos solo pueden ejecutarse en el sistema local:

Add-Member	Compare-Object
ConvertFrom-Csv	ConvertFrom-Json
Convert-From-StringData	Convert-Path
ConvertTo-Csv	ConvertTo-Html
ConvertTo-Json	ConvertTo-Xml
Foreach-Object	Get-Host
Get-Member	Get-Random
Get-Unique	Group-Object
Measure-Command	Measure-Object
New-PSSessionOption	New-PSTransportOption
New-TimeSpan	Out-Default
Out-Host	Out-Null
Out-String	Select-Object
Sort-object	Update-List
Where-Object	Write-Debug
Write-Error	Write-Host
Write-OutPut	Write-Progress
Write-Verbose	

3.2 Restricciones sobre los objetos

La serialización y deserialización de objetos presenta el mismo problema que en una sesión remota de PowerShell. Es posible acceder a las propiedades, pero no invocar métodos del objeto.

Ejemplo

```
PS > workflow Demo-Workflow4 {
     $Item = Get-Item .\MyFile.txt
     $Item.Delete()
}
En el carácter Línea:3 : 1
+ $Item.Delete()
+ ~~~~~~~~~~~~~~
La invocación de métodos no está soportada dentro de un workflow
de Windows PowerShell. Para utilizar secuencias de comandos .NET
coloque los comandos en un script en línea: InlineScript {
<comandos> }.
   + CategoryInfo          : ParserError: (:) [],
ParentContainsErrorRecordException
    + FullyQualifiedErrorId : MethodInvocationNotSupported
```

Sin embargo, existe una forma de evitar esta limitación: usar un `InlineScript`. Este tema se abordará más adelante.

3.3 Restricciones de lenguaje

Además de los objetos y comandos, los workflows requieren restringir la sintaxis de ciertos elementos del lenguaje. He aquí una lista:

Restricción	Ejemplo

No se pueden utilizar los bloques de instrucciones `Begin`, `Process`, `End`.	`workflow Test-Wfw {`
	`Begin``{'Procesamiento no posible'}`
	`}`

Están prohibidas las asignaciones múltiples.	`$a=$b= 'Prohibido'` `$a, $b = 'Realmente', 'Prohibido'`

<table>
<tr><th>Restricción</th><th>Ejemplo</th></tr>
<tr><td>No se permite modificar variables dentro de una condición de bucle.</td><td><pre>workflow Demo-Workflow5 {
    Do{
         $i
    }while ($i++ -le 2)
}</pre></td></tr>
<tr><td>La instrucción <code>#requires</code> no tiene ningún efecto.</td><td><pre>workflow Test-Wfw {
#requires -version 5.1
'Tratamiento imposible'
}</pre></td></tr>
<tr><td>No se permite la construcción de objetos COM.</td><td><pre>workflow Test-Wfw {
$Com = New-Object `
-ComObject Excel.Application
}</pre></td></tr>
<tr><td>Las instrucciones <code>break</code> y <code>continue</code> no pueden utilizarse. Lo mismo se aplica a las etiquetas de bucle.</td><td><pre>workflow Test-Wfw {
    if($true){
      break
    }
}</pre></td></tr>
<tr><td>Los nombres de las variables solo pueden contener letras, números, guiones bajos o guiones.</td><td><pre>workflow Test-Wfw {
    ${v@r} = 'Prohibido
}</pre></td></tr>
<tr><td>También está prohibida el uso del dot sourcing.</td><td><pre>workflow Test-Wfw {
. ./Myfunction.ps1
}</pre></td></tr>
<tr><td>El bucle de <code>switch</code> debe utilizarse con el parámetro <code>-casesensitive</code>.
Esto significa que las cláusulas de validez solo aceptan constantes. Tampoco es posible utilizar el parámetro <code>-file</code> o <code>-regex</code>.</td><td><pre>workflow Test-Wfw {
$Name = 'Nicolas'
switch-casesensitive ($Name){
  'Nicolas' { 'I am Nicolas'}
  'nicolas' { 'Upper my first letter'}
  Default { 'It is not me' }
 }
}</pre></td></tr>
<tr><td>No se puede utilizar el operador de invocación &.</td><td><pre>workflow Test-Wfw {
   & ./myscript.ps1
}</pre></td></tr>
</table>

Restricción	Ejemplo

La instrucción `trap` debe evitarse .	`workflow Test-Wfw {`
	`  trap {`
	`   throw "Generación de error"`
	`  }`
	`}`

3.4 Palabra clave InlineScript

3.4.1 Sintaxis

Para evitar estas restricciones, existe una instrucción llamada `InlineScript`. Es específica del workflow. `InlineScript` no se maneja igual que los demás comandos del workflow. Todo el bloque se traduce a XAML y, en lugar de ser interpretado directamente por el motor WWF, las acciones se ejecutan en un proceso independiente PowerShell.

Sintaxis:

```
workflow <verb-noun> {
    InlineScript {
        #Traitement
    }
}
```

Ejemplo de uso del comando `Get-Variable` prohibido sin el bloque `InlineScript`:

```
PS > workflow Demo-Workflow6 {
          Get-Variable
}
En el caracter Línea:2 : 9
+         Get-Variable
+         ~~~~~~~~~~~~
El comando "Get-Variable" no puede ser llamado. Otros comandos
de este módulo se han empaquetado como actividades de workflow
pero este comando se ha excluido específicamente.
Probablemente requiere una sesión interactiva de Windows PowerShell
o su comportamiento no está adaptado a los workflows.
Para ejecutar este comando de todos modos, colóquelo en un script inline
script (InlineScript { Get-Variable }) para aislarlo.
    + CategoryInfo          : ParserError: (:) [], ParseException
```

```
    + FullyQualifiedErrorId : CommandActivityExcluded
```

El mensaje es bastante claro: se requiere el uso del bloque `InlineScript` para utilizar el comando `Get-Variable`. Esto da:

```
PS > workflow Demo-Workflow6 {
    InlineScript{
        Get-Variable
    }
}
```

No hay problema para la creación. A continuación, se llama al workflow:

```
PS > Demo-Workflow6

Name                   Value                        PSComputerName
----                   -----                        --------------
$                                                   localhost
?                      True                         localhost
^                                                   localhost
CommandName            unknown                      localhost
ComputerName           localhost                    localhost
ConfirmPreference      High                         localhost
ConsoleFileName                                     localhost
DebugPreference        SilentlyContinue             localhost
...
JobId                  22                           localhost
JobInstanceId          f8fb74e3-d6c7-4219-a32d...   localhost
JobName                Job22                        localhost
...
ParentCommandName      Demo-Workflow6               localhost
ParentJobId            21                           localhost
ParentJobInstanceId    f36dcc3d-65aa-4baa-a577...   localhost
ParentJobName          Job21                        localhost
PID                    15504                        localhost
...
```

Observación

La lista de variables incluye aquellas relacionadas con los jobs utilizados por los workflows.

Las instrucciones `InlineScript` pueden utilizarse en cualquier parte del workflow. Incluso en los bloques `parallel` y `sequence` que se comentan a continuación. También se pueden invocar métodos de objetos.

Un último detalle: si los comandos utilizados no forman parte de los comandos básicos traducidos en actividad de workflow, ni forman parte de la lista de restricciones vista anteriormente, entonces se ejecutan implícitamente dentro de un bloque `InlineScript`.

Ejemplo con el comando `Get-DnsClientServerAddress`, que lista las direcciones del servidor DNS utilizadas por cada tarjeta de red:

```
PS > workflow Demo-Workflow7 {
    Get-DnsClientServerAddress
}
PS > Demo-Workflow7

InterfaceAlias              Interface Address ServerAddresses
                            Index     Family
--------------              --------- ------- ---------------
Conexión a la red l...         13 IPv4    {}
Conexión a la red local* 2     13 IPv6    {fec0:0:0:ffff::1...
Wi-Fi                           4 IPv4      {192.168.1.250}
Wi-Fi                           4 IPv6      {}
Conexión a la red Bluetooth 3   18 IPv4     {192.168.138.1}
Conexión a la red Bluetooth 3   18 IPv6     {}
Loopback Pseudo-Interface 1      1 IPv4     {}
Loopback Pseudo-Interface 1      1 IPv6     {fec0:0:0:ffff::...
Conexión a la red loc...11       8 IPv4     {}
Conexión a la red loc...11       8 IPv6     {}
```

Observación

Por razones prácticas, se ha omitido aquí la propiedad PSComputerName .

No hay mensaje de error, la ejecución se ha realizado sin problemas. Aunque la instrucción `InlineScript` esté implícita, puede ser una buena idea rellenarla de todos modos. Esto facilita la relectura del código.

3.4.2 Ámbito de las variables

`InlineScript` se ejecutan en un proceso PowerShell separado. Esto puede parecer trivial, pero tiene un impacto en la gestión de variables. Dentro de un bloque `InlineScript`, normalmente es imposible ver las variables creadas por otras actividades del workflow. Sin embargo, se puede evitar esto forzando el ámbito de la variable utilizando `$using:<variable>`.

Ejemplo

```
PS > workflow Test-WfwVar {
    $Name = 'Alliyah'
    InlineScript{
        $Name
    }
}

PS > Test-WfwVar
```

Como era de esperar, el resultado está vacío. Ahora se utiliza la palabra clave `$Using:` cuando se llama la función:

```
PS > workflow Test-WfwVar {
    $Name = 'Alliyah'
    InlineScript{
         $using:Name
    }
}

PS > Test-WfwVar
Alliyah
```

Tenga en cuenta que es imposible modificar el valor de una variable desde una instrucción `InlineScript`. Sin embargo, se puede devolver un valor desde `InlineScript` para reasignarlo a la variable, como si fuera una función:

```
PS > workflow Test-WfwVar {
    $Name = 'Alliyah'
    $Name = InlineScript{
        $Result = "$using:Name born without life 15/01/2018"
        return $Result
    }
    $Name
}

PS > Test-WfwVar
Alliyah born without life 15/01/2018
```

4. Ejecución en paralelo

4.1 Bloque parallel

Los workflows permiten realizar acciones simultáneamente. Por defecto, las actividades se realizan secuencialmente. La segunda actividad espera hasta que la primera haya terminado de procesarse antes de comenzar. Para iniciarlas en paralelo, utilice la palabra clave `parallel` dentro del flujo de trabajo. Esta palabra clave también es específica del workflow, como `InlineScript`.

Sintaxis:

```
workflow <verb-noun> {
    parallel {
            #Actividad 1
            #Actividad 2
    }
}
```

En general, el paralelismo en acciones independientes entre sí permite ahorrar mucho tiempo. Este es obviamente el caso cuando se procesa un workflow.

Así, un primer proceso dura una media de 20 segundos, y un segundo, de 40 segundos. Esto da como resultado un tiempo de procesamiento de 1 minuto:

```
PS > workflow Test-WfwPara {
    Start-Sleep -Second 20
    Start-Sleep -Second 40
}
PS > Measure-Command { Test-WfwPara }

Days              : 0
Hours             : 0
Minutes           : 1
Seconds           : 0
Milliseconds      : 750
Ticks             : 607502613
TotalDays         : 0,000703128024305556
TotalHours        : 0,0168750725833333
TotalMinutes      : 1,012504355
TotalSeconds      : 60,7502613
TotalMilliseconds : 60750,2613
```

Se introduce ahora la instrucción `parallel`:

```
PS > workflow Test-WfwPara {
    parallel {
           Start-Sleep -Second 20
           Start-Sleep -Second 40
    }
}
PS > Measure-Command { Test-WfwPara }

Days              : 0
Hours             : 0
Minutes           : 0
Seconds           : 40
Milliseconds      : 828
Ticks             : 408285013
TotalDays         : 0,000472552098379б3
TotalHours        : 0,0113412503611111
TotalMinutes      : 0,680475021666667
TotalSeconds      : 40,8285013
TotalMilliseconds : 40828,5013
```

El tiempo de ejecución se reduce a 40 segundos, la actividad más larga. Para ver cómo funciona el paralelismo en la práctica, podemos utilizar tres bucles `Foreach`:

```
PS > workflow Test-WfwPara {
    parallel {
           Foreach ($i in @(1..4)){$i}
           Foreach ($j in @(5..9)){$j}
           Foreach ($k in @(10..14)){$k}
    }
}

PS > Test-WfwPara

1
5
10
2
6
11
3
7
```

```
12
4
8
13
9
14
```

El segundo bucle no espera a que el primero termine antes de empezar. Lo mismo ocurre con el tercer bucle, que no espera a que terminen los anteriores.

4.2 Secuencia de bloques

La capacidad de declarar actividades en paralelo va de la mano con la capacidad de declarar actividades secuencialmente. Por defecto, los workflows funcionan secuencialmente, así que ¿por qué forzar la secuenciación? En un bloque `parallel`, es posible que algunas actividades deban completarse antes que otras. Aquí es donde entra en juego el bloque `sequence`. Configurar un rol de servidor antes de configurarlo es más que lógico.

Sintaxis

```
workflow <Verb-Noun> {
    parallelparallel {
           #Activité 1
           sequence {
                  #Actividad 2
                  #Actividad 3
           }
    }
}
```

Ejemplo

```
workflow Install-DHCPFeature {
    parallel {
          sequence {
                 Install-WindowsFeature DHCP
                 #Añadir ámbito
                 Add-DhcpServerv4Scope -Name "Scope1" `
                       -StartRange 192.168.10.1 `
                        -EndRange 192.168.10.150 `
                       -SubnetMask 255.255.255.0
                 #Añadir opción DNS
```

```
                Set-DhcpServerv4OptionDefinition -OptionId 6 `
                      -DefaultValue 192.168.10.201
                #Añadir opción pasarela
                Set-DhcpServerv4OptionDefinition -OptionId 3 `
                      -DefaultValue 192.168.10.254
          }
          Set-ItemProperty -Name DisabledComponents -Value 32 `
  -Path "HKLM:\SYSTEM\CurrentControlSet\Services\TCPIP6\Parameters
     }
}
```

Primero instalamos el rol DHCP, luego creamos una extensión con las opciones DNS y DHCP. Al mismo tiempo, disminuimos la prioridad de IPv6 respecto a IPv4.

En un bloque `parallel`, es posible definir varios bloques de `sequence`. A continuación, cada bloque de secuencia se trabaja en paralelo. Para mayor claridad, he aquí un diagrama explicativo:

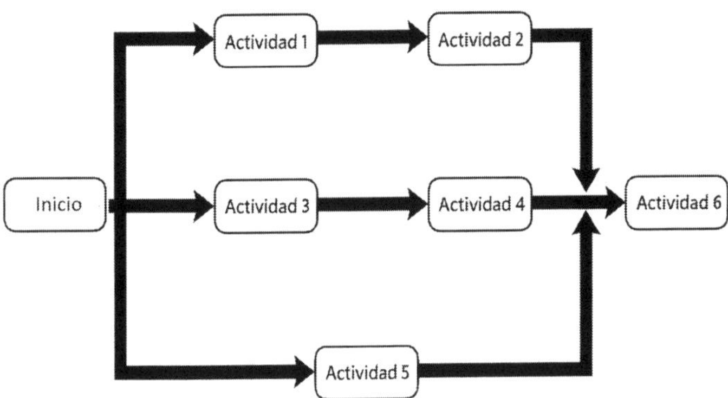

Workflow que combina bloques `parallel` y `sequence`

La sintaxis de este esquema en PowerShell es la siguiente:

```
workflow Demo-Workflow9 {
    parallel {
          sequence {
                #Actividad 1
                #Actividad 2
          }
          sequence {
```

```
                    #Actividad 3
                    #Actividad 4
            }
            #Actividad 5
    }
    #Actividad 6
}
```

Observación

Nota: en un bloque `parallel`, el uso de una instrucción `InlineScript` se trata como una única actividad. Los comandos dentro del bloque `InlineScript` se procesan secuencialmente.

4.3 Palabra clave Foreach

En un flujo de trabajo, el bucle `Foreach` acepta un parámetro llamado `Parallel`. Este parámetro también permite paralelizar las actividades. Es una herramienta muy eficaz cuando un proceso se repite con regularidad y solo cambian algunos valores.

Ejemplo utilizando el comando `Get-HotFix`:

```
PS > Measure-command {get-hotfix -ComputerName SRV2K16}


Days              : 0
Hours             : 0
Minutes           : 0
Seconds           : 2
Milliseconds      : 68
Ticks             : 20683419
TotalDays         : 2.39391423611111E-05
TotalHours        : 0.000574539416666667
TotalMinutes      : 0.034472365
TotalSeconds      : 2.0683419
TotalMilliseconds : 2068.3419
```

El comando tarda más de 2 segundos en ejecutarse. Si se integra en un flujo de trabajo y se intenta consultar varios sistemas, se obtiene lo siguiente:

```
PS > workflow Test-Wfwpara2 {
  $servers = @(' SRV2k16A','SRV2k16B','SRV2k16C','SRV2k16D',
'SRV2k16E','SRV2k16F','SRV2k16G','SRV2k16H')
  Foreach ($server in $servers){
    Get-HotFix -PSComputerName $server}
}
PS > Measure-command {Test-Wfwpara2}


Days              : 0
Hours             : 0
Minutes           : 0
Seconds           : 40
Milliseconds      : 947
Ticks             : 409475712
TotalDays         : 0.000473930222222222
TotalHours        : 0.0113743253333333
TotalMinutes      : 0.68245952
TotalSeconds      : 40.9475712
TotalMilliseconds : 40947.5712
```

El resultado es un tiempo de procesamiento considerablemente mayor. Si reproducimos este comando fuera de los workflows en más de 1.000 máquinas, el tiempo de procesamiento superará la media hora. Al establecer el parámetro `-Parallel` en el bucle `Foreach`:

```
workflow Test-Wfwpara3 {
  $servers = @(' SRV2k16A','SRV2k16B','SRV2k16C','SRV2k16D',
'SRV2k16E','SRV2k16F','SRV2k16G','SRV2k16H')
  Foreach -parallel ($server in $servers){
    Get-HotFix -PSComputerName $server}
}

Measure-command {Test-Wfwpara3}


Days              : 0
Hours             : 0
Minutes           : 0
Seconds           : 5
Milliseconds      : 455
```

```
Ticks             : 54550913
TotalDays         : 6.3137630787037E-05
TotalHours        : 0.00151530313888889
TotalMinutes      : 0.0909181883333333
TotalSeconds      : 5.4550913
TotalMilliseconds : 5455.0913
```

El resultado es un tiempo de procesamiento significativamente menor. El caso aquí no es perfecto, ya que la creación del workflow añade una pequeña sobrecarga al tiempo de procesamiento. Sin embargo, en 1.000 máquinas, el tiempo invertido en la creación del flujo de trabajo se ve compensado por su capacidad para procesar solicitudes de forma simultánea. De este modo, en lugar de tardar media hora en completarse, el proceso se reduce a solo unos minutos.

5. Puntos de sincronización

Un workflow puede guardarse en disco para conservar su progreso. De este modo, si se produce un problema inesperado, es posible reanudar el workflows donde se guardó por última vez. Los imprevistos pueden incluir reinicios, interrupciones de red o incluso cortes eléctricos importantes.

Estas copias de seguridad se denominan puntos de control (checkpoints). Para quienes están familiarizados con la virtualización Hyper-V, este término resulta familiar. Es una instantánea del disco de una máquina virtual en un momento dado. Para un workflow, es prácticamente lo mismo. El workflow se escribe en la carpeta Appdata del usuario que ejecuta el workflow. El árbol completo es $env:LocalAppData\Microsoft\Windows\PowerShell\WF\PS\. Los checkpoints se guardan en archivos con formato XML. Estos se eliminan cuando el workflow se completa o se elimina.

Los checkpoints se gestionan mediante tres elementos. El primero es el comando `Checkpoint-Workflow`, que se sitúa dentro del workflow. Solicita al flujo de trabajo que cree un punto de control y lo escriba en disco. En el siguiente ejemplo, la funcionalidad Hyper-V se activa en un cliente Windows, al igual que la funcionalidad HostGuardian. Entre estas dos acciones, se genera un punto de control.

Ejemplo de sintaxis

```
PS > workflow EnableHyperV {
    Enable-WindowsOptionalFeature -FeatureName Microsoft-Hyper-V
    Checkpoint-Workflow
    Enable-WindowsOptionalFeature -FeatureName HostGuardian
}
```

Observación

En el caso de actividades paralelas, el workflow espera a que se haya completado todo el bloque antes de realizar el checkpoint.

El segundo elemento es el parámetro común a todos los workflows: `-PSPersist`. Por defecto, `-PSPersist` está establecido en `Default`. Esto implica que el flujo de trabajo crea dos puntos de control: uno al inicio y otro al finalizar el procesamiento. Si se establece el valor `$true`, entonces el workflow realiza un checkpoint en cada actividad del workflow. Por último, si se establece en `$false`, no realiza ningún checkpoint aparte de los solicitados explícitamente por el comando `Checkpoint-Workflow`.

Ejemplo de sintaxis

```
PS > workflow EnableHyperV {
    Enable-WindowsOptionalFeature -FeatureName Microsoft-Hyper-V
    Enable-WindowsOptionalFeature -FeatureName HostGuardian
}
PS > EnableHyperV -PSPersist $true
```

El parámetro también puede encontrarse dentro del workflow, en una actividad concreta:

```
PS > workflow EnableHyperV {
   Enable-WindowsOptionalFeature -FeatureName Microsoft-Hyper-V `
    -PSPersist $true
   Enable-WindowsOptionalFeature -FeatureName HostGuardian
}
```

Esto es útil si desea programar un reinicio dentro del workflow. Sin embargo, el punto de control se crea después de que se haya ejecutado la actividad sobre la que se define.

El tercer elemento es la variable de preferencia `$PSPersistPreference` de. Esto es para ser utilizado dentro del workflow. Fuera de este, no tiene ningún efecto. Esta variable es de tipo booleano y solo acepta los valores `$true` o `$false`. Cuando se establece en `$true`, cada actividad llevada a cabo después de su declaración se guarda como un checkpoint, hasta que su valor se cambia de nuevo a `$false`.

Ejemplo de sintaxis

```
PS > workflow EnableHyperV {
   $PSPersistPreference = $true
   Enable-WindowsOptionalFeature -FeatureName Microsoft-Hyper-V
   $PSPersistPreference = $false
   Enable-WindowsOptionalFeature -FeatureName HostGuardian
}
```

Observación

Advertencia: puede parecer ventajoso tener un punto de control para cada actividad, ya que aumenta la seguridad. Sin embargo, debe tenerse en cuenta que esto puede ralentizar significativamente la ejecución debido a las múltiples escrituras en disco.

Dado que las instrucciones `InlineScript` se tratan como una única actividad, no es posible crear puntos de control dentro de un bloque `InlineScript` utilizando el comando `Checkpoint-workflow` ni el parámetro `-PSPersist`.

6. Suspensión de un workflow

En el capítulo Jobs y paralelismo, se explicó el concepto de estado suspendido de un job. Esto solo es aplicable cuando el trabajo es de tipo `PSWorkflowJob`. Para que un workflow entre en estado `Suspended`, existen dos posibilidades. La primera consiste en utilizar el comando `Suspend-Job` directamente en el job del flujo de trabajo actual.

Ejemplo de sintaxis

```
PS > workflow Test-WfwSuspend {
    Foreach ($num in 1..10) {
        $num
        CheckPoint-Workflow
        Start-Sleep -Seconds $num
    }
}

PS > $WorkflowJob = Test-WfwSuspend -AsJob

PS > Suspend-Job -Job $WorkflowJob

Id Name  PSJobTypeName State       HasMoreData Location   Command
-- ----  ------------- -----       ----------- --------   -------
3  Job3  PSWorkflowJob Suspending True         localhost  Test-...
```

Observación

El uso del comando `Suspend-Job` requiere que el workflow se inicie como un job utilizando el parámetro `-AsJob`. También es necesario establecer checkpoints dentro del workflow. Esto se debe a que, en caso de una suspensión forzada, el progreso no se puede reanudar si no se han definido puntos de control.

La segunda es el uso del comando `Suspend-Workflow` dentro de un flujo de trabajo.

Ejemplo de sintaxis

```
PS > workflow Test-WfwSuspend2 {
    1..5 | Foreach-Object {$_}
    Suspend-Workflow
    6..10 | Foreach-Object {$_}
}


PS > Test-WfwSuspend2
1
2
3
4
5

Id Name  PSJobTypeName State       HasMoreData Location   Command
-- ----  ------------- -----       ----------- --------   -------
5  Job5  PSWorkflowJob Suspending True         localhost  Test-...
```

Observación

Observe que se crea un job cuando el workflow se suspende. En realidad, se trata del job creado cuando se lanza el workflow. Simplemente recuperamos el control de la consola.

Observación

El comando `Suspend-Workflow` está situado entre dos bloques de comandos `Foreach-Object`. Podría ser tentador colocar `Suspend-Workflow` de Trabajo dentro de uno de estos dos bloques. Pero esto no es posible, ya que `Foreach-Object` no es un bucle sino un cmdlet de PowerShell. En consecuencia, se ejecuta implícitamente en un bloque `InlineScript`. El comando `Suspend-Workflow` solo puede usarse dentro de un workflow, y fuera de cualquier bloque `InlineScript`.

Estos dos métodos detienen el workflow y comprueban su progreso. Hasta que se reinicie manual o automáticamente. El reinicio de un workflow se tratará en la siguiente sección.

Existe un último comando que permite realizar un punto de control antes de suspender el workflow. Se trata del comando `Restart-Computer` situado dentro del workflow, de la misma forma que `Suspend-Workflow`.

Ejemplo de sintaxis

```
PS > workflow Test-WfwSuspend3 {
    1..5 | Foreach-Object {$_}
    Restart-Computer
    6..10 | Foreach-Object {$_}
}


PS > Test-WfwSuspend3
1
2
3
4
5
```

7. Reiniciar un workflow (tras una suspensión o un crash)

Después de suspender un workflow, generalmente se desea reanudar su ejecución. Esto se hace utilizando el comando `Resume-Job`. Este comando, al igual que `Suspend-Job`, solo se puede utilizar con trabajos de tipo `PSWorkflowJob`. Para recuperar los diferentes Jobs de un workflow, se puede llamar directamente al comando `Get-Job`:

```
PS > Get-Job

Id Name  PSJobTypeName State      HasMoreData  Location  Command
-- ----  ------------- -----      -----------  --------  -------
3  Job3  PSWorkflowJob Suspending True         localhost Test-...
5  Job5  PSWorkflowJob Suspending True         localhost Test-...
```

Ahora estamos intentando relanzar el segundo trabajo:

```
PS > Get-Job -ID 5 | Resume-Job

Id Name  PSJobTypeName State      HasMoreData  Location  Command
-- ----  ------------- -----      -----------  --------  -------
5  Job5  PSWorkflowJob Running    True         localhost Test-...
```

Para comprobar que el trabajo se ha reanudado correctamente, se utiliza el comando `Receive-Job` para obtener el resultado:

```
PS > Get-Job -id 13 | Receive-Job
6
7
8
9
10
```

8. Observación del contenido de un workflow

Como se mencionó al principio de este capítulo, los workflows se representan en forma XAML. Es posible conocer dicha estructura, ya que está contenida en una propiedad del objeto del flujo de trabajo. Para recuperar este objeto, se utiliza el comando `Get-Command` y luego apunte a la propiedad de interés. En este caso, es `XamlDefinition`. Volvamos a nuestro primer ejemplo para evitar una visualización demasiado compleja de entender:

```
workflow Demo-Workflow {
   Write-Output "I am a flow"
}
```

A continuación, utilice el comando `Get-Command`:

```
PS > Get-Command Demo-Workflow

CommandType     Name                    Version    Source
-----------     ----                    -------    ------
workflow        Demo-Workflow
```

A continuación, se refina la visualización para mostrar el código XAML:

```
PS > Get-Command Demo-Workflow | Foreach-Object XamlDefinition
<Activity
    x:Class="Microsoft.PowerShell.DynamicActivities.Activity_..."
    xmlns="http://schemas.microsoft.com/netfx/2009/xaml/activ..."
    xmlns:sad="clr-namespace:System.Activities.Debugger;assem..."
    xmlns:local="clr-namespace:Microsoft.PowerShell.DynamicAc..."
    xmlns:mva="clr-namespace:Microsoft.VisualBasic.Activities..."
    mva:VisualBasic.Settings="Assembly references and importe..."
    xmlns:x="http://schemas.microsoft.com/winfx/2006/xaml"
    xmlns:ns0="clr-namespace:System;assembly=mscorlib"
    xmlns:ns1="clr-namespace:Microsoft.PowerShell.Activities;..."
    xmlns:ns2="clr-namespace:System.Activities;assembly=Syste..."
    xmlns:ns3="clr-namespace:Microsoft.PowerShell.Utility.Act..."
    xmlns:ns4="clr-namespace:System.Management.Automation;ass..."
    >
    <sequence>
        <ns1:SetPSWorkflowData>
            <ns1:SetPSWorkflowData.OtherVariableName>Position...>
            <ns1:SetPSWorkflowData.Value>
                <ns2:InArgument x:TypeArguments="ns0:Object">
                   <ns1:Pow...Expression="'2:2:Demo-Workflow'"/>
              </ns2:InArgument>
```

```
            </ns1:SetPSWorkflowData.Value>
          </ns1:SetPSWorkflowData>
        <ns3:WriteOutput>
             <ns3:WriteOutput.InputObject>
                <ns2:InArgument x:TypeArguments="ns4:PSObject[]">
                     <ns1...Expression="&quot;I am a flow&quot;"/>
              </ns2:InArgument>
            </ns3:WriteOutput.InputObject>
       </ns3:WriteOutput>
       <sequence.Variables>
             <Variable Name="..." ... Default = "Demo-Workflow"/>
       </sequence.Variables>
    </sequence>
</Activity>
```

Como era de esperar, por defecto, la actividad se encapsula dentro de un bloque `sequence`. Contiene el comando `Write-Output` junto con el valor que debe mostrarse.

9. Integración en un módulo

Los workflows se declaran del mismo modo que las funciones. Por lo tanto, no es de extrañar que también puedan definirse dentro de un módulo. El proceso es idéntico al utilizado para una función. Basta con añadir la declaración del workflow en el archivo PSM1 del módulo. Para más información sobre cómo crear un módulo, consulte el capítulo Creación de módulos.

Ejemplo de contenido de un archivo PSM1

```
PS > Get-Content ./MyModule.psm1

workflow Demo-Workflow {
    Write-Output "I am a flow"
}
```

Para utilizar el workflow, basta con importar el módulo y ejecutar el comando:

```
PS > Import-Module ./MyModule.psm1
PS > Demo-Workflow
I am a flow
```

10. Workflow: ¿para quién? ¿por qué?

Los workflows son una herramienta maravillosa, a pesar de la complejidad de su implementación y de las limitaciones que conllevan. Sin embargo, hoy en día podemos cuestionar seriamente su utilidad, especialmente con herramientas como DSC (véase el capítulo Desired State Configuration (DSC)) que permiten gestionar la configuración de sistemas con soporte de reinicio. Además, la versión 6.0 Core de PowerShell no incluye workflows. Los desarrolladores tuvieron que tomar una decisión al trasladar la solución al mundo libre y optaron por dejarlos fuera.

Por todo ello, es aconsejable utilizar workflows solo en casos concretos, para evitar contratiempos:

- Cuando la ejecución del proceso supere las 6 horas.
- Cuando exista riesgo de interrupciones por fallos de red o reinicios inesperados.
- Cuando se requiere un alto grado de paralelismo y secuenciación de acciones.
- Cuando no existe una alternativa más simple o moderna que resuelva el mismo problema.

Tenga en cuenta, sin embargo, que un workflow pasa por un proceso complejo antes de ejecutarse realmente. Por ejemplo, utilizar un workflow para recuperar la lista de servicios de varias máquinas no es eficiente. Preferimos utilizar `PSRemoteJob` para esto. Su activación es mucho más rápida, porque no se necesita la compilación en XAML. En resumen, evite los flujos de trabajo si existe otra opción viable y más eficiente.

Capítulo 9
Desired State Configuration (DSC)

1. Introducción

Desde hace algún tiempo, oímos hablar mucho de los sistemas de gestión de la configuración. Permiten configurar un conjunto de máquinas de forma idempotente y en un tiempo récord. La idempotencia es la característica de una operación que reproduce siempre el mismo resultado, sea cual sea el entorno. En este caso, significa tener siempre la misma configuración, sea cual sea el número de máquinas. Para ello, Microsoft creó la *Desired State Configuration* (DSC). Existen otras soluciones similares; la más conocida hoy en día es sin duda Ansible, pero también están Chef y Puppet.

El DSC evita la desviación de la configuración. Si esto ocurre, es capaz de remediar la situación. La otra ventaja con respecto a la gestión de la configuración es el ahorro de tiempo en la resolución de incidentes. ¿Por qué dedicar un día entero a un servidor averiado cuando este puede volver a desplegarse y estar operativo en 15 minutos? Esta es una ventaja real en una estrategia de nube. Y Microsoft lo ha entendido perfectamente, porque DSC puede utilizarse desde la plataforma en la nube Azure.

Históricamente, utilizábamos objetos de directiva de grupo (GPO) para establecer configuraciones, pero nos quedábamos atascados cuando se trataba de configurar máquinas fuera del dominio de Active Directory. Afortunadamente, DSC soporta este tipo de situaciones.

Por el momento, se recomienda DSC para entornos de servidor. Esto se debe a que la mayoría de las veces intentamos configurar el entorno de usuario mediante GPOs. DSC no es capaz de manejar este tipo de configuración. Esta limitación se debe en parte a una restricción técnica que se explicará más adelante.

Con la compatibilidad con sistemas Linux y la apertura de PowerShell al código abierto con la versión Core, es muy probable que DSC evolucione en los próximos años. Entonces se dispondrá de una herramienta extremadamente potente que podrá utilizarse en cualquier entorno. Nótese que ya es posible configurar una máquina Linux desde una máquina Windows.

2. Versiones y plataformas compatibles con DSC

Históricamente, DSC apareció con la versión 4.0 de PowerShell, bajo Windows 8.1. En aquel momento, la versión del motor de DSC era la 1.0. Además, la versión de DSC estaba vinculada a la versión de PowerShell y seguía el mismo ritmo de desarrollo. Como resultado, la versión 1.1 del motor DSC puede encontrarse en Window PowerShell V5.1, y la versión 2.0 del motor en PowerShell 7.1. Recientemente, los equipos de DSC y PowerShell decidieron separar la actualización de la versión del motor DSC de la de PowerShell, a partir de PowerShell 7.2.

¿Por qué son tan diferentes las versiones 1.1 y 2.0? Para averiguarlo, puede consultarse la documentación: https://learn.microsoft.com/en-us/powershell/dsc/overview¿view=dsc-2.0#changes-from-dsc-11

Resumiendo:

- Se ha eliminado un gran número de cmdlets.
- No es posible utilizar un Pull Server (del que hablaremos más adelante).
- No existe un agente local llamado Local Configuration Manager (LCM).

Para entender la diferencia entre las versiones 1.1 y 2.0, es necesario entender el propósito de la versión 2.0. Originalmente se creó para satisfacer un requisito de Azure: Azure Machine Configuration (anteriormente Guest Configuration). La finalidad de este servicio es permitir la creación de paquetes independientes que proporcionen. De este modo, un paquete de configuración puede desplegarse del mismo modo que una aplicación.

También existe una tercera versión del motor DSC, pero actualmente se encuentra en fase beta, por lo que no se tratará en detalle en este capítulo. No obstante, hay que señalar que supondrá una importante revisión del funcionamiento de DSC:

- Los recursos pueden desarrollarse en diferentes lenguajes.
- Escribir configuraciones en un formato más común (JSON/YAML).
- Fin de la compilación de la configuración en el archivo MOF.
- PowerShell ya no es necesario para ejecutar DSC.
- Uso de un binario dsc.exe para llamar a configuraciones.

El objetivo es facilitar la integración y el uso de DSC en soluciones de terceros y distintos sistemas operativos.

3. Descripción general de la solución

Para comprender mejor la solución DSC, vamos a echar un vistazo rápido a cada una de las partes que desempeñan un papel esencial en su funcionamiento general. DSC es único en el sentido de que ha sido diseñado específicamente en torno a PowerShell. Así, desde la escritura de configuraciones hasta su despliegue, todo se realiza mediante comandos PowerShell. Microsoft no ofrece una interfaz gráfica para administrar la solución. Sin embargo, puede confiar en PowerShell ISE y Visual Studio Code para diseñar sus configuraciones.

La mayoría de los elementos presentados en este capítulo se limitan a la versión 1.1 del motor DSC.

3.1 Terminología

Término	Definición
DSC Resource	Componente llamado por el DSC para configurar un elemento del sistema. El elemento puede ser una clave del registro, un archivo, un parámetro DNS, etc. Los recursos están contenidos en módulos PowerShell.
DSC Configuration	Script PowerShell que define un tipo particular de función que contiene una descripción de la configuración. Los archivos MOF se generan cuando se llama.
Node	Sistema cliente DSC (nodo).
PULL Server	En modo PULL, es el servidor que centraliza todas las configuraciones recuperadas por los puestos cliente.
Local Configuration Manager (Administrador de configuración local o LCM)	Motor de ejecución del cliente DSC. Se encarga de interpretar la configuración DSC recibida (PUSH) o recuperada (PULL) y aplicarla al host local.
Metaconfiguración	Nombre de la configuración LCM.
MOF	Formato del archivo de texto generado cuando se llama a una configuración. Este tipo de archivo cumple la gramática IDL definida por el DMTF.

3.2 Consideraciones generales

Por defecto, las configuraciones se aplican utilizando la cuenta LocalSystem. Esto crea severas restricciones si es necesario ejecutar comandos que requieren derechos especiales, o si la configuración necesita acceder a recursos compartidos de red. Descubriremos que es posible introducir credenciales para este tipo de requisitos.

El objetivo principal de DSC es establecer una configuración de tipo "ordenador", por lo que debe evitarse la configuración del entorno de usuario. En su lugar deben utilizarse GPOs.

3.3 Dos modos: PUSH y PULL

DSC tiene dos modos de uso distintos: modo PUSH y modo PULL. En resumen, el primer modo se utiliza para enviar (*push*) una configuración a un sistema. En el segundo modo, los clientes buscan su configuración en un servidor.

3.3.1 PUSH

En el modo PUSH, la configuración se aplica a uno o varios ordenadores remotos en un momento dado. Este modo es más sencillo de implementar que el modo PULL. Sin embargo, requiere que los sistemas remotos estén accesibles cuando se envía su configuración. Del mismo modo, los recursos DSC utilizados en la configuración deben estar presentes en el host remoto.

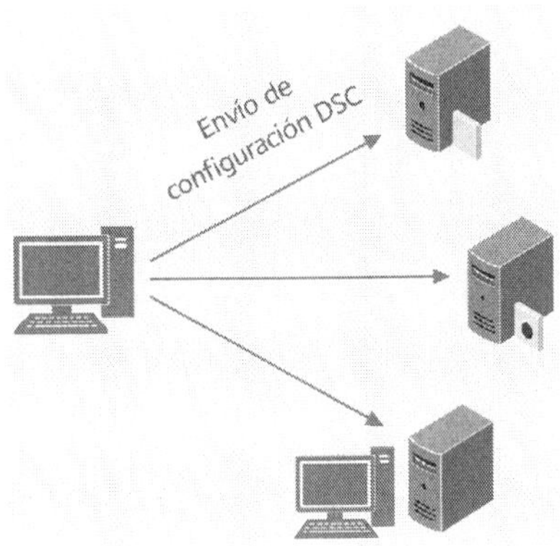

Modo PUSH, envío de una configuración

Observación

La comunicación con los hosts remotos se establece utilizando el servicio WinRM. estar iniciado para que la comunicación pueda establecerse correctamente.

3.3.2 PULL

En el modo PULL, el LCM consulta periódicamente un PULL server para recuperar su configuración. El intervalo predeterminado es de 15 minutos.

Interacción cliente/servidor en modo PULL

Si una configuración utiliza un recurso DSC que no está disponible localmente, el LCM lo descargará del servidor PULL.

Como ya se ha mencionado, este modo no puede utilizarse con la versión 2.0 del motor DSC.

3.4 Configuración

La sintaxis de una configuración es similar en primera instancia a la de una función o workflow de PowerShell. Se define mediante una palabra clave, tiene un nombre específico y puede definir parámetros.

No obstante, la similitud termina aquí. Escribir una configuración DSC es diferente a lo que hemos visto hasta ahora. Microsoft la ha denominado sintaxis declarativa. Es lo contrario de la sintaxis imperativa, que es la que se utiliza cuando se diseñan scripts estándar de PowerShell.

Desde el punto de vista del código, la sintaxis declarativa facilita considerablemente el trabajo. Basta con describir lo que se desea y DSC se encarga del resto. No hay que preocuparse por el "cómo" se hace, sino por el "qué". Es un poco como ir a un restaurante. Le haces el pedido al camarero y 15 minutos después llega con tu comida. No nos preocupamos de si hay suficientes ingredientes en cocina ni de cómo se prepara el plato.

DSC está diseñado para distribuir configuraciones tanto en sistemas locales como remotos. En todos los casos, es necesario generar archivos MOF a partir de las configuraciones. Una configuración genera tantos archivos como hosts haya que configurar.

Observación

Es posible crear un archivo MOF desde cero y aplicarlo directamente. Sin embargo, esto requiere un buen conocimiento de la sintaxis de este tipo de archivos. Es preferible utilizar configuraciones DSC para su creación.

Las configuraciones se declaran utilizando la palabra clave `configuration` y la siguiente sintaxis:

```
configuration <Nombre de la configuración>
{
   node <Nombre de los nodos a configurar>
   {
          #Declaración del primer recurso DSC
          #Declaración del segundo recurso DSC
   }
}
```

La palabra clave de configuración siempre va seguida del nombre de la configuración. El nombre de la configuración se utiliza para crear la carpeta que contiene los archivos MOF. Por defecto, la carpeta se coloca en el directorio actual.

La palabra clave `node` va seguida de todos los nombres de los nodos implicados en la configuración.

La declaración de recursos dentro de una configuración se trata en la siguiente sección.

Para empezar a generar archivos MOF, basta con llamar al nombre de la configuración, como si fuera una función.

Ejemplo con una configuración llamada `MyConfig`

```
PS > configuration MyConfig {...}
PS > MyConfig
```

La noción de configuración se estudiará con más detalle en la sección Creación de una configuración inicial.

3.5 Presentación de los recursos del DSC

Los recursos DSC contienen instrucciones para interactuar con los distintos componentes de un sistema. El motor DSC utiliza estos recursos para configurar un sistema. Existen recursos para gestionar archivos, claves de registro, paquetes, roles y funcionalidades de Windows, entre otros.

Al inicio de DSC, con la versión 4 de PowerShell, el número de recursos por defecto era de una docena. Con la versión 5, este número ha aumentado a más de veinte. A ellos se suman los recursos disponibles en Internet, especialmente los mantenidos por la Comunidad DSC, que pueden descargarse desde la PowerShell Gallery.

Truco

Los recursos DSC de la PowerShell Gallery pueden identificarse mediante la etiqueta `DSCResource`. Históricamente, existía un DSCResourceKit desarrollado por el equipo de PowerShell, que agrupaba un conjunto de recursos DSC adicionales. En algún momento, el nombre DSCResourceKit se abandonó y todos los recursos de la comunidad se agruparon bajo la DSC Community. El conjunto de recursos que mantiene está disponible aquí: https://dsccommunity.org/resources/

Es posible que, a pesar del gran número de recursos DSC disponibles, no encuentres lo que buscas. En ese caso, puede crear su propio recurso y, quién sabe, tal vez compartirlo con el resto de la comunidad.

Para integrar un recurso en una configuración, utilice la siguiente sintaxis:

```
Configuration MyConfig
{
   Node ('SRVDC01','SRVDC02')
   {
      <Nombre del recurso DSC 1> <Nombre que identifica al recurso 1>
       {
          Ensure = '[Presente|Ausente]'
          <argumento1> = <Valor1>
          <argumento2> = <Valor2>
          ...
         [DependsOn = '[<nombre del recurso DSC>]<nombre del ID>']
       }

      <Nombre del recurso DSC 2> <Nombre que identifica al recurso 2>
       {
Ensure = '[Present| Absent]'
          <argumento1> = <Valor1>
          <argumento2> = <Valor2>
          ...
         [DependsOn = "[<nombre del recurso DSC>]<nombre del ID>"]
      }

   }
}
```

Los recursos del DSC se tratan con más detalle en la sección Recursos del DSC.

3.6 Administrador de configuración local (LCM)

LCM está presente en todos los sistemas con PowerShell versión 4 o superior. En DSC 1.1, es el componente más importante. Se encarga de aplicar todas las configuraciones que recibe. Cada vez que recibe una nueva configuración, inspecciona el archivo MOF y llama a los recursos DSC necesarios para configurar el sistema correctamente. También debe asegurarse de que la configuración es conforme. En caso de desviación, puede reconfigurarla por iniciativa propia.

Los parámetros LCM tienen un nombre especial, 'metaconfiguración'. Solo el nombre es especial; por lo demás, la configuración sigue siendo estándar.

En la sección Configuración de LCM veremos con más detalle este tema.

Ahora que ya hemos cubierto todos los componentes del DSC, podemos examinar más de cerca cada uno de ellos.

4. Recursos DSC

Los recursos DSC contienen las instrucciones de configuración de un componente concreto. El LCM utiliza recursos DSC para configurar el host en el que se encuentra, basándose en un archivo MOF.

Es esencial que los recursos requeridos por un LCM estén disponibles localmente en el caso de una configuración en modo PUSH, o en un servidor PULL remoto en el caso del modo PULL.

En las secciones siguientes, veremos cómo encontrar el recurso adecuado y adaptar su sintaxis a nuestras necesidades.

4.1 Lista de los recursos disponibles

Para listar los recursos disponibles en un sistema, utilice el comando `Get-DscResource`.

A continuación, se muestra un ejemplo en un sistema Windows Server 2016 con PowerShell versión 5.1:

```
PS > Get-DscResource

ImplementedAs   Name                      ModuleName
-------------   ----                      ----------
Binary          File
Binary          SignatureValidation
PowerShell      PackageManagement         PackageManagement
PowerShell      PackageManagementSource   PackageManagement
PowerShell      PsModule                  PowerShellGet
PowerShell      PsRepository              PowerShellGet
PowerShell      Archive                   PSDesiredStateConfig...
PowerShell      Environment               PSDesiredStateConfig...
PowerShell      Group                     PSDesiredStateConfig...
Composite       GroupSet                  PSDesiredStateConfig...
Binary          Log                       PSDesiredStateConfig...
PowerShell      Package                   PSDesiredStateConfig...
```

```
Composite      ProcessSet                      PSDesiredStateConfig...
PowerShell     Registry                        PSDesiredStateConfig...
PowerShell     Script                          PSDesiredStateConfig...
PowerShell     Service                         PSDesiredStateConfig...
Composite      ServiceSet                      PSDesiredStateConfig...
PowerShell     User                            PSDesiredStateConfig...
PowerShelL     WaitForAll                      PSDesiredStateConfig
PowerShell     WaitForAny                      PSDesiredStateConfig
PowerShell     WaitForSome                     PSDesiredStateConfig
PowerShell     WindowsFeature                  PSDesiredStateConfig
Composite      WindowsFeatureSet               PSDesiredStateConfig...
PowerShell     WindowsOptionalFeature          PSDesiredStateConfig...
Composite      WindowsOptionalFeatureSet PSDesiredStateConfig...
PowerShell     WindowsPackageCab               PSDesiredStateConfig...
PowerShell     WindowsProcess                  PSDesiredStateConfig...
```

Esta información sigue siendo idéntica en Windows Server 2019 y 2022.

4.2 Recursos integrados

La gestión de los recursos de DSC ha avanzado mucho. La publicación del código fuente a través de la plataforma GitHub ha acelerado enormemente su ciclo de vida. Ahora, incluso los recursos incorporados están disponibles allí. Puede consultarlos directamente en el repositorio de GitHub:
https://github.com/PowerShell/PSDscResources/tree/master

Estos recursos ya no se mantienen. Se han trasladado al módulo xPSDesiredStateConfiguration de la Galería PowerShell, disponible en:
https://github.com/dsccommunity/xPSDesiredStateConfiguration

La 'x' al principio del nombre sirve para diferenciarlo de PSDesiredStateConfiguration, que es el motor de DSC y no un módulo experimental. xPSDesiredStateConfiguration está mantenido por la comunidad DSC.

Observación

Todos los recursos DSC están contenidos en un módulo.

4.2.1 Utilización general de un recurso

En términos generales, la declaración de un recurso DSC sigue siendo similar a la de cualquier otro. Solo difieren las propiedades específicas de cada uno. Para identificar las propiedades, utilice el comando `Get-DscResource` para dirigirse al recurso de interés y apunte a la propiedad `Properties`.

Ejemplo con el recurso `File`

```
PS > (Get-DscResource -Name File).Properties

Name                 PropertyType   IsMandatory Values
----                 ------------   ----------- ------
DestinationPath      [string]             True  {}
Attributes           [string[]]           False {Archive, Hidd...
Checksum             [string]             False {CreatedDate, ...
Contents             [string]             False {}
Credential           [PSCredential]       False {}
DependsOn            [string[]            False {}
Ensure               [string]             False {Absent, Present}
Force                [bool]               False {}
MatchSource          [bool]               False {}
PsDscRunAsCredential [PSCredential]       False {}
Recurse              [bool]               False {}
SourcePath           [string]             False {}
Type                 [string]             False {Directory, File}
```

Esto proporciona todas las propiedades configurables del recurso `File`. La columna `PropertyType` indica el tipo de datos esperados por la propiedad. La columna `IsMandatory` indica si la propiedad es obligatoria al definir el recurso en la configuración. Por último, la columna `Values` enumera los valores aceptables para determinadas propiedades. En este caso, la propiedad `Type` solo acepta los valores `Directory` o `File`.

La otra solución es utilizar el parámetro `-Syntax` en el comando `Get-DscResource` (las propiedades entre corchetes son opcionales):

```
PS > Get-DscResource -Name File -Syntax
File [String] #ResourceName
{
    DestinationPath = [string]
    [Attributes = [string[]]{ Archive | Hidden | ReadOnly | System }]
    [Checksum = [string]{ CreatedDate | ModifiedDate | SHA-1 |
SHA-256 | SHA-512 }]
    [Contents = [string]]
```

```
    [Credential = [PSCredential]]
    [DependsOn = [string[]]]
    [Ensure = [string]{ Absent | Present }]
    [Force = [bool]]
    [MatchSource = [bool]]
    [PsDscRunAsCredential = [PSCredential]]
    [Recurse = [bool]]
    [SourcePath = [string]]
    [Type = [string]{ Directory | File }]
}
```

Una vez identificados el recurso y sus propiedades, podemos pasar a la escritura:

```
...
File Myfile
{
    Ensure = "Present"
    Type = "File"
    DestinationPath = "C:\temp\Demo.txt"
    Contents = "Mi test DSC"
}
...
```

Este código, por sí solo, tiene poca utilidad y debe incluirse en un archivo de configuración. Veremos esto más adelante en el capítulo.

En este ejemplo, utilizamos el recurso DSC `File`. Se llama `MyFile`. Se utiliza para crear un archivo de texto en C:\temp llamado Demo.txt. Contendrá el texto `Mi test DSC`. La propiedad `Ensure` indica que el archivo debe estar presente.

4.2.2 Caso especial con el recurso Script

El recurso Script se utiliza de forma diferente a los demás recursos DSC incorporados. Ofrece la posibilidad de ejecutar un bloque de script en un nodo remoto. Esto es muy útil si un requisito no está cubierto por un recurso DSC. Por ejemplo, si desea activar una regla de cortafuegos en el sistema, deberá utilizar el recurso Script.

El recurso Script tiene las siguientes propiedades:

```
PS > (Get-DscResource -Name Script ).Properties

Name                 PropertyType   IsMandatory Values
----                 ------------   ----------- ------
GetScript            [string]              True {}
SetScript            [string]              True {}
TestScript           [string]              True {}
Credential           [PSCredential]       False {}
DependsOn            [string[]]           False {}
PsDscRunAsCredential [PSCredential]       False {}
```

A continuación, se describen las propiedades más importantes:

Propiedad	Descripción
GetScript	Indica el bloque de script que se ejecuta cuando se llama al comando Get-DscConfiguration. Debe devolver una tabla hash que contenga al menos una clave denominada Result.
SetScript	Indica el bloque de script que se ejecuta cuando se llama al comando Start-DscConfiguration. Solo se ejecuta si el bloque de script especificado en la propiedad TestScript devuelve el valor False.
TestScript	Indica el bloque de script utilizado para probar la configuración. El valor devuelto debe ser booleano. Cuando se utiliza Start-DscConfiguration, la respuesta de este script determina la ejecución del bloque ubicado en la propiedad SetScript. El script también se ejecuta cuando se llama al comando Test-DscConfiguration.
Credential	Especifica las credenciales que se utilizarán para ejecutar el bloque de script.

El siguiente ejemplo muestra cómo utilizar el recurso Script. En su interior, activamos la regla del firewall que autoriza las conexiones en el puerto WinRM en HTTP en redes de dominio y privadas: WINRM-HTTP-In-TCP-NoScope.

Ejemplo

```
Configuration TestScript
{
  Node localhost
  {
    Script SetFirewall
    {
      GetScript = {
        $Result = @{
            GetScript = $GetScript
            SetScript = $SetScript
            TestScript = $TestScript
            Result = ''
        }
        $RuleName ='WINRM-HTTP-In-TCP-NoScope'
        if ((Get-NetFirewallRule $RuleName).Enabled){
             $Result.Result = 'OK'
         }else{
            $Result.Result = 'KO'
        }
        $Result
      }
       SetScript = {
       Get-NetFirewallRule WINRM-HTTP-In-TCP-NoScope| `
       Set-NetFirewallRule -Enabled True
      }
      TestScript = {
        (Get-NetFirewallRule WINRM-HTTP-In-TCP-NoScope).Enabled
      }
    }
  }
}

TestScript
```

Observación

La tabla `hash` devuelta en la propiedad `GetScript` solo tiene una restricción: debe incluir una clave Result cuyo valor sea una cadena de texto. Los elementos circundantes son meramente incidentales.

4.3 Extensión de posibilidades con la DSC Community

Los recursos DSC no se limitan a los proporcionados de serie en PowerShell. Microsoft ha considerado oportuno que el diseño de los recursos esté abierto a todo el mundo, basándose en el principio de participación y puesta en común de la comunidad.

Históricamente, el equipo de PowerShell se encargaba de publicar los recursos de DSC con el nombre de Resource Kit. Aunque este nombre sigue existiendo, sobre todo como etiqueta en la PowerShell Gallery, es más bien una reliquia del pasado.

Con el tiempo, los equipos de PowerShell y DSC se separaron para formar dos grupos diferentes. Aunque estos dos equipos se comunican perfectamente entre sí, lo cierto es que hoy PowerShell y DSC son dos productos diferentes que están mucho menos vinculados que antes.

El equipo de DSC ha decidido dejar en manos de la comunidad el desarrollo de los recursos de DSC. Aunque participan en ciertas áreas, siguen centrados en el desarrollo del motor DSC y menos en los recursos. Como resultado, se fundó la DSC Community: https://dsccommunity.org/. Administrada en parte por Gael Colas, su objetivo es permitir que personas ajenas a Microsoft se conviertan en mantenedores de los recursos DSC, lo que no ocurría cuando los recursos eran propiedad de Microsoft.

La comunidad DSC se encarga de mantener, organizar y ofrecer recursos DSC de calidad. Todos los voluntarios son bienvenidos con los brazos abiertos. Ya sea abriendo una incidencia en un repositorio de recursos para informar de un error o convirtiéndose en mantenedor de recursos.

Como los recursos están integrados en módulos, se benefician de todas las ventajas de la portabilidad de los módulos. Más adelante veremos lo fácil que es instalar recursos DSC utilizando PowerShell versión 5.

Microsoft solo ofrece soporte para el motor DSC y el LCM.

4.3.1 Seguimiento de novedades

Periódicamente (cada 4 o 6 semanas), la DSC Community organiza un seminario web para hablar de las novedades y mejoras de DSC, tanto en lo que respecta a los recursos como a los módulos. Cada sesión tiene lugar en Teams, se graba y se publica en el canal YouTube de la comunidad:
https://www.youtube.com/@dsccommunity2958

Dada la velocidad a la que evolucionan los recursos de DSC, no tiene sentido presentarlos todos aquí. Sin duda, la información quedará obsoleta cuando se publique el libro. Por ello, es aconsejable consultar periódicamente los distintos repositorios de GitHub de los recursos.

4.3.2 Consulta de la PowerShell Gallery

En el capítulo Gestión de módulos y paquetes, hablamos de cómo interactuar con la PowerShell Gallery. Este repositorio contiene todos los módulos que contienen recursos DSC del kit de recursos. Para identificarlos, basta con utilizar la etiqueta `DSCResource` en el comando `Find-Module`:

```
PS > Find-Module -Tag DSCResource

Version              Name                              Repository
-------              ----                              ----------

9.0.0                NetworkingDsc                     PSGallery
9.0.0                ComputerManagementDsc             PSGallery
3.2.0.0              xCertificate                      PSGallery
5.1.0                CertificateDsc                    PSGallery
2.12.0.0             PSDscResources                    PSGallery
3.1.1                WSManDsc                          PSGallery
3.3.0                xWebAdministration                PSGallery
3.1.0.0              xPowerShellExecutionPolicy        PSGallery
9.1.0                xPSDesiredStateConfiguration      PSGallery
16.3.1               SqlServerDsc                      PSGallery
2.8.0.0              xWindowsUpdate                    PSGallery
1.2.0.0              SystemLocaleDsc                   PSGallery
6.2.0                ActiveDirectoryDsc                PSGallery
2.0.0                xDnsServer                        PSGallery
5.7.0.0              xNetworking                       PSGallery
1.4.0.0              AuditPolicyDsc                    PSGallery
2.10.0.0             SecurityPolicyDsc                 PSGallery
2.0.0.15             ReverseDSC                        PSGallery
```

```
1.3.0.151       FileContentDsc                    PSGallery
1.2.0           GPRegistryPolicyDsc               PSGallery
2.2.0           WindowsDefenderDsc                PSGallery
1.1.0           AuditSystemDsc                    PSGallery
1.4.3           AccessControlDSC                  PSGallery
1.23.517.1      Microsoft365DSC                   PSGallery
1.16.1          xFailOverCluster                  PSGallery
3.4.0.0         xStorage                          PSGallery
0.16.2          DscResource.Test                  PSGallery
2.2.0.0         xSmbShare                         PSGallery
4.1.0.0         xComputerManagement               PSGallery
3.0.0.0         xActiveDirectory                  PSGallery
4.1.0           WebAdministrationDsc              PSGallery
0.4.0.0         xPendingReboot                    PSGallery
2.1.0           xRemoteDesktopSessionHost         PSGallery
5.1.0           StorageDsc                        PSGallery
1.8.0.0         xTimeZone                         PSGallery
1.5.1           xSystemSecurity                   PSGallery
...
```

Hay un gran número de ellas. Por supuesto, no todos son propiedad de la Comunidad DSC, como cMDT. Por lo tanto, debe tener cuidado de no instalar elementos comprometedores en su sistema. Como recordatorio, el repositorio de la PowerShell Gallery no es seguro. Cualquiera puede publicar un módulo o script malicioso. Para asegurarse de no cometer un error, se recomienda comprobar la fuente del módulo.

Observación

También es posible listar todos los recursos contenidos en los módulos mediante el comando `Find-DscResource`*.*

4.3.3 Instalación desde la PowerShell Gallery

Para instalar un módulo que contenga los recursos DSC deseados, utilice el comando `Install-Module`:

```
PS > Install-Module xHyper-V
```

Por defecto, los módulos se instalan en los directorios bajo Archivos de programa; esta acción requiere privilegios elevados. Como alternativa, puede colocar el módulo en la carpeta Documentos del usuario actual estableciendo el parámetro `-Scope` en `CurrentUser`.

En este ejemplo, el módulo xHyper-V se instala para configurar hosts Hyper-V. Es posible listar los recursos que contiene, junto con cada una de sus propiedades:

```
PS > Get-DscResource -Module xHyper-V

ImplementedAs   Name                      ModuleName
-------------   ----                      ----------
PowerShell      xVHD                      xHyper-V
PowerShell      xVhdFile                  xHyper-V
PowerShell      xVMDvdDrive               xHyper-V
PowerShell      xVMHardDiskDrive          xHyper-V
PowerShell      xVMHost                   xHyper-V
PowerShell      xVMHyperV                 xHyper-V
PowerShell      xVMNetworkAdapter         xHyper-V
PowerShell      xVMProcessor              xHyper-V
PowerShell      xVMScsiController         xHyper-V
PowerShell      xVMSwitch                 xHyper-V

PS > (Get-DscResource -Name xVHD -Module xHyper-V).Properties

Name                 PropertyType   IsMandatory Values
----                 ------------   ----------- ------
Name                 [string]              True {}
Path                 [string]              True {}
DependsOn            [string[]]           False {}
Ensure               [string]             False {Absent, Present}
Generation           [string]             False {Vhd, Vhdx}
MaximumSizeBytes     [UInt64]             False {}
ParentPath           [string]             False {}
PsDscRunAsCredential [PSCredential]       False {}
Type                 [string]             False {Differencing,...
```

4.3.4 Política de nomenclatura para los recursos del DSC

Es posible que haya notado la letra x en el nombre del módulo que descargó anteriormente. Históricamente, los módulos de PowerShell que contenían recursos experimentales de DSC comenzaban con una x. De forma similar, los módulos comunitarios lo hacían con la letra c.

En la actualidad, este sistema de nomenclatura está obsoleto. Los equipos de Microsoft y la comunidad están trabajando codo con codo para producir módulos PowerShell y recursos DSC de la mayor calidad posible. Por lo tanto, es probable que, al leer estas líneas, el módulo xHyper-V se llame HyperVDSC.

El cambio de nombre está previsto para la versión 4.0.0 del módulo.

Cuando se diseña un módulo PowerShell, generalmente es para cubrir un mismo tema o escenario. Por ello, se recomienda no separar los recursos DSC de las funciones o comandos que cubren esa misma necesidad. Se debe elaborar un único módulo que combine tanto la gestión mediante comandos PowerShell como mediante recursos DSC. El único requisito es que el módulo incluya la etiqueta `DSCResource` si contiene uno o varios recursos DSC.

Si se desea cubrir un requisito o escenario con recursos DSC, pero ya existe un módulo con solo comandos PowerShell, se intenta aproximarse lo más posible en cuanto al nombre del módulo añadiendo el sufijo Dsc. También colocamos la etiqueta `DSCResource`. Por ejemplo, si quieres crear un módulo PowerShell para gestionar copias de seguridad de Windows Server, lo llamarías WindowsSeverBackupDSC, WindowsServerBackup siendo el nombre del módulo instalado al mismo tiempo que la funcionalidad de copia de seguridad de Windows Server.

Para más información sobre la política de nomenclatura de los recursos DSC, consulte el siguiente artículo en GitHub:
https://github.com/PowerShell/DscResources/blob/master/Naming.md

Aunque esté archivado, este artículo sigue siendo válido.

4.3.5 Recursos personalizados

Al igual que los recursos comunitarios, puede crear sus propios recursos DSC. Su principal objetivo es poner en práctica necesidades que no están cubiertas por los recursos ya disponibles. Estas necesidades pueden ser totalmente internas a la empresa, con especificaciones para aplicaciones empresariales. También pueden cubrir una necesidad más general que probablemente ayude a otras personas en todo el mundo. En todos estos casos, el recurso muestra rápidamente sus limitaciones. Para superar esta limitación, Microsoft proporcionó un primer método con la versión 4 de PowerShell. Luego un segundo método en la versión 5 con el uso de clases (ver el capítulo Clases), simplificando la escritura de recursos.

4.3.6 Utilización de los recursos

Los recursos DSC descargados de la PowerShell Gallery o diseñados por el usuario se utilizan del mismo modo que los recursos incorporados presentes por defecto. Sin embargo, existe una ligera diferencia. Los recursos no incorporados requieren el uso de la palabra clave `Import-DSCResource` al declarar una configuración. No obstante, es aconsejable proceder del mismo modo con los recursos presentes por defecto.

Veremos esto con más detalle en la sección Crear una configuración inicial.

`Import-DSCResource`, aunque parezca extraño, es una palabra clave. No es un comando. No puede utilizarse en la consola.

5. Crear una configuración inicial

Una configuración DSC se crea utilizando la palabra clave `configuration`. Una configuración es muy similar a una función o flujo de trabajo. Todas ellas aceptan un nombre y una definición de parámetros. También se pueden utilizar llamando a su nombre directamente en la consola, como un simple comando PowerShell.

5.1 Creación rápida con ISE

Al principio del capítulo, se explicó la sintaxis de una configuración de forma genérica. En la siguiente sección, reuniremos todo lo que tenemos, configuración y recursos, para formar una configuración DSC inicial. A continuación, llevaremos esta configuración un paso más allá añadiendo nuevos elementos.

Para empezar con buen pie a la hora de escribir una configuración, utilizamos PowerShell ISE y sus snippets. Históricamente, se podía hacer lo mismo con VSCode, pero las referencias a DSC en los snippets ofrecidos por PowerShell ya no están presentes. Aquí vemos de nuevo el deseo de dividir DSC y PowerShell.

- Abra PowerShell ISE. En un nuevo archivo, haga clic con el botón derecho y seleccione **Start Snippets** (**Iniciar fragmentos** en español). En la lista desplegable que aparece, haga clic en **DSC configuration (simple)**:

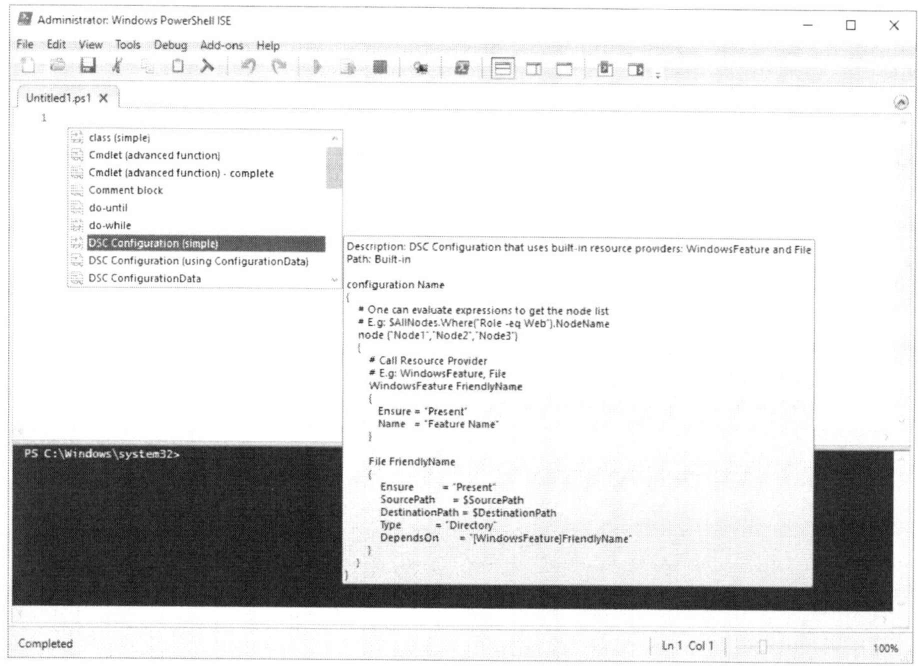

Uso del snippet DSC Configuration en PowerShell ISE

El resultado:

```
configuration Name
{
    # Posibilidad de evaluar expresiones para obtener
la lista de nodos
    # Ejemplo: $AllNodes.Where("Role -eq Web").NodeName
    node ("Nodo1", "Nodo2", "Nodo3")
    {
        # Llamar al proveedor de recursos
        # Ejemplo: WindowsFeature, File
        WindowsFeature FriendlyName
       {
           Ensure = "Presente"
           Name = " Feature Name"
```

```
        }

        File FriendlyName
        {
            Ensure          = "Present"
            SourcePath      = $SourcePath
            DestinationPath = $DestinationPath
            Type            = "Directory"
            DependsOn       = "[WindowsFeature]FriendlyName"
        }
    }
}
```

En este ejemplo, la configuración se llama Name. La palabra clave node se utiliza para indicar los nombres de host implicados en la siguiente configuración. Es posible tener varias secciones de node en la misma configuración. Aquí, la configuración se aplica a los nodos Nodo1, Nodo2 y Nodo3. Dentro del bloque del script node se encuentran los distintos recursos DSC que se van a configurar. Estos son los recursos File y WindowsFeature.

Cada recurso debe tener un nombre único. Esto se debe a que, en una misma configuración, el mismo recurso puede utilizarse varias veces para diferentes ajustes. Además, la identificación única permite gestionar las dependencias entre cada recurso. Las dependencias se indican mediante la propiedad `DependsOn`. En el ejemplo mostrado, el recurso Archivo solo se aplica si el recurso WindowsFeature está correctamente configurado.

Observación

Atención: el fragmento de PowerShell 4 ISE contiene un error. La propiedad correcta se llama DependsOn, no Requires.

- Ahora es posible modificar el modelo disponible para obtener una configuración concreta:

```
configuration ConfigBackup
{
    node ("SRV2K22","SRVDC02")
    {
        WindowsFeature WindowsBackup
        {
            Ensure = "Present"
```

```
            Name    = "Windows-Server-Backup"
        }

         File BackupFolder
         {
            Ensure          = "Present"
            DestinationPath = 'C:\Backup'
            Type            = "Directory"
            DependsOn       = "[WindowsFeature]WindowsBackup"
          }
    }
}
ConfigBackup
```

La configuración ConfigBackup se aplica a los nodos SRV2K22 y SRVDC02. Instala la funcionalidad de copia de seguridad en los hosts y garantiza la presencia de la carpeta C:\Backup. Los recursos utilizados siguen siendo los presentes en la plantilla de configuración, es decir, WindowsFeature y File.

Finalmente, la configuración se invoca en la última línea. De este modo, los archivos MOF se generan correctamente y están listos para su uso.

Solo queda ir a la carpeta que contiene el script con la configuración y ejecutarlo:

```
PS > ./ConfigBackup.ps1

    Directorio : C:\Scripts\ConfigBackup


Mode                LastWriteTime         Length Name
----                -------------         ------ ----
-a----       15/06/2018     18:29           2714 SRV2K22.mof
-a----       15/06/2018     18:29           2710 SRVDC02.mof
```

Se obtiene un archivo MOF por cada nodo declarado en la sección de node.

5.2 Aplicación de una configuración

Una vez generados los archivos MOF, solo queda aplicar la configuración mediante el comando `Start-DscConfiguration`. Esto empuja (modo PUSH) la configuración a los sistemas remotos usando el servicio WinRM.

El comando se utiliza de la siguiente manera:

```
PS > Start-DscConfiguration -Path .\ConfigBackup -Wait
```

La ruta pasada al parámetro `-Path` es la del directorio creado previamente por la configuración ConfigBackup. El comando escanea el contenido de la carpeta y recupera todos los archivos MOF que contiene para aplicar la configuración en los hosts remotos. La configuración genera un archivo MOF por cada nodo a configurar.

Sin embargo, es posible filtrar hosts remotos, bien rellenando el parámetro `-ComputerName` con el nombre de los nodos destino, bien creando sesiones CIM con cada nodo y rellenándolas en el parámetro `-CimCession`.

Observación

Las sesiones CIM se establecen a través del servicio WinRM. Se basan en el estándar abierto CIM (Common Information Management). Microsoft ha implementado este estándar para sustituir la interrogación de la base de datos WMI (Windows Management Instrumentation) que contiene toda la configuración del sistema.

El parámetro `-Wait` indica al comando que devuelva los resultados a la consola y espere a que finalice la ejecución del comando. Si se omite el parámetro, se crean trabajos en segundo plano (jobs), uno por cada nodo a configurar.

Cuando el comando finaliza, los nodos remotos tienen el rol de copia de seguridad de Windows y una carpeta en C:\Backup, en un tiempo récord.

5.3 Utilización de parámetros

Una configuración puede incluir un bloque de parámetros, al igual que las funciones y los workflows.

También es posible introducir atributos de validación para parámetros y opciones (véase el capítulo Funciones avanzadas).

En el ejemplo dado para el recurso Script, es posible pasar el nombre del ordenador:

```
PS > Configuration TestScript
{
  param(
    [Parameter(Mandatory=$true)]
    [string[]]
    $ComputerName
  )
  Node $ComputerName
  {
    Script SetFirewall
    {
          #Definición del recurso
    }
  }
}
PS > TestScript -ComputerName SRV2K22,localhost
```

5.4 Importación de un recurso

Para importar un recurso a una configuración DSC, utilice la palabra clave `Import-DscResource`. Está reservada exclusivamente a las configuraciones.

El nombre de los módulos que contienen los recursos DSC deseados se especifica como parámetro.

Ejemplo de utilización del módulo ComputerManagementDsc para la configuración del PageFile

```
Configuration PageFile {
    Import-DscResource -ModuleName ComputerManagementDsc
    Node localhost {
        VirtualMemory LabAKALYA {
            Type        = 'CustomSize'
            Drive       = 'C'
            InitialSize = '2048'
            MaximumSize = '2048'            Ensure = 'Present'
        }
    }
}
PageFile
```

Por supuesto, `Import-DSCResource` acepta varios módulos a la vez. Le recomendamos que introduzca también el nombre del módulo de los recursos DSC integrados. De lo contrario, se generará un mensaje de advertencia.

Puede ser una buena idea tener un control total sobre las versiones de los módulos utilizados en una configuración. El ciclo de vida de los módulos es relativamente corto, y una versión no deseada o con errores puede colarse en un sistema.

Para controlar las versiones, utilizamos una hashtable con la siguiente sintaxis:

```
...
Import-DscResource -ModuleName @{ModuleName='xHyper-V';
                                  ModuleVersion="3.18.0.0"},
                                @{ModuleName='xJea';
                                  ModuleVersion="0.2.16.6"}
...
```

En este caso, los módulos xHyper-V y xJea tienen las versiones 3.18.0.0 y 0.2.16.6 respectivamente. La configuración no acepta ninguna otra versión.

5.5 Datos de configuración (Configuration Data)

Las configuraciones básicas son prácticas para pequeñas configuraciones en unos pocos servidores. Sin embargo, los límites de la solución se alcanzan cuando se trabaja a gran escala, en varios cientos de servidores con una gran variedad de entornos (cualificación, preproducción, producción) y configuraciones (ejemplo: pool de direcciones de un servidor DHCP). Esta diversidad obliga a menudo a modificar los valores codificados en la configuración, o incluso a crear tantas configuraciones como entornos. Pero ese no es el objetivo de DSC. El objetivo de las configuraciones DSC es que se puedan portar a cualquier entorno para que se puedan aplicar allí y sean idempotentes.

Microsoft introduce las nociones de "configuración estructural" y "configuración de entorno".

Una configuración estructural permanece idéntica, independientemente del entorno en el que se aplique. Por ejemplo, puede que necesite instalar un rol concreto en un entorno de cualificación, preproducción o producción.

Una configuración de entorno define el contexto en el que se despliega la configuración. Por ejemplo, el nombre de los nodos, su dirección IP e incluso el nombre de dominio pueden variar en función del entorno.

Al diferenciar entre configuraciones estructurales y de entorno, se puede disfrutar de las siguientes ventajas:

- Los cambios de datos se realizan en un único lugar. Esto reduce el tiempo de implementación y los errores.
- Exportar configuraciones entre entornos es más fácil porque no se escriben datos duros en ellas. Este concepto es similar al de escribir una función o comando de PowerShell que puede reutilizarse en cualquier contexto.
- Los datos de configuración pueden reutilizarse para diferentes recursos, nodos y configuraciones.

5.5.1 Definición de una configuración de entorno

Una configuración de entorno debe seguir una sintaxis específica. Adopta la forma de una matriz asociativa, o hashtable, y debe contener nombres de clave precisos. Puede definirse de dos maneras:

- En el mismo archivo de script PS1 que contiene la definición de la configuración. Esta se declara en una variable.

El primer elemento que se introduce en la tabla hash es la clave `AllNodes`. Se trata de un arreglo (o colección) que contiene la definición del conjunto de nodos:

Ejemplo

```
$ConfigData = @{
   AllNodes = @(
         #Définition des noeuds
   )
   OtherData = ""
}
```

La definición de cada nodo también utiliza un hashtable. Esto significa que la entrada `AllNodes` es un array de hashtables. Esto puede resultar un poco confuso al principio, pero es una gran manera de organizar los datos jerárquicamente. La clave `OtherData` también está definida; se trata de una entrada personalizada. Puede añadir tantas como necesite. La única restricción es la definición correcta de `AllNodes`.

A continuación, definimos los distintos nodos afectados por la configuración en el arreglo `AllNodes`:

```
$ConfigData = @{
   AllNodes = @(
         @{
                 NodeName = "SRVDC03"
                 Role = "DomainController"
                 WindowsFeature = 'AD-Domain-Services'
         }
         @{
                 NodeName = "SRVDC04"
                 Role = "DomainController"
                 WindowsFeature = 'AD-Domain-Services'
```

```
            }
            @{
                    NodeName = 'SRVDHCP'
                    Role = 'DHCP'
                    WindowsFeature = 'DHCP'
                    DHCPScope = @{
                            IPEnd = '10.0.0.1'
                            IPStart = '10.10.0.50'
                            ScopeName = 'LabScope'
                            SubnetMask = '255.255.255.0'
             }
             } )
    OtherData = "Version 1.0"
}
```

Se definen tres tablas hash, cada una de las cuales representa un nodo. La clave NodeName es la única obligatoria, ya que indica el nombre de cada nodo. Las demás claves se personalizan según las necesidades. Son opcionales, pero útiles para lo que sigue. Más adelante, veremos la construcción de la entrada DHCPScope personalizada y opcional.

Es posible propagar una propiedad a todos los nodos. Para ello, introduzca el valor * en una clave NodeName.

Ejemplo

```
        @{
                    NodeName = "*"
                    Environnement = 'Production'
         }
```

5.5.2 Variables especiales $ConfigurationData, $AllNodes, $Nodes

Para interactuar con los datos de configuración definidos anteriormente, DSC ofrece tres variables automáticas que pueden utilizarse dentro de una configuración:

- $AllNodes: esta variable contiene todos los hashtables de los nodos definidos en la entrada AllNodes de los datos de configuración.

Observación

La variable `$AllNodes` es un arreglo, por lo que soporta el uso de los métodos `.where()` y `.foreach()`. Como estos no utilizan el pipeline, son mucho más rápidos que los comandos `Where-Object` y `Foreach-Object`. Esto permite filtrar rápidamente los nodos de cada configuración.

- `$Node`: esta variable contiene el nodo actual cuando se utiliza $AllNode en la definición de un bloque `node{}`. Podemos transponer este concepto al uso del bucle `Foreach: ($Node in $AllNodes){}`.
- `$ConfigurationData`: esta variable contiene todos los datos de configuración personalizados.

Variable $AllNodes

`$AllNodes` permite agrupar configuraciones según un criterio específico. Esto reduce los errores de entrada y las discrepancias de configuración, y facilita la actualización del código.

Solíamos escribir eso:

```
configuration MyConf
{
   Node SRVDC03
   {
           #Definición de los recursos SRVDC03
   }
   Node SRVDC04
   {
          #Definición de recursos para SRVDC04
   }
   Node SRVDHCP
   {

         #Definición del recurso SRVDHCP
   }
}
```

Gracias a `$AllNodes`, ahora puedes compartir archivos:

```
configuration MyConf
{
   node $AllNodes.Where{$_.Role -eq 'DomainController '}.NodeName
   {
      #Definición de recursos para roles ADDS
   }
  Node $AllNodes.Where{$_.Role -eq 'DHCP'}.NodeName
   {
      #Definición de recursos para roles DHCP
   }
}
```

En lugar de tener una configuración por nodo, se define una configuración para cada rol. De este modo, independientemente del número de servidores que contengan los datos de configuración, se mantiene la misma configuración de DSC.

Variable $Node

Cuando se utiliza la variable `$AllNodes` en un bloque de `node`, es posible utilizar la variable `$Node` dentro del bloque de script. Esta variable contiene todas las propiedades del objeto nodo actual. El bloque de `node` se transforma en una especie de bucle `Foreach` y se repite para cada nodo que se le asigna.

En el siguiente ejemplo, llamamos a la propiedad `WindowsFeature` definida en cada nodo para instalar el rol o funcionalidad adecuada para cada uno:

```
configuration MyConfigData
{
    Import-DscResource -module PSDesiredStateConfiguration
    node $AllNodes.NodeName
    {
        WindowsFeature InstallRole
        {
            Ensure = 'Present'
            Name = $Node.WindowsFeature
        }
    }
}
```

Aquí tenemos un ejemplo mucho más avanzado, con la configuración de un ámbito DHCP basado en la propiedad `ScopeDHCP`. Filtramos el `Rol` a `DHCP` y estipulamos que esta configuración depende de la finalización exitosa de la configuración InstallRole:

```
Import-DscResource -module xDHCpServer

 node $AllNodes.Where{$_.Role -eq 'DHCP'}.NodeName
 {
    xDhcpServerScope LabScope
   {
        Ensure = 'Present'

        IPEndRange = $Node.DHCPScope.IPEnd
        IPStartRange = $Node.DHCPScope.IPStart
        Name = $Node.DHCPScope.IPEnd.ScopeName
        SubnetMask = $Node.DHCPScope.SubnetMask
        DependsOn = "[WindowsFeature]InstallRole"
  }
 }
```

Variable $ConfigurationData

La variable `$ConfigurationData` contiene las entradas de datos adicionales introducidas durante la configuración del entorno (excluyendo la entrada `AllNodes`).

En el ejemplo, representa la propiedad `OtherData`, que se utiliza para informar al registro de la versión de la configuración DSC aplicada al archivo:

```
configuration MyConfigData
{
    Import-DscResource -module PSDesiredStateConfiguration
    node $AllNodes.NodeName
    {
        Registry VersionConfig
         {
            Ensure = "Present"
            Key = "HKEY_LOCAL_MACHINE\SOFTWARE\DSC\"
            ValueName = "VersionConfig"
            ValueType = "String"
            ValueData = $ConfigurationData.OtherData
       }
    }
}
```

5.5.3 Tener en cuenta la configuración de entorno

Una configuración DSC tiene parámetros automáticos, como `-ConfigurationData`. Se utiliza para pasar datos de configuración del entorno a la configuración DSC.

Ejemplo

```
PS > MyConfigData -ConfigurationData $ConfigData
```

Si opta por un PSD1:

```
PS > MyConfigData -ConfigurationData C:\Scripts\ConfigData.psd1
```

5.5.4 Resumen

Aquí está la configuración completa:

```
$ConfigData = @{
   AllNodes = @(
         @{
                NodeName = "SRVDC03"
                Role = "DomainController"
                WindowsFeature = 'AD-Domain-Services'
          }
          @{
                NodeName = "SRVDC04"
                Role = "DomainController"
                WindowsFeature = 'AD-Domain-Services'

          }
          @{
                NodeName = 'SRVDHCP'
                Role = 'DHCP'
                WindowsFeature = 'DHCP'
                DHCPScope = @{
                   IPEnd = '10.0.0.1'
                   IPStart = '10.10.0.50'
                   ScopeName = 'LabScope'
                   SubnetMask = '255.255.255.0'
                }
          }
   )
   OtherData = "Version 1.0"
}
```

```
configuration MyConfigData
{
    Import-DscResource -module xDHCpServer,
                            PSDesiredStateConfiguration
    node $AllNodes.NodeName
    {
        WindowsFeature InstallRole
        {
            Ensure = 'Present'
            Name = $Node.WindowsFeature
         }
         Registry VersionConfig
         {
            Ensure = "Present"
            Key = "HKEY_LOCAL_MACHINE\SOFTWARE\DSC\"
            ValueName = "VersionConfig"
            ValueType = "String"
            ValueData = $ConfigurationData.OtherData
        }

    }
    node $AllNodes.Where{$_.Role -eq 'DHCP'}.NodeName
    {
        xDhcpServerScope LabScope
        {
            Ensure = 'Present'
            IPEndRange = $Node.DHCPScope.IPEnd
            IPStartRange = $Node.DHCPScope.IPStart
            Name = $Node.DHCPScope.IPEnd.ScopeName
            SubnetMask = $Node.DHCPScope.SubnetMask
            DependsOn = "[WindowsFeature]InstallRole"
        }
    }
}

MyConfigData -ConfigurationData $ConfigData `
             -OutputPath C:\Script\MyConfigData
Start-DscConfiguration -Path C:\Script\MyConfigData -Wait `
                       -Verbose
```

6. Configuración del LCM

El LCM es el motor responsable de aplicar las configuraciones DSC a su sistema anfitrión (nodo).

La configuración se describe en un archivo MOF generado cuando se ejecuta una configuración de script.

6.1 Configuración actual

El LCM puede configurarse mediante un conjunto de metaconfiguraciones. Para conocer la configuración actual del LCM, utilice el comando `Get-DscLocalConfigurationManager`.

```
PS > Get-DSCLocalConfigurationManager

ActionAfterReboot              : ContinueConfiguration
AgentId                        : 2B7CB1C9-70BD-11E8-80DB-00155D01
                                 0108
AllowModuleOverWrite           : False
CertificateID                  :
ConfigurationDownloadManagers  : {}
ConfigurationID                :
ConfigurationMode              : ApplyAndMonitor
ConfigurationModeFrequencyMins : 15
Credential                     :
DebugMode                      : {NONE}
DownloadManagerCustomData      :
DownloadManagerName            :
LCMCompatibleVersions          : {1.0, 2.0}
LCMState                       : Idle
LCMStateDetai                  :
LCMVersion                     : 2.0
StatusRetentionTimeInDays      : 10
SignatureValidationPolicy      : NONE
SignatureValidations           : {}
MaximumDownloadSizeMB          : 500
PartialConfigurations          :
RebootNodeIfNeeded             : False
RefreshFrequencyMins           : 30
RefreshMode                    : PUSH
ReportManagers                 : {}
ResourceModuleManagers         : {}
```

Observación

La versión 5.0 de PowerShell ha añadido nuevas propiedades al LCM. Se abordará este tema más adelante.

Es posible conocer la configuración de un sistema remoto mediante una sesión de tipo CIM:

```
PS > $CimSession = New-CimSession -ComputerName SRVDC02
PS > Get-DSCLocalConfigurationManager -CimSession $CimSession
```

6.2 Configuración LCM

El LCM de PowerShell 5.0 ha experimentado una serie de mejoras. Se le han añadido muchas propiedades y se han eliminado algunas.

Para adaptarse a estos cambios, se ha revisado la sintaxis de la metaconfiguración.

En primer lugar, el atributo `[DSCLocalConfigurationManager()]` debe rellenarse antes de la palabra clave de `configuration`, y esta configuración debe ser específica del LCM:

```
[DSCLocalConfigurationManager()]
configuration LCMConf
{
    ...
}
```

En la versión 4.0 de PowerShell, el bloque de recursos se llamaba entonces `LocalConfigurationManager`. Esto ya no es así en la versión 5.1. Se ha dividido en varios bloques de recursos:

Nombre del recurso	Descripción
`Settings`	Recupera las propiedades del bloque de recursos `LocalConfigurationManager`con algunas propiedades adicionales y otras obsoletas.

Nombre del recurso	Descripción
`ConfigurationRepositoryWeb`	Especifica la ubicación de un PULL Server Web para recuperar configuraciones.
`ConfigurationRepositoryShare`	Especifica la ubicación de un recurso compartido SMB para recuperar configuraciones.
`ResourceRepositoryWeb`	Especifica la ubicación de un PULL Server Web para recuperar módulos.
`ResourceRepositoryShare`	Especifica la ubicación de un recurso compartido SMB para recuperar módulos.
`ReportServerWeb`	Especifica un servicio web para el envío de informes.
`PartialConfiguration`	Especifica los datos para configurar la configuración parcial.

Observación

Aunque con PowerShell 5.0 se ha introducido una nueva sintaxis, la antigua sigue funcionando.

Algunas propiedades del recurso `LocalConfigurationManager` reintroducidas en el recurso `Settings` han quedado obsoletas.

A continuación, se ofrece un resumen de las propiedades de otros recursos específicos de LCM:

- `Settings`:

Propiedad	Descripción
`ActionAfterReboot`	Especifica las acciones a realizar tras un reinicio mientras se aplica una configuración. Los valores posibles son: - `ContinueConfiguration`: se sigue aplicando la configuración (valor predeterminado). - `StopConfiguration`: se detiene la configuración actual.
`AllowModuleOverWrite`	Indica si los módulos descargados del PULL server sobrescriben a los ya presentes localmente. El tipo de valor es booleano. El valor predeterminado es `$false`.
`CertificateID`	GUID de la configuración que se recuperará del PULL server, cuando la propiedad `RefreshMode` sea `PULL`.

Propiedad	Descripción
`ConfigurationMode`	Especifica cómo debe aplicar el LCM la configuración del DSC. Los valores posibles son: – `ApplyOnly`: la configuración se aplica una sola vez. – `ApplyAndMonitor`: aplica la configuración DSC y comprueba periódicamente que sigue siendo correcta. En caso de desviación, se crea una entrada en el registro de eventos. – `ApplyAndAutoCorrect`: la configuración se aplica y se comprueba periódicamente para garantizar que sigue siendo conforme. Si la configuración se desvía, el motor de LCM vuelve a aplicarla.
`ConfigurationMode FrequenceMins`	Indica la frecuencia (en minutos) con la que el LCM comprueba que la configuración se encuentra en el estado deseado. El valor predeterminado es de 15 minutos.
`DebugMode`	Configura el modo Debug del LCM, con los siguientes valores posibles: – `None`: indica al LCM que utilice los recursos DSC disponibles en caché. Este es el valor predeterminado recomendado para su uso en un entorno de producción. – `ForceModuleImport`: indica al LCM que vuelva a descargar todos los módulos de recursos utilizados. Esto puede ralentizar la configuración. Se utiliza para depurar un recurso DSC. – `All`: por el momento, funciona de la misma manera que `ForceModuleImport`.

Propiedad	Descripción
RebootNodeIfNeeded	Especifica si el nodo se reinicia automáticamente cuando lo solicita la configuración. Acepta un valor booleano. Esta propiedad puede acoplarse con el recurso PendingReboot del módulo ComputerManagementDSC.
RefreshMode	Indica el modo de actualización de la configuración de LCM: – PUSH: la configuración se envía al nodo mediante el comando Start-DscConfiguration. – PULL: el LCM comprueba periódicamente con un PULL Server si hay una nueva configuración disponible. En caso afirmativo, se descarga la configuración.
RefreshFrequencyMins	Indica la frecuencia (en minutos) con la que el LCM consulta la configuración al PULL Server. Si hay una nueva configuración disponible, se descarga en la tienda local para aplicarla más tarde. El valor predeterminado es de 30 minutos.
ReportManagers	Sustituido por el recurso ReportServerWeb.
ResourceModuleManagers	Sustituido por los recursos ResourceRepositoryWeb y ResourceRepositoryShare.
StatusRetentionTimeInDays	Especifica el número de días durante los cuales el LCM conserva el estado actual de configuración. El valor predeterminado es 10.

- ConfigurationRepositoryWeb:

Propiedad	Descripción
AgentID	Identificador único del nodo.
AllowUnsecureConnection	Si el valor es $true, el nodo puede conectarse al PULL Server sin autenticación. Si el valor es $false, se requiere autenticación.
CertificateID	Especifica el identificador (Thumbprint) de un certificado utilizado para la autenticación en el PULL Server que contiene las configuraciones.
ConfigurationNames	Especifica los nombres de las configuraciones que se aplicarán al nodo. Solo se utiliza si el nodo está registrado en el PULL Server utilizando la clave especificada en la propiedad RegistrationKey.
RegistrationKey	Especifica el GUID con el que el nodo está registrado en el PULL Server que contiene las configuraciones. No se utiliza si se especifica ConfigurationID.
ServerURL	Especifica la URL del PULL Server que contiene las configuraciones.

- ConfigurationRepositoryShare:

Propiedad	Descripción
Credential	Especifica las credenciales utilizadas para conectarse al recurso compartido SMB.
SourcePath	Indica la ubicación del recurso compartido SMB.

- `ResourceRepositoryWeb`:

Propiedad	Descripción
`AllowUnsecureConnection`	Si el valor es `$true`, el nodo puede conectarse al PULL Server sin autenticación. Por el contrario, `$false` hace que la autenticación sea obligatoria.
`CertificateID`	Especifica el identificador (Thumbprint) de un certificado utilizado para la autenticación en el PULL Server que contiene los módulos.
`RegistrationKey`	Especifica el GUID con el que se registra el nodo en el PULL server que contiene los recursos del módulo. No se utiliza si se especifica `ConfigurationID`.
`ServerURL`	Especifica la URL del PULL server que contiene los recursos del módulo.

- `ResourceRepositoryShare`:

Propiedad	Descripción
`Credential`	Especifica las credenciales utilizadas para conectarse al recurso compartido SMB.
`SourcePath`	Indica la ubicación del recurso compartido SMB.

- `ReportServerWeb`:

Propiedad	Descripción
`AllowUnsecureConnection`	Si el valor es `$true`, el nodo puede conectarse al PULL Server sin autenticación. Por el contrario, `$false` hace que la autenticación sea obligatoria.

Propiedad	Descripción
`CertificateID`	Especifica el identificador (Thumbprint) de un certificado utilizado para la autenticación en el PULL Server que contiene los módulos.
`RegistrationKey`	Especifica el GUID con el que se registra el nodo en el PULL Server que contiene los recursos del módulo. No se utiliza si se especifica `ConfigurationID`.
`ServerURL`	Especifica la URL del PULL Server que contiene los recursos del módulo.

El recurso `PartialConfiguration` se tratará más adelante en este capítulo.

Una vez vistas las distintas propiedades, veamos cómo completar el archivo:

```
[DSCLocalConfigurationManager()]
Configuration LCMConfV5
{
    Settings
    {
            ConfigurationMode = "ApplyAndAutoCorrect"
            ConfigurationModeFrequencymins = 60
            RebootNodeIfNeeded = $true
    }
}
```

En el ejemplo dado, la configuración se llama `LCMConfV5`. Se aplica al host local. En lugar de un recurso DSC, se utiliza el bloque `Settings`. Dentro de este bloque se definen las distintas propiedades del LCM. En este caso, lo configuramos para que se autocorrija en caso de desviación de la configuración. A continuación, cambiamos la frecuencia de la comprobación de desviación de 15 a 60 minutos. Por último, le decimos que se reinicie automáticamente si la aplicación de configuración se lo pide. Estos elementos se registran en un archivo `ConfigLCMConfV5.ps1`.

A continuación, se llama a la configuración para generar el archivo MOF de metaconfiguración:

```
PS >  ./ConfigLCMConfV5.psd1
PS > LCMConfV5

Répertoire : C:\Scripts\LCMConfV5


Mode                LastWriteTime         Length Name
----                -------------         ------ ----
-a----        16/06/2018     18:57          1286 localhost.meta.mof
```

6.3 Aplicación de una metaconfiguración

Tanto si se utiliza PowerShell versión 4.0 como superior, la configuración de LCM se aplica del mismo modo. Se utiliza el comando `Set-DscLocalConfigurationManager`, en lugar del comando `Start-DscConfiguration` llamado para la confirmación estándar de DSC.

Ejemplo de metaconfiguración LCM

```
PS > Set-DscLocalConfigurationManager C:\Scripts\LCMConfV5
```

Ahora podemos comprobar que se ha tenido en cuenta la configuración:

```
PS > Get-DscLocalConfigurationManager

ActionAfterReboot              : ContinueConfiguration
AgentId                        : 2B7CB1C9-70BD-11E8-80DB-00155D010108
AllowModuleOverWrite           : False
CertificateID                  :
ConfigurationDownloadManagers  : {}
ConfigurationID                :
ConfigurationMode              : ApplyAndAutoCorrect
ConfigurationModeFrequencyMins : 60
Credential                     :
DebugMode                      : {NONE}
DownloadManagerCustomData      :
DownloadManagerName            :
LCMCompatibleVersions          : {1.0, 2.0}
LCMState                       : Idle
LCMStateDetail                 :
LCMVersion                     : 2.0
StatusRetentionTimeInDays      : 10
```

```
SignatureValidationPolicy      : NONE
SignatureValidations           : {}
MaximumDownloadSizeMB          : 500
PartialConfigurations          :
RebootNodeIfNeeded             : True
RefreshFrequencyMins           : 30
RefreshMode                    : PUSH
ReportManagers                 : {}
ResourceModuleManagers         : {}
PSComputerName                 :
```

7. Archivos MOF

MOF (*Managed Object Format*) es un formato de archivo definido por el DMTF. MOF se basa en el formato IDL (*Interface Definition Language*) para estructurar el archivo.

La sintaxis MOF está escrita de tal forma que puede ser entendida tanto por el hombre como por la máquina. Se utiliza para definir clases e instancias orientadas a objetos.

7.1 Archivo de configuración MOF

Ejemplo del archivo MOF para la configuración ConfigBackup del nodo SRV2K22:

```
/*
@TargetNode='SRV2K22'
@GeneratedBy=administrateur
@GenerationDate=06/15/2018 18:56:57
@GenerationHost=SRV2K22
*/

instance of MSFT_RoleResource as $MSFT_RoleResource1ref
{
ResourceID = "[WindowsFeature]WindowsBackup";
 Ensure = "Present";
 SourceInfo = "::5::9::WindowsFeature";
 Name = "Windows-Server-Backup";
 ModuleName = "PsDesiredStateConfiguration";

ModuleVersion = "1.0";
```

```
 ConfigurationName = "ConfigBackup";

};
instance of MSFT_FileDirectoryConfiguration as
$MSFT_FileDirectoryConfiguration1ref
{
ResourceID = "[File]BackupFolder";
 Type = "Directory";
 Ensure = "Present";
 DestinationPath = "C:\\Backup";
 ModuleName = "PSDesiredStateConfiguration";
 SourceInfo = "::11::9::File";

ModuleVersion = "1.0";

DependsOn = {

    "[WindowsFeature]WindowsBackup"};

 ConfigurationName = "ConfigBackup";

};
instance of OMI_ConfigurationDocument


{
 Version="2.0.0";
 MinimumCompatibleVersion = "1.0.0";
 CompatibleVersionAdditionalProperties=
{"Omi_BaseResource:ConfigurationName"};
 Author="administrateur";
 GenerationDate="06/15/2018 18:56:57";
 GenerationHost="SRV2K22";
 Name="ConfigBackup";
};
```

7.2 Archivo MOF de metaconfiguración

Ejemplo de archivo de metaconfiguración creado en la sección Configuración de LCM:

```
/*
@TargetNode='localhost'
@GeneratedBy=administrateur
@GenerationDate=06/16/2018 18:57:16
@GenerationHost=SRV2K22
*/

instance of MSFT_DSCMetaConfiguration as
$MSFT_DSCMetaConfiguration1ref
{
ConfigurationModeFrequencyMins = 60;
 ConfigurationMode = "ApplyAndAutoCorrect";
 RebootNodeIfNeeded = True;

};

instance of OMI_ConfigurationDocument
{
 Version="2.0.0";
 MinimumCompatibleVersion = "1.0.0";
 CompatibleVersionAdditionalProperties= {
"MSFT_DSCMetaConfiguration:StatusRetentionTimeInDays" };
 Author="administrateur";
 GenerationDate="06/16/2018 18:57:16";
 GenerationHost="SRV2K22";
 Name="LCMConf";
};
```

8. Seguridad y contexto de ejecución (credentials)

El LCM se ejecuta con la cuenta LocalSystem. Esta es una limitación importante cuando una configuración requiere acceder a un recurso de red, como un recurso compartido SMB. En efecto, se deniega el acceso al nodo.

Hay varias soluciones posibles a este problema:

- Modificar los derechos de uso compartido para autorizar el acceso a la cuenta Ordenador.
- Pasar las credenciales a la configuración.

La primera solución tiene un alcance muy limitado. Si desea instalar un controlador de dominio, se requieren credentials de dominio y la solución no se aplica aquí.

Puede optar entonces por la segunda solución. Sin embargo, dado que la aplicación de una configuración implica la generación de un archivo MOF, este último contiene la información de identificación, es decir, el nombre de cuenta y la contraseña. Existen dos opciones. La primera consiste en escribir la contraseña en texto plano en el archivo, con todos los problemas de seguridad que ello conlleva. La segunda opción es configurar certificados para encriptar las contraseñas dentro del archivo MOF. Sin embargo, configurar esto es mucho más restrictivo.

Observación

También puede optar por una sesión remota de PowerShell para llamar a la configuración localmente y generar el archivo MOF en el nodo. Esto reduce los riesgos, pero las contraseñas siguen estando almacenadas localmente en el equipo. Además, cuando se utiliza una configuración en modo PULL, no es posible utilizar una sesión PowerShell. El uso de un certificado sigue siendo la solución más segura. DSC también se utiliza de forma estándar, sin soluciones que compliquen su uso en caso de incidente.

La propiedad automática PsDscRunAsCredential

En la versión 5.1 de PowerShell, cada recurso tiene automáticamente una propiedad llamada `PsDscRunAsCredential`. Esto permite aplicar la configuración en el contexto de una cuenta distinta de la cuenta LocalSystem. Por lo tanto, ya no es necesario utilizar las propiedades `Credential` de cada recurso, excepto en casos especiales.

9. Protección de credentials en una configuración

Para algunos recursos, es necesario utilizar credentials en las configuraciones. Este puede ser el caso si el nodo necesita acceder a un recurso compartido de red, o si necesita ser promovido a controlador de dominio.

Cuando se utilizan credentials, el nombre de usuario y la contraseña se almacenan en el archivo MOF generado. Esta contraseña puede adoptar una de estas dos formas:

- en un lenguaje claro y legible
- cifrado mediante certificado

Obviamente, el primer caso está reservado a los entornos de prueba. El cifrado debe instalarse en todos los demás entornos, ya que es dudoso que un gestor aprecie que la contraseña del administrador del dominio se almacene en texto claro en un entorno de producción. Más aún si se utiliza un servidor PULL, que centraliza todas las configuraciones en un único punto.

9.1 Prerrequisitos

Configurar el cifrado de contraseñas dentro de los archivos MOF requiere una serie de requisitos previos:

- Los certificados deben permitir el cifrado de los documentos. Pueden proceder de una infraestructura de gestión de claves (PKI), como Active Directory Certificate Service (AD CS), o pueden ser unos cuantos certificados generados manualmente o por terceros. Lo ideal es un certificado de cifrado por nodo.

Truco

Desde la versión 5 de PowerShell, es posible utilizar el comando `New-SelfSignedCertificate` para generar certificados autofirmados.

9.2 Etapas de implementación

La implementación de credenciales seguras implica una serie de pasos específicos:

- Configurar los certificados de cifrado en cada nodo, exportando su clave pública y su huella digital (Thumbprint). Este paso no se detalla en las siguientes secciones, pero tenga en cuenta que para nuestro ejemplo, el certificado se generó a través del servicio AD CS en una plantilla personalizada que permite el cifrado de documentos.
- Escribir toda la configuración con:
  - La creación de datos de configuración (**ConfigurationData**) para cada nodo con la ubicación del archivo de clave pública (.cert) y la huella digital del certificado (Thumbprint).
- Creación y aplicación de archivos MOF.

9.3 Datos de configuración (Configuration Data)

Para cifrar las credentials durante la configuración, se deben utilizar datos de configuración (Configuration Data).

En este ejemplo, definimos un nodo llamado SRV2K22, que tiene instalada la versión 5.1 de PowerShell. En su configuración, además de su nombre, especificamos la clave pública y la huella digital de su certificado:

```
$ConfigData = @{
   AllNodes = @(
         @{
          NodeName = 'SRV2K22'

          #Ruta de la clave pública del certificado
          CertificateFile = 'C:\Scripts\SRV2K22.cer'
```

```
            #Impresión del certificado en el LCM remoto
            ThumbPrint = '791993A3A182EEB9E9857AC80BD3AB9F7125C61B'
        }
    )
}
```

Observación

Si desea forzar que la contraseña sea en texto plano en una configuración, especifique la entrada `PSDscAllowPlainTextPassword` con el valor `$true`. Si esta entrada y `CertificateFile` se especifican en el mismo nodo, las contraseñas estarán en texto claro.

9.4 Configuración

9.4.1 Configuraciones de escritura

Con los datos de configuración listos, ahora puede crear la configuración DSC y la configuración LCM que se aplicará en el host remoto.

Configuración DSC:

```
configuration CopyFileShare
{
    param(
        [Parameter(Mandatory=$true)]
        [Pscredential]$Credential
    )
   Import-DscResource -ModuleName PSDesiredStateConfiguration

    node $AllNodes.NodeName
    {
        File TxtShareFile
        {
          DestinationPath = '\\synology\vm\MyFile.txt'
            Contents = 'TestCrypt'
           Credential = $credential
      }
    }
}
```

En esta configuración, utilizamos un parámetro `-credential` para pasar una credencial a la configuración. Esta credencial se utilizará entonces para acceder a un recurso compartido, donde creará un archivo con contenido `TestCrypt`.

Observación

Los datos de configuración contenidos en el archivo de configuración DSC pueden transferirse a un archivo de datos en formato PSD1.

Configuración LCM:

```
[DSCLocalConfigurationManager()]
configuration LCMCryptNode
{
  node $AllNodes.NodeName
  {
    Settings
    {
        CertificateID = $Node.ThumbPrint
    }

  }
}
```

Para el LCM, simplemente especificamos la huella digital del certificado que se utilizará para descifrar la contraseña.

9.4.2 Generación de archivos MOF

Para generar archivos MOF, llame a las configuraciones directamente por su nombre, recordando especificar los parámetros obligatorios:

```
PS > CopyFileShare -Crendential admin `
                 -ConfigurationData $ConfigData


    Répertoire : C:\Scripts\CopyFileShare


Mode                LastWriteTime         Length Name
----                -------------         ------ ----
-a----        17/06/2018     00:19          3534 SRV2K22.mof
```

En este caso, aparece una interfaz que solicita la contraseña de la cuenta admin. Introduzca la contraseña y se generará el archivo MOF.

El mismo trabajo con la configuración LCM:

```
PS > LCMCryptNode -ConfigurationData $ConfigData


    Répertoire : C:\Scripts\LCMCryptNode


Mode                LastWriteTime         Length Name
----                -------------         ------ ----
-a----       17/06/2018     00:19           1194 SRV2K22.meta.mof
```

Ahora que se han generado los archivos MOF, puede comprobar que la contraseña está cifrada:

```
/*
@TargetNode='SRV2K22'
@GeneratedBy=administrateur
@GenerationDate=06/17/2018 00:19:03
@GenerationHost=SRV2K22
*/

instance of MSFT_Credential as $MSFT_Credential1ref
{
Password = "-----BEGIN CMS-----
\nMIIBVQYJKoZIhvcNAQcDoIIBRjCCAUICAQAxgf4wgfsCAQAwZDBNMRUwEwYKCZI
miZPyLGQBGRYF\nbG9jYWwxFjAUBgoJkiaJk/IsZAEZFgZGU1BTVUcxHDAaBgNVBA
MTE0ZSUFNVRy1TU1YySzEyUjIt\nQ0ECExsAAAAGB3i0uv2NAmgAAAAAAAYwDQYJK
oZIhvcNAQEHMAAEgYAZtimDVbyyDxxvuwSVQCJN\nGhB2or5P9Sso0y005lk0ouEp
QFBelu+n8aoHE+wdsecN2cUlWrvIJTSsYWv3ctaZ3gNhG9N8TYQ+\nXALxkoH/738
c29sQUxEHOGQlcoHF0f8/7YQX8rGOyJwXjIzCzCO4Es+CI44rdhgqlCxCfkPgBjA8\
nBgkqhkiG9w0BBwEwHQYJYIZIAWUDBAEqBBDI0709vRGmYQZm0IxqiRv9gBDo/Hf9
Nif7M6UKdakl\n7xsP\n-----END CMS-----";
 UserName = "admin";

};

instance of MSFT_FileDirectoryConfiguration as
$MSFT_FileDirectoryConfiguration1ref
{
ResourceID = "[File]TxtShareFile";
 Credential = $MSFT_Credential1ref;
 Contents = " TestCrypt
```

```
 DestinationPath = "\\\\synology\\vm\\MyFile.txt";
 ModuleName = "PSDesiredStateConfiguration";
 SourceInfo =
"C:\\Users\\administrateur.AKALYA\\Documents\\ConfigueCrypteBook.
ps1::24::9::File";

ModuleVersion = "1.0";

 ConfigurationName = "CopyFileShare";

};
instance of OMI_ConfigurationDocument

{
   Version="2.0.0";
   MinimumCompatibleVersion = "1.0.0";
   CompatibleVersionAdditionalProperties=
{"Omi_BaseResource:ConfigurationName"};
   Author="administrateur";
   GenerationDate="06/17/2018 00:19:03";
   GenerationHost="SRV2K22";
   ContentType="PasswordEncrypted";
   Name="CopyFileShare";
};
```

La contraseña en negrita está encriptada. A continuación, se configura el LCM.

9.4.3 Configuración del LCM

Para que el LCM remoto pueda descifrar la contraseña del archivo MOF, es necesario modificar su configuración por defecto. Esto le indica la huella digital del certificado que debe utilizarse. Como recordatorio, el certificado en cuestión debe estar en la tienda informática del nodo.

Comando que se utilizará para configurar el LCM :

```
PS > Set-DscLocalConfigurationManager `
        -Path C:\Scripts\LCMCryptNode
```

9.4.4 Aplicación de la configuración

El último paso es aplicar la configuración en el nodo remoto:

```
PS > Start-DscConfiguration -Path C:\Scripts\CopyFileShare -wait
```

9.5 Obtener la huella digital de un certificado de cifrado

Es posible consultar la tienda local de certificados utilizando PowerShell. Esto es aún más sencillo, ya que PowerShell proporciona un proveedor para realizar esta tarea. El siguiente comando enumera todos los certificados personales de la tienda informática:

```
Get-ChildItem -Path Cert:\LocalMachineMy
```

Para especificar qué certificados tienen cifrado de documentos, utilice el siguiente comando:

```
PS > Get-ChildItem Cert:\LocalMachine\My |
     where-Object {$_.EnhancedKeyUsageList.ObjectID -contains
'1.3.6.1.4.1.311.80.1'}

   PSParentPath :
Microsoft.PowerShell.Security\Certificate::LocalMachine\My

Thumbprint                                  Subject
----------                                  -------
791993A3A182EEB9E9857AC80BD3AB9F7125C61B  CN=PowershellCert
```

10. Configuración de un PULL Server

El modo PULL tiene grandes ventajas sobre el modo PUSH. En un entorno a gran escala, las configuraciones de servidor en modo PUSH alcanzan rápidamente sus límites.

El objetivo del modo PULL es centralizar las configuraciones de cada nodo y garantizar que ellos mismos descarguen las nuevas configuraciones y, sobre todo, que descarguen automáticamente los recursos DSC necesarios para aplicar las configuraciones.

El PULL Server Web también permite configurar informes para supervisar el estado de cumplimiento de cada nodo.

10.1 Evolución del PULL Server

Desde la llegada de PowerShell Core, Microsoft ha aparcado un poco las evoluciones funcionales de la funcionalidad PULL Server Web de Windows Server. Ahora recomienda las soluciones Azure Automation Desired State Configuration Service y Azure Automanage Machine Configuration. Como su nombre indica, solo están disponibles en la plataforma en la Cloud Azure del editor. Si por alguna razón no es posible utilizar Azure para crear un PULL Server Web, o con funcionalidad Windows Server, aún queda la opción de utilizar proyectos de la comunidad. Hay dos de ellos:

- Tug: https://github.com/powershellorg/tug
- DSC-TRÆK: https://github.com/powershellorg/dsc-traekDSC-TRÆK

Por desgracia, parece que estos proyectos llevan varios años aparcados. Lo que queda es la posibilidad de utilizar la compartición SMB, con las limitaciones que conlleva.

En las secciones siguientes, hemos optado por centrarnos en el uso de Windows Server.

10.2 PULL Server bajo recurso compartido SMB

Desde la versión 5.1 de PowerShell, ha sido posible construir un PULL Server desde un simple recurso compartido SMB. La implementación no se cubre aquí. Se recomienda para estructuras pequeñas con muy pocos requisitos.

Observación

Con un PULL Server SMB no es posible establecer un sistema de informes de configuración. Tampoco son posibles las configuraciones basadas en nombres.

10.3 PULL Server Web

Entre la versión 4.0 y la versión 5.0, la configuración de un PULL Server Web algo ha cambiado. Sin embargo, una cosa sigue siendo la misma: el uso del recurso `xDscWebService` contenido en el módulo `xPSDesiredStateConfiguration` para facilitar su instalación. Para descargar el módulo `xPSDesiredStateConfiguration`, consulte la sección Instalación desde la PowerShell Gallery de este capítulo.

10.3.1 Prerrequisitos

El método de instalación presentado aquí es válido para un entorno Windows PowerShell versión 5.1.

La versión 5.1 de Windows PowerShell añade la posibilidad de registrarse en un Servidor PULL Web. En la versión 4.0, todo lo que había que hacer era hacer coincidir un identificador único entre el nombre de la configuración en el Servidor PULL y el LCM del nodo (propiedad `ConfigurationID`). Pero esto proporcionaba muy poca flexibilidad.

El registro en el PULL Server puede realizarse de dos maneras:

- uso de una clave de registro generada por el usuario.
- uso de certificados de autenticación informática emitidos por una autoridad de certificación (PKI) como AD CS (uno por cada nodo).

Los siguientes ejemplos utilizan una clave de registro.

Observación

La clave de registro genera implícitamente un intercambio de certificados autofirmados entre el servidor y el nodo durante el primer contacto. Una vez que el intercambio se realiza correctamente, la clave se elimina del LCM.

10.3.2 Escribir la configuración del PULL Server

La instalación de un PULL Server DSC demuestra la potencia de la herramienta. De hecho, un PULL Server Web DSC se instala con... DSC. Echemos un vistazo a la configuración:

```
configuration MyDSCPullServer
{
    param
    (
        [string[]]$NodeName = 'localhost',

        [parameter(mandatory=$true)]
        [string] $certificateThumbPrint,

        [parameter(mandatory=$true)]
        [string] $RegistrationKey
    )

    Import-DSCResource -ModuleName xPSDesiredStateConfiguration,
                                   PSDesiredStateConfiguration

    Node $NodeName
    {
         WindowsFeature DSCServiceFeature
        {
            Ensure = "Present"
            Name   = "DSC-Service"

        }

        xDscWebService MyPullServer
        {
            Ensure                  = "Present"
            EndpointName            = "MyPullServer"
            Port                    = 8080
            PhysicalPath            =
"$env:SystemDrive\inetpub\wwwroot\MyPullServer"
            CertificateThumbPrint   = $certificateThumbPrint
            ModulePath              =
"$env:PROGRAMFILES\WindowsPowerShell\DscService\Modules"
            ConfigurationPath       =
"$env:PROGRAMFILES\WindowsPowerShell\DscService\Configuration"
            State                   = "Started"
            RegistrationKeyPath     =
"$env:PROGRAMFILES\WindowsPowerShell\DscService"
            UseSecurityBestPractices = $false
            DependsOn               =
```

```
"[WindowsFeature]DSCServiceFeature"
        }

        File RegistrationKeyFile
        {
            Ensure          = 'Present'
            Type            = 'File'
            DestinationPath =
"$env:ProgramFiles\WindowsPowerShell\DscService\RegistrationKeys.txt"
            Contents        = $RegistrationKey
        }
    }
}
```

El parámetro `-certificateThumbPrint` espera a que la huella digital del certificado del ordenador se instale en el servidor web para cambiar a HTTPS. El certificado debe estar presente en el host que aloja el PULL Server. En este caso, se utiliza una autoridad de certificación AD CS para generar el certificado.

Observación

Si solo desea utilizar HTTP, simplemente sustituya el valor de la propiedad `CertificateThumbPrint` por `AllowunencryptedTraffic`.

El parámetro `-RegistrationKey` espera el valor de la clave de registro que será intercambiada entre el PULL Server y el LCM del nodo. A continuación, se explica cómo generarla:

```
PS > $RegistrationKey  = [GUID]::NewGUID()
PS > $RegistrationKey
098007d6-bfdd-4948-abb9-3e2696d5aed0
```

La clave se copia en un archivo de texto gracias el recurso `File`. La ubicación del archivo de texto se define en la configuración del PULL Server mediante la propiedad `RegistrationKeyPath`.

A continuación, se describen brevemente las propiedades del recurso `xDscWebService`:

Propiedad	Descripción
`EndpointName`	Nombre del servicio web.
`CertificateThumbprint`	Huella digital del certificado utilizado para cambiar a HTTPS.
`Port`	Puerto de escucha del servicio web.
`PhysicalPath`	Ubicación del contenido del servicio web.
`State`	Estado del servicio web.
`ModulePath`	Ubicación de almacenamiento de los recursos DSC.
`Configuration Path`	Ubicación de las configuraciones DSC.
`Ensure`	Indica si el servidor web debe ser creado o eliminado.
`RegistrationKeyPath`	Ubicación donde se encuentra el archivo que contiene la clave de registro.
`UseSecurityBestPrac-tices`	Activa la seguridad aumentada del PULL Server. Utilícelo con precaución.

Recuperación de huellas digitales de certificados

Antes de ejecutar la configuración, se debe obtener la huella digital del certificado utilizado para cambiar a HTTPS (consulte la sección Obtención de la huella digital de un certificado de cifrado), que se ha generado a través de una PKI o autofirmado:

```
PS > $ls Cert:\LocalMachine\My
   PSParentPath :
Microsoft.PowerShell.Security\Certificate::LocalMachine\My

Thumbprint                                Subject
----------                                -------
1AB3D6BAEA17EDDF3F79EC15FF9AD6A853C4C3B4  CN=SRV2K22-2.AKALYA.local
```

Generación y aplicación la configuración

La configuración se llama:

```
PS > $Tprint = '1AB3D6BAEA17EDDF3F79EC15FF9AD6A853C4C3B4'
PS > MyDSCPullServer -certificateThumbPrint $Tprint `
                -RegistrationKey $RegistrationKey `
                -OutputPath C:\ConfigPullServer
  3
Directorio : C:\ConfigPullServer


Mode                LastWriteTime         Length Name
----                -------------         ------ ----
-a----       17/06/2018    17:57            4526 localhost.mof
```

Ahora aplicamos la configuración:

```
Start-DscConfiguration -Path C:\ConfigPullServer -Wait
```

Una vez aplicada la configuración, puede comprobar la presencia del servicio web mediante el siguiente comando:

```
PS > Get-Website

Name                ID State   Physical
Path                   Bindings
----                -- -----   -------------                      -----
Default Web Site 1  Started %SystemDrive%\inetpub\wwwroot   http
                                                                 *:80:
MyPullServer     2  Started C:\inetpub\wwwroot\MyPullServer https
                                                                 *:80
                                                                 80: s
                                                                 slFla
                                                                 gs=0
```

10.3.3 Dos modos de configuración para el LCM

Desde la versión 5.1 de PowerShell, el LCM en modo PULL dispone de dos métodos para autenticarse en el PULL Server y recuperar su configuración. El primer método se utiliza desde la primera versión de DSC con PowerShell 4.0. Consiste en utilizar un identificador único para realizar el enlace entre el LCM y las configuraciones presentes en el PULL Server. Veremos este método a continuación.

El segundo método se introdujo con la versión 5.1 de PowerShell. Ya no requiere el uso de un identificador único para realizar el enlace LCM/PULL Server. Es posible utilizar cadenas más libres, o incluso el nombre de host de los nodos. Este método se describirá más adelante.

Tenga en cuenta que el uso de un ID en lugar de un nombre ya no permite el registro a través de `RegistrationKey` con el servidor Pull. Por tanto, no hay intercambio de certificados y, por tanto, no hay intercambio seguro entre el cliente y el servidor.

Creación de una configuración y generación de archivos MOF

En el siguiente ejemplo, se fuerza la instalación de la función BranchCache en el servidor SRV2K22, junto con la creación de una carpeta BranchCache en la raíz de C:.

Configuración:

```
configuration ConfigueBranchCache
{
    param(
         [string[]]$ComputerName
    )

    Import-DscResource -ModuleName PSDesiredStateConfiguration
    node $ComputerName
    {

        WindowsFeature BranchCacheFeature
        {
           Ensure = "Present"
           Name   = "BranchCache"
        }

        File DemoPull
        {
            Ensure          = "Present"
            DestinationPath = 'C:\BranchCache'
            Type            = "Directory"
            DependsOn       = "[WindowsFeature]BranchCacheFeature"
      }
    }
}
```

Los archivos MOF se generan llamando la configuración:

```
PS > ConfigueBranchCache -ComputerName SRV2K22 `
            -OutputPath C:\ConfigueClient

Répertoire : C:\ConfigueClient


Mode                LastWriteTime         Length Name
----                -------------         ------ ----
-a----       17/06/2018     18:30           2786 SRV2K22.mof
```

Observación

Si varios servidores necesitan obtener esta configuración, basta con pasar varios nombres de ordenador al parámetro `-ComputerName`.

10.3.4 Configuración LCM en función del ID

La configuración de un LCM en modo PULL con un identificador único implica varios pasos:

1. generar un identificador único (GUID) y renombrar el archivo MOF con ese identificador.

2. crear el archivo de *checksum* a partir del archivo MOF.

3. copiar el archivo MOF y su checksum en el PULL Server.

4. configurar correctamente el LCM del nodo en modo PULL.

Generación de identificador GUID

Para generar un GUID, utilizamos el método estático `NewGUID()` de tipo `[GUID]`.

Ejemplo

```
PS > $Guid = [GUID]::NewGUID()
PS > $Guid

Guid
----
80366cba-0441-48d7-a025-bd52257d01d4
```

A continuación, renombramos el archivo MOF en la configuración:

```
PS > Rename-Item -Path C:\ConfigueClient\SRV2K22.mof `
                 -NewName "$GUID.mof"
PS > ls

    Répertoire : C:\ConfigueClient


Mode                LastWriteTime         Length Name
----                -------------         ------ ----
-a----        20/06/2018     22:01          2786 80366cba-0441-48
                                                 d7-a025-bd52257d
                                                 01d4.mof
```

Generación del checksum

El siguiente paso es generar un archivo de checksum. Este identifica un archivo de configuración en un momento dado. Cuando el LCM descarga un archivo MOF, comprueba la integridad de los datos recalculando el checksum del archivo y comparándolo con el presente en el servidor. Si se detecta una diferencia, se ignora la configuración. Esto puede ocurrir si el archivo se altera al descargarlo. O si un tercero lo modifica sin regenerar el checksum. Como puede ver, el checksum debe regenerarse cada vez que se actualiza el archivo MOF.

Para realizar esta acción, utilice el comando `New-DscCheckSum` con la ruta al archivo MOF como parámetro:

```
PS C:\ConfigueClient> New-DscChecksum .\80366cba-0441-48d7-a025-
b52257d01d4.mof
PS C:\ConfigueClient> ls


    Répertoire : C:\ConfigueClient


Mode                LastWriteTime         Length Name
----                -------------         ------ ----
-a----       20/06/2018     22:01         2786 80366cba-0441-48
                                                 7-a025-bd52257d
                                                 01d4.mof
-a----       21/06/2018     00:34           64 80366cba-0441-48
                                                 d7-a025-bd52257d
                                                 01d4.mof.checksum
```

Copia de archivos en el PULL Server

El archivo de configuración y su checksum deben estar ubicados en la misma carpeta que la especificada en la propiedad `ConfigurationPath` cuando se instaló el servidor PULL Server.

Sea:

```
PS >$Param = @{
    Tosession = New-PSession -ComputerName SRV2K22-2
    Path = 'C:\ConfigueClient\80366cba-0441-48d7-a025-b52257d01d4.*'
    Dest =
"$env:PROGRAMFILES\WindowsPowerShell\DscService\Configuration"
}
PS > Copy-Item @Param
```

Copiamos los archivos a través de una sesión remota de PowerShell al PULL Server .

Reconfiguración del LCM del nodo

Por defecto, el LCM de un nodo está en modo PUSH. Es necesario corregir esta configuración y apuntarla al PULL Server recién instalado especificando el identificador único:

```
[DSCLocalConfigurationManager()]
Configuration LCMConf
{
    param(
       $RegistrationKey,

       $ComputerName,

       $Guid
    )
    node $ComputerName
    {
       Settings
       {
            ConfigurationMode = "ApplyAndAutoCorrect"
            ConfigurationModeFrequencymins = 45
            RebootNodeIfNeeded = $true
            efreshMode = 'PULL'
            ConfigurationID = $Guid

        }
```

```
        ConfigurationRepositoryWeb PullHTTPS
        {
            ServerUrl = 'https://SRV2K22-2.AKALYA.local:
8080/PSDSCPullServer.svc/'

        }
        ResourceRepositoryWeb PullHTTPS
        {
            ServerUrl = 'https://SRV2K22-2.AKALYA.local:
8080/PSDSCPullServer.svc/'
            RegistrationKey = $RegistrationKey

        }
    }
}
```

A continuación, ejecutamos la configuración para generar el archivo MOF, recordando especificar el identificador único en el parámetro `-GUID`:

```
PS > LCMConf -ComputerName SRV2K22 -GUID $GUID
```

Por último, aplicamos la modificación:

```
PS > Set-DscLocalConfigurationManager -Path ./LCMConf
```

Estas acciones deben realizarse para cada nodo a configurar.

10.3.5 Configuración de LCM en función del nombre

Para recuperar su configuración, un LCM puede utilizar un nombre de configuración en lugar de un GUID. Para ello, es necesario seguir varios pasos:

1. definir un nombre de configuración "único" y renombre el archivo MOF utilizando este nombre.

2. generar un archivo de checksum a partir del archivo MOF y copiarlo en el PULL Server.

3. reconfigurar el LCM del nodo en modo PULL especificando el nombre de configuración y la clave de registro.

Renombrar archivos MOF con el nombre de configuración

El primer paso es definir un nombre de configuración "único". Se llama "único" porque está destinado principalmente a un nodo en particular. Recuerde que cuando se llama a la configuración para generar el archivo MOF, utilizamos el valor `SRV2K22` en el parámetro `-ComputerName`. Por lo tanto, es lógico elegir un nombre de configuración que se acerque a este, por ejemplo: Config_SRV2K22.

```
PS > Rename-Item -Path C:\ConfigueClient\SRV2K22.mof `
                 -NewName "Config_SRV2K22.mof"
```

Generación del checksum

Como antes, utilizamos el comando `New-DscCheckSum` con la ruta al archivo MOF como parámetro:

```
PS > New-DscCheckSum C:\ConfigueClient\Config_SRV2K22.mof
PS > ls C:\ConfigueClient

    Directorio: C:\ConfigueClient


Mode           LastWriteTime Length Name
----            ------------- ------ ----
-a---- 17/06/2018     16:39   2786 Config_SRV2K22.mof
-a---- 17/06/2018     16:41     64 Config_SRV2K22.mof.checksum
```

Copia de archivos en el PULL Server

Al igual que en la configuración basada en ID, el archivo de configuración y su suma de comprobación deben estar ubicados en la misma carpeta.

```
PS >$Param = @{
    Tosession = New-PSession -ComputerName SRV2K22-2
    Path = 'C:\ConfigueClient\Config_SRV2K22.mof*'
    Dest =
"$env:PROGRAMFILES\WindowsPowerShell\DscService\Configuration"
}
PS > Copy-Item @Param
```

Reconfiguración del LCM del nodo

Es necesario modificar ligeramente el LCM:

```
[DSCLocalConfigurationManager()]
Configuration LCMConf
{
    param(
        $RegistrationKey,

        $ComputerName
    )
    node $ComputerName
    {
       Settings
       {
           ConfigurationMode = "ApplyAndAutoCorrect"
           ConfigurationModeFrequencymins = 45
           RebootNodeIfNeeded = $true
           RefreshMode = 'PULL'

        }
        ConfigurationRepositoryWeb PullHTTPS
        {
           ServerUrl = 'https://srv2k22-2.AKALYA.local:
8080/PSDSCPullServer.svc/'
           RegistrationKey = $RegistrationKey
           ConfigurationNames = @("Config_$ComputerName")

        }
        ResourceRepositoryWeb PullHTTPS
        {
           ServerUrl = 'https://srv2k22-2.AKALYA.local:
8080/PSDSCPullServer.svc/'
           RegistrationKey = $RegistrationKey

        }
    }
}
```

Se añaden las propiedades `RegistrationKey` y `ConfigurationNames`. La primera indica la clave de registro para autenticarse en el servidor, y la segunda contiene el nombre de la configuración que se aplicará al nodo.

Observación

Observe el uso de la variable `$ComputerName` en la definición de la configuración. Esto permite reutilizar la configuración para otros hosts.

Se elimina la propiedad `ConfigurationID`. Mantenerla haría inútil la propiedad `RegistrationKey`.

A continuación, se ejecuta la configuración para generar el archivo MOF:

```
PS > LCMConf -ComputerName SRV2K22 `
        -RegistrationKey $RegistrationKey
```

Por último, aplicamos la modificación:

```
PS > Set-DscLocalConfigurationManager -Path ./LCMConf
```

El LCM está ahora correctamente configurado para obtener su configuración del PULL Server cada 45 minutos. Y si su configuración varía, se corregirá a sí misma.

Estas acciones deben realizarse para cada nodo a configurar.

10.3.6 Forzar una actualización de la configuración

No es necesario esperar 45 minutos a que se descargue la nueva configuración. Con el siguiente comando, el LCM buscará su nueva configuración directamente.

```
PS > $CimSession = New-CimSession -ComputerName SRV2K22
PS > Update-DscConfiguration -CimSession $cimsession -Wait
```

Por supuesto, este comando puede utilizarse de forma remota utilizando una sesión CIM.

10.4 Despliegue de recursos

La ventaja de utilizar un PULL Server en comparación con el modo PUSH es que no es necesario copiar manualmente los módulos de recursos DSC en el host remoto. El PULL Server lo hace todo por sí mismo. Sin embargo, el servidor debe estar correctamente aprovisionado.

Al igual que los archivos de configuración, los recursos DSC tienen su propia carpeta en el PULL Server. La ubicación de esta carpeta se especificó durante la instalación mediante la propiedad `ModulePath: $env:PROGRAMFILES\WindowsPowerShell\DscService\Modules`.

Antes de instalar los módulos que contienen los recursos, es necesario encapsularlos en un archivo ZIP con una convención de nomenclatura específica: NombreDelModulo_version.zip.

También debe establecerse un checksum para garantizar la integridad de los módulos.

Como se indica en la sección Recursos DSC, ahora los recursos pueden descargarse directamente desde la plataforma PowerShell Gallery en forma de módulo. Además, la versión 5 de PowerShell incluye ahora un comando para archivar fácilmente carpetas en formato ZIP.

Por lo tanto, podemos ejecutar la siguiente serie de comandos para empaquetar el módulo xHyper-V:

```
#Recuperar información del módulo
$Module = Find-Module -Name xHyper-V

#Descarga del módulo
Save-Module -Name xHyper-V -Path C:\ResourceModule\

#definir el nombre del archivo y comprimir el módulo
$ArchName = '{0}_{1}.zip' -f $Module.Name,$Module.Version

Compress-Archive -Path C:\ResourceModule\xHyper-V `
    -DestinationPath C:\ResourceModule\$ArchName

#Cálculo del checksum del archivo
New-DscChecksum -Path C:\ResourceModule\xHyper-V_3.12.0.0.zip
```

Una vez generados todos los archivos, solo queda copiarlos en el PULL Server:

```
PS >$Param = @{
    Tosession = New-PSession -ComputerName SRV2K22-2
    Path = "C:\ResourceModule\$ArchName*"
    Dest = "$env:PROGRAMFILES\WindowsPowerShell\DscService\Modules"
}
PS > Copy-Item @Param
```

Observación

En este ejemplo, utilizamos el método splatting. Este método se describe en el capítulo Funciones avanzadas.

11. Prueba de conformidad de un nodo

La conformidad es un principio fundamental de DSC. DSC permite comprobar que las configuraciones se han aplicado correctamente a un nodo determinado. De hecho, el uso de DSC por sí solo no basta para afirmar que el sistema es conforme. Entran en juego varios factores. Por un lado, si la configuración de LCM no está en modo de autocorrección, cualquier persona o cosa puede modificar directamente la configuración. Por otro lado, si el modo de autocorrección está activo, es muy posible que el sistema se encuentre con un bloqueo técnico de conformidad.

En todos estos casos, el comando `Test-DscConfiguration` puede utilizarse para comprobar la configuración de un sistema local o remoto. El valor devuelto por el comando es de tipo booleano.

Ejemplos

```
PS > Test-DscConfiguration
True
PS > Test-DscConfiguration -ComputerName SRV2K22
True
PS > $CimSession = New-CimSession -ComputerName SRV2K22
PS > Test-DscConfiguration -CimSession $CimSession
True
```

12. Aplicación de la última configuración correcta conocida

Puede ocurrir que una nueva configuración cause un problema al aplicarla. Si esto ocurre, puede volver rápidamente a la configuración anterior. Para ello, utilice el comando `Restore-DSCConfiguration`. No se requieren parámetros especiales, a menos que desee utilizar una sesión CIM para actuar sobre un sistema remoto.

```
PS > Restore-DscConfiguration
```

El comando recupera directamente la configuración almacenada en C:Windows\System32\Configuration\backup.mof.

13. Principio avanzado

En los primeros días de DSC bajo PowerShell versión 4.0, no era posible aplicar varias configuraciones al mismo host. Esto dificultaba considerablemente la actualización de una parte de la configuración, ya que los archivos de configuración se hacían enormes. La solución propuesta fue la creación de los llamados recursos compuestos. Estos contienen en realidad un subconjunto de los recursos DSC preconfigurados en una configuración. De este modo, podían invocarse directamente en una configuración.

Desde la versión 5.1 de PowerShell, se ha eliminado la restricción de una única configuración. Ahora es posible crear un conjunto de configuraciones con diferentes nombres para un único host. Estas configuraciones se denominan *configuraciones* parciales (o *partial configuration* en inglés).

Estas dos soluciones se analizarán en esta sección. En la versión anterior de este libro se recomendaba dar prioridad a las configuraciones parciales. Resulta que se debe dar prioridad a los recursos compuestos. ¿Por qué? Para limitar los conflictos entre configuraciones. Es más coherente aplicar una única configuración, validada por un único equipo, que un conjunto de configuraciones dispares repartidas entre varios equipos que no se comunican necesariamente. Habrá mucho menos riesgo de deriva y el control de la configuración de los nodos será más eficaz.

13.1 Recurso compuesto

Los recursos compuestos son, de hecho, configuraciones "disfrazadas". Agrupan un conjunto de parámetros genéricos que se aplican a todos los nodos. De hecho, no es raro tener toda una serie de configuraciones que establecer en todos los servidores. Esto puede abarcar la configuración del antivirus, parámetros de red (servidor DNS, puerta de enlace, etc.), variables de entorno, claves de registro, etc. Un muy buen ejemplo de recurso compuesto es el módulo `CommonTasks` de la comunidad DSC:
https://github.com/dsccommunity/CommonTasks

Reúne un conjunto de recursos compuestos que facilitan la escritura de configuraciones para necesidades cotidianas, como la configuración de un conjunto de claves de registro, la creación de tareas programadas, etc.

Todas estas configuraciones pueden incluirse en un recurso compuesto y luego llamarse en la configuración específica del nodo.

Ejemplo de recurso compuesto

```
configuration CommonConfig
 {
   param(
      [String]$StartWebPage
   )
    Import-DscResource -ModuleName  xDefender,
                                    xInternetExplorerHomePage
    xMpPreference  MyExclusion {
        Name    = "MyExclusion"
        ExclusionPath = 'C:\Temp'
    }

    xInternetExplorerHomePage StartWeb {
        Ensure          = "Present"
        StartPage       = $StartWebPage
    }
 }
```

Esta configuración no tiene bloque de `node`. Gracias al parámetro `-StartWebPage`, es posible variar el valor de las páginas web en función de los nodos.

Una vez creado el script de recurso compuesto, debe cambiar su extensión a .schema.psm1. Por último, colóquelo en la carpeta DSCResource de un módulo. Para obtener más información sobre la estructura y el uso de un recurso en un módulo, consulte la sección Escribir un recurso personalizado - Recurso personalizado con un archivo MOF.

El módulo que contiene el recurso compuesto ya está construido y colocado en el lugar correcto. Veamos cómo utilizarlo en una configuración:

```
Configuration RDSHost {
    param(
        [Parameter(mandatory)]
        [String]$ComputerName
    )
    Import-DscResource -ModuleName CommonConfig
    node $ComputerName
    {
        CommonConfig Commun
        {
           StartWebPage = 'https://nicolasbn.github.io/'
        }
    }
    WindowsFeature RDS {
        Name = 'Remote-Desktop-Services'
        Ensure = 'Present'
       IncludeAllSubFeature = 'true'
    }
}

RDSHost -ComputerName SRVDRDSHOST1
```

Observación

Implícitamente, en este ejemplo, el módulo que contiene el recurso compuesto tiene el mismo nombre que el recurso compuesto que contiene.

En este ejemplo, no especificamos si el modo es PULL o PUSH. Cabe señalar que los recursos compuestos se comportan igual que el resto de recursos comentados hasta ahora. Por lo tanto, el uso de módulos se rige por las mismas reglas descritas en las secciones Recursos DSC y Configuración de un PULL Server - Despliegue de recursos.

13.2 Configuración parcial

¿Cuándo deben utilizarse las configuraciones parciales? Hasta ahora, se generaba un archivo MOF global para cada nodo. Como resultado, todos los archivos MOF tenían que ser regenerados en su totalidad si se realizaba un cambio en un parámetro en particular. En una organización pequeña donde usted es la única persona que administra la flota, esto no supone un gran problema. En una empresa mucho más grande, con departamentos dedicados a determinados productos, como la administración de bases de datos o la red en general, la tarea es más difícil. Cada departamento proporciona su propia configuración, que se incorpora a la configuración general del servidor. Por consiguiente, para evitar que los servicios modifiquen elementos que no les conciernen, todas las configuraciones deben generarse en un único punto. Para ello, se puede utilizar una herramienta de gestión de fuentes como Git.

Ahora, con las configuraciones parciales, cada servicio puede generar su propia configuración típica para cada nodo. Dicha configuración se transfiere a los nodos junto con su configuración DSC completa.

Por supuesto, pueden producirse errores cuando dos configuraciones modifican el mismo parámetro en el mismo nodo. Para evitar este problema, conviene comunicarse estrechamente con los demás servicios para definir sus respectivos ámbitos de acción y sus necesidades. Este constituye el principal inconveniente de este enfoque.

Las configuraciones parciales pueden utilizarse tanto en modo PUSH como en modo PULL.

13.2.1 Diseñar configuraciones parciales

Las configuraciones parciales son similares, por escrito, a las configuraciones estándar. Las únicas diferencias están en los métodos de aplicación, ya sea en modo PUSH o PULL.

A continuación, el recurso compuesto utilizado anteriormente se divide e incorpora en dos configuraciones parciales distintas:

```
#Primera configuración parcial
configuration WebPagePartial
 {
```

```
    param(
        [Parameter(mandatory)]
        [String]$StartWebPage,

        [Parameter(mandatory)]
        [string[]]
        $ComputerName
    )
    Import-DscResource -ModuleName xInternetExplorerHomePage


    node $ComputerName
    {
        xInternetExplorerHomePage StartWeb {
            Ensure          = "Present"
            StartPage       = $StartWebPage
        }
    }
} #Segunda configuración parcial
configuration DefenderExclusionPartial
 {
    param(
        [Parameter(mandatory)]
        [string[]]
         $ComputerName
    )
    Import-DscResource -ModuleName  xDefender

    node $ComputerName
    {
        xMpPreference  MyExclusion {
            Name   = "MyExclusion"
            ExclusionPath = 'C:\Temp'
        }
    }
}
```

En este caso, tenemos dos configuraciones llamadas WebPagePartial y DefenderExclusionPartial. Cada una acepta nombres de equipos como parámetros. Necesitamos generar tantos archivos MOF para cada configuración como hosts haya que configurar. Podría parecer una restricción, pero es todo lo contrario. Si se produce un error en una configuración parcial, es más fácil identificar la causa si el parámetro no está enterrado en todos los parámetros de configuración. Además, cada servicio puede generar sus propios archivos MOF de forma independiente.

Se generan archivos MOF:

```
PS > WebPagePartial -ComputerName SRV2K22 `
                -StartWebPage 'https://nicolasbn.github.io/' `
                -OutputPath 'C:\ConfigueClient\WebPage'
PS > DefenderExclusionPartial -ComputerName SRV2K22 `
                -OutputPath 'C:\ConfigueClient\Defender'
```

Al generar los archivos MOF, es necesario diferenciar las carpetas de destino para cada configuración parcial. Recuerde que los archivos MOF generados adoptan el nombre del host:

```
    Directorio : C:\ConfigueClient\WebPage


Mode                LastWriteTime         Length Name
----                -------------         ------ ----
-a----        21/06/2018    17:41           1998 SRV2K22.mof


    Répertoire : C:\ConfigueClient\Defender


Mode                LastWriteTime         Length Name
----                -------------          ------ ----
-a----       21/06/2018     17:41            1938 SRV2K22.mof
```

Si no se especifica la carpeta, los archivos se sobrescribirán entre sí.

Ahora que los archivos de configuración parcial están listos, puede configurar el LCM para que los acepte.

13.2.2 Configuración del LCM

La sección de `partialconfiguration` se ha dejado de lado hasta ahora. Se utiliza para indicar al LCM qué configuraciones parciales deben aplicarse en el host y, lo que es más importante, en qué modo deben aplicarse (PUSH o PULL).

A continuación, se describen las propiedades de la sección de partialconfiguration:

Propiedad	Descripción
ConfigurationSource	Indica el nombre o nombres de los PULL Servers que contienen las configuraciones parciales. Los servidores deben definirse primero en las secciones ConfigurationRepositoryWeb o ConfigurationRepositoryShare.
DependsOn	Indica el nombre de la configuración o configuraciones que deben aplicarse correctamente antes de aplicar esta configuración.
Description	Indica la descripción de la configuración.
ExclusiveResources	Indica la lista de recursos que solo deben instalarse en el nodo.
RefreshMode	Indica al LCM cómo recuperar configuraciones parciales. Son posibles tres valores: – Disabled: la configuración parcial está desactivada. – PUSH: la configuración parcial debe ser empujada usando el comando Publish-DscConfiguration y aplicada usando el comando Start-DscConfiguration -UseExisting. Este es el valor predeterminado. – PULL: la configuración se comprueba y recupera regularmente de un servicio PULL. Con esta configuración, se debe rellenar la propiedad ConfigurationSource.
ResourceModuleSource	Indica el nombre o nombres de los PULL Servers que contienen los módulos de recursos. Los servidores deben definirse primero en las secciones ResourceRepositoryWeb o ResourceRepositoryShare.

13.2.3 PUSH de una configuración parcial

En el caso de una configuración en modo PUSH, para las dos configuraciones parciales, el LCM se configura de la siguiente manera:

```
[dsclocalconfigurationmanager()]
configuration lcmpartialconfig
{
   param(
           [parameter(mandatory)]
           [string]$computername
   )
    node $computername
    {

        partialconfiguration webpagepartial
        {
            description = 'page de démarrage ie'
            refreshmode = 'push'
        }
        partialconfiguration defenderexclusionpartial
        {
             description = 'exclusion defender'
             refreshmode = 'push'
        }
    }
}
lcmpartialconfig -outputpath c:\configueclient `
                -computername SRV2K22-2
```

Observación

Los nombres de las secciones `partialconfiguration` *indican el nombre de la configuración parcial que se va a aplicar.*

A continuación, la configuración se aplica al LCM remoto:

```
ps > Set-DscLocalConfigurationManager -path c:\configueclient\ `
                     -computername SRV2K22-2
```

Observación

El parámetro `-computername` *se especifica aquí, porque la carpeta c:\configueclient puede contener varios archivos mof, y solo debe aplicarse el que se acaba de generar.*

Una vez configurado el LCM, es posible aplicar las configuraciones parciales en modo PUSH. En este caso, no se emplea directamente el comando Start-DscConfiguration. En primer lugar, es necesario subir las configuraciones a la estación de trabajo remota mediante el comando Publish-DscConfiguration:

```
PS > Publish-DscConfiguration -path c:\configueclient\defender `
                 -verbose
PS > Publish-DscConfiguration -path c:\configueclient\webpage `
                 -verbose
```

Una vez que las configuraciones están en su lugar, se pueden aplicar con el comando Start-DscConfiguration y su parámetro -Useexisting. El nodo aplicará las configuraciones parciales definidas:

```
ps > Start-DscConfiguration -useexisting -wait `
                 -computername SRV2K22 -verbose
```

13.2.4 PULL de una configuración parcial

La publicación de una configuración parcial en un servicio PULL es similar a la publicación de una configuración con nombre. Las configuraciones deben renombrarse con un nombre preciso y generarse una suma de comprobación.

Los nombres de los archivos varían en función de la configuración de LCM. Se basan en un identificador único o en un nombre de configuración (véase el apartado Configuración de un PULL Server - PULL Server Web).

En los siguientes ejemplos se repiten los ejemplos de los apartados Configuración del LCM en función del ID y Configuración del LCM en función del nombre. De este modo se obtienen respectivamente las siguientes configuraciones:

LCM con identificador único

```
[DSCLocalConfigurationManager()]
Configuration LCMConf
{
    param(
        $RegistrationKey,

        $ComputerName,
```

```
            $Guid
    )
    node $ComputerName
    {
            Settings
            {
                    ...

          }
        ConfigurationRepositoryWeb PullHTTPS
        {
            ServerUrl = 'https://SRV2k22-2.AKALYA.local:
8080/PSDSCPullServer.svc/'
        }
...

        PartialConfiguration WebPagePartial
        {
            Description = 'Page de démarrage IE'
            ConfigurationSource =
'[ConfigurationRepositoryWeb]PullHTTPS'
            RefreshMode = 'PULL'
        }
        PartialConfiguration DefenderExclusionPartial
        {
            Description = 'Exclusion Defender'
            ConfigurationSource =
'[ConfigurationRepositoryWeb]PullHTTPS'
            RefreshMode = 'PULL'
        }

    }
}
```

A continuación, se debe ejecutar la configuración con los parámetros correspondientes. Después, aplique la configuración generada con el comando `Set-DscLocalConfigurationManager`.

LCM con nombre de configuración

```
[DSCLocalConfigurationManager()]
Configuration LCMConf
{
    param(
        $RegistrationKey,
```

```
        $ComputerName
    )
    node $ComputerName
    {
        Settings
        {
...
        }
        ConfigurationRepositoryWeb PullHTTPS
        {
            ServerUrl = 'https://SRV2k22-2.AKALYA.local:
8080/PSDSCPullServer.svc/'
            RegistrationKey = $RegistrationKey
            ConfigurationNames = @("Config_$ComputerName",
"WebPagePartial", "DefenderExclusionPartial")

        }
...
        PartialConfiguration WebPagePartial
        {
            Description = 'Page de démarrage IE'
            ConfigurationSource =
'[ConfigurationRepositoryWeb]PullHTTPS'
            RefreshMode = 'PULL'
        }
        PartialConfiguration DefenderExclusionPartial
        {
            Description = 'Exclusion Defender'
            ConfigurationSource =
'[ConfigurationRepositoryWeb]PullHTTPS'
            RefreshMode = 'PULL'
        }

    }
}
```

Aquí se añaden configuraciones parciales a la configuración existente.

Publicación de archivos en el PULL Server

Los archivos se publican en el PULL Server del mismo modo que una configuración estándar, con una diferencia importante. Los archivos MOF se nombran de forma ligeramente diferente.

En el caso de la configuración por identificador, se utiliza la siguiente convención de nomenclatura:

```
<Nombre de la configuración parcial>.<Identificador de nodo>.mof
```

En el ejemplo de la sección Configuración LCM por ID, el ID es `80366cba-0441-48d7-a025-bd52257d01d4`. En consecuencia, el nombre de archivo de cada configuración es:

```
WebPagePartial.80366cba-0441-48d7-a025-bd52257d01d4.mof
DefenderExclusionPartial.80366cba-0441-48d7-a025-bd52257d01d4.mof
```

Es fundamental generar los archivos de suma de comprobación para cada uno de los dos archivos de configuración parcial. Y copiarlos en el directorio correcto en el PULL Server para que estén disponibles para los nodos.

Para una configuración por nombre, basta con especificar el nombre de la configuración parcial:

```
WebPagePartial.mof
DefenderExclusionPartial.mof
```

13.2.5 Combinar PUSH y PULL

Las configuraciones parciales pueden aplicarse de otro modo.

Ejemplo

```
[DSCLocalConfigurationManager()]
Configuration LCMConf
{

...
        PartialConfiguration WebPagePartial
        {
            Description = 'Page de démarrage IE'
            RefreshMode = 'PUSH'
        }
        PartialConfiguration DefenderExclusionPartial
        {
            Description = 'Exclusion Defender'
            DependsOn = '[PartialConfiguration]WebPagePartial'
            RefreshMode = 'PULL'
        }
    }
}
```

En la configuración mostrada aquí, la configuración parcial `WebPagePartial` se aplica en modo PUSH. Mientras que la configuración parcial `DefenderExclusionPartial` se instala en modo PULL.

Curiosamente, la configuración `DefenderExclusionPartial` solo se instala cuando la configuración `WebPagePartial` está perfectamente aplicada. Esto permite controlar parte de la configuración manualmente mediante el modo PUSH para que el host complete su configuración.

14. Escritura de un recurso personalizado

Aunque los recursos creados por la comunidad y disponibles en la PowerShell Gallery son actualmente bastante variados, no cubren todas las necesidades. Teniendo esto en cuenta, Microsoft ha hecho posible la creación de recursos DSC personalizados.

El recurso Script puede utilizarse para proporcionar un método de procesamiento personalizado en un nodo (véase la sección Recursos DSC - Recursos incorporados). Sin embargo, carece de flexibilidad.

Por este motivo, se puede optar por uno de los dos métodos que se describen a continuación. El primero está disponible desde la versión 4.0 de Windows PowerShell. Utiliza una estructura de módulo específica y un archivo de esquema MOF que describe un recurso. El segundo método se introdujo con la versión 5 de Windows PowerShell y se basa en las clases de PowerShell (véase el capítulo Clases). Con la llegada de las nuevas versiones del motor DSC, se recomienda desarrollar los recursos basándose en clases. La Comunidad DSC está migrando gradualmente todos sus recursos a esta forma de escribir. El motivo es que se ha abandonado la escritura MOF en favor de las clases.

14.1 Recurso personalizado con un archivo MOF

14.1.1 Creación de un recurso basado en un esquema MOF

Un recurso DSC basado en un archivo de esquema MOF debe contener una serie de archivos específicos:

- un archivo MOF con extensión .schema.mof que describe el recurso,
- un archivo de módulo de script en formato PSM1 que contiene el mecanismo de recursos,
- un manifiesto de módulo (opcional) con la extensión .psd1.

También debe integrarse en un módulo PowerShell con una estructura de árbol específica:

```
$env:ModulePath
  └─<ModuleName>
    └─DSCResources
      ├─<ResourceName1>
        ├─<ResourceName1>.schema.mof
        ├─<ResourceName1>.psm1
        └─[<ResourceName1>.psd1]
      ├─<ResourceName2>
        ├─<ResourceName2>.schema.mof
        ├─<ResourceName2>.psm1
        └─[<ResourceName2>.psd1]
```

14.1.2 Ayuda para la creación de recursos (xDSCResourceDesigner)

Crear un recurso DSC desde cero es una tarea compleja si no se está familiarizado con la sintaxis de los archivos MOF. En este caso, puede inspirarse en los recursos de los módulos existentes. Pero también en este caso, si la sintaxis utilizada en el módulo es compleja, es fácil perderse en la información. El método más sencillo es utilizar el módulo xDSCResourceDesigner incluido en el Kit de recursos y disponible en la Galería PowerShell. Sin embargo, este módulo no se actualiza desde hace varios años. Actualmente se recomienda utilizar Sampler, que requiere una mayor inversión para dominarlo correctamente, pero que es más completo (Sampler se trata en el capítulo Creación de módulos).

El módulo `xDSCResourceDesigner` proporciona comandos para generar fácilmente toda la estructura de un módulo de PowerShell que contenga un recurso DSC. Además, genera la estructura del archivo MOF, lo que evita tener que escribirlo manualmente.

A continuación, se explica cómo instalar el módulo desde la PowerShell Gallery y los comandos que contiene:

```
PS > Install-Module xDSCResourceDesigner -Force
PS > Get-Commande -Module xDSCResourceDesigner

CommandType    Name
-----------    ----
Function       Import-xDscSchema
Function       New-xDscResource
Function       New-xDscResourceProperty
Function       Test-xDscResource
Function       Test-xDscSchema
Function       Update-xDscResource
```

Observación

Para que el módulo esté disponible para todos los usuarios del sistema, debe instalarse en la carpeta $env:ProgramFile\WindowsPowerShell\Modules. Por lo tanto, el comando debe ejecutarse desde una consola PowerShell con privilegios elevados.

14.1.3 Generación de la estructura del módulo

Para el siguiente ejemplo, el propósito del recurso presentado es crear enlaces simbólicos en directorios o archivos. El módulo se llama SymLinkMofDSC. El nombre del recurso es Demo_SymLinkMof, y su nombre coloquial es SymLinkMof.

Observación

El nombre coloquial del recurso es el que se utiliza al definir la configuración. El nombre del recurso se utiliza en el archivo MOF para definir el recurso. Generalmente, la primera parte contiene el nombre de la empresa que diseñó el recurso. Para el Resource Kit, por ejemplo, Microsoft establece MSFT_<ResourceName> en cada archivo MOF.

En primer lugar, definimos cada propiedad:

```
$Path = New-xDscResourceProperty -Name Path -Type String `
          -Attribute Key
$Ensure = New-xDscResourceProperty -Name Ensure -Type String `
          -Attribute Write -ValidateSet "Present", "Absent"
$Name = New-xDscResourceProperty -Name Name -Type String `
          -Attribute Key
$Value = New-xDscResourceProperty -Name Value -Type String `
          -Attribute Required
$LastWriteTime = New-xDscResourceProperty -Name LastWriteTime `
          -Type Datetime -Attribute Read
$CreationTime = New-xDscResourceProperty -Name CreationTime `
          -Type Datetime -Attribute Read
```

A continuación, se describen los parámetros utilizados:

- `Name`: nombre de la propiedad.
- `Type`: nombre del tipo de objeto aceptado por la propiedad.
- `Attribute`: define el atributo DSC de la propiedad. Representa el comportamiento de la propiedad. Los valores posibles son:
  - `Key`: define la propiedad como el identificador del recurso DSC. Es entonces obligatoria.
  - `Required`: define la propiedad como obligatoria en la definición de la configuración.
  - `Read`: define la propiedad como de solo lectura. Se utiliza como parte del comando `Get-DSCConfiguration` para devolver información adicional.
  - `Write`: define la propiedad como editable, pero opcional.

Una vez definidas las propiedades, podemos pasar a crear el módulo:

```
New-xDscResource -Name Demo_SymLinkMOF -Property $Path, $Ensure,
                 $Name, $Value, $LastWriteTime, $CreationTime `
            -Path $Env:TEMP\Modules\ `
            -ModuleName SymLinkMOFDsc -FriendlyName 'SymLinkMOF'
```

Esto es lo que se debería encontrar en la carpeta Modules:

```
PS > gci C:\Temp\Modules\ -recurse


    Directorio : C:\Temp\Modules
```

```
Mode                LastWriteTime         Length Name
----                -------------         ------ ----
d-----        21/06/2018     10:58                SymLinkMOFDsc


    Directorio : C:\Temp\Modules\SymLinkMOFDsc


Mode                LastWriteTime         Length Name
----                -------------         ------ ----
d-----        21/06/2018     10:58                DSCResources
-a----        21/06/2018     10:58           8646 SymLinkMOFDsc.ps
                                                  d1


    Directorio : C:\Temp\Modules\SymLinkMOFDsc\DSCResources


Mode                LastWriteTime         Length Name
----                -------------         ------ ----
d-----        21/06/2018     10:58                Demo_SymLinkMOF


    Directorio:
    C:\Temp\Modules\SymLinkMOFDsc\DSCResources\Demo_SymLinkMOF


Mode                LastWriteTime         Length Name
----                -------------         ------ ----
-a----        21/06/2018     10:58           4574 Demo_SymLinkMOF.
                                          psm1
-a----        21/06/2018     10:58            688 Demo_SymLinkMOF.
                                                  schema.mof
```

El archivo de esquema MOF

Para apreciar el ahorro de tiempo que supone el uso del módulo xDSCResourceDesigner, basta con consultar el archivo MOF generado anteriormente:

```
PS > gc C:\temp\Modules\SymLinkMOFDsc\DSCResources\
Demo_SymLinkMOF\Demo_SymLinkMOF.schema.mof

[ClassVersion("1.0.0.0"), FriendlyName("SymLinkMOF")]
class Demo_SymLinkMOF : OMI_BaseResource
```

```
{
    [Key] String Path;
    [Write, ValueMap{"Present","Absent"},
Values{"Present","Absent"}] String Ensure;
    [Key] String Name;
    [Required] String Value;
    [Read] Datetime LastWriteTime;
    [Read] Datetime CreationTime;
};
```

El archivo incluye todos los elementos definidos mediante los comandos del módulo xDSCResourceDesigner.

14.1.4 Escritura del archivo PSM1

Ahora que la estructura está en su lugar, todo lo que falta es la parte "mecanismo" del recurso. Esta parte está definida en el archivo PSM1, que también ha sido creado con el comando `New-xDSCResource`. También ha sido completado previamente por el comando. Contiene tres funciones. Son muy similares a las del recurso `Script`. De hecho, se utilizan de la misma manera.

- `Get-TargetResource`: devuelve información sobre la configuración actual aplicada al nodo cuando se utiliza el comando `Get-DscConfiguration`.
- `Set-TargetResource`: contiene el código para modificar el nodo si es necesario.
- `Test-TargetResource`: determina si se ha aplicado o no la configuración. El resultado devuelto es de tipo booleano. Esta función también se utiliza cuando se utiliza el comando `Test-DscConfiguration`.

El contenido del archivo PSM1 es el siguiente:

```
function Get-TargetResource
{
    [CmdletBinding()]
    [OutputType([System.Collections.Hashtable])]
    param
    (
        [parameter(Mandatory = $true)]
        [System.String]
        $Path,
```

```
        [parameter(Mandatory = $true)]
        [System.String]
        $Name,

        [parameter(Mandatory = $true)]
        [System.String]
        $Value
    )

    $LinkPath = Join-Path -Path $Path -ChildPath $Name
    $Link = Get-Item -Path $LinkPath -Ea SilentlyContinue

    $returnValue = @{
        Path          = $Path
        Ensure        = $Ensure
        Name          = $Name
        Value         = $Value
        LastWriteTime = $null
        CreationTime  = $null
    }

    if ($Link) {
        $returnValue.LastWriteTime = $Link.LastWriteTime
        $returnValue.CreationTime = $Link.CreationTime
    }
    $returnValue
}

function Set-TargetResource {
    [CmdletBinding()]
    param
    (
        [parameter(Mandatory = $true)]
        [System.String]
        $Path,

        [ValidateSet("Present", "Absent")]
        [System.String]
        $Ensure,

        [parameter(Mandatory = $true)]
        [System.String]
        $Name,

        [parameter(Mandatory = $true)]
        [System.String]
```

```
        $Value
    )

    $LinkPath = Join-Path -Path $Path -ChildPath $Name
    $Link = Get-Item -Path $LinkPath -Ea SilentlyContinue
    if (($Ensure -eq 'Present') -and ($Link -eq $null)) {
        New-Item -ItemType SymbolicLink -Path $path `
           -Name $Name -value $Value
    }
    elseif (($Ensure -eq 'Absent') -and ($Link -ne $null)) {
        $Link.Delete()
    }
}

function Test-TargetResource
{
    [CmdletBinding()]
    [OutputType([System.Boolean])]
    param
    (
        [parameter(Mandatory = $true)]
        [System.String]
        $Path,

        [ValidateSet("Present","Absent")]
        [System.String]
        $Ensure,

        [parameter(Mandatory = $true)]
        [System.String]
        $Name,

        [parameter(Mandatory = $true)]
        [System.String]
        $Value

    )

    $LinkPath = Join-Path -Path $Path -ChildPath $Name
    $Link = Get-Item -Path $LinkPath -Ea SilentlyContinue
    if ($Link) {
        $Result = $true
    }
    else {
        $Result = $false
    }
```

```
    if ($Ensure -eq 'Present') {
        return $Result
    }
    else {
        return -not $Result
    }
}

Export-ModuleMember -Function *-TargetResource
```

Es importante tener en cuenta que corresponde al administrador interpretar el valor de la propiedad `Ensure` para determinar si la configuración debe estar presente o ausente.

Observación

El script proporcionado aquí es falible. Para que sea correcto, es necesario comprobar el valor del objeto encontrado para saber si se trata de un enlace simbólico o no.

14.1.5 Despliegue de recursos

Modo PUSH

El recurso es un módulo. Basta con copiarlo en uno de los directorios a los que se hace referencia en la variable de entorno `$env:PSModulePath`. No se recomienda utilizar el directorio de instalación de Windows PowerShell. Utilizar una ubicación en un perfil de usuario tampoco es una buena opción, ya que será inaccesible si la cuenta LocalSystem está ejecutando la configuración. Esto deja solo la carpeta en C:\Program Files.

Cuando se utiliza el modo PUSH, los recursos deben copiarse en nodos remotos.

Modo PULL

El aprovisionamiento de recursos en modo PULL se trata en la sección Configuración de un PULL Server - Despliegue de recursos.

14.1.6 Comprobación de que se tiene en cuenta el recurso

Puede comprobar que el módulo se ha tenido en cuenta mediante el comando Get-DscResource:

```
PS > Get-DscResource Symlink -Syntax
SymLink [String] #ResourceName
{
    Ensure = [string]{ Absent | Present }
    Name = [string]
    Path = [string]
    Value = [string]
    [DependsOn = [string[]]]
    [PsDscRunAsCredential = [PSCredential]]
}
```

14.2 Recurso personalizado con las clases PowerShell

14.2.1 Creación de un recurso basado en una clase PowerShell

El diseño de un recurso mediante clases requiere el uso de Windows PowerShell versión 5.1, tanto en el host que genera los archivos MOF como en el nodo que los recibe.

Construir un recurso basado en clases es más sencillo que utilizar archivos de esquema MOF. Solo se necesitan dos archivos para construir el módulo:

- el archivo del módulo de script en formato PSM1 que contiene todas las clases para cada recurso,
- el archivo de manifiesto en formato PSD1 que contiene la información del módulo.

La jerarquía de módulos sigue siendo estándar, a diferencia del método anterior:

```
$env:ModulePath
  └─<ModuleName>
      ├─<ModuleName>.psd1
      └─<ModuleName>.psm1
```

Para ayudar con la escritura basada en clases, el módulo xDSCResourceDesigner es inútil. Sin embargo, es posible utilizar Sampler (véase el capítulo Creación de módulos), que tiene un modelo llamado ClassResource.

14.2.2 PowerShell ISE al rescate

Una vez que el archivo PSM1 está en su lugar, necesita ser mejorado con clases que representen los recursos que contendrá. La forma más sencilla de evitar construirlo todo desde cero es utilizar fragmentos de ISE (véase la sección Creación de una configuración inicial - Creación rápida con ISE).

La diferencia aquí es que no se utiliza **DSC configuration (simple)** en los fragmentos de ISE, sino **DSC Resource with Class (simple)**.

14.2.3 Redacción del archivo PSM1

```
enum Ensure {
     Absent
     Present
 }

 [DscResource()]
 class NameOfResource {
     [DscProperty(Key)]
     [string] $P1

     [DscProperty(Mandatory)]
     [Ensure] $P2

     [DscProperty(NotConfigurable)]
     [Nullable[datetime]] $P3

     [DscProperty()]
     [ValidateSet("val1", "val2")]
     [string] $P4

     [NameOfResource] Get() {
         $this.P3 = something
         return $this
     }

     [void] Set() {
     }

     [bool] Test() {
           return $true
     }
}
```

Observación

Para familiarizarse con la creación de clases en PowerShell, consulte el capítulo Clases.

Una clase DSC debe tener el atributo `[DscResource()]`. El nombre de la clase corresponde al nombre del recurso DSC llamado en la configuración. En cuanto a las propiedades, deben incluir el atributo `[DscProperty()]`. Se utiliza para especificar el atributo de la propiedad. Si volvemos a la definición de los atributos en la sección Generación de la estructura del módulo, podemos establecer una correspondencia:

- (Class) `Key` = (MOF) `Key`
- (Class) `Mandatory` = (MOF) `Required`
- (Class) `NotConfigurable` = (MOF) `Read`

Para reproducir el atributo `Write` (MOF) cuando se utiliza el atributo `[DscResource()]`, simplemente déjelo vacío.

Una vez definidas las propiedades, existen tres métodos: `Get()`, `Set()`, `Test()`. Corresponden respectivamente a las funciones `Get-TargetResource`, `Set-TargetResource` y `Test-TargetResource`.

Basándonos en todos estos elementos, podemos establecer el siguiente recurso:

```
enum ensure {
    Present
    Absent
}

[DscResource()]
class SymLink {
    [DscProperty(Key)]
    [string] $Path

    [DscProperty(Key)]
    [string] $Name

    [DscProperty(Mandatory)]
    [string] $Value

    [DscProperty(Mandatory)]
    [ensure] $Ensure
```

```
    [DscProperty(NotConfigurable)]
    [Nullable[datetime]] $LastWriteTime

    [DscProperty(NotConfigurable)]
    [Nullable[datetime]] $CreationTime

    # Gets the resource's current state.
    [SymLink] Get() {
        $LinkPath = Join-Path -Path $this.Path `
                          -ChildPath $this.Name
        $Link = Get-Item -Path $LinkPath -Ea SilentlyContinue

        if ($Link) {
            $this.LastWriteTime = $Link.LastWriteTime
            $this.CreationTime = $Link.CreationTime
        }
        else {
            $this.LastWriteTime = $null
            $this.CreationTime = $null
        }

        return $this
    }

    # Sets the desired state of the resource.
    [void] Set() {
        $LinkPath = Join-Path -Path $this.Path `
                              -ChildPath $this.Name
        $Link = Get-Item -Path $LinkPath -Ea SilentlyContinue
        if (($this.Ensure -eq [ensure]::Present) -and ($Link -eq $null))
{
            New-Item -ItemType SymbolicLink -Path $this.path `
                -Name $this.Name -value $this.Value
        }
        elseif (($this.Ensure -eq [ensure]::Absent)
-and ($Link -ne $null)) {
            $Link.Delete()
        }
    }

    # Tests if the resource is in the desired state.
    [bool] Test() {
        $LinkPath = Join-Path -Path $this.Path -ChildPath $this.Name
        $Link = Get-Item -Path $LinkPath -ErrorAction SilentlyContinue

        if ( $Link) {
            $Result = $true
        }
```

```
        else {
            $Result = $false
        }

        if ($this.Ensure -eq [Ensure]::Present) {
            return $Result
        }
        else {
            return -not $Result
        }

    }
}
```

14.2.4 Generación y modificación del manifiesto

En el manifiesto del módulo, es importante introducir el nombre de los recursos DSC contenidos en el archivo PSM1. El archivo PSM1 también debe introducirse en el campo `RootModule`. También es aconsejable restringir el uso del módulo a la versión 5.1 de PowerShell.

Extracto del archivo PSD1 configurado:

```
@{

RootModule = 'SymLinkDSC.psm1'

DscResourcesToExport = 'SymLink'

ModuleVersion = '1.0'

GUID = '2d701137-c199-481f-bd03-6a46fc9a1fc8'

Author = 'Nicolas'

CompanyName = 'Inconnu'

Copyright = '(c) 2018 Nicolas. Tous droits réservés.'

PowerShellVersion = '5.1'

...

}
```

14.2.5 Despliegue de recursos

El despliegue del módulo de recursos utiliza los mismos mecanismos que el despliegue de recursos basados en archivos de esquema MOF.

Si se crean varias versiones de módulos, puede ser conveniente optar por versionar los módulos en su jerarquía (véase el capítulo Creación de módulos).

14.3 Utilización del recurso personalizado en una configuración

Para integrar un recurso personalizado en una configuración, utilice exactamente el mismo método descrito anteriormente.

```
configuration TestSymLink
{
    Import-DscResource -ModuleName SymLinkDsc

    node localhost
    {
        SymLink Test {
            Path   = 'C:\Users\Administrateur\Desktop'
            Ensure = 'Present'
            Name   = 'Modules.lnk'
            Value  = 'C:\Temp\Modules'
        }
    }
}
TestSymLink
```

La configuración crea un enlace simbólico en el escritorio del administrador que apunta a la carpeta C:\Temp\Modules.

15. DSC en Linux

Aquí es donde DSC realmente destaca. Poder configurar máquinas Linux de forma centralizada desde una máquina Windows es un verdadero paso adelante. Esta sección describe cómo establecer una configuración DSC para un sistema Linux.

El sistema Linux utilizado aquí es Debian. El sistema que genera la configuración y la aplica es Windows 10.

15.1 Prerrequisitos

Antes de iniciar la configuración, es necesario poner en marcha una serie de elementos en la máquina Linux. Para comunicarse entre máquinas Windows, DSC utiliza el estándar CIM. El equivalente de este estándar en Linux es OMI (*Open Management Infrastructure*). OMI no está presente por defecto, por lo que es necesario instalarlo antes de instalar el paquete DSC. También debe instalarse PowerShell Core (véase el capítulo sobre PowerShell y la gestión de versiones - Instalación de PowerShell Core).

15.1.1 Instalación del paquete OMI

Para instalar el paquete OMI, primero es necesario configurar el repositorio de Microsoft para la distribución de Linux. Esto es lo mismo que para PowerShell Core. El procedimiento se describe en el capítulo sobre PowerShell y la gestión de versiones - Instalación de PowerShell Core.

Una vez rellenado el repositorio, puede apuntar directamente al paquete OMI:

```
:~# sudo apt-get -y install omi
```

A continuación, comprobamos qué versión de OpenSSL está instalada:

```
:~# openssl version
OpenSSL 1.1.1l  24 Aug 2021
```

15.1.2 Instalación del paquete DSC

Ahora que el paquete OMI está en su lugar, podemos instalar el paquete DSC. En primer lugar, elegimos la versión adecuada en función de la versión de OpenSSL que vimos antes. Las distintas versiones están disponibles en https://github.com/Microsoft/PowerShell-DSC-for-Linux/releases

En este caso, elegimos la versión compatible 1.1.0:

```
:~# https://github.com/microsoft/PowerShell-DSC-for-
Linux/releases/download/v1.2.4-0/dsc-1.2.4-0.ssl_110.x64.deb
```

Luego lo instalamos:

```
:~# dpkg -i ./dsc-1.2.4-0.ssl_110.x64.deb
```

Por último, comprobamos el estado del servicio omid para asegurarnos de que se está ejecutando:

```
:~# service omid status
```

15.2 Recursos DSC para Linux

Al igual que Windows, Linux tiene sus propios recursos para la configuración. No son tantos, por supuesto, pero si partimos de la base de que en Linux todo son archivos, basta con sustituir un archivo de configuración y reiniciar el servicio para que se tenga en cuenta la nueva configuración. En consecuencia, se necesitan pocos recursos DSC para cubrir las necesidades.

Los módulos de recursos disponibles para Linux son `nx`, `nxComputerManagement` y `nxNetworking`. Al igual que en Windows, PowerShell Core en Linux incluye el módulo `PowerShellGet`.

A diferencia de Windows, Linux no requiere la descarga de módulos. Solo lo necesita el host Windows que genera las configuraciones y las aplica. Por tanto, descarga lo que necesita:

```
PS > Install-Module nx
```

Con la necesidad de Azure Automanage Machine Configuration, ha aparecido un nuevo módulo para gestionar sistemas operativos Linux: `nxtools`. Sin embargo, este módulo está limitado a su uso con DSC v2.0. Aquí solo trataremos casos vinculados a la versión 1.1 de DSC.

15.3 Establecer una sesión CIM

Para aplicar una configuración a un sistema Linux, es necesario disponer de un canal privilegiado. Entre dos sistemas Windows, se crea una sesión CIM en segundo plano. Para un sistema Linux, es el mismo principio: se utiliza una sesión CIM que se comunica con el servicio omid del sistema Linux.

Así, desde el host Windows, primero se definen las credenciales de root o equivalentes para conectarse:

```
PS > $cred = Get-Credential root
```

A continuación, definimos las opciones de la sesión:

```
PS > $cimoptions = New-CimSessionOption -SkipCACheck `
        -SkipCNCheck `
        -SkipRevocationCheck -UseSsl
```

Estas opciones son necesarias porque el servicio OMI de Linux genera un par certificado/clave desconocido para el sistema operativo Windows que impulsa la configuración. Estos elementos deben introducirse directamente en la tienda de certificados del sistema Windows.

Por último, organizamos la sesión:

```
PS > $CimSession = New-CimSession -Credential $cred `
    -ComputerName Debian -Authentication Basic `
    -Port 5986 -SessionOption $cimoptions
```

Ahora podemos utilizarlo para aplicar una configuración.

15.4 Creación de la configuración

El siguiente paso es crear una configuración para el nodo Linux. La configuración es básica, simplemente le decimos que cree un archivo en /tmp/ llamado dsctest con DSC Test! como contenido.

Configuración DSC:

```
Configuration MyDSCDemoLinux
{
    Import-DSCResource -Module nx
    Node Debian {
        nxFile myTestFile
        {
                Ensure = "Present"
                Type = "File"
                DestinationPath = "/tmp/dsctest"
                Contents="DSC Test!"
        }
    }
}
```

A continuación, se llama a la configuración para generar el archivo MOF:

```
PS > MyDSCDemoLinux

    Répertoire : C:\Scripts\MyDSCDemoLinux


Mode                LastWriteTime         Length Name
----                -------------         ------ ----
-a----     17/06/2018         02:22         1914 Debian8.mof
```

15.5 Aplicación de la configuración

El comando `Start-DscConfiguration` se utiliza siempre para aplicar la configuración. Pero a diferencia de lo habitual, es necesario utilizar el parámetro `-CimSession` para indicar a la configuración qué sesión CIM debe utilizar:

```
PS > Start-DscConfiguration -Path C:\Scripts\MyDSCDemoLinux `
          -Wait -CimSession $CimSession
```

A continuación, se puede comprobar si el archivo está presente en el nodo Linux:

```
PS /root> cat /tmp/dsctest
DSC Test!
```

15.6 Recuperación de la configuración de LCM

Un nodo Linux también tiene un LCM. Todavía no es posible averiguar su configuración localmente, ya que el comando `Get-DscLocalConfigurationManager` no está presente.

Sin embargo, es posible consultar el nodo Linux desde un host Windows a través de una sesión CIM.

Ejemplo

```
PS > Get-DscLocalConfigurationManager -CimSession $CimSession

ActionAfterReboot              :
AgentId                        : ECDC3066-7809-467B-9F91-FFC446A2CC17
AllowModuleOverWrite           : False
CertificateID                  :
ConfigurationDownloadManagers  :
ConfigurationID                :
ConfigurationModev             : ApplyAndMonitor
ConfigurationModeFrequencyMins : 30
Credential                     :
DebugMode                      :
DownloadManagerCustomData      :
DownloadManagerName            :
LCMCompatibleVersions          :
LCMState                       :
LCMStateDetail                 :
LCMVersion                     :
StatusRetentionTimeInDays      :
SignatureValidationPolicy      :
SignatureValidations           :
MaximumDownloadSizeMB          :
PartialConfigurations          :
RebootNodeIfNeeded             : False
RefreshFrequencyMins           : 1
RefreshMode                    : PUSH
ReportManagers                 :
```

```
ResourceModuleManagers          :
PSComputerName                  : Debian8
PSComputerName                  : Debian8
```

16. Mantenimiento y solución de problemas

16.1 Forzar la reaplicación de una configuración

Esperar 15 minutos o más para que se vuelva a aplicar una configuración puede ser mucho tiempo, sobre todo si necesita el resultado para corregir un error o volver a poner el servidor en línea urgentemente. No hay ningún comando PowerShell disponible para realizar esta acción. Sin embargo, existe una forma, utilizando el método de una clase WMI.

El siguiente comando está disponible:

```
Invoke-CimMethod -ClassName MSFT_DSCLocalConfigurationManager `
    -Namespace root/Microsoft/Windows/DesiredStateConfiguration `
    -MethodName PerformRequiredConfigurationChecks `
    -Arguments @{Flags = [System.UInt32]1}
```

La ventaja de este comando es que acepta los parámetros `-ComputerName` y `-CimSession`. Esto permite ejecutar el comando a un host remoto.

16.2 Estado de una configuración DSC

Para diagnosticar un problema de configuración, puede utilizar el comando `Get-DscConfigurationStatus`. Esto devuelve el estado de todas las configuraciones actuales.

Ejemplo

```
PS C:\Scripts> Get-DscConfigurationStatus

Status     StartDate                 Type           Mode  Reboot
                                                          Requested

------     ---------                 ----           ----  ------
Failure   17/06/2018 11:27:26        Consistency    PUSH  False
```

En este ejemplo, la configuración es errónea.

Incluso es posible ir un paso más allá para averiguar qué recursos no se encuentran en un estado deseado.
Esto puede comprobarse mediante la propiedad `ResourcesNotInDesiredState`:

```
PS > (Get-DscConfigurationStatus).ResourcesNotInDesiredState


ConfigurationName     : CopyFileShare
DependsOn             :
ModuleName            : PSDesiredStateConfiguration
ModuleVersion         : 1.1
PsDscRunAsCredential  :
ResourceId            : [File]TxtShareFile
SourceInfo            : C:\Users\administrateur.AKALYA\Documents\
                        ConfigueCrypteBook.ps1::24::9::File
DurationInSeconds     : 15,457
Error                 : Le système ne parvient pas à contacter un
                        contrôleur de domaine pour traiter la
                        demande d'authentification. Recommencez
                        ultérieurement. Le fichier/répertoire
                        associé est: \\synology\vm\MyFile.txt.
FinalState            :
InDesiredState        : False
InitialState          :
InstanceName          : TxtShareFile
RebootRequested       : False
ResourceName          : File
StartDate             : 17/06/2018 11:27:26
PSComputerName        :
```

Truco

Para ir aún más lejos en el diagnóstico de errores, es posible consultar los registros de eventos de Windows utilizando el módulo xDscDiagnostics.

16.3 Restaurar un sistema a su estado original

Desafortunadamente, no existe un comando específico para restaurar un sistema a su estado original. Sin embargo, es posible hacerlo modificando o borrando ciertos archivos presentes localmente.

Estos se almacenan en C:\Windows\System32\Configuration.

He aquí una lista de los más importantes y de las medidas que deben tomarse en cada caso:

- backup.mof: contiene la última configuración aplicada con éxito. Se puede utilizar para retroceder en el tiempo si una nueva configuración establecida contiene errores.
- Current.mof: contiene la configuración actual.
- DSCEngineCache.mof: describe si la máquina es conforme o no, y las acciones pendientes.
- metaConfig.mof: contiene la metaconfiguración del LCM. Cuando se utiliza en modo PULL, simplemente hay que vaciar el archivo y no borrarlo.

16.4 Activar el modo Verbose

Cuando aplicas una configuración usando `Start-DscConfiguration`, no se puede decir que el comando sea muy 'verboso'. Sin embargo, es útil saber qué está pasando, especialmente si se encuentra un problema, o incluso para ver si el comando está realizando acciones que no debería. Para ello, puede colocar el parámetro `-Verbose` en el comando.

Este parámetro común también se puede utilizar con el comando `Set-DscLocalConfigurationManager`.

Capítulo 10
Gestión avanzada de archivos

1. Introducción

Es frecuente al hacer scripting (sin importar el lenguaje), utilizar uno o varios archivos. La mayoría de las veces, se trata de archivos planos. En distribuciones Unix/Linux, esto es más que común. En las primeras versiones de PowerShell, ciertas características eran seriamente escasas en las tareas cotidianas. No era raro tener que realizar una serie de funciones invocando directamente objetos del .NET Framework. Afortunadamente, la versión 5.0 de PowerShell trae comandos nativos para gestionar mejor los archivos y todo lo que conllevan.

En este capítulo, veremos las novedades de PowerShell 5.1 en cuanto a la gestión de archivos. Explicaremos cómo comprimir y descomprimir fácilmente un archivo. También veremos cómo gestionar enlaces simbólicos en archivos y carpetas, algo que antes no era fácil. También veremos cómo crear archivos temporales cuando se utilizan scripts. Por último, veremos cómo utilizar sesiones PowerShell para transferir un conjunto de archivos y editar un archivo remoto utilizando PowerShell ISE.

2. Gestión de archivos

Los archivos ZIP son habituales cuando empiezas a hacer scripts. Los archivos de registro se agrupan en un archivo para ahorrar espacio. O exportas un gran número de archivos, y para que sea más fácil recuperarlos, los colocas en un archivo. Esto es lo que será visto ahora. A continuación, veremos cómo se realizaba este procedimiento en versiones de PowerShell anteriores a la 5.1, para apreciar la simplicidad de los nuevos comandos.

2.1 Compress-Archive

El comando utilizado para crear archivos ZIP a partir de una carpeta o un conjunto de archivos es `Compress-Archive`. Es bastante sencillo de utilizar y cuenta con pocos parámetros:

Parámetro	Descripción
`Path [string[]]`	Indica la ruta a la carpeta o los archivos que se van a comprimir. Este parámetro acepta wildcards.
`DestinationPath [string]`	Indica la ruta al archivo ZIP. Si se omite la extensión .ZIP, el comando la añade automáticamente.
`Update [switch]`	Indica si los archivos deben añadirse a un archivo existente. En caso contrario, se sobrescribirá el archivo.
`CompressLevel <Optimal, NoCompression, Fastest>`	Indica el nivel de compresión del archivo. El valor por defecto es `Optimal`.
`Force [switch]`	Indica si se debe forzar la ejecución del comando, para evitar pedir confirmación al usuario.

Observación

Sin embargo, la API .NET utilizada por el comando `Compress-Archive` impone una restricción al archivo. El tamaño máximo de un archivo que se puede comprimir está limitado a 2 GB.

Supongamos que tenemos una carpeta llamada MyFolderLogs en C:\Temp. Contiene un gran número de registros que queremos comprimir en el archivo con fecha y hora C:\Temp\ArchiveLogs<yyyy-MM-dd-hhmm>.ZIP.

Ejecutamos los siguientes comandos:

```
PS > $DateTime = Get-Date -Format 'yyyy-MM-dd-hhmm'
PS > Compress-Archive -Path C:\Temp\MyFolderLogs `
        -DestinationPath C:\Temp\ArchiveLogs$DateTime
PS > Get-ChildItem -Path C:\Temp

    Directorio : C:\Temp


Mode            LastWriteTime  Length Name
----            -------------  ------ ----
d-----   21/03/2018     07:30         MyFolderLogs
-a----   21/03/2018     07:40 5218802 ArchiveLogs2018-03-21....ZIP
```

2.2 Expand-Archive

Comprimir y agrupar archivos en un archivo está muy bien. Pero todavía es necesario extraerlos del archivo para poder utilizarlos. Para ello, utilice el comando `Expand-Archive`. Acepta algunos parámetros:

Parámetro	Descripción
`Path [string[]]`	Indica la ruta del archivo ZIP a descomprimir.
`DestinationPath [string]`	Indica la ruta de la carpeta que contendrá los archivos descomprimidos del archivo pasado en el parámetro `-Path`.
`Force [switch]`	Indica si se debe forzar la ejecución del comando, para evitar pedir confirmación al usuario.

La principal limitación de este comando es que no permite extraer archivos individuales; descomprime todo el contenido del archivo ZIP.

Para extraer el archivo creado anteriormente:

```
PS > $Archive = Get-Item C:\Temp\ArchiveLogs2018-03-21-0732.zip
PS > Expand-Archive -Path $Archive.FullName `
      -Destination C:\Temp\$($Archive.BaseName)
PS > Get- ChildItem -Path C:\temp\ArchiveLogs2018-03-21-0732\


    Directorio : C:\temp\ArchiveLogs2018-03-21-0732


Mode                LastWriteTime         Length Name
----                -------------         ------ ----
d-----        21/03/2018     07:48               MyFolderLogs
```

El comando crea una carpeta MyFolderLogs en ArchiveLogs2018-03-21-0732. Esta carpeta contiene todos los archivos de registro.

2.3 Antes de PowerShell 5.1

Antes de la llegada de PowerShell V5.1, era necesario utilizar la clase .NET `[System.IO.Compression.ZipFile]`. Dada la complejidad de implementar esta solución, surgieron numerosos módulos comunitarios que permiten comprimir y descomprimir archivos utilizando funciones sencillas de PowerShell. En esta sección también se propone una solución. Requiere cierto esfuerzo, pero se puede estar seguro del resultado.

2.3.1 Compresión de una carpeta

Para comprimir un conjunto de archivos, o incluso una carpeta completa, en un archivo ZIP, es necesario cargar la biblioteca [System.IO.Compression.FileSystem] utilizando el comando `Add-Type`:

```
PS >  Add-Type -AssemblyName System.IO.Compression.FileSystem
```

A continuación, definimos la carpeta que contiene los archivos que se van a comprimir.

```
PS > $Fold = 'C:\Temp\MyFolderLogs'
PS > $ZIP = 'C:\Temp\MyArchiveLogs.zip'
```

Utilizamos el método estático `CreateFromDirectory()` de la clase `[System.IO.Compression.ZipFile]`:

```
[System.IO.Compression.ZipFile]::CreateFromDirectory($Fold,$Zip)
```

A continuación, se crea un archivo ZIP en el directorio actual, que contiene exactamente los mismos elementos que la carpeta MyFolderLogs:

```
PS > Get-Item .\MyArchiveLogs.zip


    Directorio : C:\Temp


Mode    LastWriteTime                 Length Name
----    -------------                 ------ ----
-a----  20/03/2018     13:21              22 MyArchiveLogs.zip
```

En este caso, se ha comprimido solo una carpeta. Comprimir archivos individuales puede resultar algo más complejo.

2.3.2 Descomprimir un archivo

Para descomprimir el archivo que acabamos de crear, seguimos utilizando la misma clase `[System.IO.Compression.ZipFile]`. Esta vez, sin embargo, utilizamos el método estático `ExtractToDirectory()`. Este método acepta dos parámetros. El primero es la ruta al archivo ZIP, y el segundo es la ruta a la carpeta de destino.

Ejemplo

```
PS > $Dt = 'C:\Temp\ExpandArchive'
PS > $Zp = 'C:\Temp\MyArchiveLogs.zip'
PS >
[System.IO.Compression.ZipFile]::ExtractToDirectory($Zp,$Dt)
PS > Get-ChildItem -Path C:\Temp


    Directorio : C:\Temp

```

```
Mode                LastWriteTime     Length Name
----                -------------     ------ ----
d-----        21/03/2018     21:37            ExpandArchive
d-----        21/03/2018     07:30            MyFolderLogs
-a----        21/03/2018     19:57   5218672 MyArchiveLogs.zip
```

Se crea la carpeta y su contenido es el del archivo ZIP.

3. Enlace simbólico

Al igual que con los archivos, inicialmente no existía una forma nativa de gestionar enlaces simbólicos. Pero desde la versión 5 de PowerShell, las cosas han cambiado. El comando `New-Item` acepta el término `SymbolicLink` en el parámetro `-ItemType` para crear enlaces simbólicos en carpetas o archivos.

3.1 Archivos

Aunque pueda parecer extraño, para crear un enlace simbólico con el comando `New-Item`, es necesario contar con privilegios elevados.

Por tanto, las siguientes acciones se lanzan desde una consola PowerShell ejecutada como administrador.

Creación de un enlace simbólico

En este ejemplo, creamos un enlace a un archivo de registro:

```
PS > New-Item -ItemType SymbolicLink -Path C:\Temp `
     -Name log1.lnk -value C:\Temp\MyFolderLogs\log1.log

    Directorio : C:\temp\.


Mode                LastWriteTime         Length Name
----                -------------         ------ ----
-a---l        23/03/2018     19:44              0 log1.lnk
```

El parámetro `-ItemType` indica que se trata de un enlace simbólico. El parámetro `-Path` indica la ubicación donde debe crearse el enlace simbólico. El valor del parámetro `-Name` es el nombre del enlace. Por último, el parámetro `-Value` indica la ruta del archivo al que apunta el enlace simbólico. Puede ser una ruta completa o una ruta relativa.

Observación

La propiedad `Mode` tiene un elemento adicional en el caso de un enlace simbólico. El campo termina con una l, a diferencia de un archivo estándar, que tiene un guión (-).

Eliminación de un enlace simbólico

La eliminación de un enlace simbólico en un archivo se realiza del mismo modo que la eliminación de un archivo estándar. Se utiliza el comando `Remove-Item`:

```
PS > Remove-item -Path C:\Temp\log1.lnk
```

Veremos que no es tan fácil eliminar un enlace simbólico de una carpeta.

3.2 Carpetas

Creación de un enlace simbólico

Un enlace simbólico se crea para una carpeta del mismo modo que para un archivo. Se utiliza el comando `New-Item`:

```
PS > New-Item -ItemType SymbolicLink -Name ./MyFolderLogs.lnk `
      -value C:\Temp\MyFolderLogs\


    Répertoire : C:\temp\.


Mode                 LastWriteTime         Length Name
----                 -------------         ------ ----
d----l        23/03/2018     20:40                MyFolderLogs.lnk
```

En el ejemplo, creamos un enlace simbólico a la carpeta que contiene los registros.

Observación

Los enlaces simbólicos en carpetas también tienen la anotación l en la propiedad `Mode`.

Eliminación de un enlace simbólico

Eliminar un enlace simbólico en una carpeta de es un poco más complejo que eliminar un enlace simbólico en un archivo. El comando `Remove-Item` interpreta el enlace simbólico como una carpeta real y solicita confirmación para eliminar su contenido:

```
PS C:\temp> Remove-Item -Path C:\temp\MyFolderLogs.lnk\

Confirmar
El elemento ubicado en C:\temp\MyFolderLogs.lnk\ tiene hijos
y no se ha especificado el parámetro Recurse.
Si continúa, todos los hijos se eliminarán junto con el elemento.
¿Está seguro de que desea continuar?
[S] Sí  [O] Sí a todo  [N] No  [T] No a todo  [U] Suspender  [?]
Ayuda (el valor predeterminado es "S"): S
Remove-Item : C:\temp\MyFolderLogs.lnk\ es un punto de unión NTFS.
Utilice el parámetro Force para eliminar o modificar este objeto.
En el caracter  Línea:1 :1
+ remove-item -Path C:\temp\MyFolderLogs.lnk\
+ ~~~~~~~~~~~~~~~~~~~~~~~~~~~~~~~~~~~~~~~~~~~~
    + CategoryInfo          : WriteError:
(C:\temp\MyFolderLogs.lnk\:DirectoryIn
   fo) [Remove-Item], IOException
    + FullyQualifiedErrorId :
DirectoryNotEmpty,Microsoft.PowerShell.Commands.RemoveItemCommand
```

Como puede ver, incluso confirmando el borrado se genera un error. El comando requiere el parámetro `-Force` para ejecutarse. Puede evitar este problema añadiendo el parámetro `-Recurse`:

```
PS C:\temp> Remove-Item -Path C:\temp\MyFolderLogs.lnk\ -Force
-Recurse
Remove-Item : La etiqueta especificada en la solicitud y la etiqueta
en el punto de análisis no coinciden
En el carácter Línea:1 : 1
+ Remove-Item -Path C:\temp\MyFolderLogs.lnk\ -Force -Recurse
+ ~~~~~~~~~~~~~~~~~~~~~~~~~~~~~~~~~~~~~~~~~~~~~~~~~~~~~~~~~~~~
    + CategoryInfo          : NotSpecified: (:) [Remove-Item],
Win32Exception
```

```
    + FullyQualifiedErrorId :
System.ComponentModel.Win32Exception,Microsoft.PowerShell.
Commands.RemoveItemCommand
```

Entonces, ¿cómo eliminar este enlace simbólico si ni siquiera `Remove-Item` lo permite? Empecemos inspeccionando el objeto con `Get-Member`:

```
Get-Item -Path C:\Temp\MyFolderLogs.lnk\ | Get-Member


   TypeName : System.IO.DirectoryInfo

Name                         MemberType     Definition
----                         ----------     ----------
LinkType                     CodeProperty   System.String LinkTyp...
Mode                         CodeProperty   System.String Mode{ge...
Target                       CodeProperty   System.Collections.Ge...
Create                       Method         void Create(), void C...
CreateObjRef                 Method         System.Runtime.Remoti...
CreateSubdirectory           Method         System.IO.DirectoryIn...
Delete                       Method         void Delete(), void D...
EnumerateDirectories         Method         System.Collections.Ge...
EnumerateFiles               Method         System.Collections.Ge...
EnumerateFileSystemInfos     Method         System.Collections.Ge...
Equals                       Method         bool Equals(System.Ob...
GetAccessControl             Method         System.Security.Acces...
GetDirectories               Method         System.IO.DirectoryIn...
GetFiles                     Method         System.IO.FileInfo[] ...
GetFileSystemInfos           Method         System.IO.FileSystemI...
GetHashCode                  Method         int GetHashCode()
GetLifetimeService           Method         System.Object GetLife...
GetObjectData                Method         void GetObjectData(Sy...
GetType                      Method         type GetType()
InitializeLifetimeService    Method         System.Object Initial...
MoveTo                       Method         void MoveTo(string de...
Refresh                      Method         void Refresh()
SetAccessControl             Method         void SetAccessControl...
ToString                     Method         string ToString()
PSChildName                  NoteProperty   string PSChildName=My...
PSDrive                      NoteProperty   PSDriveInfo PSDrive=C
PSIsContainer                NoteProperty   bool PSIsContainer=True
PSParentPath                 NoteProperty   string PSParentPath=M...
PSPath                       NoteProperty   string PSPath=Microso...
PSProvider                   NoteProperty   ProviderInfo PSProvid...
Attributes                   Property       System.IO.FileAttribu...
CreationTime                 Property       datetime CreationTime...
```

```
CreationTimeUtc         Property       datetime CreationTime...
Exists                  Property       bool Exists {get;}
Extension               Property       string Extension {get;}
FullName                Property       string FullName {get;}
LastAccessTime          Property       datetime LastAccessTi...
LastAccessTimeUtc       Property       datetime LastAccessTi...
LastWriteTime           Property       datetime LastWriteTim...
LastWriteTimeUtc        Property       datetime LastWriteTim...
Name                    Property       string Name {get;}
Parent                  Property       System.IO.DirectoryIn...
Root                    Property       System.IO.DirectoryIn...
BaseName                ScriptProperty System.Object BaseNam...
```

Observamos que está disponible el método `Delete()`. Este permite simplemente suprimir el enlace simbólico.

Hay dos formas de hacerlo:

– Al apuntar directamente al método:

```
PS > (Get-Item -Path C:\Temp\MyFolderLogs.lnk\).Delete()
```

– O utilizando la función `Foreach-Object` a través del pipeline:

```
PS > Get-Item -Path C:\Temp\MyFolderLogs.lnk\ | `
           Foreach-Object Delete
```

Después de utilizar cualquiera de estos métodos, puede comprobar que se ha eliminado el enlace simbólico:

```
PS > Test-Path C:\Temp\MyFolderLogs.lnk\
False
```

4. Archivo temporal

Cuando se escribe un script, puede que se necesite escribir información temporalmente para procesarla más tarde en el script. Puede resultar tedioso gestionar este tipo de situaciones: se crea un archivo temporal con un nombre aleatorio y se elimina este archivo al final del script. Desde la versión 5 de PowerShell, se puede utilizar el comando `New-TemporaryFile` para crear un archivo temporal almacenado en `$env:temp`. Esta es una carpeta temporal en la carpeta AppData del usuario actual. El nombre del archivo temporal tiene el siguiente formato: temp<XXXX>.tmp. Los caracteres X son hexadecimales y generados aleatoriamente.

El comando `New-TemporaryFile` no tiene parámetros especiales. La simple llamada al comando genera un archivo, y la salida del comando es el objeto de este archivo.

Ejemplo

```
PS > New-TemporaryFile

    Directorio : C:\Users\Nicolas\AppData\Local\Temp


Mode                LastWriteTime         Length Name
----                -------------         ------ ----
-a----       23/03/2018     23:27              0 tmpB61E.tmp
```

A continuación, el objeto puede recuperarse de una variable para su procesamiento:

```
PS > $TempFile = New-TemporaryFile
PS > Add-Content -Value @(1..10) -Path $TempFile
PS > Get-Content -Path $TempFile
1
2
3
4
5
6
7
8
9
10
```

A continuación, puede incorporar cualquier dato temporal en su interior.

5. Edición de archivos remotos

A menudo es tedioso tener que editar archivos en sistemas remotos. Normalmente, se conecta al ordenador de forma remota y se editan los archivos utilizando el editor de archivos disponible. La otra opción es acceder al recurso compartido administrativo de la máquina y editar los archivos con su editor favorito.

Gracias a la versión 5.1 de PowerShell, ahora se dispone de un nuevo método. Ahora es posible editar un archivo de texto remoto mediante una sesión interactiva en PowerShell ISE. El archivo se edita utilizando la utilidad PSEdit.exe. Debe utilizarse en una sesión interactiva desde PowerShell ISE. Para obtener más información sobre las sesiones remotas de PowerShell, consulte el capítulo Gestión remota avanzada.

Para entrar en la sesión interactiva, utilice el comando `Enter-PSSession`. Con este comando, puede iniciar desde una sesión existente utilizando el parámetro `-PSSession`, o crear una nueva utilizando el parámetro `-ComputerName`.

Observación

Desde PowerShell 5.1, es posible crear sesiones en una máquina virtual en un hipervisor Hyper-V. Se utilizan los parámetros `-VMName` o `-VMId`. No olvide introducir las credenciales si el hipervisor se encuentra en un contexto diferente al de la máquina virtual (WorkGroup/Domaine Active Directory). Es posible editar archivos remotos utilizando PSEDIT a través de una sesión PowerShell en una máquina virtual.

El primer paso es ejecutar PowerShell ISE. Una vez iniciado, en el símbolo del sistema de PowerShell, conecte una sesión remota interactiva mediante `Enter-PSSession`:

```
PS > Enter-PSSession -ComputerName SRVDC02
[SRVDC02]: PS > $Env:ComputerName
SRVDC02
```

Una vez en la sesión, creamos un archivo con un conjunto de archivos:

```
[SRVDC02]: PS > 1..10 | Out-File -Path $Home\TestRemote.txt
```

Por último, invocamos el binario psedit.exe dentro de la sesión para editar el archivo:

```
[SRVDC02]: PS > psedit $Home\TestRemote.txt
```

El contenido del archivo aparece entonces en una nueva pestaña del editor. Sin embargo, la pestaña tiene un nombre diferente. Se puede leer **[Archivo remoto]** al principio del nombre. O **[Remote]** si el sistema está en inglés.

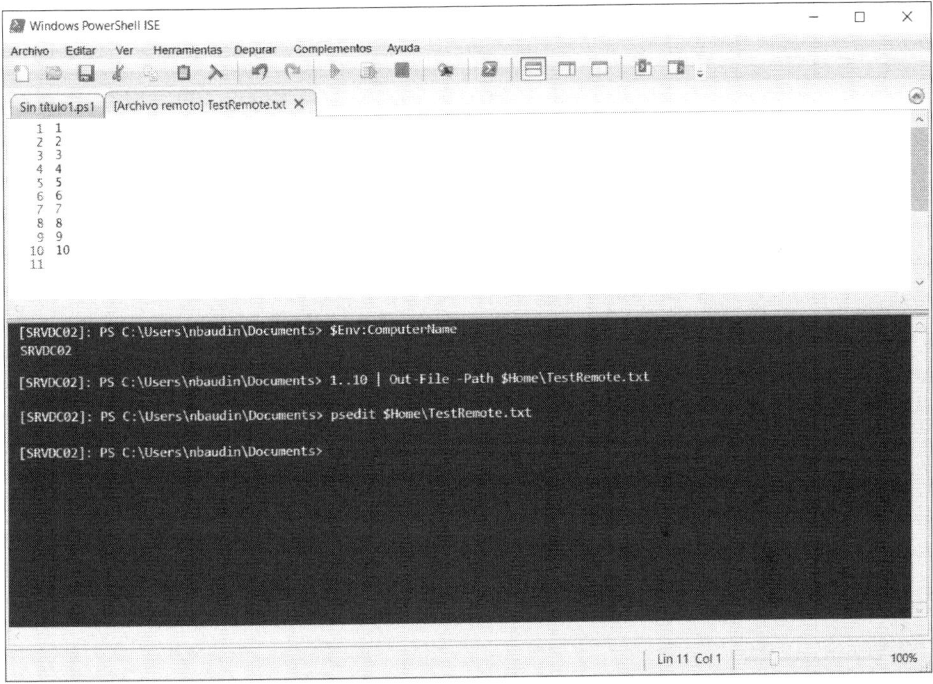

Edición de archivos a través de una sesión remota de PowerShell utilizando PowerShell ISE

En este punto, el archivo puede modificarse y guardarse.

Lo interesante de este proceso es que es posible probar scripts PowerShell. Se ejecutan en la sesión interactiva abierta y, por tanto, en el host remoto.

Ejemplo

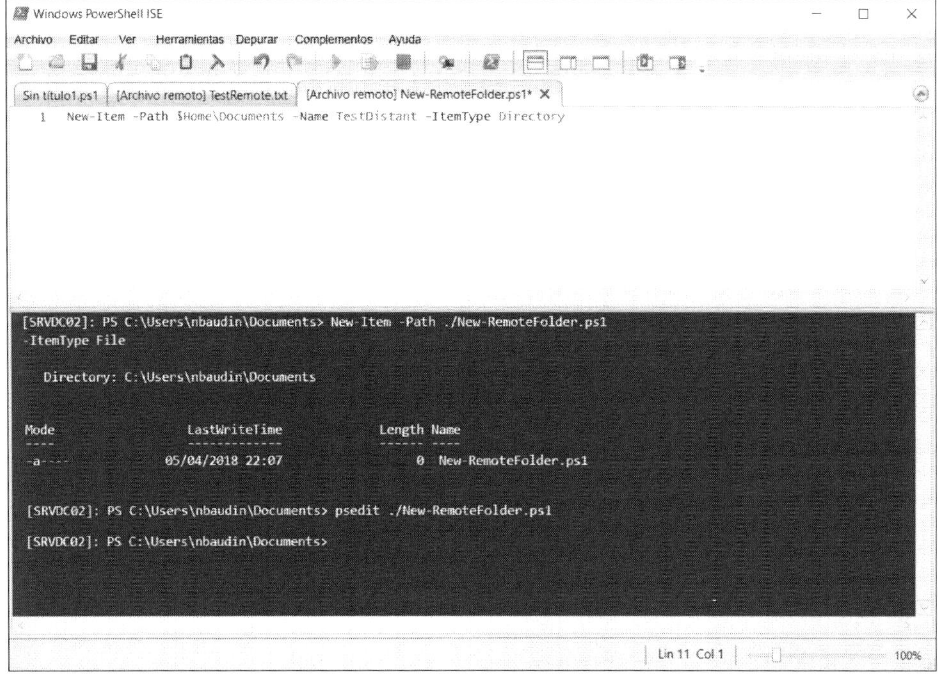

Script para crear una carpeta en el host remoto

En primer lugar, utilizando el símbolo del sistema de PowerShell, creamos un archivo llamado New-RemoteFolder.ps1 en la carpeta `Documents` del usuario. Este archivo contendrá el script. En el script, creamos una carpeta llamada TestDistant, ubicada en la carpeta Documents del usuario actual. Pulse [F5] para ejecutarlo:

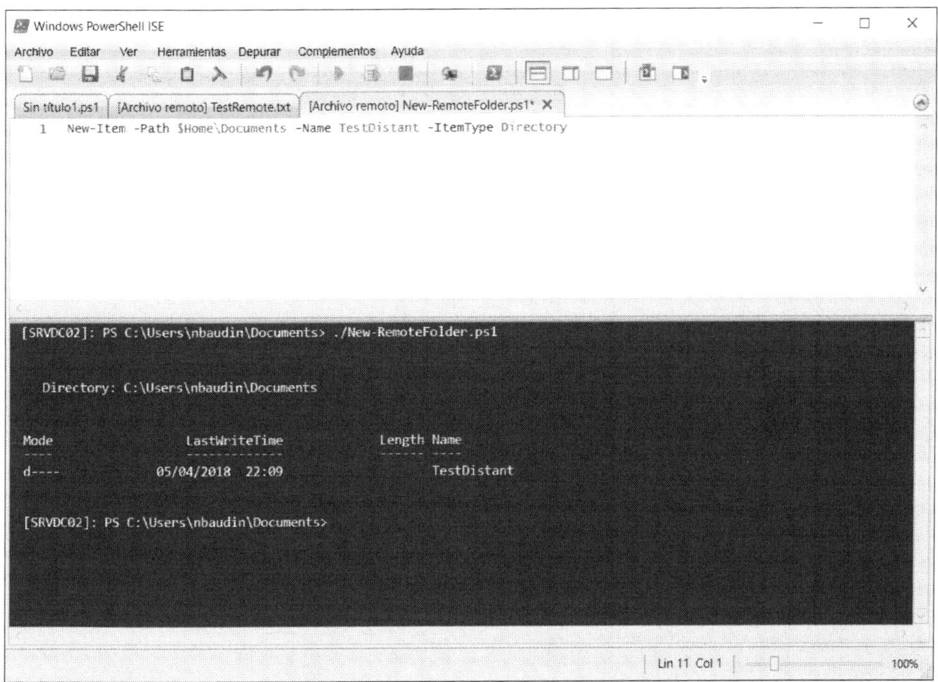

Ejecución del script a través de ISE

En el símbolo del sistema, se crea la carpeta. Para comprobar su presencia, utilice `Get-ChildItem`:

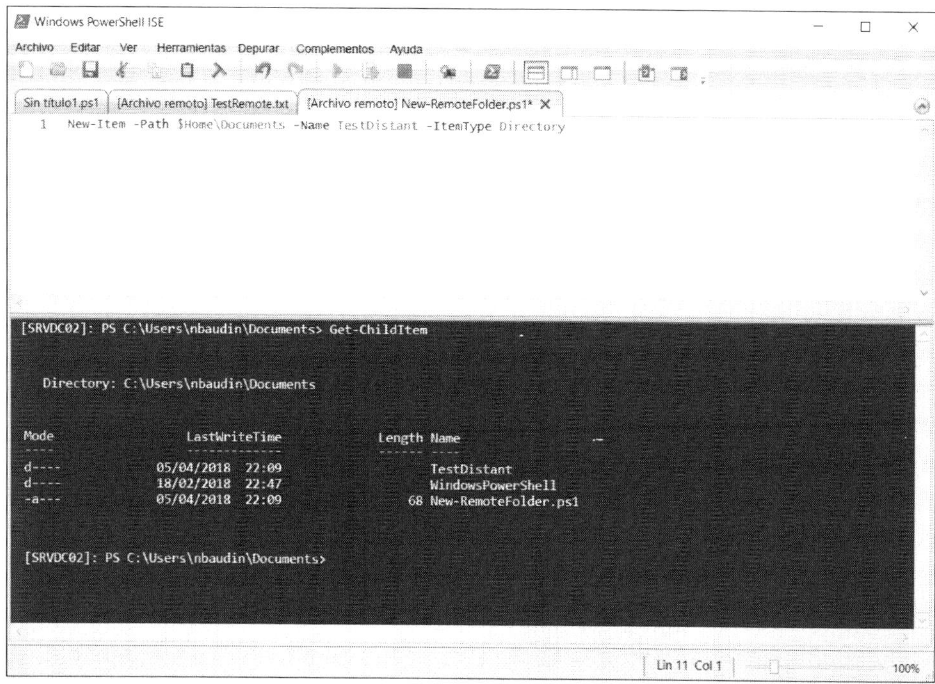

Comprobación de que el script se ejecuta correctamente en PowerShell ISE

Al salir de la sesión mediante el comando `Exit-PSSession`, los distintos archivos remotos abiertos se cierran automáticamente. Sin embargo, asegúrese de guardar su trabajo antes de ejecutar el comando.

6. Copia de archivos a través de una sesión PowerShell

Una de las características que faltaban en las sesiones remotas de PowerShell era la capacidad de transferir uno o más archivos de forma sencilla y segura. Esto era algo que podía hacer el protocolo SSH de Linux. Por ello, los diseñadores de PowerShell han mejorado esta capacidad, y la versión 5.1 incluye esta funcionalidad de forma nativa.

El comando `Copy-Item` tiene dos nuevos parámetros:

- `FromSession`: para indicar que el archivo de origen se encuentra en el sistema remoto y que el destino está en el sistema local.
- `ToSession`: para indicar que el archivo de origen se encuentra en el sistema local y que el destino es el sistema remoto.

Estos parámetros son mutuamente excluyentes, por lo que no pueden usarse simultáneamente en un mismo comando. Aceptan objetos de tipo `PSSession`creados mediante el comando `New-PSession` (véase el capítulo Gestión remota avanzada).

Creamos un archivo PowerShell :

```
PS > $Session = New-PSSession -ComputerName SRVDC02
```

Copiamos un archivo del host local al sistema remoto. Para obtener más detalles durante la operación, se recomienda añadir el parámetro `-Verbose`:

```
PS > Copy-Item -Path $Home\Documents\configue.txt `
   -Destination C:\Temp\configue.txt -ToSession $Session -Verbose

COMENTARIOS: Operación "Copiar el archivo" en curso en el destino
« Elemento: C:\Users\nbaudin\Documents\configue.txt
Destination : C:\Temp\configue.txt ».
```

Se comprueba que el archivo está presente en el sistema remoto:

```
PS > Invoke-Command -ScriptBlock {Get-ChildItem C:\Temp} `
    -Session $Session


    Directorio : C:\Temp


Mode    LastWriteTime           Length Name          PSComputerName
```

```
----    ------------          ------ ----          -------------
-a----  05/04/2018    20:34        0 configue.txt SRVDC02
```

El archivo está presente. Los parámetros `-FromSession` y `-ToSession` solo aceptan una sesión a la vez, por lo que no es posible transferir un archivo a varios destinos en un solo comando.

Observación

Como ahora es posible crear sesiones PowerShell entre un host Hyper-V y una máquina virtual, puede utilizar este tipo de sesión en los parámetros `-FromSession` y `-ToSession` de `Copy-Item`.

7. Conversión de un archivo plano en un objeto

En el mundo Unix/Linux, no es raro ver archivos de texto formateados de una manera muy específica. Se trata de archivos de configuración o archivos de logs. Estos archivos se pueden procesar en grandes cantidades, con fines de reporting, para comprobar la coherencia de los datos o para exportar la configuración de un sistema a otro (por ejemplo, DHCP en Windows a DHCP en Linux). Pero procesar estos archivos puede ser tedioso. Se acaba utilizando un gran número de expresiones regulares, lo que puede resultar un poco desalentador si no se practica. Para facilitar las cosas, se ha introducido un nuevo comando en PowerShell V5. Se trata de `ConvertFrom-String`. Se puede utilizar de dos maneras. La primera es básica y es muy similar a los comandos `Import-Csv` y `Convert-Csv`. La segunda es más compleja. Se basa en el framework FlashExtract desarrollado por una unidad del centro de investigación de Microsoft. Mediante ejemplos, FlashExtract extrae datos de un archivo semiestructurado. El resultado de la extracción se representa en forma de objeto. En primer lugar, presentaremos algunos casos del método básico y, a continuación, nos centraremos en el método complejo. Una vez que domine el método complejo, podrá abandonar (parcialmente) el uso de expresiones regulares.

7.1 Modo básico

En su forma más simple, `ConvertFrom-String` separa las cadenas utilizando los espacios como delimitadores y genera nombres de propiedades aleatorios.

Ejemplo

```
PS > 'PowerShell está en Linux' | ConvertFrom-String

P1 P2 P3 P4
-- -- --   --
PowerShell está en Linux
```

Observación

Si se hubiera introducido una quinta palabra, la visualización habría cambiado al formato de lista. Aquí se aplica el formato predeterminado (véase el capítulo Objetos personalizados y tipos estándar).

Se pueden procesar varias cadenas de caracteres:

```
PS > $Here = 'PowerShell está en Linux','Pero también en MacOs'.
PS > $Here | ConvertFrom-String

P1 P2 P3 P4
-- -- -- --
PowerShell está en Linux
Pero también en MacOs
```

Al igual que con `ConvertFrom-Csv`, el delimitador puede cambiarse utilizando el parámetro `-Delimiter`:

```
PS > $Here | ConvertFrom-String -Delimiter 's'

P1 P2 P3 P4
-- -- -- --
PowerShell y o Linux
Per ta n
```

Observe que para la segunda cadena de caracteres, no toda la información está presente. La visualización se ajusta en función de las propiedades del primer objeto para saber qué propiedades mostrar. Hay dos posibles soluciones. La primera utiliza el comando `Format-List`, la segunda el comando `Select-Object`:

```
PS > $Here | ConvertFrom-String -Delimiter 's' | Format-List


P1 : PowerShell e
P2 : y
P3 : o
P4 : Linux

P1 : Per
P2 : ta
P3 :
P4 : n
P5 : en MacO
P6 :

PS > $Here | ConvertFrom-String -Delimiter 's' |
        Select P1,P2,P3,P4,P5,P6


P1 : PowerShell e
P2 : y
P3 : o
P4 : Linux
P5 :
P6 :

P1 : Per
P2 : tam
P3 :
P4 : n
P5 : en MacO
P6 :
```

Es posible asignar nombres personalizados a las propiedades y evitar el uso de nombres genéricos, como `P1` o `P2`. En este caso se utiliza el parámetro `-PropertyName`:

```
PS > 'Arlette LEVEAU' | ConvertFrom-String `
         -PropertyNames Nombre,Apellido

Nombre Apellido
------ ---
Arlette LEVEAU
```

7.2 Modo avanzado

El segundo uso de `ConvertFrom-String` es más complejo de configurar. Pero con la práctica, seremos capaces de domar este comando.

Lo primero que se necesita es un archivo semiestructurado del que se quiera extraer información. Todos hemos oído hablar de soluciones de monitorización al menos una vez en nuestra vida de informáticos profesionales. Hay muchas, pero a nadie se le escapa la más famosa de estas soluciones de código abierto: Nagios. Nagios se basa en varios archivos de configuración. El archivo hosts.cfg ubicado en la carpeta nagios se utiliza para definir las distintas máquinas que se van a monitorizar. Cada una de estas definiciones suele incluir un nombre de host, una dirección IP y otros elementos de configuración.

Ejemplo

```
define host{
use template-hosts
host_name Enrutador
alias Enrutador FreeBSD
address 172.16.0.254
}
define host{
use template-hosts
host_name HyperV1
alias Hypervisor Hyper-V N°1
address 10.0.0.1
}
define host{
use template-hosts
```

```
host_name HyperV2
alias Hypervisor Hyper-V N°2
address 10.0.0.2
}
define host{
use template-hosts
host_name SRV-DC01
alias Primer controlador de dominio
address 172.15.0.1
}
```

El segundo elemento debe ser generado. Se trata de un archivo que contiene ejemplos representativos de la estructura y sintaxis del archivo que se va a analizar, en este caso hosts.cfg. El archivo, también conocido como plantilla, debe contener todos los casos posibles encontrados en el archivo a consultar. Cuanto más completo sea, mejores serán los resultados. Veamos ahora la sintaxis que debe tener este archivo en este caso:

```
define host\{
use template-hosts
host_name {HostName*:Enrutador}
alias FreeBSD 10.3 RELEASE
address {IP:192.168.10.254}
\}
define host\{
use template-hosts
host_name {HostName*:PC}
alias Surface Pro 4
address {IP:192.168.10.2}
\}
```

Los espacios entre palabras son muy importantes. Deben respetarse al generar la plantilla. Para identificar la información que se va a extraer, se utilizan llaves `{...}`. Dentro de estas llaves, se indica el nombre de la propiedad que contiene los datos, y los datos propiamente dichos. Sepárelos con dos puntos. Ejemplo: `{IP:192.168.10.254}`. Dado que las llaves ya están presentes en el archivo a extraer, es necesario "escaparlas" utilizando el carácter de barra invertida \. Por último, el archivo plantilla contiene varios registros para mejorar la extracción de `ConvertFrom-String`. Estos registros se identifican mediante el carácter `*`. Ejemplo: `{HostName*:Enrutador}`.

Observación

El hecho de que el ejemplo no sea idéntico al archivo host.cfg básico no es en absoluto inquietante. `ConvertFrom-String` *es capaz de interpretar y extraer los datos correctamente.*

Hay dos formas de utilizar una plantilla. La primera es directamente dentro del script, en forma de una Here-String colocada en una variable. Esta variable se llama entonces en el parámetro `-TemplateContent` de `ConvertFrom-String`. El segundo método consiste en generar la plantilla en un archivo de texto. La ruta al archivo se especifica en el parámetro `-TemplateFile`.

Resultado:

```
PS > $template = @"
define host\{
use template-hosts
host_name {HostName*:Enrutador}
alias FreeBSD 10.3 RELEASE
address {IP:192.168.10.254}
\}
define host\{
use template-hosts
host_name {HostName*:PC}
alias Surface Pro 4
address {IP:192.168.10.2}
\}
"@

PS > Get-Content -Path .\hosts.cfg |
     ConvertFrom-String -TemplateContent $template

HostName IP
-------- --
Enrutador 172.16.0.254
HyperV1   10.0.0.1
HyperV2   10.0.0.2
SRV-DC01  172.15.0.1
```

Se muestran los cuatro registros del archivo host.cfg con las propiedades `HostName` e `IP`. Es importante tener en cuenta que si el primer objeto no tiene una de las propiedades deseadas, no aparecerá a menos que fuerce su visualización mediante los comandos `Select-Object` o `Format-*`.

Ejemplo con el archivo host.cfg siguiente

```
define host{
use template-hosts
host_name SRV-DC02
alias
}
define host{
use template-hosts
host_name Enrutador
alias Enrutador FreeBSD
address 172.16.0.254
}
define host{
use template-hosts
host_name HyperV1
alias Hypervisor Hyper-V N°1
address 10.0.0.1
}
define host{
use template-hosts
host_name HyperV2
alias Hypervisor Hyper-V N°2
address 10.0.0.2
}
define host{
use template-hosts
host_name SRV-DC01
alias Primer controlador de dominio
address 172.15.0.1
}
```

Resultado:

```
PS >  Get-Content -Path .\hosts.cfg |
ConvertFrom-String -TemplateContent $template

HostName
--------
SRV-DC02
Enrutador
HyperV1
HyperV2
SRV-DC01
```

Resultado con `Select-Object`, obligando a mostrar la propiedad `IP`:

```
PS > Get-Content -Path .\hosts.cfg |
   ConvertFrom-String -TemplateContent $template |
   Select-Object HostName,Ip

HostName Ip
-------- --
SRV-DC02
Enrutador  172.16.0.254
HyperV1  10.0.0.1
HyperV2  10.0.0.2
SRV-DC01 172.15.0.1
```

El archivo host.cfg se corrige para añadir una dirección IP en el host SRV-DC02:

```
define host{
use template-hosts
host_name SRV-DC02
alias
address 172.15.0.2
}
...
```

Se añade una solicitud al pliego de condiciones. También deben recuperarse los alias de cada host.

Así que modificamos la plantilla:

```
PS > $template = @"
define host\{
use template-hosts
host_name {HostName*:Enrutador}
alias {alias:FreeBSD 10.3 RELEASE}
address {IP:192.168.10.254}
\}
define host\{
use template-hosts
host_name {HostName*:PC}
alias {alias:Surface Pro 4}
address {IP:192.168.10.2}
\}
"@
```

Observación

Esto demuestra lo fácil que es utilizar `ConvertFrom-String`*. En lugar de rediseñar un mecanismo para capturar el alias mediante expresiones regulares u otros medios, basta con modificar la plantilla.*

Ejecute el comando:

```
PS > Get-Content -Path .\hosts.cfg |
   ConvertFrom-String -TemplateContent $template

HostName IP
-------- --
SRV-DC02  172.15.0.2
Enrutador 172.16.0.254
HyperV1   10.0.0.1
HyperV2   10.0.0.2
SRV-DC01  172.15.0.1
```

La propiedad `Alias` no aparece. El registro de host SRV-DC02 tiene un alias vacío. Por lo tanto, es necesario forzar la visualización de la propiedad:

```
PS > Get-Content -Path .\hosts.cfg |
   ConvertFrom-String -TemplateContent $template |
   Format-Table Hostname,IP,Alias

HostName  IP           Alias
--------  --           -----
SRV-DC02  172.15.0.2
Enrutador 172.16.0.254 Enrutador FreeBSD
HyperV1   10.0.0.1     Hyperviseur Hyper-V N°1
HyperV2   10.0.0.2     Hyperviseur Hyper-V N°2
SRV-DC01  172.15.0.1   Primer controlador de dominio
```

En el ejemplo mostrado aquí, la estructura del archivo es constante. Si hubiera varias secciones, cada una con su propia estructura, `ConvertFrom-String` quedaría rápidamente desfasado. Para hacer frente a esta situación, es necesario dividir el archivo en secciones y, a continuación, aplicar una plantilla específica a cada sección. Presentado así, el tratamiento puede parecer engorroso. Pero siempre lo será menos cuando nos enfrentemos a una serie de expresiones regulares complejas.

Capítulo 11
Comunicación con otras aplicaciones

1. Introducción

En un sistema de información disponemos de una gran cantidad de aplicaciones. Con el tiempo, las comunicaciones entre estas distintas aplicaciones se han ido mejorando y simplificando. Estas comunicaciones se establecen a través de interfaces de programación de aplicaciones, también conocidas como API (*Application Programming Interface*).

La API de un programa permite a otras aplicaciones utilizar sus servicios e interactuar con ella. Una API debe definir una serie de normas y documentación para facilitar su uso.

Existen todo tipo de API con diferentes estándares. La tecnología COM (*Component Object Model*) desarrollada por Microsoft es uno de estos estándares. ADSI (*Active Directory Service Interfaces*), descrita en el capítulo Manipulación de directorios, es una API basada en COM, al igual que WMI (*Windows Management Instrumentation*).

2. Las tecnologías COM

Históricamente, COM se introdujo en la segunda versión de la tecnología OLE (*Object Linking and Embedding*) en 1993. La principal ventaja de COM es la facilidad con que pueden comunicarse distintas aplicaciones. Esta facilidad de implementación se debe a la noción de interfaz de objetos introducida por COM. La interfaz expone objetos que contienen datos de la aplicación y métodos para actuar sobre la propia aplicación.

A pesar de su antigüedad, y de la llegada del framework .NET en 2009, COM sigue siendo una tecnología muy utilizada.

3. Manipulación de objetos COM

El uso de objetos COM es bastante sencillo en PowerShell. Es necesario simplemente saber si la aplicación está presente y dónde buscarla. Afortunadamente, esta información está disponible en el registro bajo la ruta Hkey_Classes_Root\CLSID. Los objetos COM se identifican unívocamente en este árbol mediante CLSIDs, codificados en hexadecimal. A primera vista, no son fáciles de usar. Pero en realidad, la mayoría de los identificadores tienen una entrada llamada ProgID. Se trata de una cadena de texto que representa al objeto COM y que tiene el siguiente formato:
<Programa>.<componente>.<número de versión>.

3.1 Búsqueda de objetos

Buscar la aplicación que necesitas directamente en el editor del registro no es, por supuesto, el método más rentable. Es como buscar una aguja en un pajar. Para evitarlo, puedes optar por una simple petición PowerShell.

Ejemplo

```
PS > $RegistryPath =
'REGISTRY::HKEY_Classes_Root\Wow6432Node\clsid\*\progid'
PS > (gci $RegistryPath).foreach{$_.GetValue('')}
DAO.DBEngine.36
DAO.PrivateDBEngine.36
DAO.TableDef.36
```

```
DAO.Field.36
DAO.Index.36
DAO.Group.36
DAO.User.36
DAO.QueryDef.36
DAO.Relation.36
file
StaticMetafile
StaticDib
clsid
objref
ADODB.Command.6.0
ADODB.Parameter.6.0
ADODB.Connection.6.0
ADODB.Recordset.6.0
ADODB.Error.6.0
ADODB.ErrorLookup.6.0
ADODB.Record.6.0
ADODB.Stream.6.0
ADOX.Catalog.6.0
ADOX.Table.6.0
ADOX.Group.6.0
ADOX.User.6.0
ADOX.Column.6.0
ADOX.Index.6.0
ADOX.Key.6.0
MSGraph.Chart.8
Excel.Sheet.5
Excel.Chart.5
Excel.Sheet.8
Excel.Chart.8
...
```

La salida es considerable y puede ser una buena idea utilizar un filtro para mostrar solo los elementos que nos interesan.

Ejemplo con Excel

```
PS > (gci $RegistryPath).foreach{$_.GetValue('')} |
               Where-Object {$_ -like "*Excel*"}
Excel.Sheet.5
Excel.Chart.5
Excel.Sheet.8
Excel.Chart.8
Excel.Sheet.12
Excel.SheetMacroEnabled.12
```

```
Excel.SheetBinaryMacroEnabled.12
Excel.Application.16
Excel.ChartApplication.16
ExcelWorksheet
ExcelChart
ExcelMacrosheet
Excel.OpenDocumentSpreadsheet.12
```

3.2 Creación/instanciación de un objeto

Una vez que haya encontrado la referencia del objeto COM, puede instanciarlo. Para ello, utilice el comando `New-Object`. Como recordatorio, este comando se utiliza para instanciar objetos en el marco .NET y para crear objetos personalizados (véase el capítulo Objetos personalizados y tipos estándar).

En este caso, utilizamos este comando para instanciar objetos COM utilizando el conjunto de parámetros que contiene `-ComObject`:

```
New-Object [-ComObject] <String> [-Property <IDictionary>]
    [-Strict] [<CommonParameters>]
```

A continuación, se describen brevemente sus parámetros:

Parámetro	Descripción
`-ComObject`	Indica el ProgID del objeto COM a instanciar.
`-Property`	Indica una hashtable que contiene las propiedades que se pasarán cuando se instancie el objeto.
`-Sctrict`	Emite un mensaje de error si el ProgID del objeto COM pasado como parámetro es en realidad un objeto .NET "envuelto" basado en un assembly Interop.

La mayoría de los objetos COM tienen métodos y propiedades como cualquier otro objeto en PowerShell. Puedes listarlos usando el comando `Get-Member`:

```
PS > $IE = New-Object -ComObject InternetExplorer.Application.1
PS > $IE | Get-Member


   TypeName :
System.__ComObject#{d30c1661-cdaf-11d0-8a3e-00c04fc9e26e}
```

```
Name                  MemberType Definition
----                  ---------- ----------
ClientToWindow        Method     void ClientToWindow (int, int)
ExecWB                Method     void ExecWB (OLECMDID, OLECMDE...
GetProperty           Method     Variant GetProperty (string)
GoBack                Method     void GoBack ()
GoForward             Method     void GoForward ()
GoHome                Method     void GoHome ()
GoSearch              Method     void GoSearch ()
Navigate              Method     void Navigate (string, Variant...
Navigate2             Method     void Navigate2 (Variant, Varia...
PutProperty           Method     void PutProperty (string, Vari...
QueryStatusWB         Method     OLECMDF QueryStatusWB (OLECMDID)
Quit                  Method     void Quit ()
Refresh               Method     void Refresh ()
Refresh2              Method     void Refresh2 (Variant)
ShowBrowserBar        Method     void ShowBrowserBar (Variant, ...
Stop                  Method     void Stop ()
AddressBar            Property   bool AddressBar () {get} {set}
Application           Property   IDispatch Application () {get}
Busy                  Property   bool Busy () {get}
Container             Property   IDispatch Container () {get}
Document              Property   IDispatch Document () {get}
FullName              Property   string FullName () {get}
FullScreen            Property   bool FullScreen () {get} {set}
Height                Property   int Height () {get} {set}
HWND                  Property   int HWND () {get}
Left                  Property   int Left () {get} {set}
LocationName          Property   string LocationName () {get}
LocationURL           Property   string LocationURL () {get}
MenuBar               Property   bool MenuBar () {get} {set}
Name                  Property   string Name () {get}
Offline               Property   bool Offline () {get} {set}
Parent                Property   IDispatch Parent () {get}
Path                  Property   string Path () {get}
ReadyState            Property   tagREADYSTATE ReadyState () {g...
RegisterAsBrowser     Property   bool RegisterAsBrowser () {get...
RegisterAsDropTarget  Property   bool RegisterAsDropTarget () {...
Resizable             Property   bool Resizable () {get} {set}
Silent                Property   bool Silent () {get} {set}
StatusBar             Property   bool StatusBar () {get} {set}
StatusText            Property   string StatusText () {get} {set}
TheaterMode           Property   bool TheaterMode () {get} {set}
ToolBar               Property   int ToolBar () {get} {set}
Top                   Property   int Top () {get} {set}
TopLevelContainer     Property   bool TopLevelContainer () {get}
Type                  Property   string Type () {get}
```

```
Visible                Property   bool Visible () {get} {set}
Width                  Property   int Width () {get} {set}
```

En este ejemplo, instanciamos el objeto COM Internet Explorer. En la siguiente sección, veremos cómo interactuar con sus miembros.

3.3 Utilización de una aplicación COM

Windows ofrece objetos de forma nativa, al igual que un gran número de aplicaciones de Microsoft. En los ejemplos que siguen, veremos cómo interactuar con algunas de ellas, como Internet Explorer y Microsoft Excel 2016.

3.3.1 Internet Explorer

Hemos mostrado cómo instanciar un objeto COM de Internet Explorer. Ahora vamos a ver cómo utilizarlo.

El objeto COM tiene la propiedad `Visible`, que permite mostrar la ventana de Internet Explorer, que por defecto está oculta. Solo acepta valores booleanos:

```
PS > $IE.Visible = $true
```

Luego puede indicarse la página a la que debe ir utilizando el método `Navigate()`:

```
PS > $IE.Navigate('https://www.powershellgallery.com/')
```

Esto le llevará al sitio web que desee:

Visualización de Internet Explorer desde PowerShell

También es posible influir en otros elementos del navegador, por ejemplo para activar el modo de pantalla completa:

```
PS > $IE.FullScreen = $true
```

Observación

Importante: para saber si el navegador está ocupado, en particular cargando una página, puede consultar la propiedad `Busy`. Esta acepta un valor booleano: `True` si el navegador está ocupado, y `False` si no lo está.

Ejemplo:

```
PS > $IE.Busy
False
PS > $IE.Navigate('https://www.powershellgallery.com/') ; $IE.Busy

True
```

Actuar en una página web

El objeto COM de Internet Explorer le permite ir mucho más allá interactuando directamente con los elementos de la página web.

En el ejemplo anterior, el navegador mostraba la página de la PowerShell Gallery. Esta tiene una barra de búsqueda para encontrar los módulos que necesitas.

Haz clic con el botón derecho del ratón en esta barra y pulsa en **Inspeccionar elemento** para mostrar la herramienta de desarrollo. A continuación, apunta directamente al código HTML que define el objeto:

```
<input name="q" class="expanding-search" id="searchBoxInput"
aria-label="Search" placeholder="Search Items" value="">
```

El elemento `id` se establece en `searchBoxInput`.

Proceda del mismo modo para el botón de validación de la búsqueda:

```
<input id="searchBoxSubmit" type="image" alt="Search"
src="/Content/Images/searchbutton.png" value=" ">
```

El identificador aquí es `searchBoxSubmit`.

Pero, ¿cómo interactuar con ellos?

En realidad es bastante sencillo. El objeto COM contenido en la variable `$IE` tiene una propiedad llamada `Document`. Dentro de ella hay un nuevo objeto COM que contiene todos los elementos de la página web, organizados en forma de objetos. El objeto `Document` también tiene métodos para interactuar con estos objetos. Uno de estos métodos es `GetElementById()`. Este método recupera la representación COM de un objeto HTML de la página web, a partir de su identificador, para actuar directamente sobre él.

A continuación, podemos recuperar el objeto de la barra de búsqueda y el botón para enviar la búsqueda, de la siguiente manera:

```
PS > $SearchBox=$IE.Document.getElementById('searchBoxInput')
PS > $SearchBoxSub=$IE.Document.getElementById('searchBoxSubmit')
```

Las variables `$SearchBox` y `$SearchBoxSub` contienen los objetos barra de búsqueda y botón de validación respectivamente.

Para añadir un valor a la barra de búsqueda, basta con utilizar la propiedad `Value`:

```
PS > $SearchBox.Value  = 'ADSIPS'
```

Solo queda validar la búsqueda mediante el método `Click()` del objeto `$SearchBoxSub`:

```
PS > $SearchBoxSub.click()
```

Internet Explorer lanza una búsqueda, y esto es lo que debería aparecer ahora:

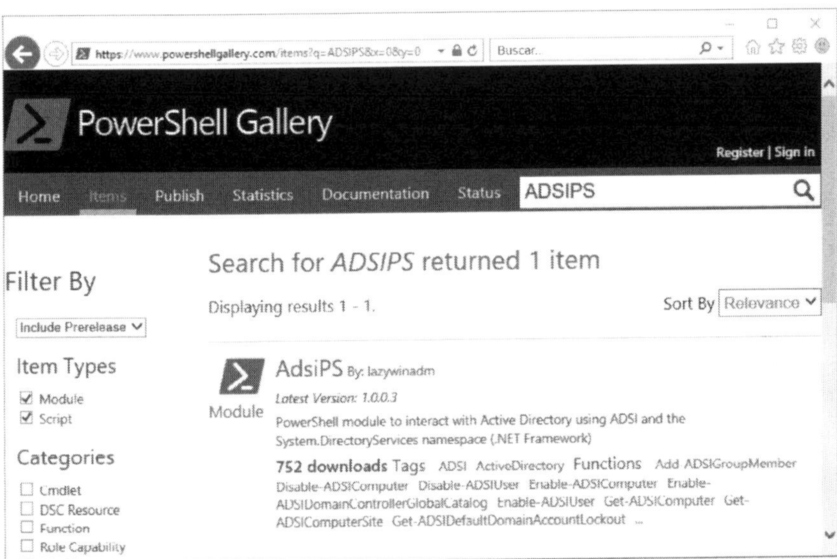

Resultados de la búsqueda en la Galería PowerShell desde PowerShell

Cerrar Internet Explorer

Para salir de Internet Explorer, basta con llamar al método `Quit()`:

```
PS > $IE.Quit()
```

3.3.2 Microsoft Excel 2016

Cuando se instala Microsoft Office, se instala un gran número de objetos COM. Esto permite interactuar con aplicaciones como Word, Excel, PowerPoint y Outlook directamente desde PowerShell.

Observación

Desde la versión 5.1 de PowerShell, se ha mejorado mucho la interacción con las interfaces COM. En versiones anteriores de PowerShell, el tiempo necesario para rellenar una hoja de cálculo de Excel era demasiado largo. En la versión 5.1, el tiempo de procesamiento se ha reducido considerablemente, de varios minutos a unos segundos.

Para ilustrar el uso de las aplicaciones de Office, vamos a mostrar un ejemplo de interacción con la aplicación Excel. Esto le permitirá generar libros de trabajo muy atractivos con gestión de formato.

En primer lugar, instanciamos el objeto Excel:

```
PS > $ExcelObject = New-Object -ComObject Excel.Application.16
```

A continuación, puede comprobar todos sus miembros utilizando `Get-Member`:

```
PS > $ExcelObject | Get-Member

   TypeName : Microsoft.Office.Interop.Excel.ApplicationClass

Name                                        MemberType
----                                        ----------
AfterCalculate                              Event
AppEvents_Event_NewWorkbook                 Event
ProtectedViewWindowActivate                 Event
ProtectedViewWindowBeforeClose              Event
ProtectedViewWindowBeforeEdit               Event
ProtectedViewWindowDeactivate               Event
ProtectedViewWindowOpen                     Event
ProtectedViewWindowResize                   Event
```

```
SheetActivate                               Event
SheetBeforeDelete                           Event
...
AddChartAutoFormat                          Method
AddCustomList                               Method
add_AfterCalculate                          Method
add_NewWorkbook                             Method
add_ProtectedViewWindowActivate             Method
add_ProtectedViewWindowBeforeClose          Method
add_ProtectedViewWindowBeforeEdit           Method
add_ProtectedViewWindowDeactivate           Method
add_ProtectedViewWindowOpen                 Method
add_ProtectedViewWindowResize               Method
add_SheetActivate                           Method
add_SheetBeforeDelete                       Method
...
ActiveChart                                 Property
ActiveDialog                                Property
ActiveEncryptionSession                     Property
ActiveMenuBar                               Property
ActivePrinter                               Property
ActiveProtectedViewWindow                   Property
ActiveSheet                                 Property
ActiveWindow                                Property
ActiveWorkbook                              Property
...
```

Al igual que el objeto COM de Internet Explorer, el objeto Excel tiene la propiedad `Visible`. Por lo tanto, es posible mostrar la interfaz de Excel de esta forma:

```
PS > $ExcelObject.Visible = $true
```

La interfaz de Excel está vacía. Necesita añadir un libro:

```
PS > $ExcelWorkbook = $ExcelObject.Workbooks.add()
```

Observación

Desde Excel 2013, un nuevo libro creado por un objeto COM solo tiene una hoja de cálculo.

Para actuar sobre la primera hoja de Excel, debe posicionarse en ella:

```
PS > $ExcelWorksheet = $ExcelWorkbook.Worksheets.Item(1)
```

El objeto hoja Excel también tiene miembros que permiten actuar sobre él. Por ejemplo, se le puede cambiar el nombre:

```
PS > $ExcelWorksheet.Name="DemoCOMExcel"
```

El siguiente paso consiste en modificar las celdas. Todas ellas están representadas por objetos COM. Por tanto, es posible modificar muchas de sus características.

A continuación, encontrará una serie de casos de uso.

Seleccionar una celda

```
PS > $Cell = $ExcelWorksheet.Cells.Item(1,1)
```

En este ejemplo, nos situamos en la celda de la primera fila y la primera columna. En otras palabras, la celda A1. Los números pasados como argumentos al método `Item()` representan el número de fila y el número de columna respectivamente.

Incorporar texto a una celda

Si desea que una celda contenga texto, puede asignarlo directamente, o pasar por una fase de selección y luego modificar su propiedad `Value`:

```
PS > $ExcelWorksheet.Cells.Item(1,1)= 'Demo COM Excel'
```

También se puede hacer así:

```
PS > $Cell = $ExcelWorksheet.Cells.Item(1,1)
PS > $Cell.Value = 'Demo COM Excel'
```

Seleccionar un rango de celdas

Para modificar varias celdas al mismo tiempo, puede seleccionar un rango de celdas. Para ello, utilice el método `Range()` en el objeto de hoja de cálculo:

```
PS > $Range = $ExcelWorksheet.Range("A1","F1")
```

En este ejemplo, seleccionamos las celdas de A1 a F1. Como recordatorio, A1 contiene el texto `Demo COM Excel`.

Modificar un rango de celdas

Una vez seleccionado el rango de celdas, puede realizar una serie de cambios. He aquí algunos ejemplos:

– Fusionar celdas de un rango:

```
PS > $Range.Merge()
```

– Definición de fuente negrita:

```
PS > $Range.Font.Bold = $true
```

– Ajuste el tamaño de letra a 30:

```
PS > $Range.Font.Size = 30
```

Añadir un enlace de hipertexto

Para establecer un enlace de hipertexto en una de las celdas, utilice el método `Add()` de la propiedad `Hyperlinks` presente en el objeto hoja de cálculo.

```
PS > $ExcelWorksheet.Hyperlinks.Add(
          $ExcelWorksheet.Cells.Item(2,1),
          "https://frpsug.github.io/",
          "",
          "",
          "FRPSUG"
)
```

Vista de la aplicación Excel:

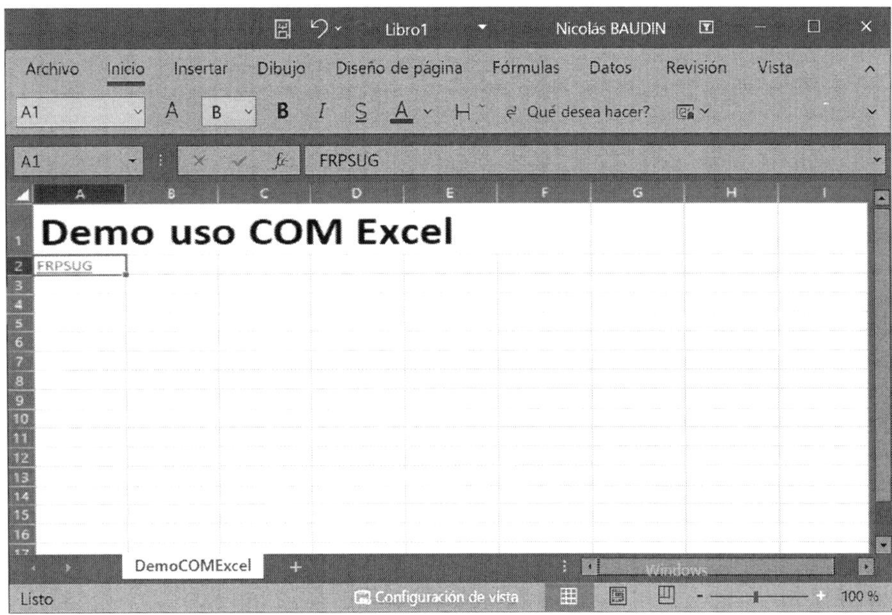

Uso de Excel a través de la interfaz COM desde PowerShell

Truco

Para facilitar el uso de Excel a través de objetos COM, existe un módulo comunitario llamado ImportExcel disponible en la PowerShell Gallery. Para instalarlo: `Install-Module Import-Excel`*.*

Guardar el archivo Excel

Para guardar el libro de trabajo, utilice el método `SaveAs()` en el objeto hoja de trabajo:

```
PS > $ExcelWorksheet.SaveAs("$Home\Documents\DemoExcelCom.xlsx)
```

Por último, cierre Excel con `Quit()`:

```
PS > $ExcelObject.Quit()
```

3.3.3 Windows Script Host (WSH)

La última interfaz COM que se presenta aquí es Windows Script Host. Este intérprete de scripts apareció por primera vez en Windows 98 y sigue presente en Windows Server 2016. Se utiliza en parte para interpretar scripts VBS (*Visual Basic Script*).

Los objetos COM de WSH que se pueden utilizar en PowerShell son: WshShell, WshNetwork y WshController.

Observación

WSH es una tecnología antigua, más antigua que PowerShell. Por lo tanto, es natural que parte de la funcionalidad ofrecida por sus objetos COM esté disponible de forma nativa en el framework .NET.

En primer lugar, estudiaremos el objeto COM WshShell. Se trata de una instancia del shell WSH. Este objeto tiene varios métodos para realizar ciertas acciones, como crear un acceso directo, interactuar con el registro de eventos o mostrar una ventana emergente. Dos de estos casos serán discutidos a continuación.

A continuación, se muestra la lista de métodos después de la instanciación del objeto:

```
PS > $WshShell = New-Object -ComObject WScript.Shell
PS > $WshShell | Get-Member


   TypeName :
System.__ComObject#{41904400-be18-11d3-a28b-00104bd35090}

Name                     MemberType            Definition
----                     ----------            ----------
AppActivate              Method                bool AppActivat...
CreateShortcut           Method                IDispatch Creat...
Exec                     Method                IWshExec Exec (...
ExpandEnvironmentStrings Method                string ExpandEn...
LogEvent                 Method                bool LogEvent (...
Popup                    Method                int Popup (stri...
```

```
RegDelete                Method                  void RegDelete ...
RegRead                  Method                  Variant RegRead...
RegWrite                 Method                  void RegWrite (...
Run                      Method                  int Run (string...
SendKeys                 Method                  void SendKeys (...
Environment              ParameterizedProperty IWshEnvironment...
CurrentDirectory         Property                string CurrentD...
SpecialFolders           Property                IWshCollection ...
```

El ProgId de WshShell es WScript.Shell.

Truco

Desde su aparición, WSH ha sido ampliamente documentado en Internet. Aquí cubriremos solo dos casos.

Crear una ventana pop-up

Mostrar una ventana pop-up a través de WshShell es muy sencillo. Basta con utilizar el método `Popup()`, pasando el texto a mostrar como parámetro:

```
PS > $WshShell = New-Object -ComObject Wscript.Shell
PS > $WshShell.Popup('PowerShell is the best')
```

Mostrar una ventana emergente con WshShell

Crear un acceso directo

Para concluir con el uso de WshShell, se crea un acceso directo mediante el método `CreateShortcut()`:

```
PS > $Target = 'C:\Program Files\WindowsPowerShell\Modules'
PS > $Path = "$Home\Desktop\Modules.lnk"
PS > $WshShell = New-Object -ComObject Wscript.Shell
PS > $WshShell.CreateShortCut($Path)
```

Conectar una impresora de red

Para conectar una impresora de red, usamos WshNetwork en lugar del objeto COM WshShell. Su ProgID es WScript.Network.

He aquí los métodos que propone:

```
PS > $WshNet = New-Object -ComObject WScript.Network
PS > $WshNet | Get-Member



   TypeName :
System.__ComObject#{24be5a31-edfe-11d2-b933-00104b365c9f}

Name                          MemberType Definition
----                          ---------- ----------
AddPrinterConnection          Method     void AddPrinterConnecti...
AddWindowsPrinterConnection Method     void AddWindowsPrinterC...
EnumNetworkDrives             Method     IWshCollection EnumNetw...
EnumPrinterConnections        Method     IWshCollection EnumPrin...
MapNetworkDrive               Method     void MapNetworkDrive (s...
RemoveNetworkDrive            Method     void RemoveNetworkDrive...
RemovePrinterConnection       Method     void RemovePrinterConne...
SetDefaultPrinter             Method     void SetDefaultPrinter ...
ComputerName                  Property   string ComputerName () ...
Organization                  Property   string Organization () ...
Site                          Property   string Site () {get}
UserDomain                    Property   string UserDomain () {g...
UserName                      Property   string UserName () {get}
UserProfile                   Property   string UserProfile () {...
```

Se conecta una impresora de red mediante el método `AddWindowsPrinterConnection()`.

Ejemplo

```
PS > $WshNet = New-Object -ComObject WScript.Network
PS > $WshNet.AddWindowsPrinterConnection('\\SRVPRT2K12\Printer1')
```

En este ejemplo, se conecta la impresora Printer1 del servidor SRVPRT2K12.

Capítulo 12
Gestión remota avanzada

1. Introducción

Desde la versión 2.0 de PowerShell, las funciones de administración remota no han dejado de evolucionar, aunque el principio básico siga siendo el mismo. El aumento de los ciberataques obliga a las empresas y organizaciones de todo tipo a revisar a fondo sus políticas de seguridad. Un elemento importante es la adquisición de privilegios específicos para una persona o una función. Conceder más privilegios de los necesarios crea vulnerabilidades potenciales que pueden ser explotadas por un atacante en caso de que se comprometa la cuenta de usuario. En Linux existe sudo, en Windows existe JEA.

Antes de seguir adelante, es importante comprender bien los fundamentos de las sesiones PowerShell y la administración remota. Se hará un recordatorio, pero esto no cubrirá todo el tema. Simplemente se limitará a la configuración de sesiones a través de JEA.

2. JEA (Just Enough Administration)

JEA (*Just Enough Administration*) es una mejora de la gestión de sesiones introducida con la versión 5.0 de PowerShell. JEA permite limitar los comandos de PowerShell que los administradores y usuarios pueden ejecutar en los sistemas. Esto ya era posible en versiones anteriores, pero su implantación y funcionamiento resultaban laboriosos.

Los derechos de sesión debían actualizarse mediante una interfaz gráfica (GUI) de listas de control de acceso (ACL). En JEA, los roles se gestionan mediante archivos. Estos archivos pueden gestionarse manualmente, pero también existen comandos que facilitan el trabajo.

2.1 ¿Por qué JEA?

JEA mejora la seguridad de los sistemas administrados a distancia. Aquí encontramos la noción de RBAC (*Role-Based Access Control*). RBAC expresa la necesidad de definir el acceso a un recurso en función del rol del usuario. Para lograrlo, JEA dispone de tres mecanismos principales:

- Limitar las operaciones que puede realizar cada usuario en función de su rol.
- Auditar las acciones realizadas por cada usuario.
- Limitar el número de administradores en los sistemas.

2.2 Prerrequisitos

Se requiere la versión 5.0 o superior de PowerShell. Sin embargo, la versión 5.1 estándar es el mínimo recomendado. Esta está disponible de serie a partir de Windows 10 y Windows Server 2016. Para versiones anteriores de Windows, es posible instalar Management Framework 5.1, publicado en enero de 2017. Como requisito previo para su instalación, el sistema debe disponer al menos del framework DotNet 4.5.2. La información y enlaces necesarios están disponibles aquí: https://learn.microsoft.com/en-us/powershell/scripting/learn/remoting/jea/prerequisites?view=powershell-5.1

Observación

Nota: algunas funciones pueden no estar disponibles en todos los sistemas operativos. Para más información, consulte la documentación en línea de JEA. También es importante tener en cuenta el final de la vida útil de los distintos sistemas operativos.

Otro punto importante es que JEA no está actualmente portado a la versión PowerShell Core. Solo puede utilizarse en Windows.

En los hosts a los que desea conectarse, el servicio WinRM debe estar habilitado y configurado. Para ello, utilice el comando `Enable-PSRemoting`.

En un contexto fuera del dominio de Active Directory, debe cambiarse la estación de trabajo cliente desde la que se conecta. Por defecto, el cliente WinRM no se conecta a ninguna parte. Es necesario cambiar este comportamiento mediante el siguiente comando:

```
PS > Set-Item wsman:\localhost\Client\TrustedHosts -Value '10.0.0.1'
```

Este comando modifica el objeto `TrustedHosts` del proveedor WSMan.

Observación

Se pueden introducir subredes enteras utilizando el carácter wildcard: 10.0.0.. También se puede introducir solo el carácter *, en cuyo caso el cliente puede conectarse en cualquier lugar. Aunque esto no es aconsejable, en caso de que la estación de trabajo se corrompa.*

2.3 Recordatorio

Esta sección describe cómo funcionaban originalmente las sesiones PowerShell. No se tratarán todos los conceptos. Pero te permitirá hacer una comparación con la implementación de JEA, y así medir mejor los cambios.

2.3.1 ¿Qué es una sesión?

Una sesión PowerShell es una conexión entre un cliente y un servidor. Esta conexión se establece a través del servicio WinRM mediante un flujo HTTP o HTTPS. Los puertos de escucha por defecto desde la versión 3.0 de PowerShell son el 5985 para HTTP, y el 5986 para HTTPS.

En su configuración por defecto, el servicio WinRM expone el protocolo WS-Management (*Web Service Management*). Permite administrar a distancia un sistema Windows. Su configuración puede modificarse a través del provider WSMan.

Contenido del provider WSMan

```
PS > Get-ChildItem WSMan:\localhost\


  WSManConfig: Microsoft.WSMan.Management\WSMan::localhost

Type            Name                         SourceOfValue   Value
----            ----                         -------------   -----
System.String   MaxEnvelopeSizekb                            500
System.String   MaxTimeoutms                                 60000
System.String   MaxBatchItems                                32000
System.String   MaxProviderRequests                          4294967295
Container       Client
Container       Service
Container       Shell
Container       Listener
Container       Plugin
Container       ClientCertificate
```

Aquí se encuentra el conjunto de todos los parámetros. Estos incluyen mecanismos de autenticación para el cliente y el servicio de escucha. También encontrará la gestión de los diferentes `listeners`. Estos se encargan de escuchar en los puertos designados para interceptar las solicitudes de conexión al host.

Las sesiones PowerShell utilizan puntos finales (EndPoint). Definen las características de la sesión WinRM. Existen EndPoints predeterminados. Para listarlos, utilice el comando `Get-PSSessionConfiguration`. Para conectarse a un EndPoint de WinRM a través de PowerShell, hay dos comandos disponibles:

Comando	Descripción
`New-PSSession`	Permite establecer una sesión PowerShell en el equipo local o en un equipo remoto. La sesión establecida es persistente.
`Enter-PSSession`	Permite iniciar una sesión interactiva con un ordenador local o remoto.

Los casos de uso se describen a continuación.

Como ya se ha mencionado, PowerShell es un lenguaje orientado a objetos. Para mantener esta característica a través de las sesiones, utiliza un mecanismo de deserialización/reserialización. En pocas palabras, el objeto inicial se convierte en XML, lo que se denomina deserialización. A continuación, se envía a través de la conexión HTTP(S). A recibirlo, el flujo XML se convierte de nuevo en un objeto, proceso conocido como reserialización. Sin embargo, el objeto no es idéntico a su llegada. Algunos de los métodos específicos del tipo de objeto se han perdido. Tomemos como ejemplo un archivo. El método `Move()` del objeto `[system.io.filesysteminfo]` se utiliza para cambiar su nombre. En el caso de una conexión remota, ¿cómo el objeto local actuar sobre el objeto remoto, si los datos que se transmiten son únicamente XML?

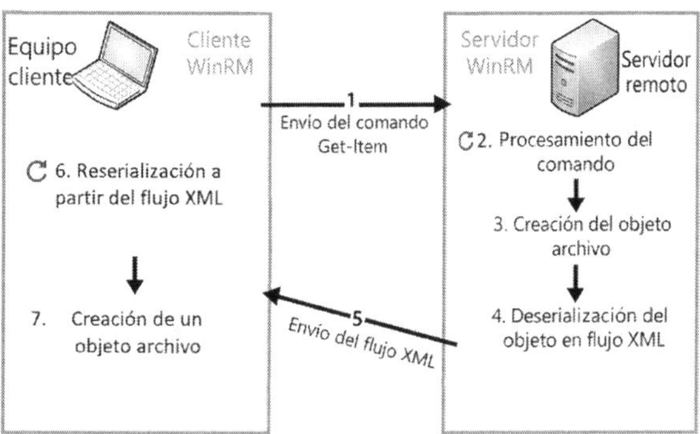

Diagrama del flujo de serialización/deserialización de un objeto a través de WinRM

2.3.2 Configuración de una sesión (PowerShell 4.0 y versiones anteriores)

Hasta la versión 4.0 de PowerShell, las configuraciones de sesión solo se realizaban mediante los siguientes comandos:

Comando	Descripción
`Get-PSSessionConfiguration`	Lista todas las configuraciones de sesión que se han guardado en el ordenador local.
`Set-PSSessionConfiguration`	Modifica las opciones de una sesión guardada en el ordenador local.

Comando	Descripción
`Enable-PSSessionConfiguration`	Reactiva una configuración de sesión que se ha desactivado mediante el comando `Disable-PSSessionConfiguration`.
`Disable-PSSessionConfiguration`	Desactiva una configuración de sesión guardada en el ordenador local.
`Register-PSSessionConfiguration`	Guarda la configuración de una sesión mediante un archivo de configuración en el ordenador local.
`Unregister-PSSessionConfiguration`	Elimina una configuración de sesión previamente guardada en el ordenador local.
`New-PSSessionConfigurationFile`	Crea un nuevo archivo de configuración de sesión.
`Test-PSSessionConfigurationFile`	Comprueba todas las claves y valores contenidos en un archivo de configuración de sesión.

El primer paso consiste en crear un archivo de configuración de sesión. Se utiliza el comando `New-PSSessionConfigurationFile`. Tiene algo más de 20 parámetros. Estos son los más importantes:

Parámetro	Descripción
`AssembliesToLoad`	Especifica los assemblies que se cargarán cuando se abra la sesión de PowerShell.
`VisibleAlias`	Limita el uso de alias a la lista dada.
`VisibleCmdlets`	Limita el uso de los applets de comandos de PowerShell a la lista indicada en el parámetro.
`VisibleFunctions`	Limita el uso de funciones a la lista dada como parámetros.

Parámetro	Descripción
`VisibleProviders`	Limita la exploración de providers a la lista dada como parámetro.
`AliasDefinition`	Añade alias específicos a la sesión PowerShell.
`FunctionDefinition`	Añade funciones específicas a la sesión PowerShell.
`VariableDefinition`	Añade variables específicas a la sesión PowerShell.
`EnvironmentVariables`	Añade variables de entorno a la sesión PowerShell.
`ExecutionPolicy`	Define la política de ejecución de la sesión PowerShell.
`Guid`	Contiene el identificador único de la sesión PowerShell.
`LanguageMode`	Indica el modo de idioma utilizado. Valores posibles: `FullLanguage`, `ConstrainedLanguage`, `NoLanguage`, `RestrictedLanguage`.
`ModulesToImport`	Lista los módulos que deben importarse al conectarse a la sesión.
`Path`	Define la ubicación y el nombre del archivo PSSC que se va a crear.
`PowerShellVersion`	Define la versión de PowerShell que se utilizará en la sesión de PowerShell.
`SessionType`	Define el tipo de sesión utilizada. Los valores posibles son : `Empty`, `Default`, `RestrictedRemoteServer`. Este parámetro influye en el valor por defecto del parámetro `-LanguageMode`: – `Empty` : `NoLanguage` – `RestrictedRemoteServer` : `NoLanguage` – `Default` : `FullLangage`

Si el comando se ejecuta con el número mínimo de argumentos, creará un archivo esqueleto que habrá que completar manualmente:

```
PS > Get-Content .\Test.pssc
@{

# Número de versión del esquema utilizado para este archivo de configuración
SchemaVersion = '1.0.0.0'

# ID utilizado para identificar unívocamente esta
configuración de sesión
GUID = '184fc63d-fd76-480b-b1b1-9d4a4626eec9'

# especifica la política de ejecución para esta configuración de sesión
ExecutionPolicy = 'Restricted'

# Módulos a importar
LanguageMode = 'FullLanguage'

# Estado inicial de la configuración de esta sesión
SessionType = 'Default'

# Variables de entorno definidas en esta configuración de sesión
# EnvironmentVariables =

# Autor de esta configuración de sesión
Author = 'Administrador'

# Empresa asociada a esta configuración de sesión
CompanyName = 'Desconocida'

# Instrucción de derechos de autor para esta configuración de sesión
Copyright = '(c) 2017 Administrador. Todos los derechos reservados.'

# Descripción de las características proporcionadas por esta sesión
configuración
# Description =

# Versión del motor Windows PowerShell utilizado por esta
configuración de sesión
# PowerShellVersion =

# Módulos a importar
# ModulesToImport =

# Assemblies a cargar en esta configuración de sesión
# AssembliesToLoad =
```

```
# Alias visibles en la configuración de esta sesión
# VisibleAliases =

# Cmdlets visibles en esta configuración de sesión
# VisibleCmdlets =

# Funciones visibles en esta configuración de sesión
# VisibleFunctions =

# Proveedores visibles en esta configuración de sesión
# VisibleProviders =

# Alias definidos en esta configuración de sesión
# AliasDefinitions =

# Funciones definidas en la configuración de esta sesión
# FunctionDefinitions =

# Variables definidas en la configuración de esta sesión
# VariableDefinitions =

# Archivos de tipo (.ps1xml) que se cargarán en esta
configuración de sesión
# TypesToProcess =

# Archivos de formato (.ps1xml) que se cargarán en esta sesión
configuración
# FormatsToProcess =

# especifica los scripts a ejecutar una vez configurada la sesión
# ScriptsToProcess =
}
```

Observación

La configuración de la sesión debe realizarse en el servidor de destino, no desde el cliente.

A continuación, es necesario registrar la configuración de la sesión mediante el comando `Register-PSSessionConfiguration`. Los parámetros utilizados son simplemente `--Path` y `-Name`. El resto de los argumentos están presentes en el archivo de configuración de la sesión. Para obtener más información, consulte la ayuda del comando con el applet de comandos `Get-Help`.

Si es necesario cambiar la configuración de la sesión, se debe modificar el archivo de configuración de la sesión. A continuación, elimine la configuración anterior mediante el comando `Unregister-PSSessionConfiguration`. Por último, vuelva a crear una nueva a partir del archivo modificado.

A continuación, solo queda conectarse al endpoint de la sesión utilizando los comandos `Enter-PSSession` o `New-PSSession`. No olvide especificar el nombre del EndPoint de la sesión PowerShell creada anteriormente.

2.3.3 Novedades de PowerShell 5.0

Los cambios introducidos por la nueva versión de PowerShell se centran sobre todo en las nuevas funciones relacionadas con JEA. Aunque el modo de funcionamiento anterior se presentó para las versiones 4.0 y anteriores de PowerShell, puede seguir utilizándose en la versión 5.1.

En primer lugar, ha aparecido un nuevo comando:
`New-PSRoleCapabilityFile`

Crea capacidades de rol. Estas delimitan las acciones permitidas para el usuario, incluyendo comandos, funciones, alias y otros binarios. A este nivel, JEA funciona como una lista blanca. En otras palabras, es imposible que los usuarios tengan acceso a todo; solo se les da acceso a unos pocos comandos. Los desarrolladores consideraron que era más seguro proceder de este modo. Comandos como `Invoke-Command` permitirían al usuario saltarse la restricción y ejecutar cualquier comando. Por lo tanto, hay que tener mucho cuidado con los permisos que se conceden al usuario.

El segundo cambio es la posibilidad de utilizar sesiones de administrador virtuales. ¿En qué consiste? En los servicios, suele ser necesario que las personas tengan derechos de administrador en determinados servidores para llevar a cabo acciones específicas. Sin embargo, cuando se les conceden derechos de administrador, los usuarios pueden caer en la tentación de modificar parámetros que no tienen derecho a tocar.

Observación

En todos los sistemas, la cuenta de administrador virtual forma parte del grupo Administrador local de la máquina. A excepción de los controladores de dominio, forma parte del grupo Administrador de dominio.

Supongamos que un administrador de DHCP quiere cambiar la configuración de WinRM porque no le gusta el puerto. En este caso, la sesión virtual es muy útil. Al establecer la sesión virtual durante la conexión al servidor, el usuario estándar, sin privilegios administrativos, es asociado a una cuenta de administrador temporal. Con una restricción de los comandos dedicados al servicio DHCP, el usuario queda así limitado a unos pocos comandos, con derechos de administrador. Una vez finalizada la sesión, se elimina la cuenta de administrador. Si la sesión virtual se corrompe, el atacante queda aislado de la máquina local. La red de la empresa queda así protegida.

Finalmente, el último cambio se refiere a la trazabilidad de las acciones realizadas por los usuarios. La funcionalidad de transcripción de PowerShellse ha adaptado para las sesiones de JEA con el fin de registrar todas las acciones realizadas por cada usuario. A continuación, veremos cómo configurarlo y utilizarlo.

JEA también dispone de su propio recurso DSC. Por lo tanto, es posible centralizar la configuración de sesiones y capacidades de rol desde una única ubicación.

2.4 Capacidad de rol

La capacidad de rol determina lo que un usuario puede hacer en una sesión de PowerShell. Esto incluye todos los comandos, funciones, proveedores y programas externos. Toda esta información está contenida en un archivo de datos con la extensión .psrc.

2.4.1 Preparación

Antes de manipular nada, es esencial preparar bien el terreno. Si se descuida o se realiza de forma incorrecta esta etapa, es muy probable que el usuario acabe con derechos superfluos. Esto puede ser contraproducente.

Para prepararnos adecuadamente, debemos responder a las siguientes preguntas:

- ¿Qué roles están instalados en los servidores?
- ¿Qué usuarios o grupos de usuarios deben administrar cada función?

– ¿Qué acciones son necesarias para administrar cada capacidad de rol sin restricciones?

Conviene recabar información de los usuarios para no olvidar ciertos elementos. Observe sus hábitos de trabajo, e incluso lance auditorías de sistemas para recopilar registros. Esto proporcionará una base sólida para el trabajo posterior.

Una vez identificados los requisitos, es necesario transponerlos a código PowerShell o binario. A continuación se elabora una lista de comandos y ejecutables autorizados.

A veces, restringir el acceso a determinados comandos es demasiado permisivo. En tales casos, se pueden imponer restricciones a sus parámetros. Las restricciones se caracterizan por expresiones regulares, wildcards o colecciones de valores.

Si el comando es complejo de restringir, creamos una función adicional que llama al comando complejo. Esto puede denominarse una función "proxy". Este procedimiento ofrece una mayor libertad a la hora de restringir los parámetros. Tomemos `Get-Services`, por ejemplo. Si ponemos una restricción en el parámetro `-Name`, ofreciendo solo el servicio DHCP, la restricción simplemente se aplicará cuando se llame al parámetro `-Name` en. Esto significa que el usuario podrá seguir llamando solo a `Get-Service`, y así tener acceso a todos los servicios del sistema. En este sentido, definimos un nuevo comando `Get-DHCPService` introduciendo directamente el nombre del DHCP.

```
Function Get-DHCPService (){
    Get-Service -Name DHCP
 }
```

2.4.2 Archivo de capacidad de rol

Ahora que los preparativos están completos, puede crear el archivo de capacidad de rol en formato .psrc. Este será utilizado por la sesión PowerShell para restringir los derechos del usuario. `New-PSRoleCapabilityFile` se utiliza para realizar esta tarea. Sus parámetros son bastante familiares. Aquí están los de particular interés:

Parámetro	Descripción
`VisibleAliases`	Define los alias visibles para el usuario.
`VisibleCmdlets`	Define qué cmdlets son visibles para el usuario.
`VisibleExternalCommands`	Define los binarios externos a PowerShell que son visibles para el usuario (por ejemplo, nslookup).
`VisibleFunctions`	Define las funciones visibles para el usuario.
`VisibleProviders`	Define los providers visibles para el usuario.

En primer lugar, se crea un archivo esqueleto.

```
PS > New-PSRoleCapabilityFile -Path .\DemoJEARole.psrc
```

Las secciones contenidas en el archivo son casi idénticas a los parámetros del comando que lo crea. A continuación se muestra el archivo de capacidad de rol para este ejemplo, con las distintas secciones rellenadas:

Observación

Para mantener la coherencia entre el contenido del archivo básico generado y lo que se presenta aquí, los comentarios (símbolo #) se han sustituido por bloques de comentarios (símbolo <# ... #>):

```
@{

# ID used to uniquely identify this document
GUID = '030c9940-2490-44fc-973b-722d0df3e787'

# Author of this document
Author = 'Nicolas BAUDIN'
```

```
# Description of the functionality provided by these settings
# Description = ''

# Company associated with this document
CompanyName = 'AKALYA'

# Copyright statement for this document
Copyright = '(c) 2023 nbaudin. All rights reserved.'

# Modules to import when applied to a session
<# ModulesToImport = 'MyCustomModule', @{ ModuleName =
'MyCustomModule'; ModuleVersion = '1.0.0.0'; GUID =
'4d30d5f0-cb16-4898-812d-f20a6c596bdf' }#>
ModulesToImport = 'DNSclient','DNSServer'

# Aliases to make visible when applied to a session
# VisibleAliases = 'Item1', 'Item2'

# Cmdlets to make visible when applied to a session
<# VisibleCmdlets = 'Invoke-Cmdlet1', @{ Name = 'Invoke-Cmdlet2';
Parameters = @{ Name = 'Parameter1'; ValidateSet = 'Item1',
'Item2' }, @{ Name = 'Parameter2'; ValidatePattern = 'L*' } }#>
# VisibleCmdlets = DNSServer\*

# Functions to make visible when applied to a session
<# VisibleFunctions = 'Invoke-Function1', @{ Name = 'Invoke-
Function2'; Parameters = @{ Name = 'Parameter1'; ValidateSet =
'Item1', 'Item2' }, @{ Name = 'Parameter2'; ValidatePattern =
'L*' } }#>
VisibleFunctions = 'DNSServer\*', 'DNSClient\*',
'Get-DNSService','Restart-DNSService','Stop-DNSService'

<# External commands (scripts and applications) to make visible
when applied to a session#>
#VisibleExternalCommands = 'Item1', 'Item2'
VisibleExternalCommands = 'hostname.exe'

# Providers to make visible when applied to a session
# VisibleProviders = 'Item1', 'Item2'

# Scripts to run when applied to a session
<# ScriptsToProcess = 'C:\ConfigData\InitScript1.ps1',
'C:\ConfigData\InitScript2.ps1'#>

# Aliases to be defined when applied to a session
<# AliasDefinitions = @{ Name = 'Alias1'; Value = 'Invoke-Alias1'},
@{ Name = 'Alias2'; Value = 'Invoke-Alias2'}#>
```

```
# Functions to define when applied to a session
<# FunctionDefinitions = @{ Name = 'MyFunction'; ScriptBlock =
{ param($MyInput) $MyInput } }#>
FunctionDefinitions = @{
     Name = 'Get-DNSService';
     ScriptBlock = {Param()  Get-Service -Name *DNS* }
},@{
     Name = 'Stop-DNSService';
     ScriptBlock = {
            Param(
                  [ValidatePattern('.*DNS.*')]
                  $Name = '*DNS*')
            Stop-service -Name $Name
     }
},@{
     Name = 'Restart-DNSService';
     ScriptBlock = {
             Param(
                  [ValidatePattern('.*DNS.*')]
                  $Name = '*DNS*')
            Restart-service -Name $Name
     }
}


# Variables to define when applied to a session
<# VariableDefinitions = @{ Name = 'Variable1'; Value = {
'Dynamic' + 'InitialValue' } }, @{ Name = 'Variable2'; Value =
'StaticInitialValue' }#>

# Environment variables to define when applied to a session
<# EnvironmentVariables = @{ Variable1 = 'Value1'; Variable2 =
'Value2' }#>

# Type files (.ps1xml) to load when applied to a session
<# TypesToProcess = 'C:\ConfigData\MyTypes.ps1xml',
'C:\ConfigData\OtherTypes.ps1xml'#>

# Format files (.ps1xml) to load when applied to a session
<# FormatsToProcess = 'C:\ConfigData\MyFormats.ps1xml',
'C:\ConfigData\OtherFormats.ps1xml'#>

# Assemblies to load when applied to a session
<# AssembliesToLoad = 'System.Web', 'System.OtherAssembly,
Version=4.0.0.0, Culture=neutral,
PublicKeyToken=b03f5f7f11d50a3a'#>

}
```

Observación

En este ejemplo, se trabaja en el dominio akalya.local. El grupo Grp-JEASec contiene al usuario AKALYA\User1. El grupo podrá realizar operaciones de administración en el servicio DNS. Tendrá acceso a todos los comandos de los módulos DNS Client y DNSServer, así como la capacidad de listar los servicios DNS, incluido el cliente, y reiniciarlos. También tiene acceso al ejecutable hostname.exe.

Observación

La sección `FunctionDefinitions` puede convertirse rápidamente en importante. Para evitar tener un archivo de capacidad de roles inmanejable, las funciones pueden moverse a un módulo separado. Es importante asegurarse de que este módulo esté instalado en los servidores que se administrarán. El módulo se asocia entonces a la capacidad de rol de la misma manera que los demás.

2.4.3 Integración en un módulo

Ahora que el archivo de capacidad de rol está listo, se integrará en un módulo. A continuación, puede ser utilizado por el punto final de la sesión PowerShell que se creará en la siguiente sección.

Observación

Los módulos ya no se limitan a almacenar applets de comandos. Recursos DSC, capacidades de rol JEA, clases, lo que desee.

En el capítulo Creación de módulos se indicó que la variable de entorno `$Env:PSModulePath` determina las carpetas donde se almacenan los módulos de PowerShell. No es aconsejable almacenar los módulos en system32, y menos aún en la carpeta de una cuenta de usuario que podría corromperse. La opción restante es la carpeta Archivos de programa.

Por lo tanto, se creará una carpeta en esta ubicación que contendrá los archivos:

```
PS > $Path = Join-Path $Env:ProgramFiles `
     "WindowsPowerShell\Modules\AKALYAJEA"
PS > New-Item -ItemType Directory -Path $Path
```

Observación

Los archivos de roles aún no se detectan con el versionado de módulos. Por lo tanto, mantenemos una jerarquía de carpetas estándar. Esto puede cambiar en el futuro. Para más información sobre el versionado, consulte el capítulo Creación de módulos.

Una vez creada la carpeta, debe realizarse una inicialización vacía del módulo. Esto incluye un archivo de script PSM1 vacío y un archivo de manifiesto vacío:

```
PS > $FilePSM1Name = "AKALYAJEA.psm1"
PS > New-Item -ItemType File `
        -Path (Join-Path $Path $FilePSM1Name)
PS > New-ModuleManifest -Path (Join-Path $Path "AKALYAJEA.psd1")`
        -RootModule $FilePSM1Name
```

Todo lo que se necesita es el archivo PSRC creado en la sección anterior. Este debe copiarse en una carpeta con el nombre RoleCapabilities, que ya se ha creado en la carpeta:

```
PS > $Folder = Join-Path $Path "RoleCapabilities"
PS > New-Item -ItemType Directory $Folder
PS > Copy-Item -Path .\DemoJEARole.psrc -Destination $Folder
```

El módulo ya está listo.

Observación

Atención: si es necesario actualizar las capacidades del rol, basta con modificar el archivo PSRC. Por ello, hay que ser extremadamente cuidadoso a la hora de conceder derechos a un grupo de usuarios. Los usuarios deben tener un acceso máximo de solo lectura a estos archivos. De lo contrario, podrían tener la tentación de modificarlos y concederse derechos adicionales.

2.4.4 Fusión de capacidades de rol

Antes de configurar las sesiones PowerShell, hay que hacer un último comentario sobre las capacidades de rol. Más adelante veremos que la capacidad de rol debe declararse en la configuración de la sesión PowerShell. Es posible vincular varias capacidades de rol a la misma configuración. En este caso, y si un comando está configurado en ambas capacidades de rol, se utiliza el comando más permisivo. Por ejemplo, si el comando `Get-Service` está presente en dos capacidades de rol y si una de las dos tiene una restricción de parámetros, pero la otra no, entonces se utiliza la segunda. Esta noción también se aplica a las funciones.

El aspecto más complejo de la fusión de capacidades de rol es la interacción entre las validaciones de parámetros (`ValidateSet` y `ValidatePattern`). Para entender mejor esta complejidad, hay que tener en cuenta algunas reglas:

- Cuando un comando se define en una capacidad de rol, es visible. Y si tiene una restricción de parámetros, esta también se aplica.
- Cuando un comando se define en varias capacidades de rol y tiene las mismas restricciones en un parámetro para cada capacidad de rol, es visible con todas las restricciones.
- Cuando un comando está definido en varias capacidades de rol y tiene un conjunto de restricciones sobre uno o más parámetros, distribuidos en cada capacidad de rol, entonces es visible con todas las restricciones. Si una capacidad de rol no impone ninguna restricción sobre los parámetros del comando, entonces prevalece sobre las demás.
- Cuando una orden tiene una restricción `ValidateSet`, definida de forma diferente en varias capacidades de rol, todas las restricciones se suman y se autorizan.
- Cuando un comando tiene una restricción `ValidatePattern`, definida de forma diferente en varias capacidades de rol, todas las restricciones se suman y se autorizan.
- Cuando se define una restricción `ValidateSet` en una capacidad de rol para un parámetro de comando y se define una restricción `ValidatePattern` en otra capacidad de rol para el mismo parámetro, se ignora la restricción `ValidateSet` y se aplica la restricción `ValidatePattern`.

Observación

`ValidateSet` y `ValidatePattern` no son compatibles. Si se definen ambos en un parámetro del mismo archivo de capacidad de rol, solo será válido `ValidatePattern`.

Para arrojar luz sobre estas reglas, se presentan ejemplos representativos de los distintos casos:

```
VisibleCmdlets = @{ Name = "Get-Service"; Parameters = @{ Name =
"Name"; ValidatePattern = "^S.*$" }}
```

El usuario está autorizado a ejecutar el comando `Get-Service`. El parámetro `-Name` solo acepta valores que empiecen por `S`:

```
#Role 1 :
VisibleCmdlets = @{ Name = "Get-Service"; Parameters = @{ Name =
"Name"; ValidatePattern = "^S.*$" }}
#Role 2 :
VisibleCmdlets = @{ Name = "Get-Service"; Parameters = @{ Name =
"Name"; ValidatePattern = "^A.*$" }}
```

El usuario está autorizado a ejecutar el comando `Get-Service`. El parámetro `-Name` solo acepta valores que empiecen por `S` o `A`.

```
#Role 1 :
VisibleCmdlets = @{ Name = "Get-Service"; Parameters = @{ Name =
"Name"; ValidatePattern = "^S.*$" }}
#Role 2 :
VisibleCmdlets = @{ Name = "Get-Service"; Parameters = @{ Name =
"ComputerName"; ValidatePattern = "^S\d{3}$" }}
```

El usuario está autorizado a ejecutar el comando `Get-Service`. El parámetro `-Name` solo acepta valores que empiecen por `S`. El valor del parámetro `-ComputerName` debe empezar por la letra `S`, seguida de tres caracteres numéricos.

```
#Role 1 :
VisibleCmdlets = @{ Name = "Get-Service"; Parameters = @{ Name =
"Name"; ValidatePattern = "^S.*$" }}
#Role 2 :
VisibleCmdlets = "Get-Service"
```

El usuario está autorizado a ejecutar el comando `Get-Services` in restricciones de parámetros.

Aparte de las restricciones de los parámetros, todos los campos de capacidad de rol se suman. Puede parecer sencillo, pero si una capacidad de rol da acceso a `Set-Items` in ninguna restricción particular y si una segunda capacidad de rol da acceso al provider Registry, el usuario puede accidentalmente (o no) modificar claves del registro del sistema. Este es un riesgo real.

2.5 Sesiones

Las sesiones PowerShell no han cambiado mucho desde que aparecieron por primera vez. El proceso de declaración y registro sigue siendo el mismo. Se crea un archivo en formato PSSC, luego se guarda la sesión en el host de destino, especificando el archivo PSSC.

2.5.1 Archivo de configuración de sesión

Las personas que ya hayan trabajado con sesiones en las versiones 4 o anteriores no se sentirán perdidas en PowerShell 5.0. Existen algunas similitudes entre las capacidades de rol y las sesiones. Las capacidades de rol tienen su propio archivo (PSRC), al igual que las configuraciones de sesión (PSSC).

Truco

PowerShell incluye ahora diferentes tipos de extensiones de archivo. Para distinguirlas: psRC = RoleCapabilities; psSC = SessionConfiguration.

Al igual que con las capacidades de rol, hay un comando dedicado a crear el archivo PSSC. Es `New-PSSessionConfigurationFile`. Crea un esqueleto que luego se puede modificar para adaptarlo a sus necesidades. Hay bastantes parámetros. Para revisarlos, utilice el comando: `Get-Help New-PSSessionConfigurationFile`.

Creamos el primer archivo de configuración:

```
PS > New-PSSessionConfigurationFile -Full `
-Path $Home\Documents\AKALYAJEASessionConfig.pssc `
-SessionType RestrictedRemoteServer
```

Observación

Por defecto, el comando `New-PSSessionConfigurationFile` limita el archivo de configuración a las opciones más comunes. `-Full` permite crear un archivo de configuración de sesión con todos los parámetros posibles.

El valor `RestrictedRemoteServer` del parámetro `-SessionType` implica un modo de idioma muy restrictivo. Se trata del modo `NoLanguage`. Da acceso a solo ocho comandos PowerShell. Bloquea el acceso a todos los providers y programas externos, así como a las declaraciones de variables. Esto explica por qué cada comando debe ser declarado en el archivo de capacidad del rol.

```
[localhost]: PS>Get-Command

CommandType     Name
-----------     ----
Function        Clear-Host
Function        Exit-PSSession
Function        Get-Command
Function        Get-FormatData
Function        Get-Help
Function        Measure-Object
Function        Out-Default
Function        Select-Object
```

Comandos restringidos en sesiones remotas en modo NoLanguage

Observación

Advertencia: se desaconseja cambiar el valor del parámetro ***-SessionType****. De lo contrario, el usuario tendrá muchos más derechos de los esperados. Y JEA perderá su propósito original.*

Para más información sobre los modos de lenguaje: https://learn.microsoft.com/en-us/powershell/module/microsoft.powershell.core/about/about_language_modes?view=powershell-5.1

El archivo de sesión se adapta al contexto actual:

```
@{

# Número de versión del esquema utilizado para este documento
SchemaVersion = '2.0.0.0'

# ID utilizado para identificar unívocamente este documento
GUID = '29f62664-6df7-411c-9b3a-942bb9f43e11'

# Autor del documento
Author = 'Nicolas Baudin'

# Descripción de las funciones proporcionadas por estos parámetros
# Description = ''

# Empresa asociada a este documento
CompanyName = 'AKALYA'

# Instrucción de copyright para este documento
Copyright = '(c) 2023 Nicolas. Todos los derechos reservados.'

#Valores por defecto para el tipo de sesión a aplicar para esta
```

```
#configuración de sesión. Valores posibles:
#RestrictedRemoteServer (recomendado), Vacío o Por defecto.
SessionType = 'RestrictedRemoteServer'

Directorio se guardarán las transcripciones de la sesión
para esta configuración
# TranscriptDirectory = 'C:Transcripts'

# Indica si esta configuración de sesión debe ejecutarse
# como la cuenta de administrador (virtual) del ordenador
RunAsVirtualAccount = $true

#Grupos asociados a la cuenta de administrador (virtual) del
#ordenador
<# RunAsVirtualAccountGroups = 'Remote Desktop Users', 'Remote
Management Users'#>

#Crea un PSDrive « User » en la sesión para ser utilizado con Copy-.
#Item cuando el proveedor del sistema de archivos no es
#visible.
#MountUserDrive = $true

#Tamaño máximo opcional (en bytes) de la unidad de Usuario
#creado con el parámetro MountUserDrive. Tamaño
#máximo por defecto de la unidad de Usuario: 50 MB.
#UserDriveMaximumSize = 50000000

#Nombre de la cuenta de servicio gestionada por grupo bajo
#la que se ejecutará la configuración.
<# GroupManagedServiceAccount =
'CONTOSO\GroupManagedServiceAccount'#>

# Scripts a ejecutar cuando se aplique a una sesión
# ScriptsToProcess = 'C:\ConfigData\InitScript1.ps1',
#'C:\ConfigData\InitScript2.ps1'

#Roles de usuario (grupos de seguridad) y
#funcionalidad de rol que se les aplicará como parte de una
#sesión
<# RoleDefinitions = @{ 'CONTOSO\SqlAdmins' = @{ RoleCapabilities =
'SqlAdministration' }; 'CONTOSO\SqlManaged' =
@{ RoleCapabilityFiles = 'C:\RoleCapability\SqlManaged.psrc' };
'CONTOSO\ServerMonitors' = @{ VisibleCmdlets = 'Get-Process' } } #>
RoleDefinitions = @{ 'AKALYA\Grp-JEASec' = @{ RoleCapabilities =
'DemoJEARole' }

#Cuentas de grupo para las que la pertenencia debe utilizar la
#sesión
```

```
RequiredGroups = @{OR = 'AKALYA\Grp-JEASec', 'Administrateurs' }

#Modo de idioma que debe aplicarse cuando se aplica a una sesión.
#Valores posibles: NoLanguage (recommandé), RestrictedLanguage,
#ConstrainedLanguage o FullLanguage
LanguageMode = 'NoLanguage'

#Estrategia de ejecución a seguir cuando se aplica a una
#sesión
ExecutionPolicy = 'Restricted'

# Versión del motor Windows PowerShell a utilizar cuando se aplica
a una #sesión
Se aplica a una #sesión
# PowerShellVersion = '5.1.16299.98'

# Módulos a importar cuando se aplica a una sesión.
<# ModulesToImport = 'MyCustomModule', @{ ModuleName =
'MyCustomModule'; ModuleVersion = '1.0.0.0'; GUID = '4d30d5f0-
cb16-4898-812d-f20a6c596bdf' }#>

# Aliases para hacer visibles al aplicar a una sesión
# VisibleAliases = 'Item1', 'Item2'

# Cmdlets para hacer visibles cuando se aplican a una sesión
<# VisibleFunctions = 'Invoke-Function1', @{ Name = 'Invoke-
Function2'; Parameters = @{ Name = 'Parameter1'; ValidateSet =
'Item1', 'Item2' }, @{ Name = 'Parameter2'; ValidatePattern =
'L*' } }#>

# Funciones que se harán visibles cuando se apliquen a una
#sesión
<# VisibleFunctions = 'Invoke-Function1', @{ Name = '
Function2'; Parameters = @{ Name = 'Parameter1'; ValidateSet =
'Item1', 'Item2' }, @{ Name = 'Parameter2'; ValidatePattern =
'L*' } }#>

# Comandos externos (scripts y aplicaciones) para hacer visible
#cuando se aplican a una sesión
# VisibleExternalCommands = 'Item1', 'Item2'

#Proveedores que se harán visibles cuando se apliquen a una
#sesión
# VisibleProviders = 'Item1', 'Item2'

# Aliases para definir cuando se aplican a una sesión
<# AliasDefinitions = @{ Name = 'Alias1'; Value = 'Invoke-Alias1'},
@{ Name = 'Alias2'; Value = 'Invoke-Alias2'}#>
```

```
# Funciones que se definirán cuando se apliquen a una sesión
<# FunctionDefinitions = @{ Name = 'MyFunction'; ScriptBlock = {
param($MyInput) $MyInput } }#>

# Variables a definir cuando se aplican a una sesión
<# VariableDefinitions = @{ Name = 'Variable1'; Value =
{ 'Dynamic' + 'InitialValue' } }, @{ Name = 'Variable2'; Value =
'StaticInitialValue' } #>

# Variables de entorno a definir cuando se aplican a
#una sesión
<# EnvironmentVariables = @{ Variable1 = 'Value1'; Variable2 =
'Value2' }#>

# Archivos de tipo (.ps1xml) que se cargarán cuando se apliquen a
#una sesión
<# TypesToProcess = 'C:\ConfigData\MyTypes.ps1xml',
'C:\ConfigData\OtherTypes.ps1xml'#>

#Archivos de formato (.ps1xml) a cargar cuando se apliquen
#a una sesión
<# FormatsToProcess = 'C:\ConfigData\MyFormats.ps1xml',
'C:\ConfigData\OtherFormats.ps1xml'#>

# Assemblies  a cargar cuando se aplican a una sesión
<# AssembliesToLoad = 'System.Web', 'System.OtherAssembly,
Version=4.0.0.0, Culture=neutral,
PublicKeyToken=b03f5f7f11d50a3a'#>

}"
```

Para comprender mejor los cambios introducidos en el archivo, he aquí algunas explicaciones:

- `RunAsVirtualAccount`: concede a los usuarios derechos de administrador en el servidor host a través de una cuenta virtual temporal.
- `RoleDefinitions`: define las afiliaciones de los grupos con capacidades de rol. La sintaxis es de tipo hashtable. El nombre clave es el nombre del grupo, y el valor es el nombre del archivo de capacidad de rol sin su extensión .prsc.

- `RequiredGroups`: define los grupos autorizados a conectarse al EndPoint. El campo se define utilizando un hashtable. Como nombre de clave, se aceptan dos valores, `AND` y `OR`. Esto permite crear combinaciones de grupos para restringir el acceso al EndPoint. Los valores aceptados por las claves son colecciones de grupos de usuarios, o nuevas hashtables con `AND` y `OR` como clave. Aquí hay dos ejemplos para ayudarle a entender:
  - `@{OR = 'AKALYA\Grp-JEASec', 'Administradores' }`: el usuario debe pertenecer al grupo Grp-JEASec o al grupo Administradores.
  - `@{OR = @{AND = 'AKALYA\Grp-JEASec', 'Admins DNS'}, 'Administradores'}`: en el primer caso, el usuario debe ser miembro de los grupos Grp-JEASec y Admin DNS, o en el segundo, miembro del grupo Administradores.

2.5.2 Grabar una sesión

El archivo está listo. Solo queda registrarlo en el host de destino. El comando `Register-PSSessionConfiguration` se encarga de ello.

```
PS > Register-PSSessionConfiguration -Name AKALYAJea `
   -Path .\AKALYAJEASessionConfig.pssc
WARNING: Register-PSSessionConfiguration may need to restart the
WinRM service if a configuration using this name has recently
been unregistered, certain system data structures may still be cached.
In that case, a restart of WinRM may be required.
All WinRM sessions connected to Windows PowerShell session
configurations, such as Microsoft.PowerShell and session
configurations that are created with the Register-
PSSessionConfiguration cmdlet, are disconnected.



   WSManConfig:
Microsoft.WSMan.Management\WSMan::localhost\Plugin

Type            Keys                                Name
----            ----                                ----
Container       {Name=AKALYAJea}                    AKALYAJea
WARNING: Set-PSSessionConfiguration may need to restart the WinRM
service if a configuration using this name has recently been
unregistered, certain system data structures may still be cached.
In that case, a restart of WinRM may be required.
All WinRM sessions connected to Windows PowerShell session
configurations, such as Microsoft.PowerShell and session
configurations that are created with the Register-
PSSessionConfiguration cmdlet, are disconnected.
```

El parámetro `-Name` se utiliza para identificar el nombre del EndPoint. Se utilizará más adelante cuando se conecte al host.

Para comprobar que el EndPoint se ha configurado correctamente, puede listar todos los EndPoints utilizando el comando `Get-PSSessionConfiguration`.

```
Name          : AKALYAJea
PSVersion     : 5.1
StartupScript :
RunAsUser     :
Permission    : AKALYA\Grp-JEASec AccessAllowedCallback

Name          : microsoft.powershell
PSVersion     : 5.1
StartupScript :
RunAsUser     :
Permission    : NT AUTHORITY\INTERACTIVE AccessAllowed,
                BUILTIN\Administradores AccessAllowed,
                BUILTIN\Usuarios de gestión remota
                AccessAllowed

Name          : microsoft.powershell.workflow
PSVersion     : 5.1
StartupScript :
RunAsUser     :
Permission    : BUILTIN\Administradores AccessAllowed,
                BUILTIN\Usuarios de gestión remota
                AccessAllowed

Name          : microsoft.powershell32
PSVersion     : 5.1
StartupScript :
RunAsUser     :
Permission    : NT AUTHORITY\INTERACTIVE AccessAllowed,
                BUILTIN\Administradores AccessAllowed,
                BUILTIN\Usuarios de gestión remota
                AccessAllowed

Name          : microsoft.windows.servermanagerworkflows
PSVersion     : 3.0
StartupScript :
RunAsUser     :
Permission    : NT AUTHORITY\INTERACTIVE AccessAllowed,
                BUILTIN\Administradores AccessAllowed
```

2.5.3 Modificación de una sesión

A diferencia de las capacidades de rol, las sesiones no pueden modificarse simplemente a través de su archivo de configuración PSSC. Dado que la creación de una sesión requiere un mecanismo de registro, la sesión debe volver a registrarse una vez modificado el archivo PSSC para que el cambio surta efecto.

Para eliminar el EndPoint antes de modificarlo, utilice el comando `Unregister-PSSessionConfiguration`:

```
PS > Unregister-PSSessionConfiguration -Name AKALYAJEA
```

Pasamos ahora a modificar el archivo. Se añade el grupo Grp-SupportDNS para que esté autorizado a conectarse al EndPoint:

```
RequiredGroups = @{OR = 'AKALYA\Grp-JEASec', 'Administrateurs',
'AKALYA\Grp-SupportDNS' }
```

Observación

Antes de añadir un grupo al archivo de configuración, asegúrese de que existe en el AD antes de guardar la sesión. De lo contrario, se encontrará con un error de bloqueo y el registro fallará.

```
PS > Register-PSSessionConfiguration -Name AKALYAJea `
    -Path .\AKALYAJEASessionConfig.pssc
WARNING: Register-PSSessionConfiguration may need to restart the
WinRM service if a configuration using this name has recently
been unregistered, certain system data structures may still be cached.
In that case, a restart of WinRM may be required.
All WinRM sessions connected to Windows PowerShell session
configurations, such as Microsoft.PowerShell and session
configurations that are created with the Register-
PSSessionConfiguration cmdlet, are disconnected.



   WSManConfig:
Microsoft.WSMan.Management\WSMan::localhost\Plugin

Type            Keys                                Name
----            ----                                ----
Container       {Name=AKALYAJea}                    AKALYAJea
WARNING: Set-PSSessionConfiguration may need to restart the WinRM
service if a configuration using this name has recently been
unregistered, certain system data structures may still be cached.
In that case, a restart of WinRM may be required.
All WinRM sessions connected to Windows PowerShell session
```

```
configurations, such as Microsoft.PowerShell and session
configurations that are created with the Register-
PSSessionConfiguration cmdlet, are disconnected.
```

Observación

Es aconsejable utilizar el comando `Test-PSSessionConfigurationFile` para probar el archivo de sesión antes de guardarlo. Si la prueba falla, la configuración no podrá guardarse en el equipo local.

2.5.4 Utilización de las sesiones

Ahora todo está listo para que los usuarios se conecten al JEA EndPoint. Para ello, se utiliza el comando `Enter-PSSession`.

Este comando tiene el parámetro `-Name`. Se utiliza para especificar el nombre del JEA EndPoint que se acaba de crear. El parámetro `-ComputerName` especifica el host en el que se encuentra el endpoint. El parámetro `-Credential` se utiliza para especificar el usuario.

Inicie sesión en el EndPoint con la cuenta AKALYA\User1:

```
PS > Enter-PSSession -ComputerName SRVDC01 -Name AKALYAJEA `
    -Credential AKALYA\User1
[SRVDC01]: PS>hostname
SRVDC01
```

Observación

Estos mismos parámetros también se pueden utilizar con `New-PSSession`.

Se establece la conexión con el host remoto. Puede probar las restricciones dadas por JEA y su archivo de capacidad de rol. Estos son los comandos disponibles:

```
[localhost]: PS> Get-Command

CommandType  Name                             Version    Source
-----------  ----                             -------    ------
Function     Add-DnsServerClientSubnet        2.0.0.0    DNSServer
Function     Add-DnsServerConditionalForw... 2.0.0.0    DNSServer
Function     Add-DnsServerDirectoryPartition 2.0.0.0    DNSServer
Function     Add-DnsServerForwarder           2.0.0.0    DNSServer
Function     Add-DnsServerPrimaryZone         2.0.0.0    DNSServer
...
```

```
Function      Remove-DnsServerClientSubnet    2.0.0.0     DNSServer
Function      Remove-DnsServerDirectoryPar... 2.0.0.0     DNSServer
...
Function      Set-DnsServerVirtualizationI... 2.0.0.0     DNSServer
Function      Set-DnsServerZoneAging          2.0.0.0     DNSServer
Function      Set-DnsServerZoneDelegation     2.0.0.0     DNSServer
Function      Set-DnsServerZoneTransferPolicy 2.0.0.0     DNSServer
Function      Show-DnsServerCache             2.0.0.0     DNSServer
Function      Show-DnsServerKeyStorageProv... 2.0.0.0     DNSServer
Function      Start-DnsServerScavenging       2.0.0.0     DNSServer
Function      Start-DnsServerZoneTransfer     2.0.0.0     DNSServer
Function      Step-DnsServerSigningKeyRoll... 2.0.0.0     DNSServer
Function      Suspend-DnsServerZone           2.0.0.0     DNSServer
Function      Sync-DnsServerZone              2.0.0.0     DNSServer
Function      Test-DnsServer                  2.0.0.0     DNSServer
Function      Test-DnsServerDnsSecZoneSetting 2.0.0.0     DNSServer
Function      Unregister-DnsServerDirector... 2.0.0.0     DNSServer
Function      Update-DnsServerTrustPoint      2.0.0.0     DNSServer
```

Cuando se utiliza un comando que no está disponible, aparece un mensaje de error:

```
[localhost]: PS> Get-Service
The term 'Get-Service' is not recognized as the name of a cmdlet,
function, script file, or operable program. Check the spelling of
the name, or if a path was included, verify that the path is
correct and try again.
    + CategoryInfo          : ObjectNotFound: (Get-
Service:String) [], CommandNotFoundException
    + FullyQualifiedErrorId : CommandNotFoundException
```

Esto ocurre si se intenta acceder al sistema de archivos o ejecutar un script no autorizado.

2.6 Auditoría

Para estar seguro de las diferentes configuraciones existentes, conviene comprobar regularmente las diferentes acciones realizadas por los usuarios. También puede ser útil comprobar que las configuraciones existentes siguen siendo fieles a las diseñadas en un principio y que no se han modificado desde su creación sin previo aviso.

2.6.1 Conformidad de las configuraciones de sesión

Para comprobar las configuraciones de sesión de JEA, puede utilizar el applet de comandos `Get-PSSessionCapability`. Este comando tiene muy pocos parámetros:

Parámetro	Descripción
`ConfigurationName`	Especifica el punto final de JEA que debe comprobarse.
`UserName`	Especifica el usuario cuyos derechos deben comprobarse.
`Full`	Especifica si desea toda la configuración del punto final JEA o solo los comandos.

Observación

Por defecto, `Get-PSSessionCapability` solo devuelve comandos y alias que pueden ser ejecutados por el usuario dado. El parámetro `-Full` se puede utilizar para cambiar este comportamiento y devolver toda la configuración.

Ahora comprobamos si el EndPoint cumple las expectativas:

```
PS > Get-PSSessionCapability -Name AKALYAJEA `
        -UserName AKALYA\User1

CommandType  Name                                Version    Source
-----------  ----                                -------    ------
Alias        clear -> Clear-Host
Alias        cls -> Clear-Host
Alias        exsn -> Exit-PSSession
Alias        gcm -> Get-Command
Alias        measure -> Measure-Object
Alias        select -> Select-Object
Function     Add-DnsServerClientSubnet           2.0.0.0    DNSServer
Function     Add-DnsServerConditionalForw...     2.0.0.0    DNSServer
Function     Add-DnsServerDirectoryPartition     2.0.0.0    DNSServer
Function     Add-DnsServerForwarder              2.0.0.0    DNSServer
Function     Add-DnsServerPrimaryZone            2.0.0.0    DNSServer
...
Function     Remove-DnsServerClientSubnet        2.0.0.0    DNSServer
Function     Remove-DnsServerDirectoryPar...     2.0.0.0    DNSServer
...
```

```
Function      Set-DnsServerVirtualizationI... 2.0.0.0     DNSServer
Function      Set-DnsServerZoneAging          2.0.0.0     DNSServer
Function      Set-DnsServerZoneDelegation     2.0.0.0     DNSServer
Function      Set-DnsServerZoneTransferPolicy 2.0.0.0     DNSServer
Function      Show-DnsServerCache             2.0.0.0     DNSServer
Function      Show-DnsServerKeyStorageProv... 2.0.0.0     DNSServer
Function      Start-DnsServerScavenging       2.0.0.0     DNSServer
Function      Start-DnsServerZoneTransfer     2.0.0.0     DNSServer
Function      Step-DnsServerSigningKeyRoll... 2.0.0.0     DNSServer
Function      Suspend-DnsServerZone           2.0.0.0     DNSServer
Function      Sync-DnsServerZone              2.0.0.0     DNSServer
Function      Test-DnsServer                  2.0.0.0     DNSServer
Function      Test-DnsServerDnsSecZoneSetting 2.0.0.0     DNSServer
Function      Unregister-DnsServerDirector... 2.0.0.0     DNSServer
Function      Update-DnsServerTrustPoint      2.0.0.0     DNSServer
```

2.6.2 Transcripción

El archivo de configuración de la sesión contiene el campo `TranscriptDirectory`. Esto habilita la transcripción de PowerShell para la sesión actual. Como recordatorio, la transcripción almacena todas las acciones realizadas durante una sesión PowerShell en un archivo de texto. Se trata de una representación bastante precisa de lo que el usuario ve en la consola.

Observación

Para iniciar una transcripción fuera de una sesión restringida de JEA, utilice el cmdlet `Start-Transcript`.

El contenido de los archivos de transcripción de una sesión JEA es un poco diferente de lo que encontraría normalmente. Esto se debe a que los cmdlets se interpretan de forma ligeramente distinta. Un ejemplo es mejor que una larga explicación:

Salida del archivo de transcripción de una consola

```
**********************
Windows PowerShell transcript start
Start time: 20230223081453
Username: WIN2K16\Nicolasb
RunAs User: WIN2K16\Nicolasb
Machine: WIN2K16 (Microsoft Windows NT 10.0.14393.0)
Host Application:
C:\Windows\System32\WindowsPowerShell\v1.0\powershell.exe
```

```
Process ID: 6764
PSVersion: 5.1.14393.2068
PSEdition: Desktop
PSCompatibleVersions: 1.0, 2.0, 3.0, 4.0, 5.0, 5.1.14393.2068
BuildVersion: 10.0.14393.2068
CLRVersion: 4.0.30319.42000
WSManStackVersion: 3.0
PSRemotingProtocolVersion: 2.3
SerializationVersion: 1.1.0.1
**********************
Transcript started, output file is
C:\Users\Nicolasb\Documents\demoscript.txt
PS C:\Windows\system32> get-service *DNS*

Status   Name               DisplayName
------   ----               -----------
Running  Dnscache           DNS Client
Stopped  DnsProxy           DNS Proxy Service



PS C:\Windows\system32> stop-transcript
**********************
Windows PowerShell transcript end
End time: 20180223081511
**********************
```

Archivo de transcripción resultante de una sesión JEA

```
**********************
Windows PowerShell transcript start
Start time: 20230223081323
Username: AKALYA\User1
RunAs User: WinRM Virtual Users\WinRM VA_4_AKALYA_User1
Machine: SRVDC02 (Microsoft Windows NT 10.0.14393.0)
Host Application: C:\Windows\system32\wsmprovhost.exe -Embedding
Process ID: 2976
PSVersion: 5.1.14393.2068
PSEdition: Desktop
PSCompatibleVersions: 1.0, 2.0, 3.0, 4.0, 5.0, 5.1.14393.2068
BuildVersion: 10.0.14393.2068
CLRVersion: 4.0.30319.42000
WSManStackVersion: 3.0
PSRemotingProtocolVersion: 2.3
SerializationVersion: 1.1.0.1
**********************
PS>CommandInvocation(Get-Command): "Get-Command"
>> ParameterBinding(Get-Command): name="Name"; value="Out-Default,
```

```
Exit-PSSession"
>> ParameterBinding(Get-Command): name="CommandType";
value="Alias, Function, Filter, Cmdlet, Configuration"
>> ParameterBinding(Get-Command): name="Module"; value=""
>> ParameterBinding(Get-Command): name="ListImported";
value="True"
>> ParameterBinding(Get-Command): name="ErrorAction";
value="SilentlyContinue"
>> ParameterBinding(Get-Command): name="ShowCommandInfo";
value="False"
>> CommandInvocation(Measure-Object): "Measure-Object"
>> CommandInvocation(Select-Object): "Select-Object"
>> ParameterBinding(Select-Object): name="Property";
value="Count"
>> ParameterBinding(Measure-Object): name="InputObject";
value="Out-Default"
>> ParameterBinding(Measure-Object): name="InputObject";
value="Exit-PSSession"

...

PS>CommandInvocation(Get-DNSService): "Get-DNSService"
>> CommandInvocation(Out-Default): "Out-Default"
>> ParameterBinding(Out-Default): name="InputObject"; value="DNS"
>> ParameterBinding(Out-Default): name="InputObject";
value="Dnscache"


Running  Dnscache           DNS Client
CommandInvocation(Exit-PSSession): "Exit-PSSession"
>> CommandInvocation(Out-Default): "Out-Default"
**********************
Windows PowerShell transcript end
End time: 20230223081337
**********************
```

La salida del archivo de transcripción de JEA se ha truncado debido a su extensión. Es fácil ver la diferencia entre las dos transcripciones. En el primer caso, tienes casi la misma información que tendría en la consola. En el segundo caso, está mucho más diluida, y no obtienes necesariamente los resultados de los comandos ejecutados.

Para comprobar que los usuarios utilizan correctamente las sesiones de JEA, es necesario auditar estos archivos. De forma manual o automática.

2.7 Configuración mediante DSC

JEA dispone de su propio recurso DSC para la configuración centralizada. Esto añade otro argumento para utilizar DSC dentro de su sistema de información. En este caso, el acceso a todos los servidores se gestiona de forma centralizada.

Para configurar JEA mediante DSC, utilizaremos el módulo JeaDSC.

Para utilizar estos recursos, necesita al menos la versión 5.1 de PowerShell. Esto se debe a que el recurso se define mediante clases de PowerShell.

El recurso se recupera de la Galería PowerShell :

```
PS > Install-Module JeaDSC
```

Para esta configuración utilizaremos los elementos definidos en los archivos del apartado anterior. El recurso JeaDSC incluye cada uno de los parámetros. No es necesario configurarlos todos, ya que la mayoría tienen valores predeterminados que coinciden con los del archivo, como por ejemplo: `SessionType = 'RestrictedRemoteServer'`

Ejemplo de configuración DSC para JEA (rol y PSSession)

```
Configuration JeaTest
{
    Import-DscResource -Module JeaDsc, PSDesiredStateConfiguration

    JeaRoleCapabilities MyJEARoleCapability
    {
        Path = 'C:\ProgramFiles\WindowsPowerShell\Modules\
AKALYAJea\RoleCapabilities\DemoJEARole.psrc'
        ModulesToImport = 'DNSclient','DNSServer'
        VisibleCmdlets   = 'DNSServer\*', 'DNSClient\*'
        VisibleFunctions = 'DNSServer\*', 'DNSClient\*',
            'Get-DNSService','Restart-DNSService','Stop-DNSService'
        VisibleExternalCommands = 'hostname.exe'
         FunctionDefinitions = "@{
             Name = 'Get-DNSService';
             ScriptBlock = {Param()  Get-Service -Name *DNS* }
        },@{
            Name = 'Stop-DNSService';
            ScriptBlock = {
                  Param(
                    [ValidatePattern('.*DNS.*')]
                    $Name = '*DNS*')
                    Stop-service -Name `$Name
```

```
        }
            },@{
                Name = 'Restart-DNSService';
                ScriptBlock = {
                    Param(
                    [ValidatePattern('.*DNS.*')]
                     `$Name = '*DNS*')
                     Restart-service -Name `$Name
                }
            }"
            Description        = ''
        }

        JeaSessionConfiguration DnsManagementEndpoint
       {
           Name                  = 'AKALYAJEA'
           RunAsVirtualAccount = $true
           RoleDefinitions      = "@{
              'AKALYA\Grp-JEASec' = @{ RoleCapabilities = 'DemoJEARole' }
          "
          RequiredGroups = "@{OR = 'AKALYA\Grp-JEASec', 'Administrateurs'
}
           TranscriptDirectory =
'C:\ProgramData\DnsManagementEndpoint\Transcripts'
           DependsOn             = '[JeaRoleCapabilities]MyJEARoleCapability'
       }
}
```

Los parámetros de estos recursos son similares a los utilizados anteriormente al crear los archivos de roles y sesiones, por lo que no es necesario detallarlos nuevamente. Ahora es posible mezclar y desplegar eficientemente las sesiones de JEA en todo su dominio. Si utiliza un servidor PULL, asegúrese de que el recurso DSC esté disponible (consulte el capítulo Desired State Configuration (DSC)).

3. PowerShell Web Access

PowerShell Web Access es una característica que ha estado disponible desde Windows Server 2012. No ha cambiado significativamente desde sus primeras versiones. El objetivo de esta característica es ofrecer la administración de dispositivos mediante una consola PowerShell a través de un navegador web. Así, desde cualquier dispositivo (smartphone, tablet, PC), y en cualquier plataforma (Android, iOS, etc.), es posible ejecutar comandos o scripts de PowerShell sin herramientas adicionales.

Por supuesto, esto requiere una cuidadosa reflexión sobre la seguridad si la aplicación va a estar disponible a través de Internet. Incluso si el sitio web está protegido mediante el protocolo SSL.

3.1 Prerrequisitos

Para implementar PowerShell Web Access, es necesario cumplir una serie de requisitos previos tanto a nivel del navegador web como del servidor.

- Servidor :
  - Windows Server 2012 o superior (Datacenter o Standard)
  - Rol Web Server (IIS)
  - .NET Framework 4.5
  - Windows PowerShell 3.0 o superior.

Observación

PowerShell 3.0 fue la versión incluida originalmente con Windows Server 2012.

- Lista de navegadores web de escritorio probados oficialmente:
  - Windows Internet Explorer 8.0 a 11.0
  - Mozilla Firefox 10.0.2
  - Google Chrome 17.0.963.56m para Windows
  - Apple Safari 5.1.2 para Mac OS

Sin embargo, la aplicación puede funcionar en otros navegadores. Para ello, deben permitir cookies, aceptar la ejecución de JavaScript y aceptar conexiones HTTP.

Ejemplos de navegadores y dispositivos móviles que se han sometido a pruebas funcionales mínimas:

- Windows Phone 7 y 7.5
- Navegador Google Android WebKit 3.1 Android 2.2.1 (Kernel 2.6)
- Apple Safari para iOS 5.0.1

Esta información proviene de fuentes oficiales en MSDN de Microsoft. Todos los ejemplos siguientes se crearon con la aplicación Edge Windows 10 Phone y el navegador Google Chrome.

3.2 Instalación

- Para instalar PowerShell Web Access, inicie una consola de PowerShell como administrador y ejecute el comando `Install-WindowsFeature`:

```
PS > Install-WindowsFeature -Name WindowsPowerShellWebAccess `
                           -IncludeManagementTools -Restart
```

Observación

También es posible instalar esta funcionalidad en un disco duro virtual (VHD) sin conexión. Para ello, utilice el parámetro `-VHD` para indicar la ubicación del archivo VHD, y el parámetro `ComputerName` para dar el nombre del servidor presente en el VHD. Como recordatorio, VHD es el formato de archivo utilizado por Hyper-V para representar la estructura de un disco duro virtual.

En esta sección, trabajaremos en el dominio frpsug.local.

Puede utilizar el archivo:

- En el **Administrador de servidores**, vaya a **Administrar** y, a continuación, a **Añadir funciones y características**.
- Instale **Windows PowerShell Web Access** situado en el submenú **Windows PowerShell**.

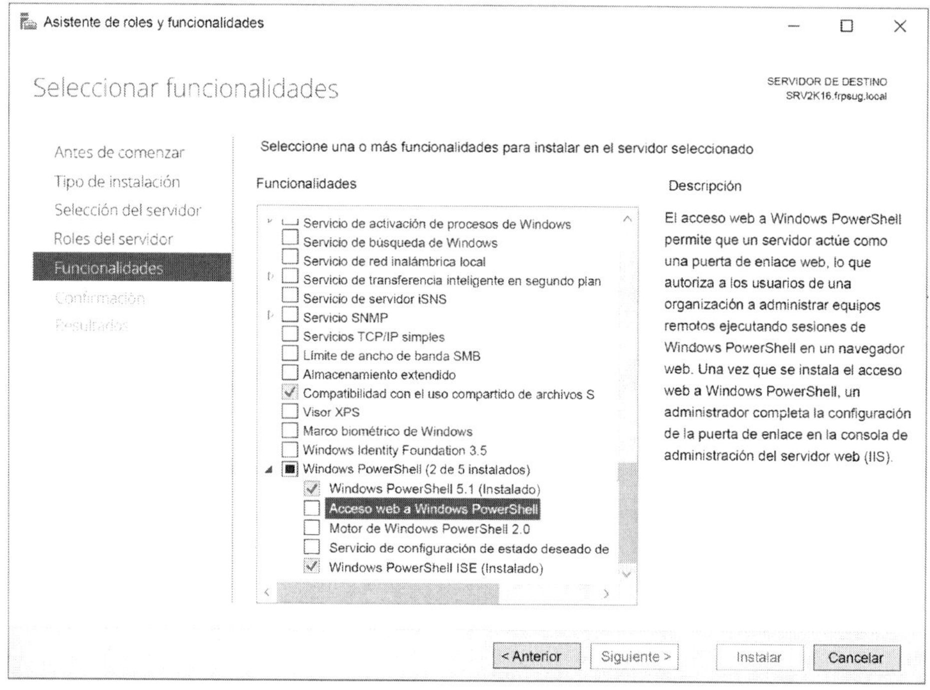

Instalación de PowerShell Web Access mediante la interfaz gráfica

▶ Se enumeran otras características necesarias. Añádelas y continúa.

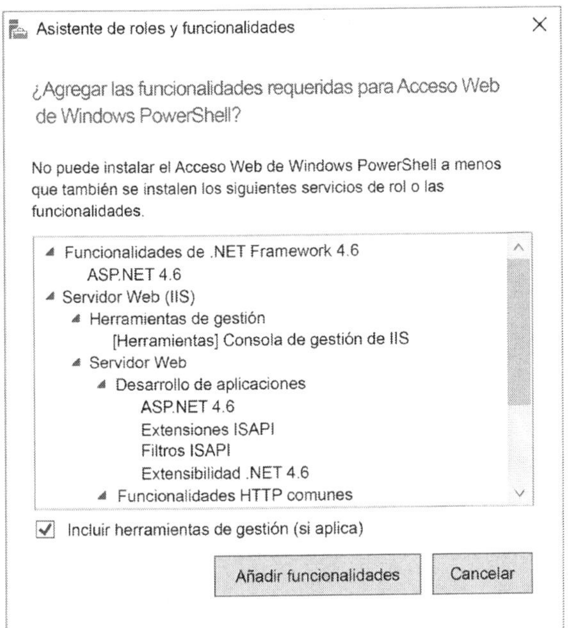

Ventana para añadir las funciones necesarias para PowerShell Web Access

3.3 Configuración

3.3.1 Instalación de la aplicación web

Una vez instalada la funcionalidad, es necesario configurar la aplicación web. Para ello se utiliza el comando `Install-PswaWebApplication`. Instala la aplicación web, la asocia a un sitio web y, si es necesario, instala un certificado SSL de "prueba".

Este comando tiene una serie de parámetros útiles:

Parámetro	Descripción
UseTestCertificate <switch>	Permite crear un certificado de prueba autofirmado. Esto configura la aplicación para trabajar en HTTPS.
WebApplicationName <string>	Permite definir el nombre de la aplicación. El valor por defecto es pswa.
WebSiteName <string>	Permite especificar el nombre del sitio web. El valor por defecto es Default Web Site.

Cuando se utiliza con el parámetro -UseTestCertificate, el comando muestra un mensaje de advertencia:

```
PS > Install-PswaWebApplication -UseTestCertificate
ADVERTENCIA: Utilizar un certificado de prueba en un
entorno de producción
no se recomienda por razones de seguridad.
Dicho certificado debe utilizarse
solo para pruebas internas de Windows PowerShell Web Access.
El certificado de prueba expirará en 90 días.
Creación de un pool de aplicaciones pswa_pool...

Name         State         Applications
----         -----         ------------
pswa_pool          Started



Creando una aplicación web pswa...

Path                  : /pswa
ApplicationPool       : pswa_pool
EnabledProtocols      : http
PhysicalPath          : C:\Windows\Web\PowerShellWebAccess\wwwroot

Creación de un certificado autofirmado...

Crear un enlace HTTPS...
```

El mensaje es bastante claro: no utilizar en un entorno de producción, el certificado caduca en 90 días.

Si su entorno dispone de una infraestructura de clave pública (PKI), es recomendable configurar los enlaces (bindings) desde IIS. Esto consiste en asociar un certificado SSL a un puerto de escucha del servicio IIS.

Observación

Puede desinstalar la aplicación utilizando el comando `Uninstall-PswaWebApplication`*, y añadir el parámetro* `-DeleteTestCertificate` *si ha optado por instalar el certificado de prueba.*

3.3.2 Reglas de acceso

Una vez instalada la aplicación, debemos definir los usuarios autorizados a utilizarla. Para ello, Microsoft ha proporcionado cuatro comandos del módulo PowerShell Web Access:

Comando	Descripción
`Add-PswaAuthorizationRule`	Añade una nueva regla de autorización.
`Get-PswaAuthorizationRule`	Devuelve todas las reglas, si no hay ningún parámetro presente. En caso contrario, devuelve la regla solicitada.
`Remove-PswaAuthorizationRule`	Elimina una regla de autorización.
`Test-PswaAuthorizationRule`	Prueba todas las reglas de autorización, o una regla en particular, para comprobar si una solicitud de acceso a una sesión, equipo o usuario es válida.

Para crear una regla :

```
PS > Add-PswaAuthorizationRule -ComputerName SRVDC01.FRPSUG.local `
        -UserGroupName 'FRPSUG\PowerShell Web Access' `
        -ConfigurationName Microsoft.PowerShell
```

El parámetro `-ConfigurationName` indica el nombre del endpoint donde se conecta el usuario. Esta es otra ventaja de JEA. Los endpoints de sesión se configuran a través de JEA y luego se ponen a disposición a través de PowerShell Web Access. Es preferible utilizar grupos en lugar de usuarios, ya que son mucho más fáciles de gestionar. Por último, el parámetro `-ComputerName` indica el nombre o la dirección IP del equipo remoto.

En este ejemplo, el servidor que tiene la funcionalidad PowerShell Web Access se llama SRV2K12R2. El nombre difiere del parámetro `-ComputerName` del comando anterior. Volveremos sobre este tema en la siguiente sección.

Observación

En las primeras versiones de Windows Server 2016, había un error en los parámetros `-UserGroupName` y `-UserName`. A pesar de la sintaxis correcta para los nombres de usuario o grupo, el comando devolvía un error en estas versiones. El problema se resolvió al actualizar el sistema. El error se ha corregido en la versión de compilación: 14393.2097.

3.4 Utilización

Ahora que el servidor de acceso está perfectamente configurado, es el momento de utilizarlo. Solo necesita abrir un navegador de Internet que cumpla con los requisitos establecidos anteriormente. Para dar una visión general de lo que podrás encontrar en tus dispositivos, aquí se presentarán Edge en Windows 10 Mobile y Google Chrome en Windows 10.

- En primer lugar, debe abrir su navegador y acceder a la URL de la aplicación web: https://<nombre_del_servidor_o_dirección_ip>/pswa.

Si, como en este ejemplo, se utiliza un certificado de prueba, aparecerá un mensaje de advertencia. Indica que el certificado no puede aprobarse. Es posible que se encuentre en la misma situación con una autoridad de certificación si utiliza dispositivos móviles fuera del dominio. Estos dispositivos no podrán verificar los certificados.

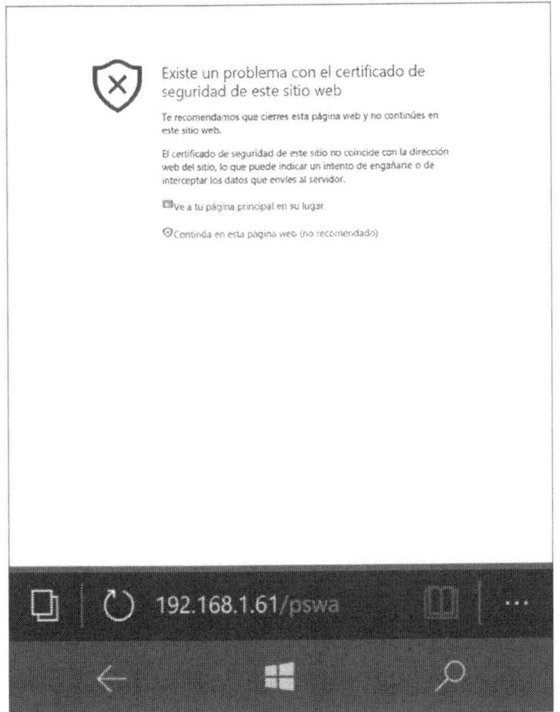

Ventana web de advertencia de seguridad en un navegador móvil

▶Una vez en la página de inicio, se le pedirá un nombre de usuario, una contraseña y un nombre de ordenador. Introduzca estos datos.

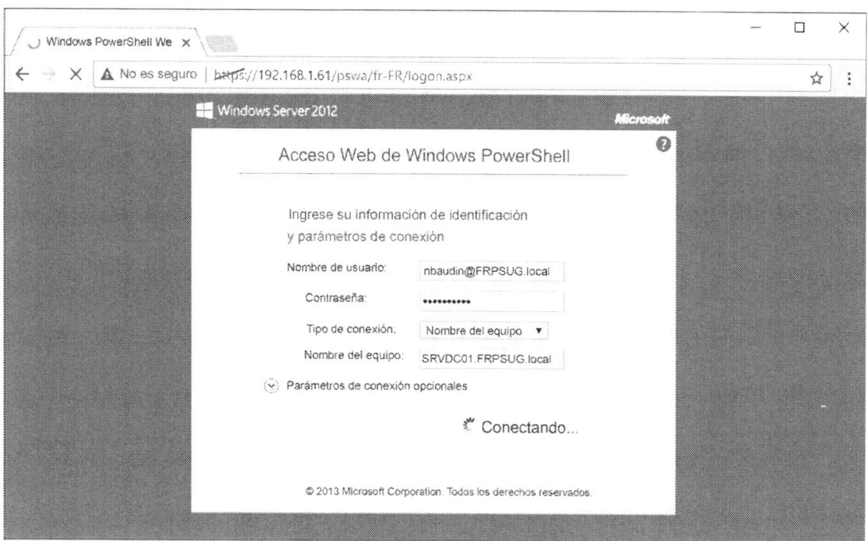

Ventana de conexión del navegador Google Chrome

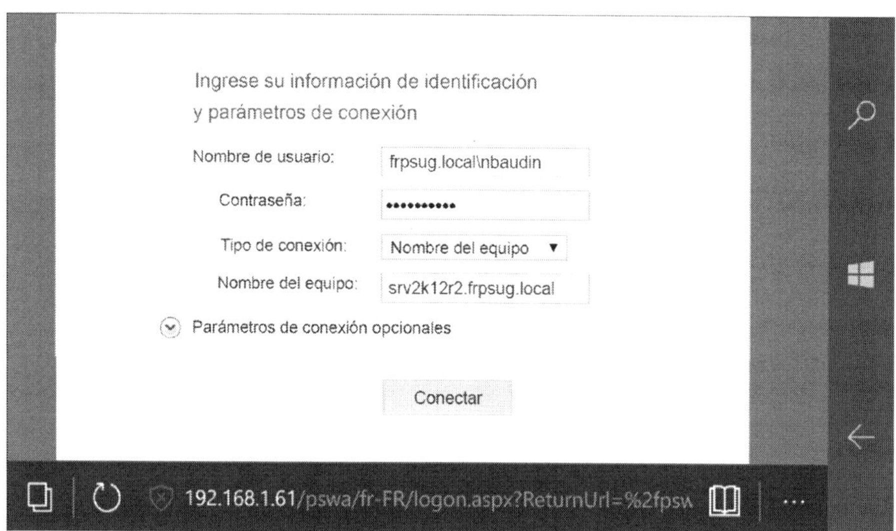

Ventana de conexión del navegador Mobile Edge

Una vez que haya iniciado sesión, se abrirá una ventana de PowerShell en su navegador.

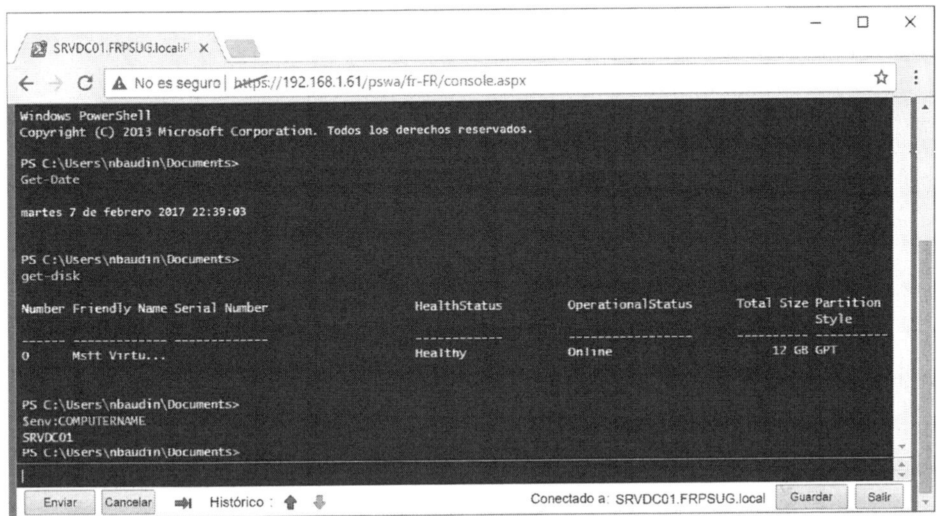

Consola PowerShell a través del navegador Chrome

Se diferencia ligeramente de la consola tradicional de PowerShell. Microsoft ha tenido que adaptarla a dispositivos tablet y smartphone, que no disponen del tabulador para autocompletar ni de las flechas arriba y abajo para el historial de la consola.

La sesión web tiene un tiempo de expiración. Después de 15 minutos de inactividad, aparece un mensaje de advertencia.

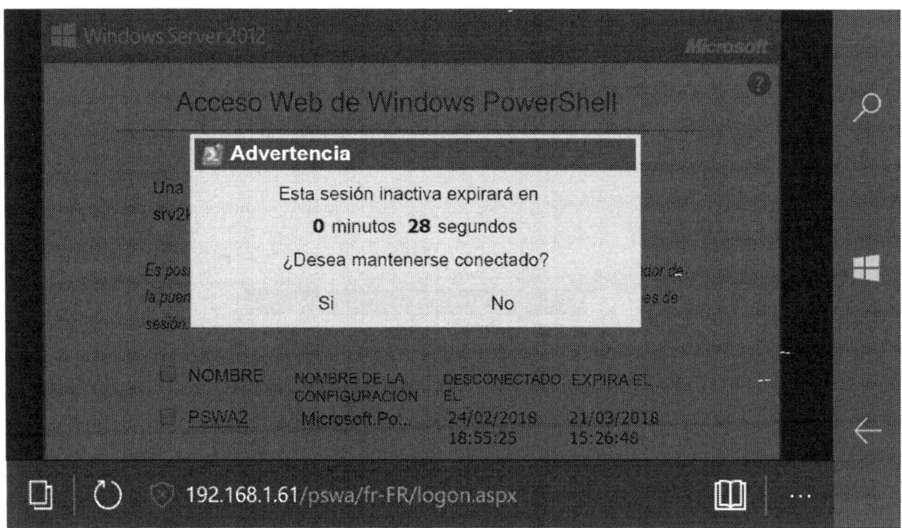

Mensaje que indica una sesión inactiva

Si no se detecta ninguna acción en los 5 minutos siguientes a este mensaje, la sesión se desconecta. Es posible cambiar este comportamiento por defecto en la consola IIS. Solo es necesario modificar el parámetro de expiración de la sesión.

3.5 Desconexión de una sesión

Al igual que en las sesiones remotas tradicionales mediante PowerShell, existen dos formas de salir de una sesión web. O la abandonas, o te desconectas. Para salir, utiliza el botón **Salir** situado en la parte inferior derecha de la página, o de forma más convencional cierra la ventana utilizando la cruz roja. Para desconectarse, utilice el botón **Guardar**. Esto mantiene la sesión activa entre el servidor pasarela y el equipo remoto. Y será posible volver a conectarse más tarde desde cualquier dispositivo siempre que se utilicen los mismos identificadores.

A continuación se explica cómo llevar a cabo un intercambio de sesiones entre dos dispositivos:

- Para garantizar que el proceso se ejecuta sin problemas, inicialice una variable en una sesión creada desde un navegador Edge móvil:

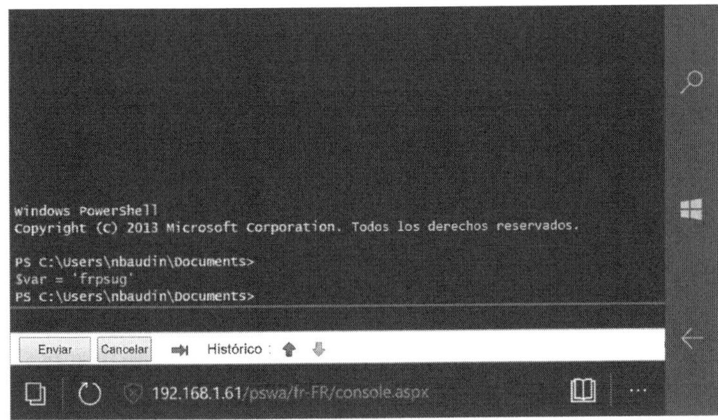

Inicialización de variables desde el navegador móvil Edge

A la variable **$var** se le asignó el valor **frpsug**.

- A continuación, guarde la sesión pulsando el botón **Guardar** situado en la esquina inferior derecha.

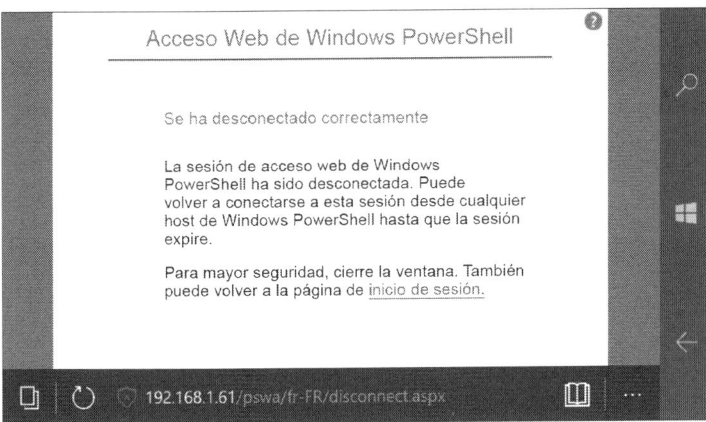

Registro de sesión desde el navegador móvil Edge

▶Intente volver a conectar la sesión con el navegador Chrome desde un ordenador:

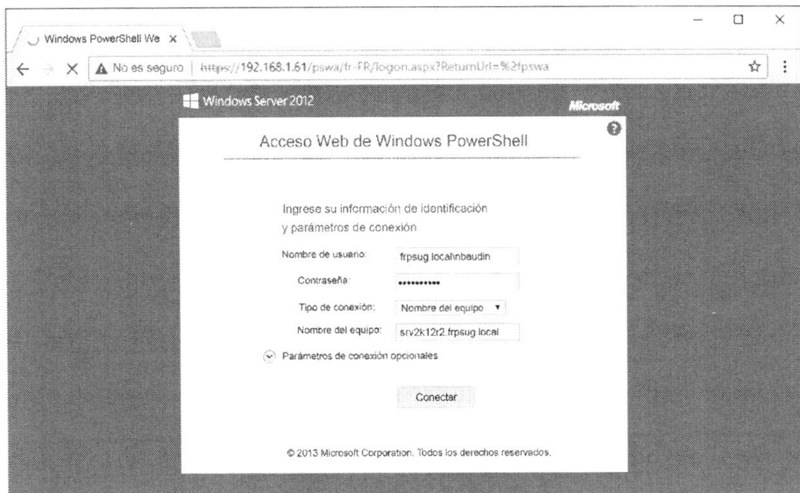

Conexión a través del navegador Chrome

▶A continuación, seleccione la sesión actual:

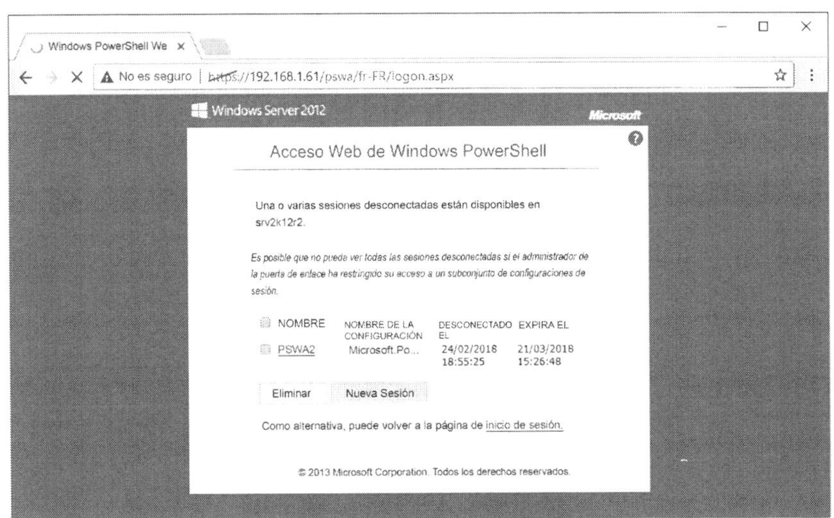

Ventana de reconexión mediante el navegador Chrome en una sesión existente

▶En la consola PowerShell, compruebe si la variable sigue inicializada:

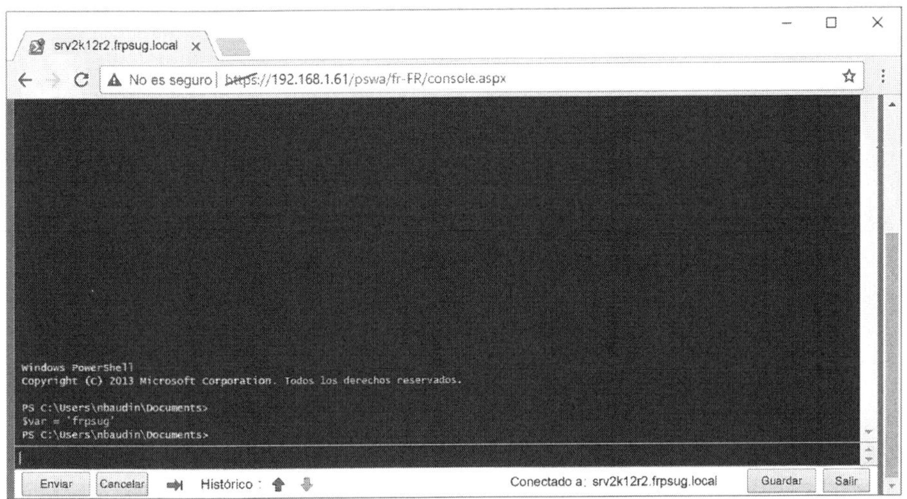

Visualización de la variable $var desde la consola web PowerShell

La variable sigue presente, y la sesión corresponde a la que se inició desde el navegador móvil.

3.6 Casos de uso

Hemos señalado que el servidor especificado en el nombre del equipo es diferente de aquel en el que está instalado el rol. El objetivo es proporcionar un acceso seguro a un conjunto de equipos remotos. El servidor PowerShell Web Access se convierte en una pasarela. Dado que el servidor pasarela utiliza exactamente el mismo flujo que las sesiones WinRM, identificadas por el puerto 5985 (5986 en el caso de HTTPS), es bastante fácil colocarlo en una DMZ y restringir el flujo a través de un firewall.

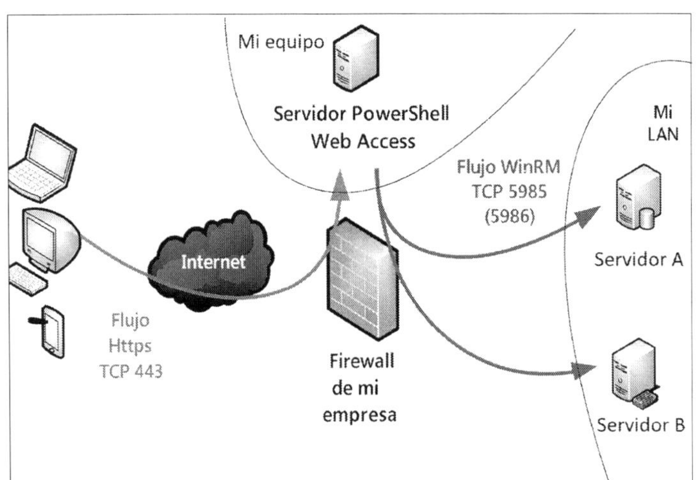

Diagrama de flujo de conexión mediante PowerShell Web Access en un contexto empresarial

3.7 Limitaciones y futuro de las funcionalidades

PowerShell Web Access tiene un ámbito de aplicación limitado. Al tratarse de una sesión basada en navegador, es imposible utilizar programas con interfaz gráfica, como el Explorador de Windows o el Bloc de notas. También hay diferencias en cuanto a la gestión del color. Si cambias el color de los caracteres o del fondo, el resultado puede diferir.

El futuro de PowerShell Web Access es incierto. La funcionalidad se basa en un entorno IIS presente exclusivamente en Windows. Actualmente, la política actual es portar PowerShell a tantos sistemas operativos como sea posible en su versión Core. El otro punto a plantear es que PowerShell Web Access se basa en WinRM para establecer sesiones remotas, al igual que Windows PowerShell 5.1. Pero este no es el caso de la versión Core 6.0, que utiliza OpenSSH. Esto plantea una serie de preguntas sobre el futuro de PowerShell Web Access.

4. Sesión remota con SSH

Las sesiones remotas en PowerShell Core no presentan mayores inconvenientes en un entorno Windows. Cuando incluyes Linux o macOS en el bucle, la cosa cambia. Linux y macOS no son compatibles con WinRM y WSMan. Estos dos elementos son puramente Windows. Sin embargo, ya existe un mecanismo de sesión remota en Linux y macOS. Se trata de OpenSSH. Este utiliza el protocolo SSH.

Para facilitar la comunicación entre los distintos entornos, el equipo de PowerShell decidió portar una solución OpenSSH a Windows y utilizarla en PowerShell Core.

La ventaja de la solución OpenSSH es que no requiere un entorno de dominio ni la generación manual de certificados para cifrar los flujos. Todo el tráfico está cifrado de forma nativa de extremo a extremo.

4.1 Instalación en Windows

La solución OpenSSH para Windows consta de dos elementos, la parte cliente y la parte servidor. Se implementó por primera vez en Windows Server 2016 y Windows 10. Hay dos formas de instalarlos, a través del repositorio de GitHub o directamente desde las características opcionales del sistema.

Para el ejemplo, utilizaremos las características opcionales y los comandos `Get-WindowsCapability` y `Add-WindowsCapability`.

En esta sección, nos enfocaremos en la parte del servidor.

Lista de capacidades de openSSH

```
PS > Get-WindowsCapability -Name OpenSSH.Server* -Online

Name         : OpenSSH.Server~~~~0.0.1.0
State        : NotPresent
DisplayName  : OpenSSH Server
Description  : OpenSSH-based secure shell (SSH) server, for secure key
management and access from remote machines.
DownloadSize : 1518826
```

Estas capacidades ya están instaladas:

```
PS > Get-WindowsCapability -Name OpenSSH.Server* -Online|
Add-WindowsCapability -Online
```

El directorio que contiene los ejecutables es C:\windows\System32\OpenSSH\.

La ventaja de utilizar esta instalación es que la regla del cortafuegos se crea automáticamente para autorizar las conexiones en el puerto 22:

```
PS > Get-NetFirewallRule *ssh*


Name                           : OpenSSH-Server-In-TCP
DisplayName                    : OpenSSH SSH Server (sshd)
Description                    : Inbound rule for OpenSSH SSH
Server (sshd)
DisplayGroup                   : OpenSSH Server
Group                          : OpenSSH Server
Enabled                        : True
Profile                        : Any
Platform                       : {}
Direction                      : Inbound
Action                         : Allow
EdgeTraversalPolicy            : Block
LooseSourceMapping             : False
LocalOnlyMapping               : False
Owner                          :
PrimaryStatus                  : OK
Status                         : The rule was parsed successfully
                                 from the store. (65536)
EnforcementStatus              : NotApplicable
PolicyStoreSource              : PersistentStore
PolicyStoreSourceType          : Local
RemoteDynamicKeywordAddresses : {}
 PolicyAppId                   :
```

A continuación, debe iniciar el servicio y establecer su modo de inicio en automático. Desde una consola PowerShell ejecutada como administrador, escriba el siguiente comando:

```
PS > Set-Service -Name sshd -StartupType 'Automatic'
PS > Start-Service -Name sshd
```

Después, es necesario modificar el archivo de configuración ubicado en `C:\ProgramData\SSH\sshd_config`. Añada la siguiente línea:

```
Subsystem        powershell c:/program files/powershell/7/
pwsh.exe   -sshs -NoLogo -NoProfile
```

De este modo, será posible utilizar comandos nativos de PowerShell Core para conectarse.

Si un usuario se conecta a través de un binario ssh, necesitamos personalizar el shell por defecto. Para ello, cree la clave de registro DefaultShell en la rama HKLM:\SOFTWARE\OpenSSH:

```
PS > New-ItemProperty -Path "HKLM:\SOFTWARE\OpenSSH" -Name DefaultShell `
        -Value "C:\Program Files\PowerShell\7\pwsh.exe" `
        -PropertyType String -Force
```

Observación

La ruta del ejecutable pwsh.exe puede variar en función de las versiones de PowerShell Core que instale. Tenga cuidado y cámbiela si es necesario.

OpenSSH ya está configurado en el entorno Windows. Para más información sobre la instalación de Win32-OpenSSH: https://github.com/PowerShell/Win32-OpenSSH/wiki/Install-Win32-OpenSSH

4.2 Instalación en Linux

Instalar OpenSSH en Linux es tan fácil como en Windows. Algunos paquetes ya están instalados. Ejecute los siguientes comandos:

```
sudo apt install openssh-server
```

Al igual que en Windows, personalizaremos el archivo de configuración `/etc/ssh/sshd_config` para añadir la siguiente línea:

```
Subsystem powershell /bin/pwsh -sshs -NoLogo -NoProfile
```

A continuación, inicie/reinicie el servicio sshd:

```
sudo service sshd start
```

La máquina con Linux ya está lista para recibir conexiones SSH.

4.3 Establecimiento de la conexión

Para establecer una conexión SSH desde PowerShell Core, utilice los mismos comandos que para una conexión WinRM en Windows PowerShell. Solo cambian los parámetros a utilizar. Ya no se utiliza `-ComputerName` sino `-HostName`. Del mismo modo, el parámetro `-Credential` se sustituye por el parámetro `-UserName`. Sin embargo, este último solo acepta nombres de usuario; la contraseña se solicita mediante un prompt cuando se realiza la conexión.

Ejemplo de conexión entre un sistema Windows y una máquina Linux con Debian

```
PS > Enter-PSSession -HostName 192.168.1.249 -UserName nicolasB
root@192.168.1.249's password:
[192.168.1.249]: PS /root> uname -a
Linux Debian 5.10.0-kali9-amd64 #1 SMP Debian 5.10.46-4kali1
(2021-08-09) x86_64 GNU/Linux
```

Observación

El parámetro `-HostName`, al igual que `-ComputerName`, acepta tanto nombres de host DNS como direcciones IP.

Es válido preguntarse por qué utilizar este tipo de mecanismo cuando existen herramientas como PuTTY que permiten conectarse fácilmente a una máquina Linux mediante el protocolo SSH. La ventaja en este caso es que puedes establecer un gran número de conexiones simultáneas utilizando el comando `New-PSSession`, y luego lanzar una serie de comandos idénticos utilizando `Invoke-Command` y su parámetro `-Session`. También es posible administrar a distancia un sistema Windows desde una máquina con Linux o macOS:

```
PS > $session = New-PSSession -HostName nicolasB@192.168.1.249
PS > Invoke-Command -Session $session -ScriptBlock { uname -a }

Linux KaliHome 5.10.0-kali9-amd64 #1 SMP Debian 5.10.46-4kali1
(2021-08-09) x86_64 GNU/Linux
```

Capítulo 13
Creación de interfaces gráficas

1. Introducción

1.1 ¿Por qué una interfaz gráfica?

Cuando se aprende un lenguaje de scripting, casi siempre es para automatizar muchas tareas tediosas y repetitivas. Por lo general, estas tareas no aportan ningún valor añadido a nuestro trabajo ni a nuestras habilidades. ¿Qué sentido tiene entonces crear interfaces gráficas? Los scripts que creamos con el tiempo se convierten en herramientas. Las utilizamos a diario. Cuando otras personas ven el trabajo que hacemos con estas herramientas, les entran ganas de utilizarlas. Pero no todo el mundo está preparado para dar el paso y utilizar una línea de comandos podría confundirles. Así que creamos una especie de máscara atractiva que viste el script con casillas de verificación y botones fáciles de usar. Así, un usuario no técnico puede ejecutar el script con facilidad. Esto también reduce el número de errores de escritura que uelen derivar en una llamada al servicio de soporte.

Hay otra gran cosa acerca de las interfaces gráficas en PowerShell. Como los scripts no se compilan (a diferencia de C#), las interfaces pueden modificarse fácilmente. Así es posible personalizarlas libremente o añadir los elementos que falten.

1.2 ¿A dónde acudir?

Cuando se trata de diseñar interfaces gráficas en PowerShell, hay dos opciones: Windows Forms y Windows Presentation Foundation (WPF). WPF es una tecnología muy antigua, que se remonta al framework .NET 2.0. Se mantiene debido a su amplia adopción, aunque ya no reciba actualizaciones técnicas. Sin embargo, ya no se actualiza técnicamente. Windows Forms puede utilizarse con PowerShell 1.0 y versiones superiores.

Para sustituirlo, Microsoft ha desarrollado WPF. Se implementó con el framework .NET 3.0, pero se recomienda su uso con .NET 3.5. Incluye todas las funciones de Windows Forms y añade algunas nuevas. WPF puede utilizarse con PowerShell 2.0. También se apoya en DirectX para la representación gráfica.

Uno de los principales puntos fuertes de WPF es su flexibilidad. A diferencia de Windows Forms, WPF está basado en vectores. Esto significa que se adapta a la resolución de la pantalla. Una interfaz gráfica WPF puede estirarse o encogerse sin pérdida de calidad visual.

El otro punto fuerte de WPF es el diseño de la propia interfaz gráfica. Se diferencia del resto del código porque se describe en el lenguaje declarativo XAML (*eXtensible Application Markup Language*) basado en una estructura XML. Este lenguaje también se utiliza en los *workflows* (véase el capítulo Workflows). Por lo tanto, es posible colocar la descripción de la interfaz gráfica en XAML en un archivo XML independiente.

La notable ventaja de utilizar WPF con XAML es la considerable reducción del número de líneas que hay que producir para renderizar una interfaz idéntica a la de Windows Forms. Esto puede comprobarse a lo largo de este capítulo. Para quienes se inician en el mundo de las interfaces gráficas, WPF es una mejor opción, ya que ofrece mayores posibilidades y proyección tecnológica.

Observación

En el caso de PowerShell 7 Core, no es posible crear una interfaz gráfica en Linux. No se trata de una limitación propia de PowerShell Core, sino del propio .NET Core, que carece de las bibliotecas necesarias.

2. Windows Forms

2.1 Introducción a Windows Forms

Windows Forms (o WinForms) está disponibles desde la versión 2.0 del framework .NET. Se agrupan en un conjunto de clases en el ensamblado System.Windows.Forms. Este ensamblado no se carga por defecto en PowerShell. Por lo tanto, es necesario cargarlo manualmente antes de manipular WinForms. Para ello, utilice el comando `Add-Type`:

```
PS > Add-Type -AssemblyName System.Windows.Forms
```

Si los Windows Forms están contenidos en clases, esto significa que solo pueden utilizarse instanciando objetos a través de ellas (véase el capítulo Clases), que es lo que hacemos todo el tiempo en PowerShell. Por lo tanto, es posible revisar el contenido de cada objeto utilizando el comando `Get-Member`.

En una interfaz gráfica, cada elemento se denomina genéricamente control. Esto abarca desde un simple botón hasta el formulario completo de la ventana. Cada control está representado por una de las clases WinForms. La característica de los controles es que pueden injertarse unos sobre otros, por ejemplo, una casilla de verificación o un menú que se desea posicionar en una ventana (Form).

Observación

Una de las particularidades de los formularios es que tienen las mismas características gráficas que aquellos en los que se basa el sistema operativo. El ejemplo más evidente es la transparencia de las ventanas en Windows Vista y Windows 7.

Los controles tienen una amplia gama de eventos. Se trata de interacciones con las formas, como un clic del ratón o una pulsación del teclado. Y para cada uno de estos eventos, se pueden declarar acciones a realizar. Por ejemplo, se puede crear un nuevo Form para mostrar un mensaje. O ejecutar un proceso en segundo plano en varias máquinas remotas. Las posibilidades son enormes. Cualquier control puede tener uno o más eventos configurados, y cada evento puede tener a su vez una o más acciones configuradas.

Como las interfaces gráficas no son una prioridad en PowerShell, no existe ninguna herramienta nativa que facilite su diseño. La dificultad radica principalmente en el posicionamiento y dimensionamiento de los distintos controles. Por lo tanto, hay que armarse de paciencia y comprobar manualmente la representación gráfica a medida que se diseña, ejecutando el código repetidamente. Para gestionar el posicionamiento, hay que utilizar dos medidas: el eje X y el eje Y. El origen se sitúa en el punto superior izquierdo del contenedor. La unidad de medida es el píxel. El dimensionamiento se basa en la misma lógica.

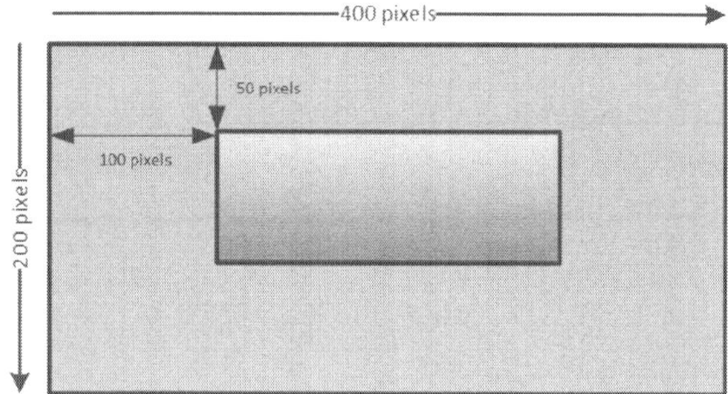

Posicionamiento de un control en un Form. El control está posicionado a 100 píxeles en el eje X y a 50 píxeles en el eje Y. El Form tiene 400 píxeles de ancho y 200 píxeles de alto.

Observación

Advertencia: el escalado es una característica de Windows 10 que adapta la interfaz de Windows a altas resoluciones. Si está activada, es posible que WinForms no se renderice como se espera. Es aconsejable comprobar el renderizado en estos casos. A título informativo, las tabletas Microsoft Surface tienen un escalado por defecto en Windows 10 del 200%.

2.2 Creación de un primer Form

Para crear un formulario inicial, el ensamblado System.Windows.Forms debe ser cargado para que las clases puedan ser instanciadas como objetos gráficos. Utilice el siguiente comando:

```
PS > Add-Type -AssemblyName System.Windows.Forms
```

Ahora que el ensamblaje está cargado, podemos pasar a crear el Form. Este será una base de trabajo, que contendrá un conjunto de controles como botones, casillas de verificación, cuadros de diálogo, etc. Para crear este Form, utilizamos la clase `Windows.Forms.Form` con el comando `New-Object`:

```
PS > $Form = New-Object -TypeName Windows.Forms.Form
```

Utilizando el comando `Get-Member` junto con `Measure-Object` en el objeto contenido en la variable `$Form`, se puede ver rápidamente que las posibilidades para un Formulario son impresionantes:

```
PS > $Form | Get-Member | Measure-Object


Count    : 291
Average  :
Sum      :
Maximum  :
Minimum  :
Property :
```

¡Casi 300 miembros! A este formulario se le asigna un título utilizando la propiedad `Text`:

```
PS > $Form.Text = 'Mi primer formulario'
```

A continuación, configure su tamaño mediante la propiedad `Size`. Sin embargo, hay un pequeño inconveniente: el tamaño de un formulario debe ser del tipo `System.Drawing.Size`.

```
PS > $Form | Get-Member -Name Size


    TypeName : System.Windows.Forms.Form

Name MemberType Definition
---- ---------- ----------
Size Property   System.Drawing.Size Size {get;set;}
```

Por lo tanto, necesitamos crear un objeto de este tipo para asignar un tamaño al Form:

```
PS > $Form.Size = New-Object System.Drawing.Size(400,100)
```

Observación

Las dimensiones de los formularios se expresan en píxeles. El primer argumento X indica el ancho del formulario, y el segundo Y, su altura. En este caso, el formulario tiene 400 píxeles de ancho y 100 píxeles de alto. Los valores por defecto son 300 píxeles por 300 píxeles.

Ahora que hemos sentado las bases, podemos añadir algunos controles. Empezaremos con un botón. Para crear un botón, usamos la clase `System.Windows.Forms.Button`:

```
PS >  $ButtonOk = New-Object System.Windows.Forms.Button
```

A continuación, seguimos la misma lógica que para el formulario básico en cuanto al título y el tamaño:

```
PS > $ButtonOk.Text = 'OK'
PS > $ButtonOk.Size = New-Object System.Drawing.Size(100,30)
```

Para posicionarlo, se utiliza la propiedad `Location` del botón, que es del mismo tipo que `Size`. El primer argumento determina la medida X en píxeles y el segundo, la medida Y:

```
PS > $ButtonOk.Location = New-Object System.Drawing.Size(150, 60)
```

Ahora que el botón está listo, lo añadimos al Form base utilizando el método `Add()` de la propiedad **`Controls`** del objeto Form:

```
PS > $Form.Controls.Add($ButtonOk)
```

Para completar la creación, se llama al método `ShowDialog()` para mostrar el objeto Form:

```
PS > $From.ShowDialog()
```

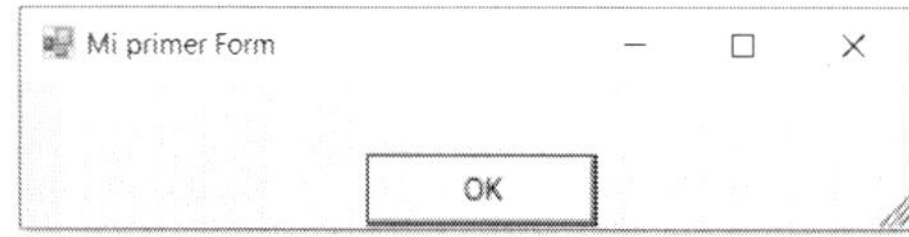

Interfaz gráfica creada en Windows Forms

Observación

Cuando se utiliza el método `ShowDialog()`, se utiliza el proceso actual para crear la ventana gráfica. Esto tiene el efecto de hacer que el proceso PowerShell no esté disponible para cualquier otra acción que desee realizar. Esto se puede evitar utilizando el método estático `Run()` de la clase `System.Windows.Forms.Application`. Esto crea un nuevo proceso independiente del actual. La aplicación es entonces autónoma y es posible cerrar la consola PowerShell manteniendo activa la interfaz gráfica:

```
PS > [System.Windows.Forms.Application]::Run($From)
```

Script que contiene todo el código anterior:

```
Add-Type -AssemblyName system.windows.Forms
$Form = New-Object -TypeName windows.forms.form
$Form.Text = 'Ma première Form'
$Form.Size = New-Object System.Drawing.Size(400,100)

$ButtonOk = New-Object System.Windows.Forms.Button
$ButtonOk.Text = 'OK'
$ButtonOk.Size = New-Object System.Drawing.Size(100,30)
$ButtonOk.Location = New-Object System.Drawing.Size(150, 30)

$Form.Controls.Add($ButtonOk)

$Form.ShowDialog()
```

2.3 Añadir una acción a un Form

En esta sección, se explica cómo incorporar un menú y gestionar eventos en un formulario.

2.3.1 Eventos

Cada formulario creado con las clases del ensamblado System.Windows.Forms dispone de su propio conjunto de eventos. Es posible definir acciones que se ejecuten cuando ocurra un evento concreto en el formulario. Por ejemplo, hacer clic en un botón **Siguiente** mueve la GUI a la siguiente sección. El clic es el evento que desencadena la acción.

Truco

Para averiguar qué eventos están presentes en un control, puede utilizar el comando `Get-Member` con el parámetro `-MemberType` establecido en `event`.

Para aplicar el procesamiento a un evento, utilizamos el método `Add_<nombre del evento>()`. El parámetro de este método es un bloque de script.

Ejemplo de sintaxis con clic izquierdo

```
$Mybutton  = New-Object System.Windows.Forms.Button
$Mybutton.Add_Click(
    {
            # Procesando
    }
)
```

En el ejemplo anterior, se crea un botón **OK** que modifica la interfaz gráfica para mostrar texto dentro de un control gráfico (`TextBox`). El TextBox se crea a partir de la clase `System.Windows.Forms.TextBox`.

```
Add-Type -AssemblyName system.windows.Forms

$Form = New-Object -TypeName windows.forms.form

$Form.Text = 'Ma première Form'

$Form.Size = New-Object System.Drawing.Size(400, 100)

#Crear botón
$ButtonOk = New-Object System.Windows.Forms.Button
#Asignar un título al botón
$ButtonOk.Text = 'OK'
#Configuración de tamaño y posición
$ButtonOk.Size = New-Object System.Drawing.Size(100, 30)
$ButtonOk.Location = New-Object System.Drawing.Size(150, 30)

#Añade el evento en el botón
$ButtonOk.Add_CLick(
 {
     $TextBox = New-Object -TypeName System.Windows.Forms.TextBox
     $TextBox.Text = 'Hello World'
     $TextBox.Size = New-Object System.Drawing.Size(100, 20)
     $TextBox.Location = New-Object System.Drawing.Size(150, 10)
```

```
        $Form.Controls.Add($TextBox)
    }
)

$Form.Controls.Add($ButtonOk)

$Form.ShowDialog()
```

Los cambios respecto al script original se indican en negrita. En este caso, la creación del `TextBox` no se realiza en el script principal, sino dentro del bloque de script para el evento `Click` del botón **OK**.

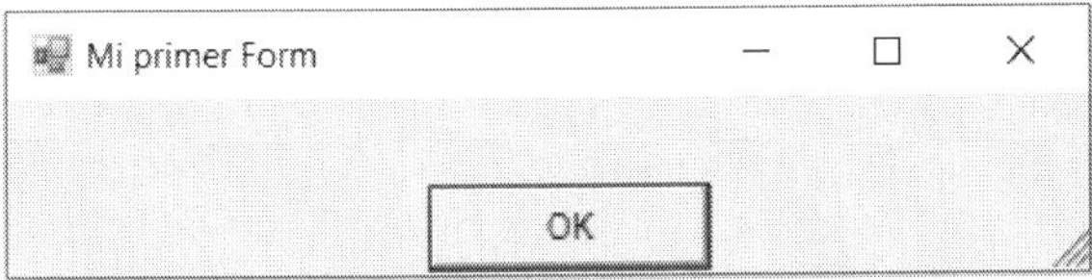

*Interfaz gráfica antes de pulsar el botón **OK***

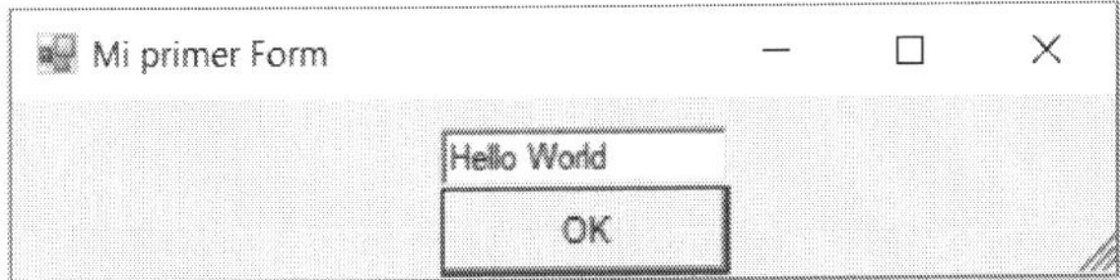

*Interfaz gráfica tras pulsar el botón **OK***

Dentro del evento de un control, es posible modificar ese mismo control. Imaginemos que, una vez que aparece el texto, el botón **OK** se transforma en un botón **Salir**, y al pulsar sobre él, se cierra el formulario principal en lugar de mostrar un texto.

```
...
$ButtonOk.Add_CLick(
    {
        $TextBox = New-Object -TypeName System.Windows.Forms.TextBox
        $TextBox.Text = 'Hello World'
        $TextBox.Size = New-Object System.Drawing.Size(100, 20)
        $TextBox.Location = New-Object System.Drawing.Size(150, 10)
        $Form.Controls.Add($TextBox)

        $ButtonOk.Text = 'Quitter'
        $ButtonOk.Add_CLick({$Form.Close()})
    }
```

```
)
...
```

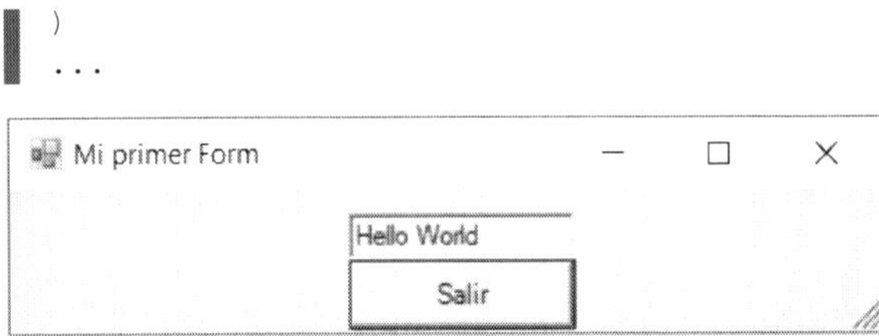

Interfaz gráfica tras pulsar el botón ***OK****, con modificación de la etiqueta del botón*

Cuando se vuelve a pulsar el botón, el formulario se cierra.

Observación

Con este tipo de lógica, puede que los cambios en la interfaz gráfica no se reflejen de forma inmediata, por lo que podría ser necesario forzar su actualización manual.

2.3.2 Menús

Las barras de herramientas y los menús son elementos habituales de las interfaces gráficas. Agrupan un conjunto de comandos, lo que resulta ideal para organizarlos y evitar sobrecargar la interfaz.

Se crea un menú desplegable utilizando la clase `System.Windows.Forms.Menu-Strip`. Para rellenarlo, creamos y añadimos un conjunto de controles de tipo `System.Windows.Forms.ToolStripMenuItem`. Estos controles también pueden utilizarse como contenedores de otros objetos del mismo tipo.

He aquí un diagrama para ilustrar el principio:

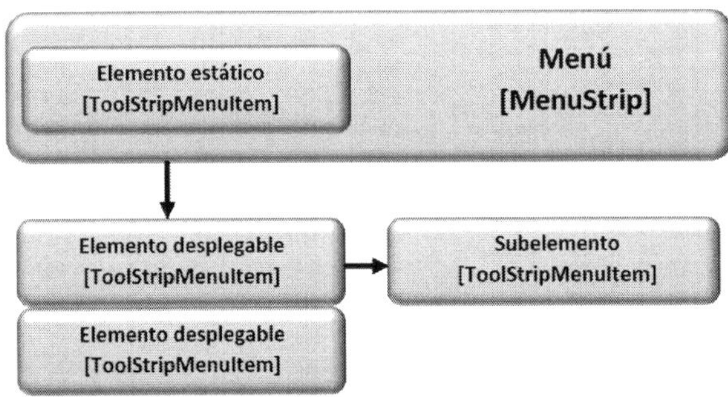

Primero, creamos un objeto de la clase `System.Windows.Forms.MenuStrip`:

```
PS > $Menu = New-Object System.Windows.Forms.MenuStrip
```

A continuación, creamos submenús:

```
PS > $ElementPrin = `
New-Object System.Windows.Forms.ToolStripMenuItem('ElementPrin')
PS > $Element1 = `
New-Object System.Windows.Forms.ToolStripMenuItem('Element1')
PS > $Element2 = `
New-Object System.Windows.Forms.ToolStripMenuItem('Element2')
PS > $Element2a = `
New-Object System.Windows.Forms.ToolStripMenuItem('Element2a')
PS > $Element2b = `
New-Object System.Windows.Forms.ToolStripMenuItem('Element2b')
```

Los elementos 1 y 2 se añaden al elemento principal mediante el método `Add()` de su propiedad `DropDownItems`:

```
PS > [void]$elementPrin.DropDownItems.add($element1)
PS > [void]$elementPrin.DropDownItems.add($element2)
```

A continuación, los subelementos 2a y 2b se añaden al elemento 2:

```
PS > [void]$element2.DropDownItems.add($element2a)
PS > [void]$element2.DropDownItems.add($element2b)
```

Observación

La clase `[void]` se utiliza para evitar que el método devuelva un resultado; es el equivalente del comando `Out-Null`.

Finalmente, añadimos el elemento principal al menú. Este también se añade al formulario principal mediante el método `Add()` de la propiedad `Items`. Finalmente, mostramos el Form:

```
PS > $Menu.Items.Add($ElementPrin)
PS > $Form.Controls.Add($Menu)
PS > $Form.ShowDialog()
```

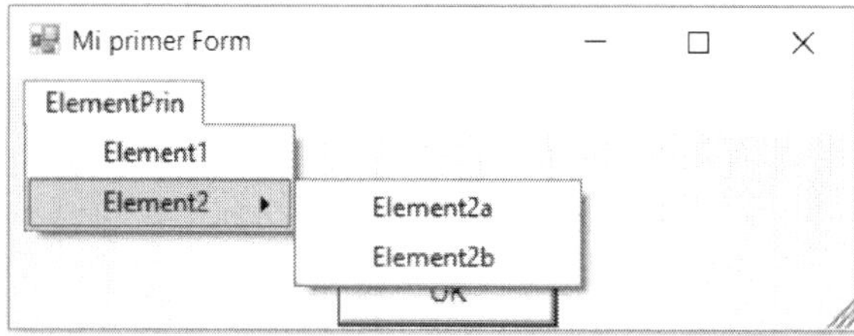

Representación gráfica de los menús

Observación

Para que todo se muestre correctamente, se ha aumentado la altura del formulario en 50 píxeles. Los controles ya presentes se desplazan en consecuencia. Esto demuestra la importancia de tener una idea clara de lo que se quiere desde el principio. Añadir un solo control puede significar tener que modificar todos los demás.

Script completo de la interfaz gráfica:

```
Add-Type -AssemblyName system.windows.Forms

$Form = New-Object -TypeName windows.forms.form
$Form.Text = 'Ma première Form'
$Form.Size = New-Object System.Drawing.Size(400, 150)

$ButtonOk = New-Object System.Windows.Forms.Button
$ButtonOk.Text = 'OK'
$ButtonOk.Size = New-Object System.Drawing.Size(100, 30)
$ButtonOk.Location = New-Object System.Drawing.Size(150, 80)
$ButtonOk.Add_CLick(
    {
        $TextBox = New-Object -TypeName System.Windows.Forms.TextBox
        $TextBox.Text = 'Hello World'
        $TextBox.Size = New-Object System.Drawing.Size(100, 20)
        $TextBox.Location = New-Object System.Drawing.Size(150, 60)
        $Form.Controls.Add($TextBox)

        $ButtonOk.Text = 'Quitter'
        $ButtonOk.Add_CLick( {$Form.Close()})
    }
)
$Form.Controls.Add($ButtonOk)

#Création de l'objet Menu
$Menu = New-Object System.Windows.Forms.MenuStrip
```

```
#Création des éléments
$ElementPrin =
New-Object System.Windows.Forms.ToolStripMenuItem('ElementPrin')
$Element1 = New-Object
System.Windows.Forms.ToolStripMenuItem('Element1')
$Element2 = New-Object
System.Windows.Forms.ToolStripMenuItem('Element2')
$Element2a = New-Object
System.Windows.Forms.ToolStripMenuItem('Element2a')
$Element2b = New-Object
System.Windows.Forms.ToolStripMenuItem('Element2b')

#Ajout des éléments au menu
[void]$elementPrin.DropDownItems.add($element1)
[void]$elementPrin.DropDownItems.add($element2)
[void]$element2.DropDownItems.add($element2a)
[void]$element2.DropDownItems.add($element2b)
[void]$Menu.Items.Add($ElementPrin)

#Ajout du menu à la Form
[void]$Form.Controls.Add($Menu)

$Form.ShowDialog()
```

2.4 Ejemplo de control

Para hacerse una idea de lo que es posible realizar con Windows Forms, aquí tienes un script que crea una interfaz gráfica para hacer "ping" o probar los puertos de una dirección IP determinada. La interfaz contiene una serie de controles que pueden servir de inspiración para futuras creaciones. Tiene `TextBoxes` de lectura-escritura y de solo lectura, una casilla de verificación, una barra de progreso, una `TrackBar` y un botón.

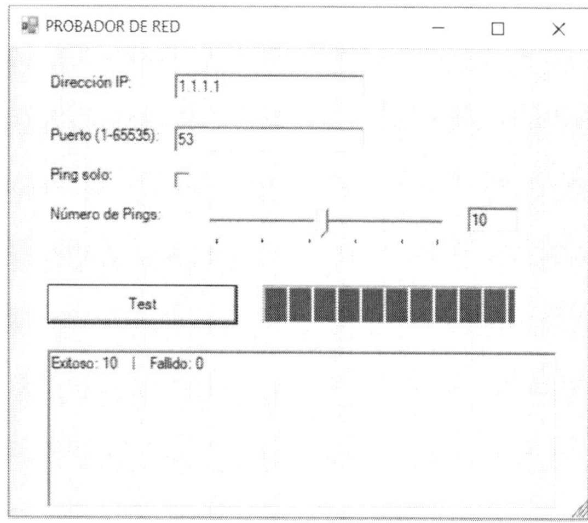

Interfaz gráfica del probador de red

Script:

```
Add-Type -AssemblyName system.windows.Forms

$Form = New-Object -TypeName System.Windows.Forms.Form
$Form.Size = New-Object -TypeName System.Drawing.Size(500, 350)
$Form.Text = 'Probador de red'

# Label IP
$LabelIp = New-Object System.Windows.Forms.Label
$LabelIp.Text = 'Adresse IP :'
$LabelIP.Location = New-Object System.Drawing.Size(30, 20)
$LabelIP.Size = New-Object -TypeName System.Drawing.Size(90, 20)
# TextBox IP
$TextBoxIP = New-Object -TypeName System.Windows.Forms.TextBox
$TextBoxIP.Location = New-Object System.Drawing.Size(130, 20)
$TextBoxIP.Size = New-Object System.Drawing.Size(90, 20)

#Label Port
$LabelPort = New-Object System.Windows.Forms.Label
$LabelPort.Text = 'Port (1-65535):'
$LabelPort.Location = New-Object -TypeName
System.Drawing.Size(240, 60)
$LabelPort.Size = New-Object System.Drawing.Size(90, 20)

# TextBox Port
$TextBoxPort = New-Object -TypeName System.Windows.Forms.TextBox
```

```
$TextBoxPort.Location = New-Object -TypeName System.Drawing.Size(340,
60)
$TextBoxPort.Size = New-Object System.Drawing.Size(90, 20)

#Label CheckBox
$LabelPing = New-Object System.Windows.Forms.Label
$LabelPing.Text = 'Ping solo:'
$LabelPing.Location = New-Object -TypeName
System.Drawing.Size(30, 60)
$LabelPing.Size = New-Object System.Drawing.Size(80, 20)

# CheckBox Ping
$CheckBoxPing = New-Object System.Windows.Forms.CheckBox
$CheckBoxPing.Location = New-Object System.Drawing.Size(130, 60)
$CheckBoxPing.Add_CheckedChanged( {
        if ($CheckBoxPing.Checked) {
            $TextBoxPort.ReadOnly = $true
        }
        else {
            $TextBoxPort.ReadOnly = $false
        }
    })

# Label TrackBar
$LabelNBPing = New-Object System.Windows.Forms.Label
$LabelNBPing.Text = 'Número de Pings:'
$LabelNBPing.Location = New-Object System.Drawing.Size(30, 90)
$LabelNBPing.Size = New-Object System.Drawing.Size(100, 20)

# TrackBar
$TrackBar = New-Object System.Windows.Forms.TrackBar
$TrackBar.Location = New-Object System.Drawing.Size(130, 90)
$TrackBar.Size = New-Object System.Drawing.Size(224, 45)

$TrackBar.Maximum = 20
$TrackBar.Minimum = 1
$TrackBar.TickFrequency = 4
$TrackBar.LargeChange = 4
$TrackBar.SmallChange = 1

# TextBox TrackBar
$TextBoxTB = New-Object -TypeName System.Windows.Forms.TextBox
$TextBoxTB.ReadOnly = $true
$TextBoxTB.Location = New-Object System.Drawing.Size(360, 90)
$TextBoxTB.Size = New-Object System.Drawing.Size(30, 20)
$TextBoxTB.Text = 1

$TrackBar.Add_Scroll( {
```

```
        $TextBoxTB.Text = $TrackBar.Value
    })

# Bouton Test
$ButtonTest = New-Object -TypeName System.Windows.Forms.Button
$ButtonTest.Text = 'Test'
$ButtonTest.Location = New-Object -TypeName
System.Drawing.Size(30, 150)
$ButtonTest.Size = New-Object System.Drawing.Size(150, 30)
$ButtonTest.Enabled = $false

# ProgressBar
$ProgressBar = New-Object System.Windows.Forms.ProgressBar
$ProgressBar.Location = New-Object System.Drawing.Size(200, 150)
$ProgressBar.Size = New-Object System.Drawing.Size(200, 30)
$ProgressBar.TabIndex = 3
$ProgressBar.Set_forecolor('darkblue')

#TextBox Result
$TextBoxResult = New-Object System.Windows.Forms.TextBox
$TextBoxResult.ReadOnly = $True
$TextBoxResult.Location = New-Object System.Drawing.Size(30, 200)
$TextBoxResult.Size = New-Object System.Drawing.Size(400, 150)

#Ajout des contrôles à la forme
$Form.Controls.Add($LabelIp)

$Form.Controls.Add($LabelPort)
$Form.Controls.Add($LabelPing)
$Form.Controls.Add($LabelNBPing)
$Form.Controls.Add($TextBoxIp)
$Form.Controls.Add($TextBoxPort)
$Form.Controls.Add($CheckBoxPing)
$Form.Controls.Add($TrackBar)
$Form.Controls.Add($TextBoxTB)
$Form.Controls.Add($ButtonTest)
$Form.Controls.Add($ProgressBar)
$Form.Controls.Add($TextBoxResult)

# Traitement du script
$ButtonTest.add_Click( {
    $TextBoxResult.Text=''
    $Result = @()
    if ($CheckBoxPing.Checked) {
        $Form.Cursor = [System.Windows.Forms.Cursors]::WaitCursor
        For ($i = 1 ; $i -le $TextBoxTB.Text; $i++) {
            $ProgressBar.Value = $i / $TextBoxTB.Text * 100
            $Result += Test-Connection -ComputerName
```

```
$TextBoxIP.Text -Count 1 -Quiet
        }
        $Text = 'Exitoso: {0}    |    Fallido: {1}' -f `
        $Result.Where{$_ -eq $true}.Count,
        $Result.Where{$_ -eq $false}.Count
    }
    elseif ((([int]$TextBoxPort.Text -ge 1) -and
([int]$TextBoxPort.Text -le 65535)) {
        $Form.Cursor = [System.Windows.Forms.Cursors]::WaitCursor
        For ($i = 1 ; $i -le $TextBoxTB.Text; $i++) {
            $ProgressBar.Value = $i / $TextBoxTB.Text * 100
            $Result += (Test-NetConnection -ComputerName
$TextBoxIP.text -Port $TextBoxPort.Text).TcpTestSucceeded
        }
        $Text = 'Exitoso: {0}    |    Fallido: {1}' -f `
        $Result.Where{$_ -eq $true}.Count,
        $Result.Where{$_ -eq $false}.Count
    }
    else {
        $TextBoxResult.ForeColor = [System.Drawing.Color]::Red
        $Text = " Error al comprobar el puerto. El valor debe estar
entre 1 y 65535"
    }
    $Form.Cursor = [System.Windows.Forms.Cursors]::Default
    $TextBoxResult.Text = $Text
})

$TextBoxIP.add_TextChanged( {
....$pattern = '^\d{1,3}\.\d{1,3}\.\d{1,3}\.\d{1,3}$'
    if ($TextBoxIP.Text -Match $pattern) {
        $ButtonTest.Enabled = $true
        $TextBoxResult.Text = ''
    }
    else {
        $ButtonTest.Enabled = $false
        $TextBoxResult.ForeColor = [System.Drawing.Color]::Red
        $TextBoxResult.Text = " Error al verificar
la dirección IP. Verifique la sintaxis."
    }
})

$form.ShowDialog()
```

Este script es interesante porque utiliza varios eventos además del clic en un botón. Está el desplazamiento de la `TrackBar` y la modificación del texto en un `TextBox`. Así, si se marca la casilla, el campo de texto para introducir el puerto pasa a ser de solo lectura. Cuando empiezas a introducir texto en el `TextBox` de la dirección IP, se muestra un mensaje que indica que la sintaxis es incorrecta. Si la dirección IP es correcta, desaparece la advertencia y se activa el botón **Test**.

En este script de unas 150 líneas, solo un tercio se utiliza para el procesamiento. Los dos tercios restantes definen la interfaz gráfica.

2.5 Creación de gráficos con MS Chart Controls

Los gráficos suelen ser una forma preferente de presentar los resultados. Transmiten más información que el texto. De un vistazo, se obtiene lo esencial de la información. Para crear gráficos en Windows Forms, utilice la biblioteca MS Chart Controls.

Para utilizar esta biblioteca, se requiere el framework .NET 3.5 SP1. Esta funcionalidad puede añadirse mediante el comando `Enable-WindowsOptionalFeature` del módulo DISM:

```
PS > Enable-WindowsOptionalFeature -FeatureName NetFx3 -Online
```

La activación de este componente es obligatoria, incluso si dispone del Framework .NET 4.0 o de una versión superior.

MS Chart Controls puede descargarse desde el siguiente enlace:
http://www.microsoft.com/fr-fr/download/details.aspx?id=14422

Una vez descargada la biblioteca, la instalación es sencilla. Basta con hacer clic varias veces en **Siguiente** y luego en **Finalizar**.

Ahora que la librería está instalada, puedes empezar a diseñar gráficas desde Windows Forms. Para el ejemplo, obtendremos los tamaños de las carpetas Windows, Users y ProgramFiles y los mostraremos en un gráfico. Esto permitirá identificar cuál ocupa más espacio.

Para empezar, instanciamos un objeto de la clase `Windows.Forms.DataVisualization.Charting.Chart`, sin olvidar cargar el ensamblado que lo contiene: `System.Windows.Forms.DataVisualization`.

```
# Cargar el assembly
Add-Type -TypeName System.Windows.Forms.DataVisualization
# Instanciar el objeto
$Chart = New-Object Windows.Forms.DataVisualization.Charting.Chart
```

Se añade un título al gráfico:

```
[void]$Chart.Titles.Add('Tamaño de las 3 carpetas principales C:\')
```

A continuación, definimos el tamaño del grafo:

```
$Chart.Width = 600
$Chart.Height = 500
$Chart.Left = 40
$Chart.Top = 30
```

La propiedad `ChartAreas` contiene los títulos de los ejes x e y:

```
$CA=New-Object Windows.Forms.DataVisualization.Charting.ChartArea
$CA.AxisX.Title = 'Carpeta'
$CA.AxisY.Title = 'Tamaño de las carpetas (en GB)'
$Chart.ChartAreas.Add($CA)
```

El siguiente paso consiste en generar los datos que se mostrarán en el gráfico:

```
$TabF = 'C:\Users', 'C:\Windows', 'C:\Program Files' |
Foreach-Object {
    [PscustomObject]@{
        Path = [string]$(Split-Path -Path $_ -Leaf)
        Size = (Get-ChildItem -Path $_ -File -Recurse |
                Measure-Object -Property Length -Sum).Sum / 1GB
    }
} | Sort-Object -Property Size -Descending
```

Las tres carpetas se definen como una matriz utilizando el operador coma. A continuación, se procesan individualmente mediante el comando `Foreach-Object`. Para cada bucle se crea un objeto de tipo `[PScustomObject]`. Este objeto contiene dos propiedades: `Path` y `Size`. La propiedad `Path` contiene el nombre de la carpeta, obtenido mediante el comando `Split-Path`. También forzamos a que su tipo sea una cadena. La propiedad `Size` contiene el tamaño de la carpeta. Para obtener este resultado, se recuperan todos los archivos del subárbol de la carpeta. El tamaño de cada archivo se suma utilizando el comando `Measure-Object`. A continuación, el resultado se convierte a gigabytes utilizando el cuantificador de bytes `GB`. El comando `Foreach-Object` genera una colección de tres objetos personalizados, uno por cada carpeta. Esta colección se ordena utilizando el comando `Sort-Object` según el tamaño de cada carpeta. La ordenación se realiza en orden descendente utilizando el parámetro `-Descending`. El resultado se almacena en la variable `$TabF`.

Resultado:

```
PS C:\WINDOWS\system32> $TabF

Path                        Size
----                        ----
Windows         23,3027883777395
Users           12,357688518241
Program Files 4,06442666240036
```

Observación

Pueden producirse errores si no se tienen permisos para acceder al contenido de algunas carpetas. Esto también puede ocurrir al ejecutar código con privilegios elevados. En este caso, no es un problema porque es solo un ejemplo.

Una vez recuperados los datos, la colección de objetos se incorpora al gráfico. Esta acción debe realizarse dentro de la propiedad `Series`:

```
[void]$Chart.Series.Add('Data')
$Chart.Series['Data'].Points.DataBindXY($TabF.Path, $TabF.Size)
```

Una vez incorporados los datos, se define el tipo de gráfico que se utilizará; en este caso, columnas en 3D.

```
$Chart.Series['Data'].ChartType=
[System.Windows.Forms.DataVisualization.Charting.SeriesChartType]::Column

$CHart.Series['Data']['DrawingStyle'] = 'Cylinder'
```

También es posible personalizar el color de los cilindros:

```
$maxValuePoint = $Chart.Series['Data'].Points.FindMaxByValue()
$maxValuePoint.Color = [System.Drawing.Color]::Red
$minValuePoint = $Chart.Series['Data'].Points.FindMinByValue()
$minValuePoint.Color = [System.Drawing.Color]::Green
```

En este ejemplo, el valor máximo se mostrará en rojo y el mínimo en verde.

Por último, creamos el formulario que contiene el gráfico:

```
$Form = New-object Windows.Forms.Form
$Form.Text = 'Tamaño de las tres carpetas principales en Windows'
$Form.Width = 700
$Form.Height = 600
$Form.Controls.Add($Chart)
```

Y finalmente, se muestra el formulario:

```
$Form.Add_Shown( {$Form.Activate})
$Form.ShowDialog()
```

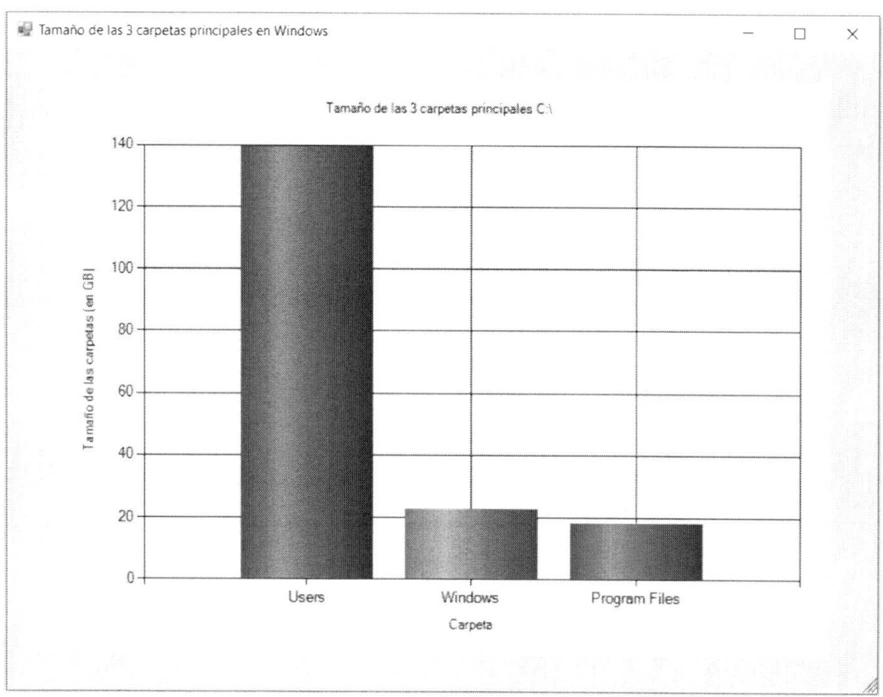

Gráfico del tamaño de las tres carpetas de Windows, creado con MS Chart Controls

Script completo:

```
Add-Type -AssemblyName System.Windows.Forms.DataVisualization
# Instanciation de l'objet
$Chart = New-Object Windows.Forms.DataVisualization.Charting.Chart
[void]$Chart.Titles.Add('Tamaño de las 3 carpetas principales C:\')

$Chart.Width = 600
$Chart.Height =500
$Chart.Left = 40
$Chart.Top = 30

$CA = New-Object Windows.Forms.DataVisualization.Charting.ChartArea
$CA.AxisX.Title = 'Carpeta'
$CA.AxisY.Title = 'Tamaño de las carpetas (en GB)'
$Chart.ChartAreas.Add($CA)

$TabF = 'C:\Users', 'C:\Windows', 'C:\Program Files' | Foreach-Object {
    [PscustomObject]@{
```

```
        Path = [string]$(Split-Path -Path $_ -Leaf)
        Size = (Get-ChildItem -Path $_ -File -Recurse |
            Measure-Object -Property Length -Sum).Sum / 1GB
    }
} | Sort-Object -Property Size -Descending

[void]$Chart.Series.Add('Data')
$Chart.Series['Data'].Points.DataBindXY($TabF.Path,$TabF.Size)
$Chart.Series['Data'].ChartType =
[System.Windows.Forms.DataVisualization.Charting.SeriesChartType]
::Column

$CHart.Series['Data']['DrawingStyle'] = 'Cylinder'

$maxValuePoint = $Chart.Series['Data'].Points.FindMaxByValue()
$maxValuePoint.Color = [System.Drawing.Color]::Red
$minValuePoint = $Chart.Series['Data'].Points.FindMinByValue()
$minValuePoint.Color = [System.Drawing.Color]::Green

$Form = New-object Windows.Forms.Form
$Form.Text = 'Tamaño de las 3 carpetas principales C:\'
$Form.Width = 700
$Form.Height = 600
$Form.Controls.Add($Chart)

$Form.Add_Shown( {$Form.Activate})
$Form.ShowDialog()
```

3. Windows Presentation Foundation

WPF representa el futuro del diseño gráfico. Microsoft desarrolló esta tecnología en 2006 y no ha dejado de añadir nuevas funciones. A diferencia de Windows Forms, que se ha quedado obsoleto. WPF se basa en un aspecto vectorial que se descorrelaciona de la resolución de pantalla. Además, aprovecha la aceleración por hardware de la GPU, liberando la carga de la CPU.

Se define utilizando un lenguaje en XAML, separando la definición de la interfaz gráfica del resto del procesamiento. El código escrito en XAML puede almacenarse de dos formas en PowerShell, bien en un archivo independiente con extensión XAML, o bien directamente dentro del script, contenido en una cadena Here-String. Se presentarán ambos casos. La ventaja de la cadena Here-String es que reduce la dependencia de archivos externos al script. La ventaja del archivo XAML separado es que la actualización de la interfaz gráfica de usuario no requiere ninguna modificación del archivo de script; solo se puede modificar el XAML.

Un concepto a tener en cuenta cuando se trabaja con WPF es el *apartment*. En términos sencillos, es la partición a la que se somete cada hilo. Existen dos modos. En el modo STA (*Single-Threaded Apartment*) de, cada hilo está completamente particionado. Los objetos creados en su interior solo pueden ser consultados por ese hilo. En el modo MTA (*Multi-Threaded Apartment*), varios hilos pueden compartir la misma partición, y por tanto los objetos que contienen.

Para la generación gráfica en WPF, debe utilizarse el modo STA. De hecho, desde la versión 3.0 de PowerShell, la consola se ejecuta en este modo por defecto. Y PowerShell ISE es una aplicación WPF que se ejecuta en STA.

Truco

Es posible cambiar el modo de la consola PowerShell utilizando el ejecutable powershell.exe con el parámetro `-STA` o `-MTA`, según el modo requerido.

Para Windows Forms, es necesario cargar un ensamblado que contenga las clases objeto. WPF no es una excepción a esta regla. Sin embargo, no hay uno, sino tres assamblies para cargar al inicio del script. Estos ensamblados son PresentationCore, PresentationFramework y WindowsBase. Para cargarlos, utilice el comando `Add-Type`:

```
PS > Add-Type -AssemblyName PresentationFramework,
                           PresentationCore, WindowsBase
```

Como se ha mencionado anteriormente, PowerShell ISE es una aplicación basada en WPF, por lo que no es necesario cargar ensamblados cuando se utiliza.

3.1 Creación de una interfaz en Visual Studio

El diseño de la interfaz gráfica WPF es más complejo cuando se parte de cero. Generar código XAML manualmente es más laborioso que instanciar objetos en Windows Forms. Afortunadamente, existe una conocida aplicación que facilita esta tarea. Se trata de Visual Studio con la herramienta WPF Designer. Existen varias versiones de Visual Studio. Para lo que sigue, bastará con la versión Visual Studio 2017 Community. Esta versión es gratuita y se puede descargar desde el siguiente enlace: https://www.visualstudio.com/fr/downloads/

El instalador ofrece multitud de complementos para descargar y añadir. En este caso, basta con instalar el paquete para desarrollar aplicaciones de escritorio utilizando el framework .NET.

Una vez finalizada la instalación, cree un nuevo proyecto accediendo a **Archivo**, luego **Nuevo** y **Proyecto**. En Visual C#, seleccione **Windows Classic Desktop** y, a continuación, **WPF App (.NET Framework)**.

A continuación, conviene familiarizarse con el entorno. Ya dispone de un Form básico. Los controles están disponibles en la caja de herramientas de la izquierda de la interfaz, y basta con seleccionarlos y soltarlos para que se cree el formulario. En la parte inferior de la interfaz aparece el código XAML que se genera automáticamente al añadir los controles.

Para el ejemplo, intentaremos reproducir la interfaz gráfica creada anteriormente:

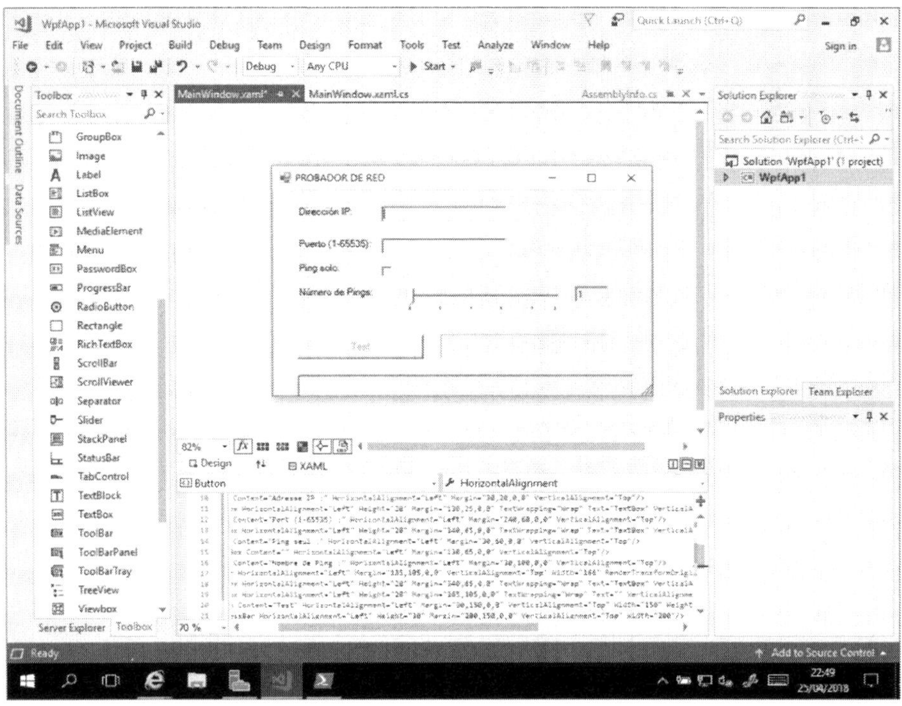

Creación de una interfaz con Visual Studio 2017 Community

El código XAML presente en la sección inferior del software debe tomarse y colocarse en una cadena Here-String en el script PowerShell. La otra opción es colocar el código XAML en un archivo con la extensión .xaml. Antes de eso, este es el aspecto del código una vez que la interfaz está completa:

```
<Window x:Class="WpfApp1.MainWindow"
xmlns="http://schemas.microsoft.com/winfx/2006/xaml/presentation"
     xmlns:x="http://schemas.microsoft.com/winfx/2006/xaml"
     xmlns:d="http://schemas.microsoft.com/expression/blend/2008"
     xmlns:mc="http://schemas.openxmlformats.org/markup-compatibility/2006"
     xmlns:local="clr-namespace:WpfApp1"
     mc:Ignorable="d"
     Title="Probador de red" Height="282.927" Width="500">
    <Grid>
        <Label Content="Dirección IP :" HorizontalAlignment="Left"
Margin="30,20,0,0" VerticalAlignment="Top"/>
        <TextBox Name="TextBoxIP" HorizontalAlignment="Left"
Height="20" Margin="130,25,0,0" TextWrapping="Wrap" Text=""
VerticalAlignment="Top" Width="90"/>
        <Label Content="Puerto (1-65535) :"
HorizontalAlignment="Left" Margin="240,60,0,0"
VerticalAlignment="Top"/>
        <TextBox Name="TextBoxPort" HorizontalAlignment="Left"
Height="20" Margin="340,65,0,0" TextWrapping="Wrap" Text=""
VerticalAlignment="Top" Width="90"/>
        <Label Content="Ping solo:" HorizontalAlignment="Left"
Margin="30,60,0,0" VerticalAlignment="Top"/>
        <CheckBox Name="CheckBoxPing" Content=""
HorizontalAlignment="Left" Margin="130,65,0,0"
VerticalAlignment="Top"/>
        <Label Content="Número de de Pings:"
HorizontalAlignment="Left" Margin="30,100,0,0"
VerticalAlignment="Top"/>
        <Slider Name="Slider" HorizontalAlignment="Left"
Margin="135,100,0,0" VerticalAlignment="Top" Width="166"
RenderTransformOrigin="0,0" Maximum="20" Minimum="1"
LargeChange="4" SmallChange="1" TickFrequency="4"
TickPlacement="Both"/>
        <TextBox Name="TextBoxSlider" IsReadOnly="True"
HorizontalAlignment="Left" Height="20" Margin="365,105,0,0"
TextWrapping="Wrap" Text="1" VerticalAlignment="Top" Width="32"/>
        <Button Name="ButtonTest" IsEnabled="False"
Content="Test" HorizontalAlignment="Left" Margin="30,150,0,0"
VerticalAlignment="Top" Width="150" Height="30"/>
        <ProgressBar Name="ProgressBar"
HorizontalAlignment="Left" Height="30" Margin="200,150,0,0"
VerticalAlignment="Top" Width="200"/>
        <TextBox Name="TextBoxResult" IsReadOnly="True"
HorizontalAlignment="Left" Height="30" Margin="30,200,0,0"
```

```
TextWrapping="Wrap" Text="" VerticalAlignment="Top" Width="400"/>
    </Grid>
</Window>
```

Observación

En WPF, el objeto `TrackBar` ha cambiado de nombre. Ahora se llama `Slider`.

Antes de utilizar este código en un script PowerShell, es necesario eliminar las líneas:

- `x:Class="WpfApp1.MainWindow"`
- `xmlns:mc=http://schemas.openxmlformats.org/markup-compatibility/2006`
- `mc:Ignorable="d"`

El código XAML está listo, pero aún hay que integrarlo en el script PowerShell. En este caso, se puede utilizar un archivo al que se llama mediante el comando `Get-Content`. A continuación, el contenido se coloca en una variable escrita en como `[xml]`. Por lo demás, se utilizan tres líneas de PowerShell:

```
[xml]$xaml = Get-Content
'$Home\Documents\CheckNet\CheckNet.xaml'

$reader = New-Object System.Xml.XmlNodeReader $xaml
$Window = [Windows.Markup.XamlReader]::Load($Reader)

[void]$Window.ShowDialog()
```

También es posible copiar el código XAML directamente en el script utilizando un Here-String.

Ejemplo

```
[xml]$xml = @"
<Window x:Class="WpfApp1.MainWindow"

</Window>
"@

$reader = New-Object System.Xml.XmlNodeReader $xaml
$Window = [Windows.Markup.XamlReader]::Load($Reader)

[void]$Window.ShowDialog()
```

Al igual que en Windows Forms, el método `ShowDialog()` muestra la interfaz gráfica. Como aquí no se han configurado los controles ni los eventos, la interfaz no tiene ninguna funcionalidad. Esto se soluciona rápidamente en la siguiente sección.

3.2 Gestión de los controles y sus eventos

WPF es similar a Windows Forms en la forma en que maneja los eventos de control. En cambio, Windows Forms requiere instanciar los objetos de control directamente mediante `New-Object`. A continuación, se manipulan a través de su variable. Este no es el caso de WPF. Entonces, ¿cómo hacerlo?

Para recuperar los controles presentes en el formulario base, utilizamos el método `FindName()`. Se ha dado un nombre a cada control en la XAML. Es este nombre el que debe pasarse como parámetro al método.

Ejemplo con la casilla de verificación y el puerto `Cuadro de texto`

```
$CheckBoxPing = $Window.FindName('CheckBoxPing')
$TextBoxPort = $Window.FindName('TextBoxPort')
```

Observación

Nota: los nombres pasados como parámetros distinguen entre mayúsculas y minúsculas, tal y como se especifica en el código XAML.

En cuanto a los eventos, se aplica la misma lógica que para Windows Forms, con el uso del método `Add_<Nombre del evento>({})`. Sin embargo, si, como en este caso, estás portando una aplicación Windows Forms a WPF, presta mucha atención a los nombres de los eventos. Puede que tengan un nombre diferente, o incluso que ya no existan.

Tomemos el ejemplo de la casilla de verificación en Windows Forms:

```
$CheckBoxPing.Add_CheckedChanged( {
         if ($CheckBoxPing.Checked) {
             $TextBoxPort.ReadOnly = $true
        }
        else {
             $TextBoxPort.ReadOnly = $false
        }
    })
```

Se establece una acción cada vez que un usuario marca o desmarca la casilla. En WPF, es diferente:

```
$CheckBoxPing.add_Checked( {
            $TextBoxPort.IsReadOnly = $true
    })
$CheckBoxPing.add_UnChecked({
            $TextBoxPort.IsReadOnly = $false
    })
```

Se utilizan dos eventos distintos, uno cuando se marca la casilla y otro cuando se desmarca. Nótese que aquí se prescinde del bucle `if`. Otro punto: para hacer que el `Textbox` sea de solo lectura, ya no utilizamos la propiedad `ReadOnly`, sino `IsReadOnly` en WPF.

Por supuesto, estos elementos deben colocarse antes de llamar al método `ShowDialog()`.

Ahora que todo está en su sitio, podemos utilizar la interfaz gráfica como es debido:

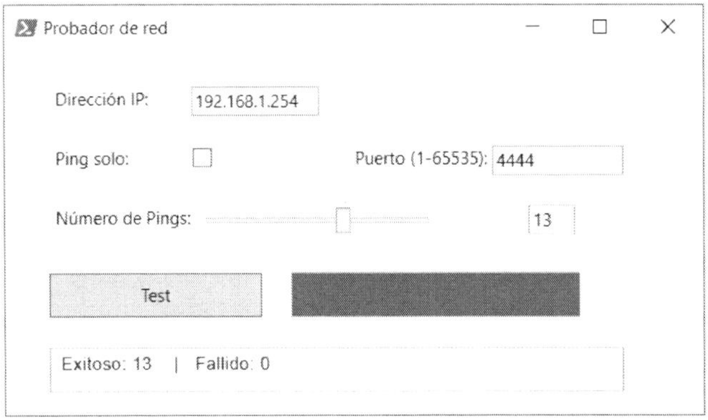

Script adaptado en WPF usando Here-String para la parte XAML:

```
Add-Type -AssemblyName PresentationFramework,
                       PresentationCore, WindowsBase

[xml]$Xaml = @"
<Window
   xmlns="http://schemas.microsoft.com/winfx/2006/xaml/presentation"
   xmlns:x="http://schemas.microsoft.com/winfx/2006/xaml"
   xmlns:d="http://schemas.microsoft.com/expression/blend/2008"
```

```
    xmlns:local="clr-namespace:WpfApp1"
    Title="Probador de red" Height="282.927" Width="500">
    <Grid>
        <Label Content="Adresse IP :" HorizontalAlignment="Left"
Margin="30,20,0,0" VerticalAlignment="Top"/>
        <TextBox Name="TextBoxIP" HorizontalAlignment="Left"
Height="20" Margin="130,25,0,0" TextWrapping="Wrap" Text=""
VerticalAlignment="Top" Width="90"/>
        <Label Content="Puerto (1-65535) :" HorizontalAlignment="Left"
Margin="240,60,0,0" VerticalAlignment="Top"/>
        <TextBox Name="TextBoxPort" HorizontalAlignment="Left"
Height="20" Margin="340,65,0,0" TextWrapping="Wrap" Text=""
VerticalAlignment="Top" Width="90"/>
        <Label Content="Ping solo:" HorizontalAlignment="Left"
Margin="30,60,0,0" VerticalAlignment="Top"/>
        <CheckBox Name="CheckBoxPing" Content=""
HorizontalAlignment="Left" Margin="130,65,0,0"
VerticalAlignment="Top"/>
        <Label Content="Número de Pings:"
HorizontalAlignment="Left" Margin="30,100,0,0"
VerticalAlignment="Top"/>
        <Slider Name="Slider" HorizontalAlignment="Left"
Margin="135,100,0,0" VerticalAlignment="Top" Width="166"
RenderTransformOrigin="0,0" Maximum="20" Minimum="1"
LargeChange="4" SmallChange="1" TickFrequency="4"
TickPlacement="Both"/>
        <TextBox Name="TextBoxSlider" IsReadOnly="True"
HorizontalAlignment="Left" Height="20" Margin="365,105,0,0"
TextWrapping="Wrap" Text="1" VerticalAlignment="Top" Width="32"/>
        <Button Name="ButtonTest" IsEnabled="False"
Content="Test" HorizontalAlignment="Left" Margin="30,150,0,0"
VerticalAlignment="Top" Width="150" Height="30"/>
        <ProgressBar Name="ProgressBar"
HorizontalAlignment="Left" Height="30" Margin="200,150,0,0"
VerticalAlignment="Top" Width="200"/>
        <TextBox Name="TextBoxResult" IsReadOnly="True"
HorizontalAlignment="Left" Height="30" Margin="30,200,0,0"
TextWrapping="Wrap" Text="" VerticalAlignment="Top" Width="400"/>
    </Grid>
</Window>
"@

$reader = New-Object System.Xml.XmlNodeReader $xaml
$Window = [Windows.Markup.XamlReader]::Load( $reader )

#Récupération des contrôles
$TextBoxIP = $Window.FindName('TextBoxIP')
$TextBoxPort = $Window.FindName('TextBoxPort')
```

```
$TextBoxSlider = $Window.FindName('TextBoxSlider')
$CheckBoxPing = $Window.FindName('CheckBoxPing')
$Slider = $Window.FindName('Slider')
$ButtonTest = $Window.FindName('ButtonTest')
$ProgressBar = $Window.FindName('ProgressBar')
$TextBoxResult = $Window.FindName('TextBoxResult')

$Slider.Add_ValueChanged( {
   $TextBoxSlider.Text = [int]$Slider.Value
})

$CheckBoxPing.add_Checked( {
            $TextBoxPort.IsReadOnly = $true
        })
$CheckBoxPing.add_UnChecked({
            $TextBoxPort.IsReadOnly = $false
    })

# Traitement du script
$ButtonTest.add_Click( {
        $TextBoxResult.Text = ''
        $Result = @()
        if ($CheckBoxPing.IsChecked) {
            $window.Cursor = [System.Windows.Input.Cursors]::Wait
            For ($i = 1 ; $i -le $TextBoxSlider.Text; $i++) {
              $ProgressBar.Value = $i / $TextBoxSlider.Text * 100
              $Result += Test-Connection `
                   -ComputerName $TextBoxIP.Text -Count 1 -Quiet
            }
            $Text = 'Exitoso : {0}    |    Fallido : {1}' -f
                $Result.Where{$_ -eq $true}.Count,
                $Result.Where{$_ -eq $false}.Count
        }
        elseif (([int]$TextBoxPort.Text -ge 1) -and
([int]$TextBoxPort.Text -le 65535)) {
          $window.Cursor = [System.Windows.Input.Cursors]::Wait
          For ($i = 1 ; $i -le $TextBoxSlider.Text; $i++) {
              $ProgressBar.Value = $i / $TextBoxSlider.Text * 100
              $Result += (Test-NetConnection -ComputerName `
     $TextBoxIP.text -Port $TextBoxPort.Text).TcpTestSucceeded
            }
            $Text = 'Exitoso : {0}    |    Fallido : {1}' -f
                 $Result.Where{$_ -eq $true}.Count,
                 $Result.Where{$_ -eq $false}.Count
        }
        else {
           $Text = "Error en la verificación del puerto. El valor debe estar
entre 1 y 65535"
```

```
        }
        $Window.Cursor = [System.Windows.Input.Cursors]::Arrow
        $TextBoxResult.Text = $Text
    })

$TextBoxIP.add_TextChanged( {
        $Pattern = '^\d{1,3}\.\d{1,3}\.\d{1,3}\.\d{1,3}$'
        if ($TextBoxIP.Text -Match $Pattern ) {
            $ButtonTest.IsEnabled = $true
            $TextBoxResult.Text = ''
        }
        else {
            $ButtonTest.IsEnabled = $false
            $TextBoxResult.Text = "Error en la verificación de la dirección
IP. Verifique su sintaxis."
        }
    })

[void]$Window.ShowDialog()
```

Observación

En la interfaz gráfica, da la impresión de que la barra de progreso no avanza durante el procesamiento. Esto se debe al modo STA de PowerShell. Para solucionar este problema, más adelante veremos cómo configurar runspaces para aislar el procesamiento y la interfaz gráfica.

Si comparamos los dos scripts creados con Windows Forms y WPF, resulta evidente la reducción en el número de líneas de código. Para WPF, hemos bajado a 90 líneas. Eso supone un ahorro de unas sesenta líneas en total. Por no hablar de la claridad del código, que es más fácil de mantener. Por último, si quieres modificar la interfaz gráfica, todo lo que tienes que hacer es actualizar el archivo XAML. Eso sí, asegúrate de mantener el mismo nombre para cada control.

3.3 Creación de gráficos avanzados con LiveCharts

La biblioteca WPF Toolkit solía estar disponible en WPF. Desafortunadamente, el producto ha sido archivado y ya no hay desarrollos. Solo quedan algunas bifurcaciones. No obstante, han surgido otras herramientas. Entre ellas se encuentra LiveCharts. Se trata de una biblioteca de código abierto cuyas fuentes están disponibles en GitHub en https://github.com/Live-Charts/Live-Charts.

El proyecto es muy vivo y se pueden hacer muchas cosas con él. Para encontrar los elementos que se pueden configurar, sigue este enlace: https://v0.lvcharts.com/App/examples/Wpf/start

Las bibliotecas pueden descargarse utilizando el gestor de paquetes integrado de Visual Studio, o directamente a través de PowerShell. Para ello, utilice el módulo PackageManagement (consulte el capítulo Gestión de módulos y paquetes).

En primer lugar, añadimos el repositorio nuget.org al directorio:

```
PS > Register-PackageSource -Name Nuget-Org -Location `
'https://www.nuget.org/api/v2/' -Trusted:$true `
  -ProviderName NuGet
Name        ProviderName IsTrusted  Location
----        ------------ ---------  --------
Nuget-Org   NuGet        True       https://www.nuget.org/api/v2/
```

A continuación, descargue la biblioteca mediante el comando `Install-Package`:

```
PS > Install-Package LiveCharts.Wpf -Source Nuget-Org `
     -RequiredVersions 0.9.7

Name             Version  Source       Summary
----             -------  ------       -------
LiveCharts       0.9.7    NuGet-Org    Simple, flexible, interac...
LiveCharts.Wpf   0.9.7    NuGet-Org    Simple, flexible, interac...
```

Los paquetes descargados se colocan en C:\Program Files\PackageManagement\NuGet\Packages\<nombre del paquete>.<versión del paquete>. A continuación, solo tenemos que recuperar los archivos DLL que nos interesan y colocarlos en una carpeta que acompañará al script en los sistemas donde se vaya a instalar.

En este caso, los archivos DLL que se van a utilizar son LiveCharts.dll y LiveCharts.Wpf.dll. Se han colocado en una carpeta llamada Assembly, ubicada dentro de la carpeta que contiene el script PS1.

Ahora que las DLLs están presentes, necesitamos cargarlas usando el comando **`Add-Type`**:

```
$DllLiveCharts = 'Assembly\LiveCharts.dll'
$DllLiveChartsWPF = 'Assembly\LiveCharts.Wpf.dll'
Add-Type -Path $DllLiveCharts, $DllLiveChartsWPF
```

Añade la siguiente línea al código XAML:

```
xmlns:lvc="clr-namespace:LiveCharts.Wpf;assembly=LiveCharts.Wpf"
```

Código XAML adaptado del ejemplo con las tres carpetas más importantes en la unidad C:

```
<Window

xmlns="http://schemas.microsoft.com/winfx/2006/xaml/presentation"
    xmlns:x="http://schemas.microsoft.com/winfx/2006/xaml"
    xmlns:d="http://schemas.microsoft.com/expression/blend/2008"
    xmlns:lvc="clr-
namespace:LiveCharts.Wpf;assembly=LiveCharts.Wpf"
    Title="Tamaño de las 3 carpetas principales C:\" Height="400"
Width="500">
    <Grid >
        <lvc:CartesianChart Series="{Binding SeriesCollection}"
x:Name="CartesianChart" >
           <lvc:CartesianChart.DataTooltip>
                <lvc:DefaultTooltip Visibility="Hidden"/>
            </lvc:CartesianChart.DataTooltip>
             <lvc:CartesianChart.AxisX>
                 <lvc:Axis Title="Carpetas" Labels="{Binding}"
FontSize="14" Foreground="Black"></lvc:Axis>
            </lvc:CartesianChart.AxisX>
            <lvc:CartesianChart.AxisY>
                 <lvc:Axis Title="Tamaño (en GB)" FontSize="14"
Foreground="Black"></lvc:Axis>
           </lvc:CartesianChart.AxisY>
        </lvc:CartesianChart>
   </Grid>
</Window>
```

Las instrucciones `{Binding}` indican dónde se importan los datos. En el caso de las `Series`, es el tamaño de las carpetas, y para las `Labels`, su nombre.

Código completo:

```
# Cargar wpf assemblies
Add-Type -AssemblyName PresentationFramework,PresentationCore,
WindowsBase

#Cargar assemblies LiveCharts
$DllLiveCharts = 'Assembly\LiveCharts.dll'
$DllLiveChartsWPF = 'Assembly\LiveCharts.Wpf.dll'
```

```
Add-Type -Path $DllLiveCharts, $DllLiveChartsWPF

#Definición del código XAML
[xml]$xaml = @"
<Window
    xmlns="http://schemas.microsoft.com/winfx/2006/xaml/
presentation"
    xmlns:x="http://schemas.microsoft.com/winfx/2006/xaml"
    xmlns:d="http://schemas.microsoft.com/expression/blend/2008"
    xmlns:lvc="clr-
namespace:LiveCharts.Wpf;assembly=LiveCharts.Wpf"
    Title="Tamaño de las 3 carpetas principales C:\"
Height="400" Width="500">
    <Grid >
        <lvc:CartesianChart Series="{Binding SeriesCollection}"
x:Name="CartesianChart" >
            <lvc:CartesianChart.DataTooltip>
                  <lvc:DefaultTooltip Visibility="Hidden"/>
             </lvc:CartesianChart.DataTooltip>
             <lvc:CartesianChart.AxisX>
                <lvc:Axis Title="Carpetas" Labels="{Binding}"
FontSize="14" Foreground="Black"></lvc:Axis>
            </lvc:CartesianChart.AxisX>
             <lvc:CartesianChart.AxisY>
                 <lvc:Axis Title="Tamaño (en GB)" FontSize="14"
Foreground="Black"></lvc:Axis>
             </lvc:CartesianChart.AxisY>
       </lvc:CartesianChart>
    </Grid>
</Window>
"@

$reader = New-Object System.Xml.XmlNodeReader $xaml
$Window = [Windows.Markup.XamlReader]::Load( $reader )

#Recuperación del tamaño de la carpeta
$TabHashTable = 'C:\Users', 'C:\Windows', 'C:\Program Files' |
Foreach-Object {
    [PscustomObject]@{
        Path = [string]$(Split-Path -Path $_ -Leaf)
        Size = (Get-ChildItem -Path $_ -File -Recurse | `
        Measure-Object -Property Length -Sum).Sum / 1GB
    }
} | Sort-Object -Property Size -Descending
```

```
#Recuperar la parte gráfica
$Chart = $Window.FindName('CartesianChart')
#Crear la colección de valores
$ChartValues = [LiveCharts.ChartValues[int]]$TabHashTable.Size
#Crear columnas
$Column = [LiveCharts.Wpf.ColumnSeries]::new()
$Column.Title = 'Tamaño'
$Column.Values = $ChartValues

#Definir ancho de columna
$Column.MaxColumnWidth = 100

$SeriesCollection = [LiveCharts.SeriesCollection]::new()
$SeriesCollection.Add($Column)

#Añadir la serie de columnas al gráfico
$Chart.Series = $SeriesCollection

#Indicar el nombre de las carpetas en el eje x
$Chart.AxisX[0].Labels = [String[]]$TabHashTable.Path

#Mostrar la ventana
[void]$Window.ShowDialog()
```

La propiedad `Series` acepta una colección de `Serie`, que representan las distintas formas gráficas, en este caso `ColumnSeries`. De hecho, es posible superponer varios gráficos de diferentes tipos en la misma superficie. En este caso, solo tenemos una única forma gráfica de columna, por lo que se trata de una colección con un único registro.

Al igual que Windows Forms, LiveCharts asocia el primer valor de la serie con la primera etiqueta del eje X.

Puede haber varios ejes x. Por eso indexamos en `[0]` cuando rellenamos las etiquetas.

Esquemáticamente, he aquí la jerarquía de los objetos según sus propiedades:

```
└─[LiveCharts.CartesianChart]$Chart
    ├─.Series = [LiveCharts.SeriesCollection]$SeriesCollection
      └─[0] = [LiveCharts.Wpf.ColumnSeries]$Column
        ├─.Title = 'Tamaño'
        └─.Values = [LiveCharts.ChartValues[int]]$ChartValues
           └─$TabHashTable.Size
```

```
    └─.[LiveCharts.Wpf.AxesCollection]AxisX
      └─[0][LiveCharts.Wpf.Axis]
        └─.Labels = [String[]]$TabHashTable.Path
```

Representación en pantalla:

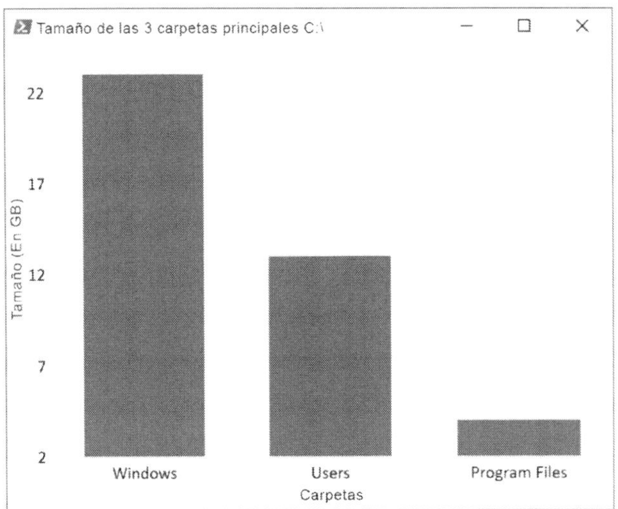

3.4 Cambiar de tema con MahApps

Las interfaces "clásicas" de WPF resultan algo sobrias en comparación con las interfaces Metro y las aplicaciones modernas de Windows. Para remediarlo, WPF ofrece la posibilidad de cambiar el tema de una interfaz gráfica. Para ello, se utilizan distintas bibliotecas, de las que hay muchas. Pero en lo que sigue, nos centraremos en MahApps. Se trata de un proyecto de código abierto creado por Paul Jenkins en 2011. Su creador propone una forma sencilla de crear interfaces Metro. Su proyecto cuenta ahora con una sólida comunidad, con más de 140 colaboradores en GitHub, y ya ha sido descargado más de 1 millón de veces desde el repositorio nuget.org.

El enlace al proyecto GitHub: https://github.com/MahApps/MahApps.Metro.

La biblioteca de MahApps es realmente muy completa. Para hacerse una idea, puede visitar el sitio web oficial de MahApps. Todos los controles están listados en el siguiente enlace: http://mahapps.com/docs/controls/

Al igual que con LiveCharts, es necesario descargar la biblioteca del repositorio nuget.org. Como ya se añadió el origen para LiveCharts, no es necesario repetir la operación aquí. En su lugar, descargue la biblioteca directamente desde el repositorio:

```
PS > Install-Package -Name MahApps.Metro -RequiredVersion 1.6.1 `
                     -Source Nuget-Org

Name           Version          Source           Summary
----           -------          ------           -------
ControlzEx     3.0.2.4          NuGet-Org        ControlzEx
MahApps.Metro  1.6.1            NuGet-Org        The goal of M...
```

Observación

Desde la versión 1.6.0, MahApps depende de la biblioteca ControlzEx, que se descarga al mismo tiempo y debe cargarse cuando se utiliza MahApps.

Para utilizarlo a través de PowerShell, se procede del mismo modo que con LiveCharts. Los archivos DLL se copian en una carpeta llamada Assembly, que acompaña al script principal. Para el resto, se utiliza el comando `Add-Type`:

```
$DllControlzEx = 'Assembly\ControlzEx.dll'
$DLLMahApps = 'Assembly\MahApps.Metro.dll'
$DLLSystemInteractive='Assembly\System.Windows.Interactivity.dll'

Add-Type -Path $DllControlzEx, $DLLMahApps, $DLLSystemInteractive
```

Observación

Los paquetes suelen tener varios archivos DLL compatibles adaptados a distintas versiones del framework .NET. En este caso, los archivos de la carpeta dot45 son compatibles con el framework .NET 4.5.

Una vez cargada la biblioteca, se puede adaptar el código XAML.

En primer lugar, se añade la siguiente instrucción en la cabecera del código

```
xmlns:Controls="clr-
namespace:MahApps.Metro.Controls;assembly=MahApps.Metro"
```

A continuación, sustituimos los campos `<Window>` por `<Controls:MetroWindow>`.

Y para evitar que el tema sea completamente oscuro, añadimos algunos recursos para darle color:

```
<Window.Resources>
   <ResourceDictionary>
      <ResourceDictionary.MergedDictionaries>
          <ResourceDictionary
Source="pack://application:,,,/MahApps.Metro;component/Styles/
Controls.xaml" />
         <ResourceDictionary
Source="pack://application:,,,/MahApps.Metro;component/Styles/
Fonts.xaml" />
         <ResourceDictionary
Source="pack://application:,,,/MahApps.Metro;component/Styles/
Colors.xaml" />
         <ResourceDictionary
Source="pack://application:,,,/MahApps.Metro;component/Styles/
Accents/Blue.xaml" />
         <ResourceDictionary
Source="pack://application:,,,/MahApps.Metro;component/Styles/
Accents/BaseLight.xaml" />
      </ResourceDictionary.MergedDictionaries>
   </ResourceDictionary>
</Window.Resources>
```

Script completo para el tema azul:

```
Add-Type -AssemblyName PresentationFramework,
                       PresentationCore, WindowsBase
$DllControlzEx = 'Assembly\ControlzEx.dll'
$DLLMahApps = 'Assembly\MahApps.Metro.dll'
$DLLSystemInteractive='Assembly\System.Windows.Interactivity.dll'

Add-Type -Path $DllControlzEx, $DLLMahApps, $DLLSystemInteractive

[xml]$Xaml = @"
<Controls:MetroWindow


xmlns="http://schemas.microsoft.com/winfx/2006/xaml/presentation"
    xmlns:x="http://schemas.microsoft.com/winfx/2006/xaml"
    xmlns:d="http://schemas.microsoft.com/expression/blend/2008"
    xmlns:Controls="clr-
```

```
namespace:MahApps.Metro.Controls;assembly=MahApps.Metro"
    xmlns:local="clr-namespace:WpfApp1"
    Title="Probador de red" Height="282.927" Width="500">
    <Window.Resources>
        <ResourceDictionary>
           <ResourceDictionary.MergedDictionaries>
               <ResourceDictionary
Source="pack://application:,,,/MahApps.Metro;component/Styles/
Controls.xaml" />
               <ResourceDictionary
Source="pack://application:,,,/MahApps.Metro;component/Styles/
Fonts.xaml" />
               <ResourceDictionary
Source="pack://application:,,,/MahApps.Metro;component/Styles/
Colors.xaml" />
               <ResourceDictionary
Source="pack://application:,,,/MahApps.Metro;component/Styles/
Accents/Blue.xaml" />
               <ResourceDictionary
Source="pack://application:,,,/MahApps.Metro;component/Styles/
Accents/BaseLight.xaml" />
               </ResourceDictionary.MergedDictionaries>
        </ResourceDictionary>
    </Window.Resources>
    <Grid>
        <Label Content="Dirección IP :" HorizontalAlignment="Left"
Margin="30,20,0,0" VerticalAlignment="Top"/>
        <TextBox Name="TextBoxIP" HorizontalAlignment="Left"
Height="20" Margin="130,25,0,0" TextWrapping="Wrap" Text=""
VerticalAlignment="Top" Width="90"/>
        <Label Content="Puerto (1-65535) :"
HorizontalAlignment="Left" Margin="240,60,0,0"
VerticalAlignment="Top"/>
        <TextBox Name="TextBoxPort" HorizontalAlignment="Left"
Height="20" Margin="340,65,0,0" TextWrapping="Wrap" Text=""
VerticalAlignment="Top" Width="90"/>
        <Label Content="Ping solo:" HorizontalAlignment="Left"
Margin="30,60,0,0" VerticalAlignment="Top"/>
        <CheckBox Name="CheckBoxPing" Content=""
HorizontalAlignment="Left" Margin="130,65,0,0"
VerticalAlignment="Top"/>
        <Label Content="Número de Pings :"
HorizontalAlignment="Left"
Margin="30,100,0,0" VerticalAlignment="Top"/>
        <Slider Name="Slider" HorizontalAlignment="Left"
Margin="135,100,0,0" VerticalAlignment="Top"  Width="166"
```

```
RenderTransformOrigin="0,0" Maximum="20" Minimum="1"
LargeChange="4" SmallChange="1" TickFrequency="4"
TickPlacement="Both"/>
        <TextBox Name="TextBoxSlider" IsReadOnly="True"
HorizontalAlignment="Left" Height="20" Margin="365,105,0,0"
TextWrapping="Wrap" Text="1" VerticalAlignment="Top" Width="32"/>
        <Button Name="ButtonTest" IsEnabled="False"
Content="Test" HorizontalAlignment="Left" Margin="30,150,0,0"
VerticalAlignment="Top" Width="150" Height="30"/>
        <ProgressBar Name="ProgressBar"
HorizontalAlignment="Left" Height="30" Margin="200,150,0,0"
VerticalAlignment="Top" Width="200"/>
        <TextBox Name="TextBoxResult" IsReadOnly="True"
HorizontalAlignment="Left" Height="30" Margin="30,200,0,0"
TextWrapping="Wrap" Text="" VerticalAlignment="Top" Width="400"/>
     </Grid>
</Controls:MetroWindow>
"@

$reader = New-Object System.Xml.XmlNodeReader $xaml
$Window = [Windows.Markup.XamlReader]::Load( $reader )

#Recuperación de los controles
$TextBoxIP = $Window.FindName('TextBoxIP')
$TextBoxPort = $Window.FindName('TextBoxPort')
$TextBoxSlider = $Window.FindName('TextBoxSlider')
$CheckBoxPing = $Window.FindName('CheckBoxPing')
$Slider = $Window.FindName('Slider')
$ButtonTest = $Window.FindName('ButtonTest')
$ProgressBar = $Window.FindName('ProgressBar')
$TextBoxResult = $Window.FindName('TextBoxResult')

$Slider.Add_ValueChanged( {
   $TextBoxSlider.Text = [int]$Slider.Value
})

$CheckBoxPing.add_Checked( {
            $TextBoxPort.IsReadOnly = $true
         })
$CheckBoxPing.add_UnChecked({
            $TextBoxPort.IsReadOnly = $false
    })

# Procesamiento del script
$ButtonTest.add_Click( {
        $TextBoxResult.Text = ''
```

```
        $Result = @()
        if ($CheckBoxPing.IsChecked) {
            $window.Cursor = [System.Windows.Input.Cursors]::Wait
            For ($i = 1 ; $i -le $TextBoxSlider.Text; $i++) {
              $ProgressBar.Value = $i / $TextBoxSlider.Text * 100
              $Result += Test-Connection `
                      -ComputerName $TextBoxIP.Text -Count 1 -Quiet
            }
            $Text = 'Exitoso : {0}     |    Fallido : {1}' -f
                $Result.Where{$_ -eq $true}.Count,
                $Result.Where{$_ -eq $false}.Count
        }
        elseIf (([int]$TextBoxPort.Text -ge 1) -and
([int]$TextBoxPort.Text -le 65535)) {
          $window.Cursor = [System.Windows.Input.Cursors]::Wait
          For ($i = 1 ; $i -le $TextBoxSlider.Text; $i++) {
              $ProgressBar.Value = $i / $TextBoxSlider.Text * 100
              $Result += (Test-NetConnection -ComputerName `
    $TextBoxIP.text -Port $TextBoxPort.Text).TcpTestSucceeded
            }
            $Text = 'Exitoso : {0}     |    Fallido : {1}' -f
                 $Result.Where{$_ -eq $true}.Count,
                 $Result.Where{$_ -eq $false}.Count
        }
        else {
           $Text = "Error en la verificación del puerto. El valor debe
estar entre 1 y 65535"
        }
        $Window.Cursor = [System.Windows.Input.Cursors]::Arrow
        $TextBoxResult.Text = $Text
    })

$TextBoxIP.add_TextChanged( {
        $Pattern = '^\d{1,3}\.\d{1,3}\.\d{1,3}\.\d{1,3}$'
        if ($TextBoxIP.Text -Match $Pattern ) {
            $ButtonTest.IsEnabled = $true
            $TextBoxResult.Text = ''
        }
        else {
            $ButtonTest.IsEnabled = $false
             $TextBoxResult.Text = "Error en la verificación de la di-
rección IP. Verifique su sintaxis."
        }
    })

[void]$Window.ShowDialog()
```

Como era de esperar, la mayoría de los cambios se realizan en el código XAML. En cuanto al script en sí, solo es necesario añadir la carga de las bibliotecas.

Renderizado:

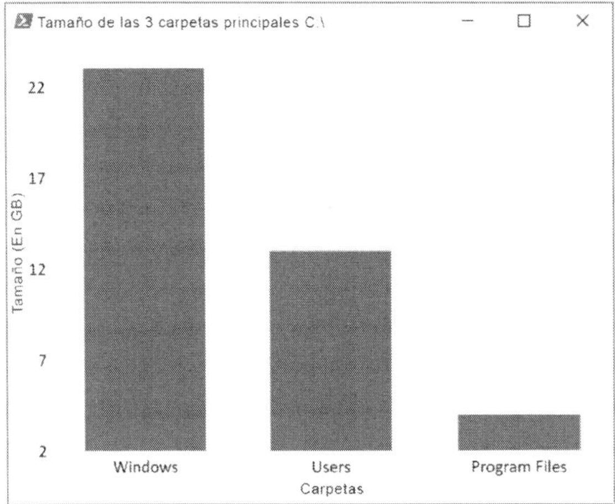

Interfaz gráfica con MahApps

La representación en el libro no es necesariamente favorecedora en blanco y negro. Sin embargo, imagínese cómo quedaría con un azul cian en las zonas ligeramente sombreadas.

LiveCharts y MahApps son totalmente compatibles, por lo que podemos añadir un tema al gráfico de la sección anterior:

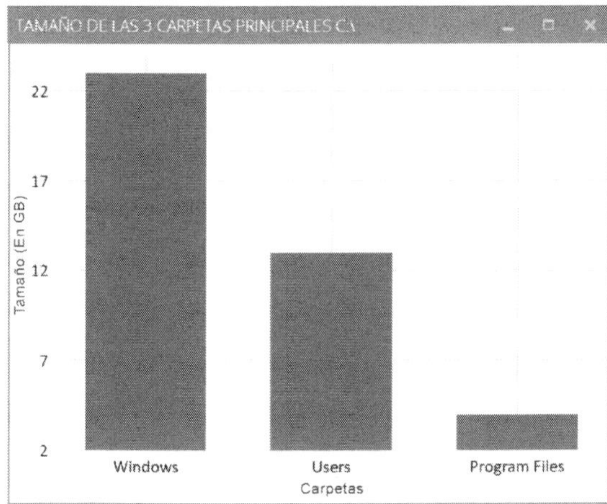

Combinación de LiveCharts y MahApps

4. Actualización de una GUI mediante runspaces

Cuando se utiliza WPF, la GUI no se actualiza hasta que las acciones asignadas a un evento de control se hayan completado. Esto hace que la GUI se congele. Vimos esto antes con la barra de progreso, que solo se llena cuando todos los pings se han completado.

Sin embargo, hay una forma de evitar este problema. Pero cuidado, los conceptos que siguen son difíciles.

El problema aquí es que un runspace en modo STA no puede ejecutar varios procesos simultáneamente. Este es un requisito previo cuando se utiliza WPF. Para resolver esta limitación, debemos crear varios runspaces. El primero contiene la definición de la interfaz gráfica. El o los siguientes se desglosan en función de los requisitos de la interfaz gráfica. Se recomienda crear uno para cada proceso relativamente largo. Por ejemplo, el proceso de la casilla de verificación añadido anteriormente es breve. No requiere un runspace. En cambio, el procesamiento implementado para el evento `Click` del botón es relativamente largo. Por lo tanto, se le debe asignar un runspace.

Observación

Para evitar sobrecargar los ejemplos de código, empezaremos con un ejemplo más sencillo.

Un runspace se crea utilizando la clase `[runspacefactory]` y su método estático `CreateRunspace()`. Esto crea un objeto de tipo `[runspace]`.

Ejemplo

```
$newRunspace =[runspacefactory]::CreateRunspace()
$newRunspace.ApartmentState = "STA"
$newRunspace.ThreadOptions = "ReuseThread"
$newRunspace.Open()
```

En este caso, el runspace es de tipo `STA`. La primera instrucción crea un nuevo hilo que se reutilizará más adelante. A continuación, el runspace se abre mediante el método `Open()`.

Los runspaces suelen estar aislados y, por tanto, no pueden comunicarse entre sí. Sin embargo, existe una forma de evitar este problema creando una hashtable que se sincronizará entre los dos runspaces.

Ejemplo de creación de una hashtable sincronizada

```
$syncHash = [hashtable]::Synchronized(@{})
```

A continuación, la variable `$syncHash` debe asignarse al runspace:

```
$newRunspace.SessionStateProxy.SetVariable("syncHash",$syncHash)
```

A continuación, creamos un proceso PowerShell al que asignamos el runspace creado anteriormente:

```
$psCmd = [PowerShell]::Create()
$psCmd.Runspace = $newRunspace
```

A continuación, el runspace hijo debe crearse en el runspace de ejecución del mismo modo. Para asignar procesamiento a un proceso PowerShell a través de su API, utilice el método `AddScript()`. Este acepta un bloque de script como parámetro (véase el capítulo Jobs y paralelismo):

```
$psCmd.AddScript({
   $CRunspace =[runspacefactory]::CreateRunspace()
   $CRunspace.ApartmentState = "MTA"
   $CRunspace.ThreadOptions = "ReuseThread"
```

```
    $CRunspace.Open()
    $CRunspace.SessionStateProxy.SetVariable("syncHash",$syncHash)
    $psScript = [PowerShell]::Create().AddScript({

....# Procesamiento del segundo runspace
....

....})
    $psScript.Runspace = $MAJ_GUIRunspace
    $psScript.BeginInvoke() | Out-Null
})

$psCmd.Runspace = $newRunspace
$psCmd.BeginInvoke() | Out-Null
```

El runspace hijo recupera la hashtable contenida en la variable `$syncHash`. También lanza un proceso PowerShell. Los runspaces se inician mediante el método `BeginInvoke()`.

Esquemáticamente, las interacciones entre los runspaces y la hashtable son las siguientes:

Diagrama representativo del anidamiento del runspace con la hashtable sincronizada

¿Y las interfaces WPF?

Un ejemplo vale más que mil palabras

```
### Assembly necesario para la ventana gráfica ###
Add-Type -AssemblyName PresentationFramework
Add-Type -AssemblyName PresentationCore
Add-Type -AssemblyName WindowsBase

### Declaración de la tabla hash que se sincronizará entre
```

```
diferentes runspaces
$syncHash = [hashtable]::Synchronized(@{})

### Declaración del primer runspace para la interfaz gráfica
$newRunspace =[runspacefactory]::CreateRunspace()
$newRunspace.ApartmentState = "STA" ## Le STA est là pour
l'interface en WPF
$newRunspace.ThreadOptions = "ReuseThread"
$newRunspace.Open()
$newRunspace.SessionStateProxy.SetVariable("syncHash",$syncHash)
$psCmd = [PowerShell]::Create().AddScript({
    ....##Declaración del código XAML para la GUI WPF
....[xml]$xaml = @"
<Window
        ....xmlns="http://schemas.microsoft.com/winfx/2006/xaml/
presentation"
        ....xmlns:x="http://schemas.microsoft.com/winfx/2006/xaml"
        ....Title="Ejemplo Runspace" Height="209.522"
Width="332.008">
    <Grid Margin="0,0,2,0">
        <Button Content="Salir" Margin="93,139,0,0"
Name="button2" Height="23" VerticalAlignment="Top"
HorizontalAlignment="Left" Width="134" />
        <Button Content="Verificar" Name="button3"
Margin="45,91,0,0" Height="23" VerticalAlignment="Top"
HorizontalAlignment="Left" Width="79" />
        <ProgressBar HorizontalAlignment="Left"
Name="progressbar1" Height="21" Margin="156,91,0,0"
VerticalAlignment="Top" Width="129"/>
        <Label Content="Número de bucles :"
HorizontalAlignment="Left" Height="29" Margin="45,33,0,0"
VerticalAlignment="Top" Width="123"/>
        <TextBox Name="TextBoxNumber" HorizontalAlignment="Left"
Height="23" Margin="173,37,0,0" TextWrapping="Wrap" Text="4"
VerticalAlignment="Top" Width="120"/>
   </Grid>
</Window>

"@

    ##Integración del código XAML en la hashtable
        $reader = New-Object System.Xml.XmlNodeReader $xaml
    $global:syncHash.Window =
[Windows.Markup.XamlReader]::Load( $reader )

    ## Variables basadas en formularios de interfaz WPF
```

```
declaradas en la variable $xaml
    $global:syncHash.button_quitter =
$global:syncHash.Window.FindName("button2")
    $global:syncHash.button_verifier =
$global:syncHash.Window.FindName("button3")
    $global:syncHash.progressbar =
$global:syncHash.Window.FindName("progressbar1")
    $global:syncHash.TextBoxNumber =
$global:syncHash.Window.FindName("TextBoxNumber")

    ## Añadir la posibilidad de salir
    $syncHash.button_quitter.add_click({
        $syncHash.Window.Close() ; break })

    ## Añadir el segundo runspace al botón Verificar
    $syncHash.button_verifier.add_click({
        # Declaración del segundo runscpae
        $MAJ_GUIRunspace =[runspacefactory]::CreateRunspace()
        $MAJ_GUIRunspace.ApartmentState = "MTA"
        $MAJ_GUIRunspace.ThreadOptions = "ReuseThread"
        $MAJ_GUIRunspace.Open()
        $MAJ_GUIRunspace.SessionStateProxy.SetVariable("syncHash",
$syncHash)

        $psScript = [PowerShell]::Create().AddScript({
           Param(
                $Number
            )

            ## Cuerpo del runspace
            For($i=0;$i -le $Number;$i++) {
              $global:syncHash.Window.Dispatcher.invoke([action]{
                $syncHash.progressbar.Value= $($i /$Number *100)
             },"Normal")
              Start-Sleep 1
            }
         })
        ## Fin del script del segundo runspace

        ## Añadir parámetros al runspace
        $psScript.AddParameters(@{
           Number = $global:syncHash.TextBoxNumber.Text
        })
        $psScript.Runspace = $MAJ_GUIRunspace
        $psScript.BeginInvoke() | Out-Null
    })
```

```
    $syncHash.Window.ShowDialog() | Out-Null
})
$psCmd.Runspace = $newRunspace
$psCmd.BeginInvoke() | Out-Null
```

El primer runspace contiene toda la definición de la interfaz gráfica. El espacio de ejecución hijo se crea en el evento del botón **Verificar**. En este runspace, creamos un bucle `for` basado en el valor contenido en el `TextBox`. Finalmente, para actualizar la barra de progreso, se utiliza el método `Invoke()` contenido en la propiedad `Dispatcher` del objeto `Window`.

Observación

Por razones desconocidas, es imposible probar los valores contenidos en un control como un `Textbox` en el runspace hijo. Para evitar este problema, utilizamos un parámetro en el bloque de script del segundo proceso PowerShell. El valor del parámetro se pasa a través del método `AddParameters()` en forma de hashtable. Esto es muy parecido al método splatting (ver el capítulo Funciones Avanzadas).

Renderizado:

Capítulo 14
Recopilación de datos de rendimiento

1. ¿Por qué y cómo se recopilan los datos de rendimiento?

En los inicios de la informática, el rendimiento constituía un factor clave. Hay que decir que los recursos del sistema eran ridículamente pequeños en comparación con lo que encontramos hoy en día, aunque solo sea en un smartphone. En el trabajo de desarrollo, cada byte o frecuencia de cálculo se utilizaba juiciosamente. El sistema de información se beneficiaba de una planificación de capacidad precisa, utilizada para determinar en qué momento se saturaría. Este rigor se ha ido relajando con el tiempo, pues la profusión de recursos ya no presiona por el rendimiento, sino por la rapidez de ejecución. En consecuencia, se hace menos hincapié en la cantidad de recursos movilizados en un momento dado. Esto puede provocar una sobreutilización de los recursos del sistema informático. Esto afecta considerablemente al usuario, generando lentitud en el uso de las herramientas informáticas. Es generalmente en estos casos cuando se opta por una auditoría y la recogida de datos sobre el rendimiento de un sistema. Sin embargo, esto puede prevenirse mediante una recopilación de datos comparativa y preventiva.

Cuando se quiere instalar un nuevo hardware o actualizar una aplicación, se recopilan datos antes y después del cambio, y luego se comprueba si la diferencia de rendimiento es aceptable. También es posible establecer *líneas de referencia de* rendimiento (*baseline*).

Windows ofrece esta facilidad de forma nativa a través de Windows Performances Logs and Alerts. Se puede comprobar la carga de la CPU, los tiempos de lectura/escritura del disco, el consumo de memoria RAM y la ocupación del ancho de banda de la red. Esto es lo que vamos a ver en este capítulo, con la gestión desde PowerShell y su conjunto de comandos dedicados a esta tarea. También es posible interactuar directamente con la API de PLA mediante objetos COM.

2. Windows Performance Logs and Alerts (PLA)

Windows Performance Logs and Alerts es un componente de protocolo y software que recopila datos de diagnóstico de sistemas locales y remotos. La conexión a un sistema se basa en el par DCOM/RPC. Así que una vez más nos encontramos con el problema de asegurar los intercambios, pero también con la dificultad de implementarlo en una red corporativa compleja. Por eso recomendamos utilizar sesiones PowerShell remotas, con el servicio WinRM y un flujo HTTP/HTTPS más fiable y seguro.

En términos generales, PLA puede utilizarse para lo siguiente:

- Recopilar datos de rendimiento: se trata de mediciones realizadas en un momento dado sobre un componente de hardware (por ejemplo: la CPU) o de software (por ejemplo: un proceso). Estas mediciones son elementos clave para resolver problemas de sobrecarga o prever cambios en los recursos del sistema estableciendo *una capacity planning*. Gracias al protocolo PLA, es posible exportar las mediciones utilizando diferentes plataformas y formatos. Se puede elegir entre una base de datos, un archivo en formato BLG o un archivo en formato CSV.
- Iniciar, detener o programar una recopilación de datos: los contadores de datos pueden agruparse en una única recopilación de datos. A continuación, es posible iniciar, detener o programar esta recogida para medir en un momento concreto del día, la semana o el mes.

- Generar alertas: se pueden programar alertas en función de los valores medidos en los contadores de rendimiento. Si se supera el límite, es posible ejecutar un programa, registrar una alerta en eventos o iniciar una recopilación de datos.
- Recopilar configuraciones: la recopilación de configuraciones permite comprobar el estado de un sistema o supervisa los cambios de configuración. Puede tratarse de cambios en el hardware o en el software.
- Recopilar datos de seguimiento de llamadas a la API: las API a veces se comportan de forma errática, como por ejemplo realizando llamadas innecesarias. PLA es capaz de recopilar sus llamadas con precisión para revelar cualquier problema concreto.
- Recopilación de datos de seguimiento de eventos para Windows: ETW (*Event Tracing for Windows*) es un componente que realiza un seguimiento de los eventos del usuario y del kernel. Cuando se detectan determinados eventos, ETW genera una notificación y los rastrea.

No es posible abordar aquí todos estos puntos. Por ello, en este capítulo nos centraremos únicamente en los dos primeros puntos.

3. Conjunto de comandos PowerShell

Para gestionar los contadores de rendimiento y sus datos, existen algunos comandos básicos pero muy potentes. Todos ellos están contenidos en el módulo Microsoft.PowerShell.Diagnostics:

```
PS > Get-Command -Module Microsoft.PowerShell.Diagnostics

CommandType     Name              Version    Source
-----------     ----              -------    ------
Cmdlet          Export-Counter    3.0.0.0    Microsoft.PowerShel...
Cmdlet          Get-Counter       3.0.0.0    Microsoft.PowerShel...
Cmdlet          Get-WinEvent      3.0.0.0    Microsoft.PowerShel...
Cmdlet          Import-Counter    3.0.0.0    Microsoft.PowerShel...
Cmdlet          New-WinEvent      3.0.0.0    Microsoft.PowerShel...
```

Los comandos `New-WinEvent` y `Get-WinEvent` no se tratan en este capítulo. Se utilizan para crear o recuperar trazas de eventos de Windows (ETW).

Observación

Los comandos `*-Counter` no están disponibles en la versión 6.0.2 de PowerShell Core.

3.1 Listado de categorías de contadores de rendimiento

Para preparar mejor la recogida de datos de rendimiento mediante contadores, es preferible identificar con precisión los que mejor responden a las necesidades. Demasiada o muy poca información podría ser contraproducente.

El número de contadores de rendimiento es bastante grande. Por defecto, hay más de 2.000. Afortunadamente, para facilitar la búsqueda, los contadores están agrupados por categorías (`ListSet`). Por ejemplo, todos los contadores relacionados con el procesador pueden encontrarse en `Procesador` e `Información del procesador`.

Para listar todas las categorías de `contadores`, utilice el comando `Get-Counter` con el parámetro `-ListSet` :

```
Get-Counter -ListSet *
```

La cantidad de información que proporciona este comando es considerable. Para limitarla, nos concentraremos en las propiedades `CounterSetName` y `Description`:

```
PS > Get-Counter -ListSet * | Sort-Object CounterSetName |
Format-Table CounterSetName,Description -Auto


CounterSetName                      Description
--------------                      -----------
.Net CLR Data                       .Net CLR Data
.NET Memory Cache 4.0               System.Runtime.Caching.Memor...
Accès distant CLR .NET              Statistiques de la communica...
Activité d'une carte d'interfa...   L'ensemble de compteurs Acti...
Activité de la carte d'interfa...   L'ensemble de compteurs Acti...
Activité du disque système de ...   L'ensemble de compteurs de p...
Activité RDMA                       L'ensemble de compteurs Acti...
Applications Gestionnaire d'au...   Ensemble de compteurs pour l...
AppV Client Streamed Data Perc...   Size of data streamed to dis...
...
```

La consola PowerShell es a veces inadecuada para mostrar información completa, como aquí con la descripción de cada grupo de contadores. Sin embargo, es posible utilizar una herramienta externa que resulta extremadamente eficaz en este tipo de situaciones. Se trata del comando `Out-GridView`. Se genera una GUI que permite ordenar en una o más propiedades.

También es posible copiar y pegar las filas directamente en una hoja de cálculo Excel.

```
PS > Get-Counter -ListSet * | Out-GridView
```

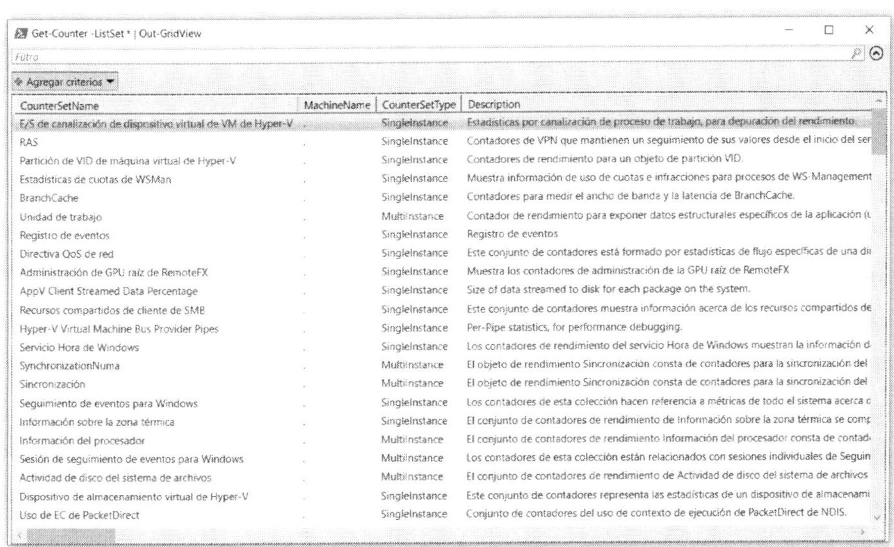

Salida del comando `Get-Counter` *en* `Out-GridView`

Observación

El componente `Out-GridView` *depende de la utilidad PowerShell ISE. Dado que esta utilidad no está incluida en las versiones Core de los sistemas de servidor ni en los sistemas Linux,* `Out-GridView` *no puede utilizarse en estos entornos.*

3.2 Determinación del medidor adecuado

El nombre de cada contador de rendimiento aparece para cada categoría en la propiedad `Counter`. Para que te hagas una idea, aquí tienes el número total de contadores disponibles en nuestro sistema:

```
PS > ((Get-Counter -ListSet *).Counter).Count
2462
```

Este número no es fijo. Varía en función de los roles y funciones presentes en el sistema. Dado el número, podría parecer complicado determinar el contador o los contadores de rendimiento adecuados para las necesidades del sistema, pero es posible consultar en detalle los distintos contadores, junto con sus descripciones. Para ello, utiliza el Monitor de Rendimiento (perfmon.exe).

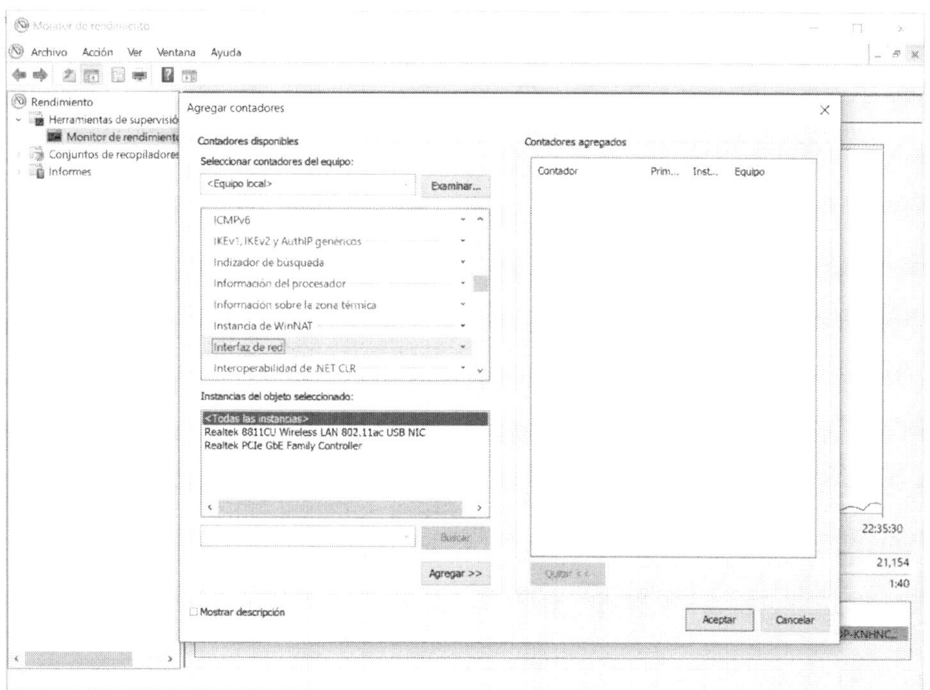

Contadores de rendimiento a través del Monitor de Rendimiento

Activar la opción **Mostrar descripción** resulta muy útil para identificar con precisión los datos medidos por cada contador. Otra ventaja de esta interfaz es el campo **Instancias del objeto seleccionado**. Aquí puede elegir qué componente de hardware o software desea medir. Por ejemplo, para medir el ancho de banda de una interfaz de red, las instancias son las distintas tarjetas de red físicas (Wi-Fi o cableadas). Para un contador asignado a los datos del procesador, puede elegir un núcleo específico para medir. Más adelante veremos cómo elegir estas instancias en el comando `Get-Counter`.

La desventaja de utilizar el monitor de rendimiento es que resulta imposible copiar los nombres de los contadores y pegarlos en la consola PowerShell. Para compensar esto, reutilizamos el comando `Get-Counter` con el parámetro `-ListSet`. Este acepta caracteres de tipo *wildcard* como `*`. En este caso, es posible refinar la búsqueda de categorías de contadores.

Ejemplo con el grupo Interfaz de red

```
PS > Get-Counter -ListSet 'Interface*'


CounterSetName : Interfaz de red
MachineName : .
CounterSetType : MultiInstancia
Descripción: El objeto de rendimiento
de red incluye contadores que miden la velocidad a la que se envían
y reciben paquetes se envían y reciben a través de una conexión de red.
Incluye contadores que controlan los errores de conexión.
Paths: {\Interfaz de red(*)\Total de bytes/s,
\ Interfaz de red (*)\Paquetes/s, \ Interfaz de red (*)\Paquetes
recibidos/s, \ Interfaz de red (*)\Paquetes eviados/s...}
PathsWithInstances : {\ Interfaz de red (Realtek USB GbE Family
Controller)\Total de bytes/s, \ Interfaz de red (Marvell AVASTAR
Wireless-AC Network Controller)\Total de bytes/s, \ Interfaz de red
(Realtek USB GbE Family Controller)\Paquetes/s, \ Interfaz de red
(Marvell AVASTAR Wireless-AC Network
Controller)\Paquetes/s...}
Counter           : {\ Interfaz de red (*)\Total de bytes/s,
\ Interfaz de red (*)\Paquetes/s, \ Interfaz de red (*)\Paqueets
recibidos/s, \ Interfaz de red (*)\Paquetes
enviados/s...}
```

Anteriormente, hemos indicado que los contadores aparecen bajo la propiedad `Counter`. En realidad, `Contador` es un alias de la propiedad `Paths`. En consecuencia, para conocer todos los contadores de una categoría, puede consultar cualquiera de estas propiedades:

```
PS > (Get-Counter -ListSet 'Interface*').Paths
\Interfaz de red(*)Total bytes/s
\Interfaz de red(*)Paquetes/s
\Interfaz de red(*)Paquetes recibidos/s
\Interfaz de red(*)Paquetes enviados
\Interfaz de red(*)Ancho de banda actual
\Interfaz de red(*)Bytes recibidos/s
\Interfaz de red(*)Paquetes unicast recibidos
\Interfaz de red(*)Paquetes no-unicast recibidos/s
\Interfaz de red(*)Paquetes recibidos y descartados
\Interfaz de red(*)Paquetes recibidos, errores
\Interfaz de red(*)Paquetes recibidos, desconocidos
\Interfaz de red(*)Bytes enviados/s
\Interfaz de red(*)Paquetes unicast enviados/s
\Interfaz de red(*)Paquetes no unicast enviados/s
\Interfaz de red(*)Paquetes salientes rechazados
\Interfaz de red(*)Paquetes salientes, errores
\Interfaz de red(*)Longitud de la cola de salida
\Interfaz de red(*)Conexiones descargadas
\Interfaz de red(*)Conexiones TCP RSC activas
\Interfaz de red(*)Paquetes RSC TCP combinados/segundo
\Interfaz de red(*)Excepciones RSC TCP/segundo
\Interfaz de red(*)Tamaño medio de los paquetes TCP RSC
```

Para saber qué instancias están disponibles para cada contador de rendimiento, consulte la propiedad `PathsWithInstances`:

```
PS > (Get-Counter -ListSet 'Interface*').PathsWithInstances
\Interfaz de red(Realtek USB GbE Family Controller)\Total de bytes/s
\Interfaz de red(Marvell AVASTAR Wireless-AC Network Controller)\Total
de bytes/s
\Interfaz de red(Realtek USB GbE Family Controller)\Paquetes/s
\Interfaz de red(Marvell AVASTAR Wireless-AC Network Controller)\Paquetes/s
\Interfaz de red(Realtek USB GbE Family Controller)\Paquetes recibidos/s
\Interfaz de red(Marvell AVASTAR Wireless-AC Network Controller)\Paquetes
recibidos/s
\Interfaz de red(Realtek USB GbE Family Controller)\Paquetes enviados/s
\Interfaz de red(Marvell AVASTAR Wireless-AC Network Controller)\Paquetes
enviados/s
\Interfaz de red(Realtek USB GbE Family Controller)\Ancho de banda actual
\Interfaz de red(Marvell AVASTAR Wireless-AC Network Controller)\Ancho
de banda actual
```

```
\Interfaz de red(Realtek USB GbE Family Controller)\Bytes recibidos/s
\Interfaz de red(Marvell AVASTAR Wireless-AC Network Controller)\Bytes
recibidos/s
\Interfaz de red(Realtek USB GbE Family Controller)\Paquetes unidifusión
recibidos/s
\Interfaz de red(Marvell AVASTAR Wireless-AC Network Controller)\Paquetes
unidifusión recibidos/s
\Interfaz de red(Realtek USB GbE Family Controller)\Paquetes no unidifusión
recibidos/s
\Interfaz de red(Marvell AVASTAR Wireless-AC Network Controller)\Paquetes
no unidifusión recibidos/s
...
```

También existe un método indirecto para obtener una descripción de los contadores de rendimiento en PowerShell. Esto resulta especialmente útil en entornos Core en Windows Server. Para ello, utilizamos la clase `PerformanceCounterCategory` de .NET framework contenida en el espacio de nombres **System.Diagnostics**. Primero comprobamos que el nombre de la categoría del contador de rendimiento existe. A continuación, utilizamos el método estático `Exists()` (para obtener más información sobre los métodos estáticos, consulte el capítulo Clases):

```
PS > $C = 'Interfaz de red
PS >
[System.Diagnostics.PerformanceCounterCategory]::Exists($C)
True
```

A continuación, pasamos el nombre de la categoría como parámetro a la clase:

```
PS > $CatCounter =
[System.Diagnostics.PerformanceCounterCategory]::New($C)
```

A continuación, la categoría puede visualizarse a través de sus propiedades:

```
PS > $CatCounter

CategoryName     CategoryHelp
------------     ------------
Interfaz de red El objeto de rendimiento Interfaz de red incluye...
```

Ahora nos interesan sobre todo los contadores que contiene. Pero antes, tenemos que determinar si se trata de una categoría con varias instancias:

```
PS > $CatCounter.GetInstanceNames()
Marvell AVASTAR Wireless-AC Network Controller
Realtek USB GbE Family Controller
```

A continuación, seleccionamos uno de ellos y lo pasamos como parámetro al método `GetCounters()`:

```
PS > $Instance = 'Marvell AVASTAR Wireless-AC Network Controller'
PS > $CatCounter.GetCounters($Instance) |
            Select-Object CounterName,CounterHelp

CounterName                             CounterHelp
-----------                             -----------
Total bytes/s                           Total bytes/s ...
Paquetes                                Los paquetes son ...
Paquetes recibidos                      Los paquetes recibidos son los ...
Paquetes enviados                       Los paquetes enviados son los ...
Ancho de banda actual                   El ancho de banda actual ...
Bytes/s recibidos                       Bytes/s recibidos sonido ...
Paquetes unidifusión recibido/s         Paquetes unidifusión ...
Paquetes no unicast recibidos           Paquetes no unicast ...
Paquetes recibidos y rechazados         Paquetes recibidos, rechazados ...
Paquetes recibidos, errores             Paquetes recibidos, err...
Paquetes recibidos, desconocidos               Paquetes recibidos, inc...
Bytes enviado/s                         Bytes enviados/s s...
Paquetes unidifusión enviado/s          Paquetes unidifusión envi...
Paquetes no unicast enviado/s           Paquetes no unicast...
Paquetes salientes rechazados           Paquetes salient...
Paquetes salientes, errores             Paquetes salientes, ...
Longitud de la cola de salida           Longitud de ...
Conexiones descargadas                  Conexiones descargadas ...
Conexiones activas TCP RSC              Las conexiones activas TCP RSC...
TCP RSC paquetes combinados/segundo     El valor TCP RSC paquetes/s...
TCP RSC excepciones/segundo             El valor T...
Tamaño medio de paquetes TCP RSC        El valor Tamaño medio...
```

Aquí se seleccionan únicamente las propiedades `CounterName` y `CounterHelp`. Corresponde al administrador determinar cuál es la forma más adecuada de recuperar y procesar la información.

3.3 Acceso a los datos de los contadores

Una vez identificados los contadores, es posible consultar sus mediciones utilizando el comando `Get-Counter` y el conjunto de parámetros que incluye `-Counter`. Este último va acompañado de otros parámetros adicionales:

Parámetro	Descripción
ComputerName [string[]]	Especifica el nombre de uno o varios ordenadores remotos que se van a consultar.
Continuous [SwitchParameter]	Indica si el contador debe ser sondeado infinitamente o no. La recopilación finaliza cuando se cierra el proceso de PowerShell o cuando se utiliza la combinación de teclas [Ctrl] C.
MaxSamples [Int64]	Especifica el número de mediciones que debe devolver el comando. Por defecto, solo se realiza una recopilación.
SampleInterval [Int32]	Indica el intervalo en segundos entre dos recopilaciones de datos de rendimiento. El valor predeterminado es 1 segundo.

Para empezar, necesitamos conocer el ancho de banda utilizado por todas las interfaces de red:

```
PS > Get-counter '\Interfaz de red(*)\Total de byte/s'
Timestamp                 CounterSamples
---------                 --------------
09/06/2018 16:27:26      \\winsurfp4nico\ Interfaz de red
                          (realtek usb gbe family
                          controller)\total de byte/s
                          :
                          0

                          \\winsurfp4nico\interfaz de red
                          (marvell avastar wireless-ac
                          network controller)\total de byte/s
                          :
                          2112,97443962809
```

Todas las instancias del contador se devuelven utilizando el carácter * en el nombre del contador. También puede especificarse una instancia concreta sustituyendo el carácter por el nombre de la instancia:

```
PS > Get-counter '\Interfaz de red(marvell avastar wireless-ac
network controller)Total de byte/s

Timestamp                  CounterSamples
---------                  --------------
09/06/2018 16:30:56        \\winsurfp4nico\interfaz de red
                           (marvell avastar wireless-ac
                           network controller)\total de byte/s
                           :
                           349,069433448104
```

Aquí solo está presente el ancho de banda de la tarjeta de red Wi-Fi.

3.3.1 Control del número de conjuntos de datos y de la frecuencia

Recopilar una sola medición en un momento dado sirve de poco. Para lograr un análisis más preciso, conviene ampliar tanto el número de mediciones como la duración total de la recogida. Con el parámetro `-MaxSample`, puede especificar el número de mediciones que necesita:

```
PS > Get-counter '\interfaz de red (marvell avastar wireless-ac
network controller)\total de byte/s '  -MaxSamples 3


Timestamp                  CounterSamples
---------                  --------------
13/06/2018 13:26:02        \\winsurfp4nico\interfaz de red
                           (marvell avastar wireless-ac
                           network controller)\total de byte/s
                           :
                           1037,82344562974


13/06/2018 13:26:03        \\winsurfp4nico\Interfaz de red
                           (marvell avastar wireless-ac
                           network controller)\total de byte/s
                           :
                           2553,88872582836


13/06/2018 13:26:04        \\winsurfp4nico\interfaz de red
```

```
                              (marvell avastar wireless-ac
                              network controller)\total de byte/s
                              :
                              2971,04356939756
```

Observación

Es posible que los valores devueltos durante la recogida generen un error. Esto se debe en parte a los valores negativos. Para evitar una sobrecarga de mensajes de error, establezca el valor `SilentlyContinue` en el parámetro `-ErrorAction`.

A continuación, queremos ampliar el intervalo de tiempo entre las recogidas de datos. Para ello, utilizamos el parámetro `-SampleInterval`. Su unidad de valor son los segundos. En este ejemplo, ampliamos el intervalo a 5 segundos:

```
PS > Get-counter '\interfaz de red(marvell avastar wireless-ac
network controller)\total de byte/s'  -MaxSamples 3 `
 -SampleInterval 5


Timestamp                    CounterSamples
---------                    --------------
13/06/2018 13:24:11           \\winsurfp4nico\interfaz de red
                              (marvell avastar wireless-ac
                              network controller)\total de byte/s'
                              :
                              158,003576516457


13/06/2018 13:24:16           \\winsurfp4nico\interfaz de red
                              (marvell avastar wireless-ac
                              network controller)\total de byte/s'
                              :
                              37,8349018114103


                              (marvell avastar wireless-ac
                              network controller)\total de byte/s'
                              :
                              423,717447073837
```

3.3.2 Recopilación de datos en ordenadores remotos

Utilizando el parámetro `-ComputerName`, el comando `Get-Counter` puede utilizarse para consultar ordenadores remotos.

Ejemplo de sintaxis:

```
Get-Counter -Counter  '\interfaz de red(*)\total de byte/s' `
     -ComputerName SRVDC01,SRV2K12R2
```

Sintaxis alternativa:

```
Get-Counter -Counter `
     '\\SRVDC01\interfaz de red (*)\total de byte/s' `
     '\\SRV2K12R2\interfaz de red (*)\total de byte/s'
```

La aparente sencillez de aplicación oculta una serie de limitaciones importantes:

- La comunicación se establece mediante el protocolo DCOM/RPC. Por lo tanto, debe estar autorizada dentro de la red.
- El comando `Get-Counter` no tiene un parámetro `-Credential`. La cuenta que ejecuta el comando debe tener derechos administrativos en la máquina remota.
- Las diferentes máquinas (cliente o servidor) deben formar parte del mismo dominio de autenticación.

La alternativa es utilizar sesiones remotas de PowerShell (véase el capítulo Gestión remota avanzada).

Ejemplo

```
PS > $Script = {
    $Counter = '\interfaz de red(*)\total de byte/s'
    Get-Counter -Counter $Counter
}
PS > Invoke-Command -ScriptBlock $Script -Credential $cred `
    -ComputerName SRVDC01,SRV2K12R2
```

Aunque el uso de sesiones remotas pueda parecer sencillo, en realidad se fundamenta en un mecanismo complejo. Los datos de las sesiones remotas de PowerShell se transportan en formato XML. Los distintos objetos se serializan/deserializan. Este proceso solo tiene lugar en el primer nivel de los objetos. Como recordatorio, los objetos pueden ser anidados a través de sus propiedades. Este es el caso aquí con la propiedad `CounterSamples`. La serialización inutiliza el objeto contenido en la propiedad.

Ejemplo

```
PS > $Script = {
     $Counter = '\interfaz de red(*)\total de byte/s'
     Get-Counter -Counter $Counter
}
PS > $Counter = Invoke-Command -ScriptBlock $Script `
     -ComputerName SRV2K12R2
PS > $Counter.CounterSamples
Microsoft.PowerShell.Commands.GetCounter.PerformanceCounterSample
Microsoft.PowerShell.Commands.GetCounter.PerformanceCounterSample
```

Como era de esperar, solo se recupera el nombre del tipo.

Por supuesto, hay formas de sortear esta limitación:

- La primera consiste en devolver la propiedad de interés directamente desde la sesión remota:

```
PS > $Script = {
     $Counter = '\interfaz de red(*)\total de byte/s'
     (Get-Counter -Counter $Counter).CounterSamples
}
PS > $Samples = Invoke-Command -ScriptBlock $Script `
      -ComputerName SRV2K12R2
PS > $Samples

Path                                        InstanceName
----                                        ------------
\\srv2k12r2\interfaz de red (tarjeta de... Tarjeta de red...
\\srv2k12r2\interfaz de red (isatap.{... isatap.{4468cc31-b485...
```

- El segundo método extiende el proceso de serialización a varios subniveles. Esto se hace utilizando el comando `Update-TypeData` dentro de la sesión PowerShell. En este ejemplo, bajamos dos subniveles:

```
PS > $script = {
     $Counter ='\interfaz de red(*)\total de  byte/s'
     Update-TypeData -SerializationDepth 2 -Force -TypeName `
Microsoft.PowerShell.Commands.GetCounter.PerformanceCounterSample
     Get-Counter -Counter $Counter
}
PS > $Counter = Invoke-Command -ScriptBlock $Script `
    -ComputerName SRV2K12R2
PS > $Counter.CounterSamples

Path                                        InstanceName
```

```
----                                     ------------
\\srv2k12r2\interfaz de red (tarjeta de... Tarjeta de red...
\\srv2k12r2\interfaz de red (isatap.{... isatap.{4468cc31-b485...
```

El primer método no es adecuado cuando se requiere acceder a varias propiedades del primer objeto. Para el segundo método, procura no bajar demasiado en los niveles de serialización, ya que aumentaría el tamaño de los datos a transportar y, por tanto, el ancho de banda utilizado.

3.4 Utilización de jobs para tareas extensas

La recopilación de datos de rendimiento es el caso ideal para utilizar jobs PowerShell (véase el capítulo Jobs y paralelismo). Las sesiones largas de recopilación de datos pueden ejecutarse en segundo plano.

Para continuar con el ejemplo anterior, simplemente utilice el parámetro `-AsJob` en el comando `Invoke-Command`.

Adaptar el ejemplo

```
PS > $script = {
     $Counter ='\interfaz de red(*)\total de  byte/s'
     Update-TypeData -SerializationDepth 2 -Force -TypeName `
 Microsoft.PowerShell.Commands.GetCounter.PerformanceCounterSample
     Get-Counter -Counter $Counter
}
PS > $Job = Invoke-Command -ScriptBlock $Script `
....-ComputerName SRV2K12R2 -AsJob
```

Para recuperar el resultado del job:

```
PS > $Job | Receive-Job
```

3.5 Copia de seguridad en disco de los datos de rendimiento

Resulta más útil almacenar los datos recogidos que consultarlos en tiempo real. Los datos pueden procesarse retrospectivamente, o incluso compartirse para solicitar opiniones. Los datos pueden exportarse en diversos formatos, incluido un formato binario que puede utilizarse con el Monitor de Rendimiento y su interfaz gráfica.

Sin embargo, este proceso tiene una serie de limitaciones si se quiere aplicar en varios cientos de máquinas. Para superar estas limitaciones, preferimos utilizar "recopiladores de datos" programados. Este método se describirá más adelante en el capítulo. Primero nos concentraremos en la exportación de datos. El comando que lo hace es `Export-Counter`.

He aquí una lista de sus parámetros:

- `-Path`: indica la ruta completa del archivo al que se exportan los datos.
- `-FileFormat`: indica el formato del archivo de datos. Hay tres valores posibles: `CSV`, `TSV` y `BLG`. Mientras que CSV y TSV son f archivos de texto estructurado en los que los valores se separan por comas y tabuladores respectivamente, BLG es un formato binario.
- `-MaxSize`: define el tamaño máximo de un archivo. Cuando se alcanza el límite, se detiene la recopilación de datos y se genera un error no crítico.
- `-Circular`: cuando este parámetro es `-MaxSize` y se alcanza el tamaño máximo de archivo, los datos más antiguos se sobrescriben con los nuevos.

3.5.1 Exportación de datos de rendimiento en formato binario (BLG)

Mostraremos cómo funciona con un archivo de formato BLG. En el siguiente ejemplo, creamos un script que sondea un conjunto de contadores de datos. Esto se hace cada 60 segundos, con un límite de 60 veces:

```
######################## BLGCollect.ps1 ########################

$counters = '\Procesador(_Total)\% tiempo procesador',
            '\Disco físico(*)\Lecturas disco, bytes/s',
            '\Disco físico(*)\Escrituras disco, bytes/s',
            '\Memoria\Bytes disponibles',
            '\Memoria\Bytes confirmados',
            '\Interfaz de red(*)\Total de bytes/s'
$ExportPath = 'C:\PerfLogs\CapturePerfSys.blg'

Get-Counter -Counter $Counters -MaxSamples 60 -SampleInterval 60 |
    Export-Counter -Path $ExportPath -FileFormat blg
```

Una vez completado el script, los datos pueden visualizarse directamente desde la interfaz del Monitor de Rendimiento o desde la consola PowerShell. En el primer caso, puede hacer doble clic en el archivo BLG en el Explorador de Windows o ejecutar el siguiente comando:

```
PS > Invoke-Expression 'C:\PerfLogs\CapturePerfSys.blg'
```

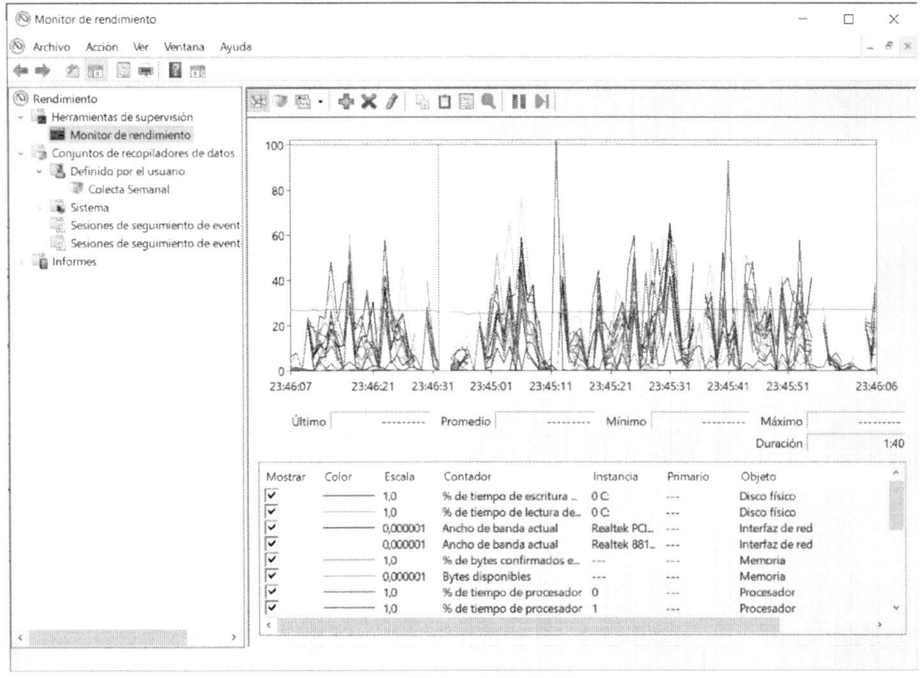

Renderización del archivo BLG en el Monitor de Rendimiento

La vista gráfica es más reveladora que una serie de cifras a la hora de formarse una opinión rápida del comportamiento del sistema.

También se pueden recoger datos en sistemas remotos. El mecanismo de recogida se incluye en un bloque de script y se utiliza el `Invoke-Command`.

Ejemplo

```
######################## BLGCollect2.ps1 ########################

$Arguments = @{
    counters = '\Procesador(_Total)\% tiempo procesador',
               '\Disco físico(*)\Lecturas disco, bytes/s',
               '\Disco físico(*)\Escrituras disco, bytes/s',
               '\Memoria\Bytes disponibles',
               '\Memoria\Bytes confirmados',
               '\Interfaz de red(*)\Total de bytes/s'
    ExportPath = 'C:\PerfLogs\CapturePerfSys.blg'
}
$Script = {
    Param(
        $counters,
        $ExportPath
    )
    Get-Counter -Counter $counters -MaxSamples 60 `
               -SampleInterval 60 |
    Export-Counter -Path $ExportPath -FileFormat blg
 }

Invoke-Command -ScriptBlock $Script -ArgumentList $Arguments `
    -ComputerName SRV2K12R2,SRVDC02 -AsJob
      -ComputerName SRV2K12R2,SRVDC02 -AsJob
```

En este ejemplo, utilizamos los parámetros del bloque de script para pasar los nombres de los contadores (`$counters`) y la ruta del archivo de exportación (`$ExportPath`). Los argumentos se construyen como una hashtable con el nombre de los parámetros como clave y los valores de cada parámetro como valor.

3.5.2 Exportación de datos de rendimiento en formato Excel (CSV)

La alternativa al archivo binario es el archivo de texto en formato CSV o TSV. Son similares excepto en que el carácter separador para TSV es un tabulador.

Para exportar los datos en formato CSV, basta con cambiar el valor del parámetro `-FileFormat` a CSV. Si tomamos el ejemplo anterior en captura local, obtenemos:

```
$ExportPath = 'C:\PerfLogs\CapturePerfSys.csv'

Get-Counter -Counter $Counters -MaxSamples 60 -SampleInterval 2|
     -Path $ExportPath -FileFormat csv
```

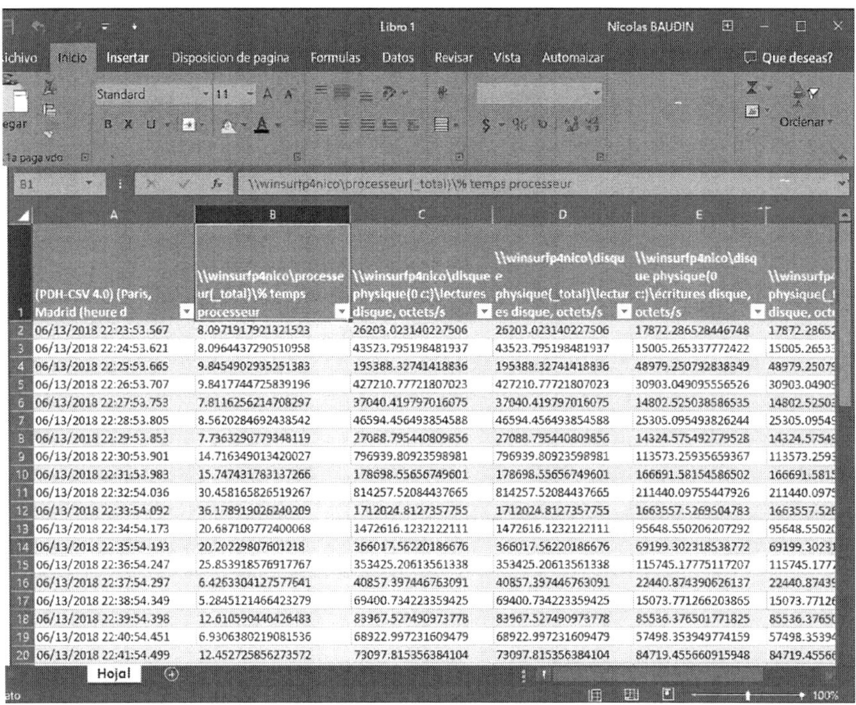

	A	B	C	D	E	
1	(PDH-CSV 4.0) (Paris, Madrid (heure d	\\winsurfp4nico\processeur(_total)\% temps processeur	\\winsurfp4nico\disque physique(0 c:)\lectures disque, octets/s	\\winsurfp4nico\disque physique(_total)\lectures disque, octets/s	\\winsurfp4nico\disque physique(0 c:)\écritures disque, octets/s	\\winsurfp4 physique(_t disque, octe
2	06/13/2018 22:23:53.567	8.0971917921321523	26203.023140227506	26203.023140227506	17872.286528446748	17872.28652
3	06/13/2018 22:24:53.621	8.0964437290510958	43523.795198481937	43523.795198481937	15005.265337772422	15005.26533
4	06/13/2018 22:25:53.665	9.8454902935251383	195388.32741418836	195388.32741418836	48979.250792838349	48979.25079
5	06/13/2018 22:26:53.707	9.8417744725839196	427210.77721807023	427210.77721807023	30903.049095556526	30903.04909
6	06/13/2018 22:27:53.753	7.8116256214708297	37040.419797016075	37040.419797016075	14802.525038586535	14802.52503
7	06/13/2018 22:28:53.805	8.5620284692438542	46594.456493854588	46594.456493854588	25305.095493826244	25305.09549
8	06/13/2018 22:29:53.853	7.7363290779348119	27088.795440809856	27088.795440809856	14324.575492779528	14324.57549
9	06/13/2018 22:30:53.901	14.716349013420027	796939.80923598981	796939.80923598981	113573.25935659367	113573.2593
10	06/13/2018 22:31:53.983	15.747431783137266	178698.55656749601	178698.55656749601	166691.58154586502	166691.5815
11	06/13/2018 22:32:54.036	30.458165826519267	814257.52084437665	814257.52084437665	211440.09755447926	211440.0975
12	06/13/2018 22:33:54.092	36.178919026240209	1712024.8127357755	1712024.8127357755	1663557.5269504783	1663557.526
13	06/13/2018 22:34:54.173	20.687100772400068	1472616.1232122111	1472616.1232122111	95648.550206207292	95648.55020
14	06/13/2018 22:35:54.193	20.20229807601218	366017.56220186676	366017.56220186676	69199.302318538772	69199.30231
15	06/13/2018 22:36:54.247	25.853918576917767	353425.20613561338	353425.20613561338	115745.17775117207	115745.1777
16	06/13/2018 22:37:54.297	6.4263304127577641	40857.397446763091	40857.397446763091	22440.874390626137	22440.87439
17	06/13/2018 22:38:54.349	5.2845121466423279	69400.734223359425	69400.734223359425	15073.771266203865	15073.77126
18	06/13/2018 22:39:54.398	12.610590440426483	83967.527490973778	83967.527490973778	85536.376501771825	85536.37650
19	06/13/2018 22:40:54.451	6.9306380219081536	68922.997231609479	68922.997231609479	57498.353949774159	57498.35394
20	06/13/2018 22:41:54.499	12.452725856273572	73097.815356384104	73097.815356384104	84719.455660915948	84719.45566

Renderización del archivo CSV en Excel

Como puede observarse, el formato CSV es plenamente compatible con Excel. Sin embargo, la primera línea de datos (excluida la cabecera del archivo) siempre es incoherente. Es recomendable omitirla.

3.6 Gestión de un archivo de exportación de datos archivo de rendimiento

El uso de archivos mediante interfaces gráficas u hojas de cálculo Excel alcanza rápidamente sus límites cuando se trata de procesar varias máquinas simultáneamente. La tendencia entonces es procesar los datos brutos directamente en la consola. Además, se obtiene una mayor flexibilidad. La segunda ventaja del uso de datos brutos es la posibilidad de trocear metódicamente las mediciones para poner de relieve comportamientos anómalos.

También tenemos la opción de generar informes o cuadros de mando para apoyar las posiciones de los responsables de la toma de decisiones sobre el desarrollo del sistema de información.

Hemos visto el comando `Export-Counter` para las exportaciones. El comando utilizado para importar datos de rendimiento es `Import-Counter`.

Este comando tiene tres conjuntos de parámetros. Dos de ellos muestran los metadatos contenidos en el archivo de exportación. A continuación, puede visualizar el número de colecciones realizadas, así como las fechas de la primera y la última colección:

```
PS > Import-Counter -Path C:\PerfLogs\CapturePerfSys.blg -Summary

OldestRecord        NewestRecord        SampleCount
------------        ------------        -----------
13/06/2018 22:23:08 13/06/2018 23:22:08 60
```

El segundo conjunto de parámetros utiliza el parámetro `-ListSet`. Se utiliza de la misma forma que el parámetro en el comando `Get-Counter`. La diferencia es que el filtro se aplica a los contadores del archivo. El carácter * se utiliza para obtener todos los contadores utilizados para la recogida de datos:

```
PS> Import-Counter -Path C:\PerfLogs\CapturePerfSys.blg `
        -ListSet *

CounterSetName     : interfaz de red
MachineName        : \\winsurfp4nico
CounterSetType     : SingleInstance
Description        : El objeto de rendimiento de la interfaz de red
                     incluye contadores que miden tasas
                     de bytes y paquetes
                     enviados y recibidos a través de una conexión de red.
                     Incluye los contadores que monitorean la
                     errores de conexión.
Paths              : {\\winsurfp4nico\interface réseau(*)\total
                     des octets/s}
PathsWithInstances : {\\winsurfp4nico\interfaz de red(marvell
                     avastar wireless-ac network
                     controller)\total de  byte/s}
Counter            : {\\winsurfp4nico\interface réseau(*)\total
                     de  byte/s}

CounterSetName     : memoria
MachineName        : \\winsurfp4nico
CounterSetType     : SingleInstance
```

```
Description         : El objeto de rendimiento de Memoria incluye
                      contadores que describen el comportamiento de


                      La memoria real y virtual del
                      ordenador. La memoria física es la
                      cantidad de RAM en el ordenador.
                      La memoria virtual es el espacio en
                      memoria física y en disco.
                      La mayoría de estos contadores monitorean el
                      movimiento de páginas de código y datos
                      entre el disco y la memoria física.
                      Este es demasiado importante, una indicación de una
                      memoria insuficiente, puede causar
                      retrasos que interfieren con la
                      proceso del sistema.
Paths               : {\\winsurfp4nico\memoria\bytes
                      disponibles, \\winsurfp4nico\ memoria\bytes
                      válidos}
PathsWithInstances : {}
Counter             : {\\winsurfp4nico\memoria\bytes
                      disponibles, \\winsurfp4nico\memoria\bytes
                      válidos}
...
```

Solo el último conjunto de parámetros puede utilizarse para importar los datos del arvhivo. Tiene varios parámetros específicos:

- `-Counter`: indica el nombre de los contadores de rendimiento que se van a importar.
- `-StartTime`: filtra la fecha de inicio de la primera grabación.
- `-EndTime`: filtra la fecha de la última grabación.
- `-MaxSamples`: indica el número máximo de colecciones a importar.

Por defecto, si no se especifica ningún contador, se importan todos los contadores y sus datos:

```
PS > $d = Import-Counter -Path 'C:\PerfLogs\CapturePerfSys.blg'
```

Observación

Es posible que se produzcan errores de no bloqueo al importar datos de rendimiento. No hay de qué preocuparse. Es probable que el sistema esté demasiado ocupado para recopilar los datos correctamente.

La importación se crea en forma de array (también conocido como colección o arreglo):

```
PS > $d.GetType()

IsPublic IsSerial Name                                     BaseType
-------- -------- ----                                     --------
True     True     Object[]                                 System.Array
```

Cada objeto del arreglo es de tipo **PerformanceCounterSampleSet**:

```
PS > $d[0].GetType()

IsPublic IsSerial Name                            BaseType
-------- -------- ----                            --------
True     False    PerformanceCounterSampleSet System.Object
```

En este caso, el objeto del índice 1 de la tabla contiene todas las lecturas del medidor de rendimiento realizadas durante la segunda recogida:

```
PS > $d[1]

Timestamp                 CounterSamples
---------                 --------------
13/06/2018 22:24:08       \\winsurfp4nico\interfaz
                          de red(marvell avastar wireless-ac
                          network controller)\total de byte/s
                          :
                          352,460028935674

                          \\winsurfp4nico\memoria\bytes
                          disponibles :
                          805376000

                          \\winsurfp4nico\memoria\bytes válidos
                          :
                          5948846080

                          \\winsurfp4nico\disco
                          físico (_total)\lecturas disco,
                          byte/s :
                          25319,4253043773

                          \\winsurfp4nico\disco físico (0
                          c:)\lecturas disco, byte/s :
                          25319,4253043773

                          \\winsurfp4nico\disco
                          físico (_total)\lecturas disco,
```

```
                              byte/s :
                              3030,6776238089

                              \\winsurfp4nico\disco físico (0
                              c:)\scrituras disco, bytes/s :
                              13030,6776238089

                              \\winsurfp4nico\procesador(_total)\%
                              tiempo procesador :
                              7,88395986330299
```

También puede consultarse el valor del último registro. El índice de este registro puede caracterizarse mediante dos expresiones: **`$d[$d.count -1]`** o **`$d[-1]`**.

Observación

Este tipo de sintaxis puede utilizarse con cualquier rarreglo/colección de objetos.

Esto permite calcular el tiempo total de ejecución:

```
PS > $d[-1].TimeStamp - $d[0].TimeStamp | Select TotalMinutes

    TotalMinutes
    ------------
59,0089833333333
```

También puede calcular el tiempo medio entre intervalos de medición. Es una forma de comprobar que las mediciones se han realizado con regularidad:

```
PS > $diff = @()
PS > For($i=0;$i -lt ($d.count-1);$i++){
     $Diff += $d[$i+1].Timestamp - $d[$i].Timestamp
}
PS > $diff | Measure-Object -Property totalSeconds -Average


Count    : 59
Average  : 60,0091355932204
Sum      :
Maximum  :
Minimum  :
Property : TotalSeconds
```

El intervalo de tiempo se respeta perfectamente.

Pongámonos manos a la obra. Entre los contadores de rendimiento, encontramos el contador de RAM disponible. La RAM es un buen indicador del estado de salud de una máquina. Una cantidad insuficiente de memoria puede provocar importantes ralentizaciones.

En primer lugar, calculamos el uso medio de memoria:

```
PS > $d = Import-Counter -Path 'C:\PerfLogs\CapturePerfSys.blg' `
              -Counter '\memoria\bytes disponibles'
PS > $Counter = $d.Countersamples
PS > $av = ($Counter.Where({$_.Status -eq 0},'Last',$d.count-1)|
    Measure-Object -Property CookedValue -Average).Average /1GB
PS > $av
0,905540660276251
```

Importamos los datos, apuntando específicamente al contador deseado. A continuación, para todas las medidas, filtramos la propiedad `Status` utilizando el método `Where()`. Esta propiedad indica si los datos son válidos o no. Para eliminar el primer registro de datos, utilizamos la funcionalidad `Last` del método `Where()`. Recupera solo los últimos registros según el número pasado como tercer parámetro. En este caso, volvemos al segundo registro restando 1 al número total de registros. Esto significa que hubo una media de 900 megabytes de memoria disponible durante todo el periodo de recogida. En este caso, estamos hablando de un sistema con 4 gigabytes. Así que hay poco margen de maniobra. Con esta información, podemos calcular el porcentaje aproximado de uso de memoria:

```
PS > 100 - ($av /4 * 100)
77,3614834930937
```

El índice medio de uso es del 77 %. Por supuesto, los promedios deben interpretarse con cautela. No siempre reflejan con precisión la situación real. Es posible que el sistema haya permanecido con baja carga durante un periodo prolongado y luego haya registrado un pico breve de actividad. Al promediarse con el resto, ese pico puede pasar desapercibido.

Para superar este problema, las mediciones globales se recortan para detectar los picos de carga con mayor precisión:

```
######################### Get-AvgMemory.ps1 ######################
Param(
    [parameter(Mandatory)]
    [ValidateScript({Test-Path $_})]
```

```
    [string]$Path,

    [int]$interval = 10
)
#Lista de contadores
$counters = '\memoria\bytes disponibles'
#Importar datos
$d = Import-Counter -Counter $Counters -Path $Path

#Filtrar solo datos válidos
$c=$d.Countersamples.Where({$_.Status -eq 0},'Last',$d.count-1)
#En el conjuto de datos
for($i=0;$i -lt $c.count ; $i+=$interval){
    #Crear un objeto personalizado:
    [PscustomObject]@{
        Timestamp = $c[$i].Timestamp
        RamFreeAVG = ($c[$i..($i+($interval - 1))] |
           Measure-Object -Property Cookedvalue -Average).Average
    }
}

PS > .\Get-AvgMemory.ps1 -Path C:\PerfLogs\CapturePerfSys.blg `
........-interval 5


Timestamp              RamFreeAVG
---------              ----------
13/06/2018 22:24:08  904744140,8
13/06/2018 22:29:08  888833638,4
13/06/2018 22:34:08 1195811635,2
13/06/2018 22:39:08 1188759961,6
13/06/2018 22:44:08 1227305779,2
13/06/2018 22:49:08   1233387520
13/06/2018 22:54:08  722578636,8
13/06/2018 22:59:08  728259788,8
13/06/2018 23:04:08  762968473,6
13/06/2018 23:09:08  943270297,6
13/06/2018 23:14:08    935895040
13/06/2018 23:19:08    926905344
```

En este ejemplo, las medias se calculan para cada cinco recopilaciones. Dado que se realiza una recopilación por minuto, se obtiene una media para cada 5 minutos. Además, si se produce un pico de carga entre dos mediciones, este podría no reflejarse en los valores recopilados. Por lo tanto, es importante gestionar correctamente el intervalo de tiempo entre mediciones y el número de mediciones realizadas.

4. Recopilación de datos en todas la empresa

El método de recopilación mostrado anteriormente resulta insuficiente si la necesidad se extiende a varios miles de servidores. La API PLA se ha diseñado precisamente para responder a esta necesidad y ofrece un método alternativo. Se trata de configurar recopiladores de datos de rendimiento incrustados en un conjunto de recopiladores de datos. Para trasladarlo a lo que hemos hecho hasta ahora, el comando `Get-Counter` desempeñaba el papel de recopilador de datos. El comando `Export-Counter` cubría parte de la funcionalidad de un conjunto de recopiladores de datos.

Para ser más precisos, un recopilador de datos define:

- el intervalo de tiempo entre dos recopilaciones de datos (equivalente al parámetro `-SampleInterval` del comando `Get-Counter`).
- el número de recopilaciones de datos que se van a realizar (equivalente al parámetro `-MaxSamples` del comando `Get-Counter`) o la duración total de la recopilación.
- la lista de contadores de rendimiento (equivalente al parámetro `-Counter` del comando `Get-Counter`).
- el formato del archivo de datos resultante (equivalente al parámetro `-FileFormat` del comando `Export-Counter`).

Y un conjunto de recopiladores de datos define:

- la ubicación de los archivos de datos (equivalente al parámetro `-Path` del comando `Export-Counter`),

Un conjunto de recopiladores de datos puede contener varios recopiladores de datos. Esto implica que puede generarse un archivo distinto por cada recopilador dentro de un conjunto. Si los archivos planos ya no son suficientes, los datos pueden integrarse directamente en una base de datos. Esta opción no está disponible con los comandos `Get-Counter` y `Export-Counter`.

Existe una fuerte restricción en PowerShell para automatizar y administrar conjuntos de recopiladores de datos. No hay ningún comando de PowerShell predeterminado para crear o modificar conjuntos de recopiladores de datos.

Solo la versión de servidor de Windows dispone de tres comandos para administrarlos, y cubren muy pocas necesidades:

- `Get-SMPerformanceCollector`: se utiliza para conocer el estado de un conjunto de recopiladores de datos.
- `Start-SMPerformanceCollector`: permite iniciar manualmente la recogida de un conjunto de recopiladores de datos.
- `Stop-SMPerformanceCollector`: se puede utilizar para detener manualmente la recogida de un conjunto de recopiladores de datos.

Sin embargo, existen formas de actuar sobre los conjuntos de recopiladores de datos presentes en los sistemas cliente y servidor Windows. La primera es utilizar el ejecutable logman.exe.

El segundo utiliza la API PLA a través de objetos de tipo COM. Ambos métodos se presentan a continuación.

Para recopilar datos de rendimiento mediante PLA a gran escala, solemos dividir la aplicación en cuatro etapas:

- creación de un archivo de plantilla de configuración en formato XML
- importación del archivo de plantilla XML en las máquinas que se van a auditar
- recogida de datos
- análisis de datos

Este es el método más sencillo. Existen otros métodos, pero su comprensión y aplicación son más complejos.

4.1 Creación del archivo de configuración XML

Para crear un archivo de configuración XML, utilice el Monitor de Rendimiento y su interfaz gráfica. Este es, con diferencia, el método más sencillo.

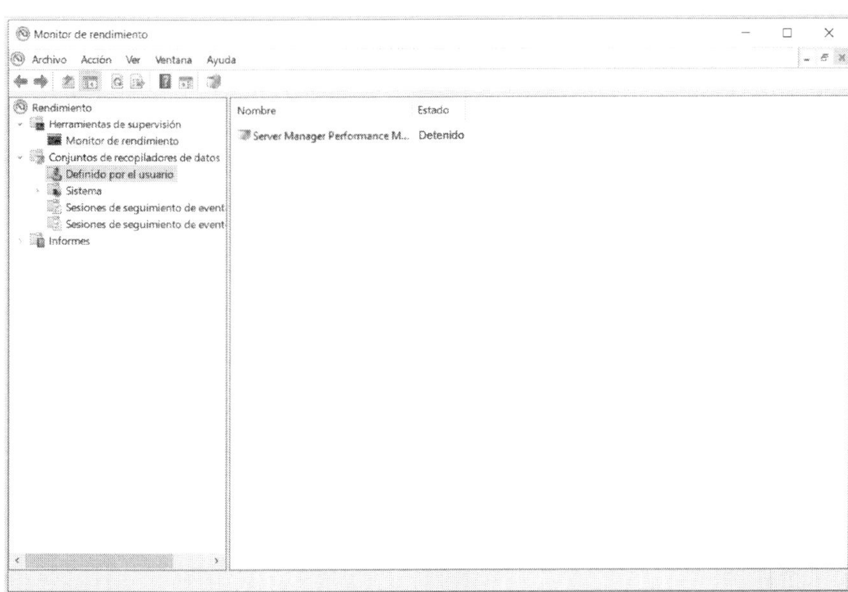

Interfaz gráfica del monitor de rendimiento

- Expanda **Conjuntos de recopiladores de datos** y, a continuación, **Definido por el usuario**. Haga clic con el botón derecho y seleccione **Nuevo** y, a continuación, **Conjunto de recopiladores de datos**. Se mostrará una ventana del asistente. Introduzca un nombre para el conjunto, en este caso **Colecta semanal**, y seleccione la casilla **Crear manualmente (avanzado)**.

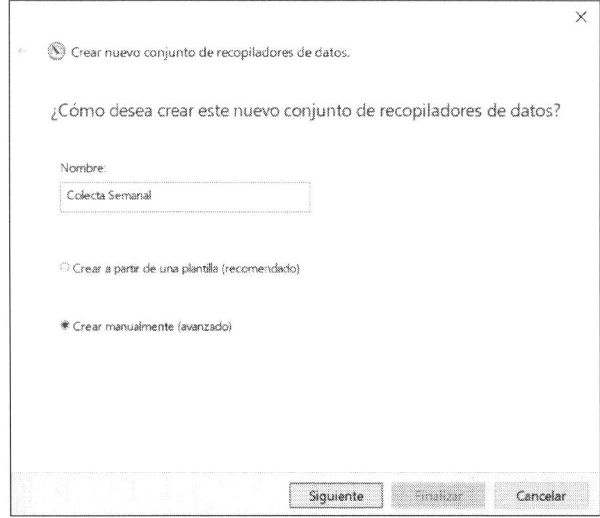

Asistente para crear un conjunto de recopiladores de datos - Paso 1

- Haga clic en **Siguiente** y, a continuación, marque la casilla **Contador de rendimiento**.

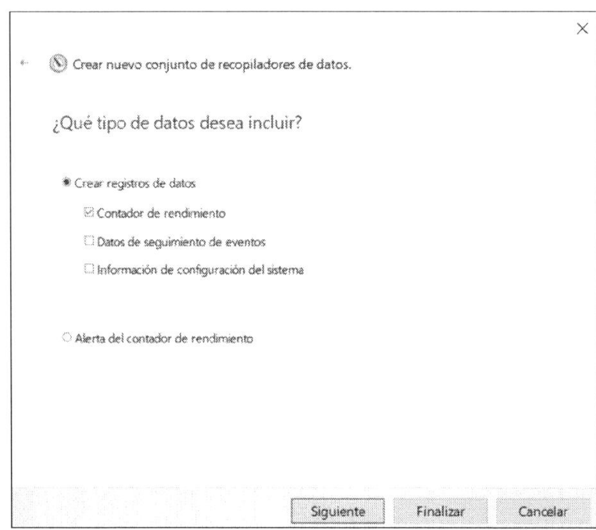

Asistente para crear un conjunto de recopiladores de datos - Paso 2

- Haga clic en **Siguiente**. A continuación, añada los contadores de rendimiento deseados mediante el botón **Añadir**. A continuación, seleccione el **Intervalo de muestreo** de la siguiente manera:

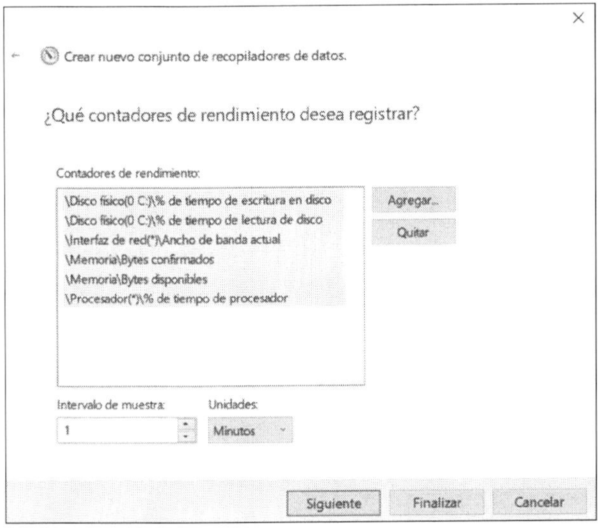

Asistente para la creación de un conjunto de recopiladores de datos - Paso 3

▶ Haga clic en **Siguiente**. Seleccione la ubicación de las grabaciones o mantenga la ubicación predeterminada, como se muestra aquí:

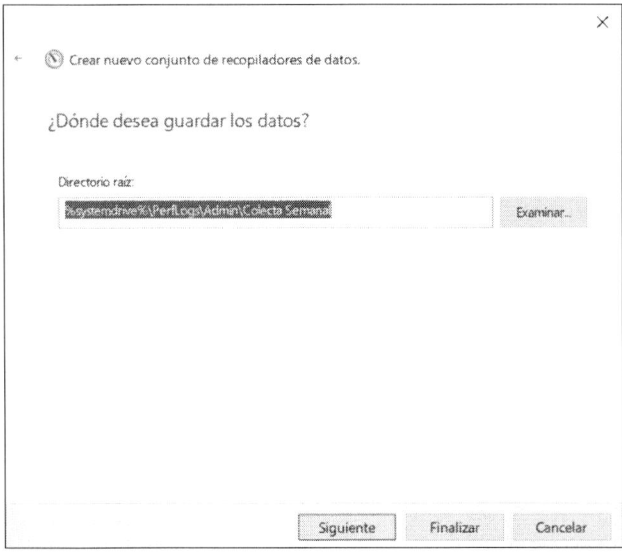

Asistente para crear un conjunto de recopiladores de datos - Paso 4

- Haga clic en **Siguiente**. A continuación, especifique la identidad del usuario que ejecuta la colección. Por defecto, se trata de la cuenta SYSTEM. Si se especifica otro usuario, este debe pertenecer al grupo Usuarios del Monitor de Rendimiento o tener privilegios de administrador local. Haga clic en **Finalizar**.

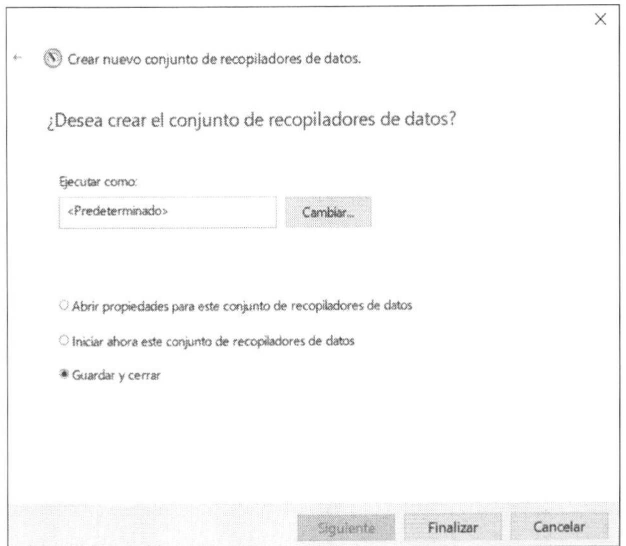

Asistente para la creación de un conjunto de recopiladores de datos - Paso 5

El conjunto de recopilación de datos **Colecta Semanal** ya está creado y aparece en la interfaz del Monitor de rendimiento. Ahora configurará un programa para que la recopilación de datos se active en momentos específicos durante el mes.

- Haga clic con el botón derecho del ratón en el conjunto y, a continuación, en **Propiedades**. Vaya a la pestaña **Horario** y añada un horario haciendo clic en **Añadir**:

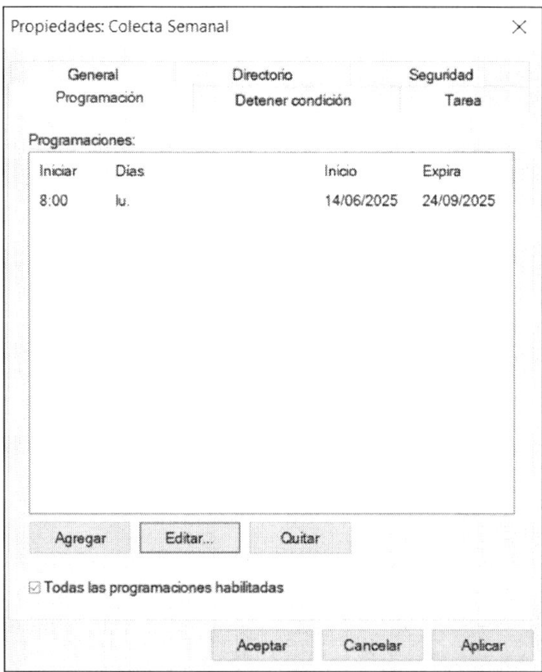

Planificación de un conjunto de recopiladores de datos

En la ventana que aparece, usted programa una puesta en marcha todos los lunes a las 8 de la mañana. Especifique también una fecha de finalización. De lo contrario, la recogida se ejecutará ad infinitum todos los lunes por la mañana.

Especificará una duración máxima para cada recogida. La lentitud solo se produce los lunes. Por tanto, efectuará la recogida de 8.00 a 19.00 horas.

- Vaya a la pestaña **Condición de parada** y configure las opciones como se indica a continuación:

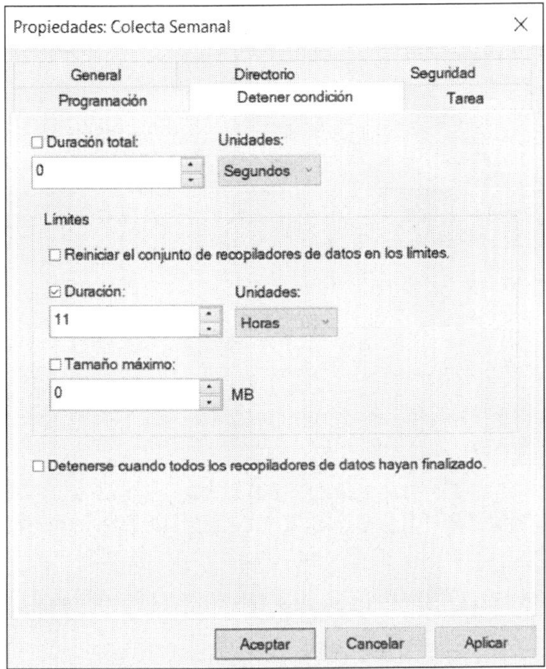

Condición para detener un conjunto de recopiladores de datos

- Pulse **OK** para confirmar.
- Por último, exporte la configuración del conjunto a un archivo XML. Para ello, haga clic con el botón derecho del ratón en **Colección semanal** y, a continuación, en **Guardar la plantilla**.
- Especifique una ubicación (por ejemplo, C:\ProgramData\Temp) y un nombre para el archivo XML (por ejemplo, ColectaSemanal.xml).

Si observa el contenido del archivo XML, podrá ver todos los ajustes que se han realizado en el asistente de creación y en las propiedades.

4.2 Creación y despliegue de un conjunto de recopiladores de datos

Ahora que el archivo de plantilla está listo, se puede configurar en todas las máquinas de destino. Para ello, existen dos soluciones: la utilidad logman.exe y la API de PLA mediante la construcción de objetos COM.

4.2.1 Creación a través de logman

Es posible utilizar la utilidad logman para crear un conjunto de recopiladores de datos de forma remota. Basta con introducir el nombre del conjunto y la ruta al archivo XML.

Importar un conjunto de contadores en un host local

```
PS > logman.exe import -name 'Colecta Semanal'
       -xml "C:\ProgramData\Temp\ColectaSemanal.xml
```

También es posible importar a distancia, ya que el ejecutable acepta nombres de ordenador y el paso de *credentials*. Sin embargo, esta conexión se establece utilizando el protocolo RPC. Como hemos hecho desde el principio de este capítulo, preferimos utilizar sesiones remotas de PowerShell.

Antes de importar el archivo XML con logman, debe copiarse en la estación de trabajo remota:

```
# Creación de una sesión PowerShell
$Ses = New-PSSession -ComputerName SRVDC02

# Copiar el archivo XML
$FilePath = 'C:\ProgramData\Temp\ColectaSemanal.xml '
$Dest = "C:\ProgramData\PlantillaColecta.xml"
Copy-Item -Path $FilePath -Destination $Dest -Force -ToSession
$Ses


#Uso de logman
Invoke-Command -Session $ses -ScriptBlock {
    Param($Path)
    logman.exe import -name 'Colecta Semanal'  -xml $Path
    Remove-Item -Path $Path -Force
} -ArgumentList $Dest
The command completed successfully.
```

Observación

El archivo XML se diseñó en un sistema configurado en un idioma distinto (por ejemplo, francés). La importación se realizó en un sistema configurado en inglés. Como puede observarse, el idioma no tiene ningún impacto en el proceso de exportación/importación de una configuración.

Observación

Nota: el uso de sesiones PowerShell con el comando `Copy-Item` solo es válido a partir de la versión 5.0 de PowerShell. En versiones anteriores, el contenido del archivo XML debe pasarse como parámetro del bloque de script y, a continuación, guardarse localmente en la estación de trabajo.

4.2.2 Creación a través del objeto COM PLA

La API PLA también puede utilizarse para importar la configuración de un modelo desde un archivo XML. Sin embargo, requiere más esfuerzo que la utilidad logman. Para ello, utilizamos el objeto COM `Pla.DataCollectorSet`.

Ejemplo

```
#Recuperamos el contenido del archivo XML
$xml=Get-Content C:\ProgramData\Temp\ColectaSemanal.xml

#Llamamos al objeto COM para importar la configuración
$DCollector = New-Object -COM Pla.DataCollectorSet
$DCollector.SetXml($xml)
$DCollector.Commit('Colecta Semanal', $null, 3)
```

Observación

Para obtener más información sobre el objeto COM `Pla.DataCollectorSet`, consulte: https://msdn.microsoft.com/en-us/library/aa371952(v=vs.85).aspx

Es posible realizar una modificación en un host remoto desde la API. Todo lo que hay que hacer es sustituir la variable `$null` en el parámetro del método `Commit()` por la dirección IP o el nombre del host remoto. El problema es el mismo que en el caso de `logman`: se utiliza el protocolo RPC. Una vez más, preferimos utilizar sesiones remotas PowerShell:

```
$Ses = New-PSSession -ComputerName SRVDC02

#Copiar archivo XML
$FilePath = 'C:\ProgramData\Temp\ColectaSemanal.xml'
```

```
$Dest = "C:\ProgramData\PlantillaColecta.xml"
Copy-Item -Path $FilePath -Destination $Dest -Force -ToSession
$Ses

#Uso de la API COM
Invoke-Command -Session $ses -ScriptBlock {
    Param($Path)
    $xml=Get-Content $Path

        $DCollector = New-Object -COM Pla.DataCollectorSet
    $DCollector.SetXml($xml)
    $DCollector.Commit('Colecta Semanal', $null, 3)

    Remove-Item -Path $Path -Force
} -ArgumentList $Dest
```

4.3 Gestión de conjuntos de recopiladores de datos

Dado que no existe ningún comando que permita gestionar adecuadamente los conjuntos de recopiladores de datos, es necesario recurrir a la utilidad logman o a objetos COM.

4.3.1 Consulta de conjuntos existentes de recopiladores de datos

La utilidad logman puede utilizarse para enumerar todos los conjuntos de recopiladores de datos del sistema:

```
PS > logman query

Conjunto de recopiladores de datos        Tipo            Estado
-------------------------------------------------------------------
Colecta semanal                          Contador         Detenido
Server Manager Performance Monitor       Contador         Detenido

La operación se ha realizado correctamente.
```

Observación

No existe una forma sencilla de replicar esta operación mediante un objeto COM.

Es posible consultar un conjunto específico de recopiladores de datos para obtener información más detallada:

```
PS > logman query 'Colección semanal'.

Nombre: Colecta semanal
Estado: Detenido
Ruta raíz: %systemdrive%\PerfLogs\Admin\Colecta
                      semanal
SEGMENT: Inactivo
Programación: Activa
Duración máxima del segmento:39600 segundo(s)
Ejecutar como: Sistema

Programar
Fecha de inicio: 14/06/2018
Hora de inicio: 8:00:00 AM
Fecha de finalización: 9/24/2018
Días: Lun

Nombre: Colecta semanal\DataCollector01
Tipo: Contador
Añadir: Inactivo
Circular: Inactivo
Reemplazar: Inactivo
Intervalo de muestreo: 60 segundo(s)

Contadores:
  \Disco físico(_Total)Escrituras en disco, bytes/s
  \Disco físico(_Total)Lecturas de disco, bytes/s
  \Memoria\Bytes disponibles
 \Memoria\Bytes válidos
  \Procesador(_Total)\%tiempo de procesador
  \Interfaz de red(*)Total bytes/s

La operación se ha realizado correctamente.
Inicio de un conjunto de recopiladores de datos
```

Se puede utilizar un procedimiento similar con un objeto COM:

```
PS > $DCollector = New-Object -COM Pla.DataCollectorSet
PS > $DCollector.Query('Colecta semanal','')
PS > $DCollector

DataCollectors              : System.__ComObject
Duration                    : 0
Description                 :
DescriptionUnresolved       :
```

```
DisplayName                 :
DisplayNameUnresolved       :
Keywords                    : {}
LatestOutputLocation        :
name                        : Colecta semanal
OutputLocation              : C:\PerfLogs\Admin\Colecta semanal
                             SRV2K12R2_20180614-000001
RootPath                    : %systemdrive%\PerfLogs\Admin\Colecta semanal

Segment                     : False
SegmentMaxDuration          : 39600
SegmentMaxSize              : 0
SerialNumber                : 1
Server                      :
Status                      : 0
Subdirectory                :
SubdirectoryFormat          : 3
...
```

La desventaja de este método es la falta de claridad en la presentación de la información. Sin embargo, tiene la ventaja de ser fácil de usar desde PowerShell, a diferencia de la salida de texto de logman.

4.3.2 Puesta en marcha de un conjunto de recopiladores de datos

También en este caso se puede optar por la utilidad logman o por un objeto COM para iniciar un conjunto de recopiladores de datos.

Ejemplo con logman

```
PS > logman start "Colecta semanal".
```

Ejemplo con un objeto COM

```
PS > $DCollector = New-Object -COM Pla.DataCollectorSet
PS > $DCollector.Query('Colecta semanal','')
PS > $DCollector.Start('True')
```

4.3.3 Detención de un conjunto de recopiladores de datos

También hay dos soluciones para detener un conjunto de colectores de datos:

Ejemplo con logman

```
PS > logman stop "Colecta semanal"
```

Ejemplo con el objeto COM

```
PS > $DCollector = New-Object -COM Pla.DataCollectorSet
PS > $DCollector.Query('Colecta semanal','')
PS > $DCollector.Stop('True')
```

4.3.4 Eliminación de un conjunto de recopiladores de datos

Ambas soluciones son posibles para eliminar un conjunto de colectores de datos.

Ejemplo con logman

```
PS > logman delete "Colecta semanal".
```

Ejemplo con el objeto COM

```
PS > $DCollector = New-Object -COM Pla.DataCollectorSet
PS > $DCollector.Query(' Colecta semanal','')
PS > $DCollector.delete()
```

Capítulo 15
Administración de directorios

1. Introducción

Un servicio de directorio es un elemento central de un sistema de información. Identifica, autentica y agrupa un gran número de objetos. Entre ellos figura la identidad digital de usuarios, ordenadores y servidores.

Existen varios directorios, pero el más conocido de todos es sin duda Active Directory (AD), rebautizado Active Directory Domain Services (ADDS) desde Windows Server 2008. Apareció por primera vez con Windows Server 2000. Se encuentra incluso en las organizaciones más pequeñas (menos de 20 empleados).

Además de las funciones básicas, ADDS ofrece una serie de características adicionales. Entre ellas, la posibilidad de administrar de forma centralizada un gran número de estaciones de trabajo y usuarios a través de objetos llamados políticas de grupo o *Group Policy Objects* (GPO). También es posible crear grupos de usuarios u ordenadores para facilitar la gestión de derechos en toda la red corporativa.

ADDS es una función muy completa, pero también lleva mucho tiempo administrarla. Para simplificarlo, es necesario conocer un atajo que reduzca las acciones repetitivas sin valor añadido. Por ejemplo, crear un usuario: tanto si crea 1 como 20, sigue siendo la misma operación. Entonces, ¿por qué no intentar automatizarla? Eso es lo que vamos a ver en este capítulo: la posibilidad de automatizar el procesamiento en un directorio ADDS a gran escala.

En primer lugar, examinaremos el módulo Active Directory. En segundo lugar, presentaremos una tecnología antigua que apareció antes que Active Directory. Descubriremos que, a pesar de su antigüedad, sigue siendo muy útil.

2. Módulo Active Directory

El módulo Active Directory se introdujo en Windows Server 2008 R2. Contiene dos elementos: un proveedor (*provider*) que permite explorar el árbol de directorios como un sistema de archivos, y un conjunto de comandos PowerShell para administrar todas las funciones de ADDS y AD LDS (*Active Directory Lightweight Domain Services*).

Esta sección cubre únicamente los principios básicos del módulo. El objetivo de esta sección es ofrecer los fundamentos y mostrar el valor añadido que PowerShell puede aportar a la administración de directorios.

2.1 Prerrequisitos

El módulo consulta el servicio web del Directorio Activo (*Active Directory Web Services*). Este está presente por defecto en Windows Server 2008 R2 y versiones posteriores. Si su infraestructura consiste exclusivamente en Windows Server 2008, no podrá utilizar este servicio. Históricamente, era posible instalar este servicio en este sistema operativo, pero Microsoft ya no pone el instalador a disposición para su descarga. Esto es comprensible, ya que Windows Server 2008 dejó de recibir soporte hace varios años.

Por defecto, el módulo Active Directory está disponible cuando se instala el rol ADDS (excepto para Windows Server 2008, por supuesto). Es posible instalar este módulo en estaciones de trabajo cliente Windows. Para ello, es necesario descargar e instalar las *Remote Server Administration Tools* (RSAT).

Observación

Para administrar controles de dominio en 2008 mediante Active Directory Management Gateway Service, debe utilizar RSAT en una estación de trabajo cliente o Windows Server 2008 R2 o superior con el módulo PowerShell. Para instalar este módulo de forma independiente en un servidor, utilice el comando `Install-WindowsFeature RSAT-AD-PowerShell`.

Una vez que el módulo esté disponible, podrá empezar a utilizarlo. Si la detección automática de módulos está desactivada, deberá importarlo manualmente:

```
PS > Import-Module ActiveDirectory
```

Para saber qué comandos contiene el módulo, utilice el comando `Get-Command` con el parámetro `-Module`:

```
Get-Command -Module ActiveDirectory
```

2.2 Búsqueda de objetos

La búsqueda de objetos en un directorio es sin duda la acción que más se realiza en términos de administración. Y en general, antes de realizar cualquier acción sobre un objeto, es necesario identificarlo.

En los comandos del módulo Active Directory, hay tres formas diferentes de filtrado:

- filtro de identidad en el parámetro `-Identity`
- filtro genérico en el parámetro `-Filter`
- Filtro LDAP en el parámetro `-LDAPFilter`

2.2.1 Búsqueda basada en la identidad

Cuando se conoce de antemano la identidad del objeto, se ahorra una cantidad de tiempo considerable. Es posible evitar búsquedas largas que consumen mucho tiempo y recursos.

Un objeto de Active Directory se identifica mediante atributos de identidad. Estos atributos son los únicos que identifican de forma única al objeto. No puede haber dos objetos con atributos de identidad idénticos.

Los atributos de identidad únicos suelen ser:

- `DistinguishedName`: identificador LDAP
- `ObjectGUID`: Identificador de Active Directory
- `SID`: identificador de seguridad
- `SAMAccountName`: identificador de la cuenta

Ejemplo con el `SAMAccountName` de un usuario :

```
PS > Get-ADUser -Identity nbaudin

DistinguishedName : CN=Nicolas NB. BAUDIN,OU=Users,OU=AKALYA,D...
Enabled           : True
GivenName         : Nicolas
Name              : Nicolas NB. BAUDIN
ObjectClass       : user
ObjectGUID        : a3ebaf49-3e0d-4ad4-b230-1fa33fac9e02
SamAccountName    : nbaudin
SID               : S-1-5-21-3204842471-106704321-4201277166-1105
Surname           : BAUDIN
UserPrincipalName : nbaudin@ad.akalya.fr
```

Utilizando los valores de los demás atributos se obtiene el mismo resultado:

```
PS > Get-ADUser -Identity a3ebaf49-3e0d-4ad4-b230-1fa33fac9e02
PS > Get-ADUser -Identity `
     S-1-5-21-3204842471-106704321-4201277166-1105
PS > Get-ADUser -Identity `
     CN=Nicolas NB. BAUDIN,OU=Users,OU=AKALYA,DC=AD,DC=AKALYA,DC=FR
```

2.2.2 Filtro genérico

Los filtros genéricos se utilizan con el parámetro `-Filter`. Se presentan en forma de cadena de caracteres. Permite aplicar una lógica compleja en los filtros, ya que utilizan la misma sintaxis que los filtros de PowerShell. Esta sintaxis se basa en la notación BNF (*Bakus-Naur Form*). Se trata de un metalenguaje.

Observación

Los metalenguajes describen las reglas sintácticas de los lenguajes de programación.

En esta sección, solo se abordará el tema mediante ejemplos. No obstante, es posible profundizar consultando el tema de ayuda de PowerShell: about_ActiveDirectory_Filter. Si el tema no está disponible en su sistema, siempre puede consultar la ayuda en línea en la siguiente dirección:
https://technet.microsoft.com/en-us/library/hh531527(v=ws.10).aspx

Se enumeran todos los objetos:

```
PS > Get-ADObject -Filter *

DistinguishedName
-----------------
DC=AD,DC=AKALYA,DC=FR
CN=Users,DC=AD,DC=AKALYA,DC=FR
CN=Computers,DC=AD,DC=AKALYA,DC=FR
OU=Domain Controllers,DC=AD,DC=AKALYA,DC=FR
CN=System,DC=AD,DC=AKALYA,DC=FR
CN=LostAndFound,DC=AD,DC=AKALYA,DC=FR
...
```

Se listan todos los usuarios:

```
PS > Get-ADUser -Filter *


DistinguishedName : CN= Administrador,CN=Users,DC=AD,DC=AKALYA,DC=FR
Enabled           : True
GivenName         :
Name              : Administrador
ObjectClass       : user
ObjectGUID        : b6fc6ac0-1520-4507-9237-94ddfd2463ba
SamAccountName    : Administrador
SID               : S-1-5-21-3204842471-106704321-4201277166-500
Surname           :
UserPrincipalName :

DistinguishedName : CN=Invitado,CN=Users,DC=AD,DC=AKALYA,DC=FR
Enabled           : False
GivenName         :
Name              : Invitado
ObjectClass       : user
ObjectGUID        : 1dab57d8-3624-47f0-a0a2-5dd83e49a24a
SamAccountName    : Invitado
SID               : S-1-5-21-3204842471-106704321-4201277166-501
Surname           :
UserPrincipalName :

...
```

Lista todos los usuarios cuyo atributo Nombre empieza por N:

```
PS > Get-ADUser -Filter {Name -like "N*"}


DistinguishedName : CN=Nicolas NB. BAUDIN,OU=Users,OU=AKALYA,D...
Enabled           : True
GivenName         : Nicolas
Name              : Nicolas NB. BAUDIN
ObjectClass       : user
ObjectGUID        : a3ebaf49-3e0d-4ad4-b230-1fa33fac9e02
SamAccountName    : nbaudin
SID               : S-1-5-21-3204842471-106704321-4201277166-1105
Surname           : BAUDIN
UserPrincipalName : nbaudin@ad.akalya.fr
```

Observación

Es posible sustituir las llaves por comillas dobles. Sin embargo, es fácil confundirse al filtrar cadenas de texto, como en el ejemplo anterior.

Lista de todos los usuarios activos que empiezan por la letra N:

```
PS > Get-ADUser -Filter {Name -like "N*" -and Enabled -eq $true}

DistinguishedName : CN=Nicolas NB. BAUDIN,OU=Users,OU=AKALYA,D...
Enabled           : True
GivenName         : Nicolas
Name              : Nicolas NB. BAUDIN
ObjectClass       : user
ObjectGUID        : a3ebaf49-3e0d-4ad4-b230-1fa33fac9e02
SamAccountName    : nbaudin
SID               : S-1-5-21-3204842471-106704321-4201277166-1105
Surname           : BAUDIN
UserPrincipalName : nbaudin@ad.akalya.fr
```

Observación

El uso de filtros en PowerShell 7+ en Windows puede causar problemas a pesar de la excelente compatibilidad con versiones anteriores de PowerShell. La razón principal radica en el uso de variables en el filtro y su sustitución dentro del comando. Por razones de retrocompatibilidad, los comandos se ejecutan en un entorno PowerShell 5.1 que no conoce las variables. Por lo tanto, las variables no se sustituyen por sus valores. Ejemplo: `Get-ADUser -Filter {Name -eq $UserName -and Enabled -eq $true}`

2.2.3 Filtro LDAP

Los filtros LDAP son más sofisticados que los filtros genéricos. Pero su sintaxis puede resultar menos familiar si no se está habituado a utilizarlos. Estos filtros no son exclusivos de PowerShell. También pueden usarse en otras herramientas, como la consola de administración de Active Directory. De hecho, si ya se dispone de filtros LDAP, estos pueden reutilizarse aquí.

En términos sintácticos, un filtro LDAP es una cadena de caracteres delimitada por paréntesis (). Dentro, colocamos una igualdad con, a la izquierda, el nombre del atributo del objeto que queremos filtrar, y a la derecha, el valor que debe tener el atributo para que el objeto aparezca en los resultados.

Además de los corchetes, existen otros caracteres especiales:

- `*`: este carácter equivale al carácter wildcards. Por ejemplo, si desea todos los nombres que empiecen por n: `(name=n*)`.
- `NUL`: este carácter es equivalente a `$Null` en PowerShell.
- `\`: este carácter es un carácter de escape especial. Puede ir seguido del valor hexadecimal ASCII que representa un carácter. De este modo, puede asegurarse de que `*` no es un carácter especial. Por ejemplo, buscamos todos los atributos `DisplayName` con el valor "Nicolas * BAUDIN": `(displayname=Nicolas \5C BAUDIN)`.

Además de caracteres especiales, los filtros LDAP disponen de operadores. Aumentan la flexibilidad y permiten refinar las consultas. Puede filtrar varios atributos en una misma consulta. He aquí la lista:

- &: equivalente al operador -and en PowerShell. Todas las condiciones deben ser verdaderas.
- `|`: Es el equivalente del operador `-or` en PowerShell. Una de las condiciones debe ser verdadera.
- `!`: equivalente al operador `-not` en PowerShell. El objeto directorio se devuelve si la condición es falsa.

Observación

Para obtener más información sobre los filtros LDAP, consulte los siguientes artículos:

https://social.technet.microsoft.com/wiki/contents/articles/5392.active-directory-ldap-syntax-filters.aspx

https://msdn.microsoft.com/en-us/library/ms808539.aspx

https://msdn.microsoft.com/en-us/library/aa746475(v=vs.85).aspx

Un filtro LDAP se coloca sobre los comandos del módulo Active Directory construidos con el verbo `Get`. He aquí cómo transcribir los ejemplos dados anteriormente.

Enumera todos los objetos:

```
PS > Get-ADObject -LDAPFilter '(objectCategory=*)'

DistinguishedName
-----------------
DC=AD,DC=AKALYA,DC=FR
CN=Users,DC=AD,DC=AKALYA,DC=FR
CN=Computers,DC=AD,DC=AKALYA,DC=FR
OU=Domain Controllers,DC=AD,DC=AKALYA,DC=FR
CN=System,DC=AD,DC=AKALYA,DC=FR
CN=LostAndFound,DC=AD,DC=AKALYA,DC=FR
...
```

Listar todos los usuarios:

```
PS > Get-ADObject -LDAPFilter `
'(&(objectCategory=person)(objectClass=user))'


DistinguishedName       Name              ObjectClass ObjectGUID
-----------------       ----              ----------- ----------
CN=Administrateur,CN... Administrador     user        b6fc6ac...
CN=Invité,CN=Users,D... Invitado          user        1dab57d...
...
```

Lista todos los usuarios cuyo atributo `Name` empieza por `N`:

```
PS > Get-ADObject -LDAPFilter `
'(&(objectCategory=person)(objectClass=user)(Name=N*))'
```

```
DistinguishedName          Name          ObjectClass ObjectGUID
-----------------          ----          ----------- ----------
CN=Nicolas NB. BAUDIN,O... Nicolas NB. ... user      a3ebaf4...
```

Para este ejemplo, también puede utilizar comandos más específicos, como `Get-ADUser`:

```
PS > Get-ADUser -LDAPFilter '(Name=N*)'


DistinguishedName : CN=Nicolas NB. BAUDIN,OU=Users,OU=AKALYA,D...
Enabled           : True
GivenName         : Nicolas
Name              : Nicolas NB. BAUDIN
ObjectClass       : user
ObjectGUID        : a3ebaf49-3e0d-4ad4-b230-1fa33fac9e02
SamAccountName    : nbaudin
SID               : S-1-5-21-3204842471-106704321-4201277166-1105
Surname           : BAUDIN
UserPrincipalName : nbaudin@ad.akalya.fr
```

Por último, he aquí un ejemplo más complejo. Enumera los ordenadores con el atributo `SamAccountName` empezando por S o terminando por 10:

```
PS > Get-ADObject -LDAPFilter ` '(&(objectCategory=computer)
(|(samaccountname=S*)(samaccountname=*10$)))' | Format-Table
Name,ObjectClass


Name            ObjectClass
----            -----------
SRVDC01         computer
SRV2K16         computer
SRV2K12R2       computer
SRVDC02         computer
S100023987DV10  computer
S100023988DV10  computer
S100023989DV10  computer
S100023989DV11  computer
V100023989DV10  computer
V100023987DV10  computer
V100023988DV10  computer
```

2.3 Gestión de unidades organizativas

Dentro de Active Directory, las unidades organizativas *Organizational Unit* (OU) son contenedores. Permiten organizar jerárquicamente todos los objetos del directorio. Por tanto, es posible anidar varios niveles de unidades organizativas. Sin embargo, hay que tener cuidado de no ir demasiado abajo creando demasiados niveles jerárquicos. Esto podría ser contraproducente y provocar latencia al consultar o modificar objetos de gran tamaño.

Esta organización de objetos de directorio es plenamente compatible con el uso de directivas de grupo. Las políticas de grupo contienen un conjunto de parámetros específicos que se declaran a través de la consola gpmsc.msc. A continuación, pueden vincularse a una OU específica para dirigirse a todos los ordenadores o usuarios que contenga.

Finalmente, cabe destacar la posibilidad de delegar privilegios administrativos en usuarios que no sean administradores del dominio. Por ejemplo, es posible delegar en los directores de departamento la capacidad de crear grupos de usuarios dentro de su propia OU.

2.3.1 Creación de una unidad organizativa

Para crear una OU, utilice el comando `New-ADOrganizationalUnit`. Los parámetros más importantes son `-Name` (obligatorio) y `-Path`. También puede introducir una descripción utilizando el parámetro `-Description`.

Observación

Si se omite el parámetro `-Path`, por defecto la OU se crea en la raíz del dominio. El valor del parámetro `-Path` debe ser el Distinguished Name del contenedor donde se coloca. El concepto de Distinguished Name se discute más adelante en este capítulo.

Creación de la OU AKALYA en la raíz del dominio:

```
PS > New-OrganizationalUnit -Name AKALYA
```

Creación de la OU IT dentro de la OU AKALYA:

```
PS > $Path = "OU=AKALYA, DC=AD, DC=AKALYA, DC=FR"
PS > New-ADOrganizationalUnit -Name IT -Path $Path
```

2.3.2 Modificación de una unidad organizativa

Para modificar una OU, utilice el comando `Set-ADOrganizationalUnit`. He aquí algunos ejemplos.

Modificación de la descripción de la OU:

```
PS > $Identity = "OU=AKALYA, DE=AD, DC=AKALYA, DC=FR"
PS > Set-ADOrganizationalUnit -Identity $Identity `
        -Description 'Service IT'
```

Modificación del país al que pertenece la OU:

```
PS > Set-ADOrganizationalUnit -Identity $Identity -Country FR
```

2.3.3 Eliminación de una unidad organizativa

El comando que realiza esta acción es `Remove-ADOrganizationalUnit`. Pero antes de utilizar este comando, debe desactivar la opción que impide eliminaciones accidentales del archivo:

```
PS > Set-ADOrganizationalUnit -Identity $Identity `
         -ProtectedFromAccidentalDeletion $false
```

A continuación, se puede eliminar la OU:

```
PS > Remove-ADOrganizationalUnit -Identity $Identity
Confirme
¿Está seguro de que desea realizar esta acción?
Operación "Remove" en curso en el destino
"OU=IT,OU=AKALYA,DC=AD,DC=AKALYA,DC=EN"".
[S] Sí  [O] Sí a todo  [N] No  [T] No a todo  [U] Suspender  [?]
Ayuda (el valor predeterminado es "S"): S
```

Aparece un mensaje de advertencia para confirmar la acción de borrado. La respuesta es `S`.
Este mensaje puede evitarse colocando el argumento `-Confirm:$false` en el comando.

2.4 Gestión de usuarios

Al igual que las unidades organizativas, los usuarios pueden administrarse mediante un conjunto de comandos.

- `Get-ADUser`: devuelve los usuarios según el filtro utilizado.
- `New-ADUser`: crea un nuevo usuario.
- `Set-ADUser`: modifica un usuario.
- `Remove-ADUser`: elimina un usuario.
- `Set-ADAccountPassword`: cambia la contraseña de un objeto del directorio (ordenador, usuario o cuenta de servicio).
- `Get-ADUserResultantPasswordPolicy`: devuelve la política de contraseñas asignada a un usuario.

A excepción del último comando, todos ellos se tratarán en esta sección.

2.4.1 Mostrar la lista de usuarios y sus propiedades

Ya se ha visto el método para obtener usuarios en función de ciertos atributos o de una identidad concreta. Sin embargo, el comando `Get-ADUser` filtra las propiedades del objeto devuelto. Solo están presentes las propiedades `Distinguishedname`, `Enabled`, `GivenName`, `Name`, `ObjectClass`, `ObjectGUID`, `SamAccountName`, `SID`, `Surname` y `UserPrincipalName`.

Para mostrar el resto de las propiedades, utilice el parámetro `-Properties`.

Ejemplo de visualización de las propiedades `whenchanged` y `PasswordNeverExpires`:

```
PS > Get-ADUser -Identity nbaudin -Properties `
        Whenchanged,PasswordNeverExpires


DistinguishedName     : CN=Nicolas NB.
BAUDIN,OU=Users,OU=AKALYA,D...
Enabled               : True
GivenName             : Nicolas
Name                  : Nicolas NB. BAUDIN
ObjectClass           : user
ObjectGUID            : a3ebaf49-3e0d-4ad4-b230-1fa33fac9e02
```

```
PasswordNeverExpires : True
SamAccountName       : nbaudin
SID                  : S-1-5-21-3204842471-106704321-
420127716...
Surname              : BAUDIN
UserPrincipalName    : nbaudin@ad.akalya.fr
Whenchanged          : 6/1/2018 11:25:14 PM
```

Es posible que no sepa dónde se encuentra la información, pero mostrar todas las propiedades puede facilitar su localización. Para ello, establece el valor * en el mismo parámetro:

```
PS > Get-ADUser -Identity nicolasb -Properties *



AccountExpirationDate                :
accountExpires                       : 9223372036854775807
AccountLockoutTime                   :
...
Manager                              :
MemberOf                             : {...}
MNSLogonAccount                      : False
MobilePhone                          :
Modified                             : 6/1/2018 11:25:14 PM
modifyTimeStamp                      : 6/1/2018 11:25:14 PM
msDS-User-Account-Control-Computed   : 0
Name                                 : Nicolas NB. BAUDIN
nTSecurityDescriptor                 : System.Directory...
ObjectCategory                       :
CN=Person,CN=Schema,CN=Configuration...
ObjectClass                          : user
ObjectGUID                           : a3ebaf49-3e0d-4ad4-b...
objectSid                            : S-1-5-21-3204842471-...
...
SamAccountName                       : nbaudin
sAMAccountType                       : 805306368
ScriptPath                           :
sDRightsEffective                    : 15
ServicePrincipalNames                : {}
SID                                  : S-1-5-21-3204842471-...
SIDHistory                           : {}
SmartcardLogonRequired               : False
sn                                   : BAUDIN
State                                :
StreetAddress                        :
```

```
Surname                          : BAUDIN
Title                            :
TrustedForDelegation             : False
TrustedToAuthForDelegation       : False
UseDESKeyOnly                    : False
userAccountControl               : 66048
userCertificate                  : {}
UserPrincipalName                : nbaudin@ad.akalya.fr
uSNChanged                       : 127031
uSNCreated                       : 12878
whenChanged                      : 6/1/2018 11:25:14 PM
whenCreated                      : 2/6/2017 7:37:50 AM
```

Observación

La salida es demasiado larga y se ha acortado deliberadamente para el libro.

2.4.2 Creación de un usuario

Un usuario se crea utilizando el comando `New-ADUser`. Contiene un gran número de argumentos, la mayoría de los cuales se utilizan para definir los atributos del objeto usuario. Sin embargo, solo el parámetro `-Name` es obligatorio. Para ver todos los parámetros, consulte la ayuda:

```
Get-Help New-ADUser -Parameter
```

Creación del primer usuario:

```
PS > New-ADUser -Name 'Rick Sanchez'
```

En este caso, el usuario se crea en la OU por defecto `Users` del directorio. Está desactivado y no tiene contraseña. Veremos cómo remediar esta situación más adelante.

Por ahora, veamos cómo crear un objeto usuario operativo. En primer lugar, necesitas una contraseña. Debe ser de tipo `[securestring]`. Existen varios métodos para crear este tipo de objeto:

- Utilice el comando `Read-Host` con el parámetro `-AsSecureString`:

```
PS > $SecureString = Read-Host -Prompt "Contraseña" `
     -AsSecureString
Contraseña: ********
```

– Uso del comando `Get-Credential` y su propiedad `Password`:

```
$SecureString = (Get-Credential -Message  "Contraseña").password
```

Observación

*El valor del campo **Nombre de usuario** de la interfaz no es importante, pero no debe ser cero.*

– Utilice el comando `ConvertTo-SecureString` con el parámetro `-AsplaintText`:

```
PS > $SecureString = ConvertTo-SecureString -String P@ssw0rd `
     -AsPlainText -Force
```

A partir de ahí, se puede adaptar a las necesidades y prácticas del entorno. Puede almacenar un objeto en un archivo XML utilizando el comando `Export-Clixml`. A continuación, debe volver a importarlo utilizando el comando `Import-Clixml`. La ventaja es que los objetos de tipo `[securestring]` están encriptados. Tenga en cuenta, sin embargo, que el cifrado se genera a partir de la máquina y la sesión del usuario. Esto implica que la importación solo puede efectuarse en el mismo equipo y con el mismo usuario que ejecutó el comando de exportación.

Ahora que la contraseña está lista, podemos pasar a crear el usuario:

```
PS > New-ADUser -Name 'Morty Smith' -GivenName Morty `
     -SurName Smith -Description 'Nieto de Rick Sanchez' `
     -Path "OU=AKALYA,DC=AD,DC=AKALYA,DC=FR" `
     -AccountPassword $SecureString -Enabled $true
```

Truco

Estábamos hablando de la creación a gran escala. Es posible redirigir la salida del comando `Import-CSV` al comando `New-ADUser` mediante el pipeline. Los nombres de las columnas del archivo CSV deben coincidir con los nombres de los parámetros de `New-ADUser`.

2.4.3 Cambiar la contraseña y activar un objeto usuario existente

Como vimos anteriormente, por defecto un objeto usuario se crea desactivado y sin contraseña. Para cambiar esto, primero debe crear una contraseña de tipo `[securestring]` utilizando uno de los tres métodos anteriores:

```
PS > $Password = ConvertTo-SecureString -String 'P@ssw0rd' `
     -AsPlainText -Force
```

La contraseña se cambia entonces utilizando el comando `Set-ADAccount-Password` y el parámetro `-Reset` para restablecer la contraseña:

```
PS > Set-ADAccountPassword -Identity 'Rick Sanchez' `
     -NewPassword $Password -Reset
```

Observación

El comando `Set-ADUser` no permite cambiar contraseñas.

Solo queda activar la cuenta de usuario mediante el comando `Set-ADUser`:

```
PS > Get-ADUser -Identity 'Rick Sanchez' | Set-ADUser `
     -Enabled $true
```

Observación

`Set-ADUser` acepta entradas a través del pipeline en el parámetro `-Identity`. Esto significa que se puede modificar un gran número de cuentas. Para ello, basta con ejecutar el comando `Get-ADUser` con el filtro adecuado.

La cuenta ya está activa y puede utilizarse:

```
PS > Get-ADUser -Identity 'Rick Sanchez'


DistinguishedName : CN=Rick Sanchez,CN=Users,DC=AD,DC=AKALYA,DC=FR
Enabled           : True
GivenName         :
Name              : Rick Sanchez
ObjectClass       : user
ObjectGUID        : b5be056c-574d-4aca-b0af-00c44d218013
SamAccountName    : Rick Sanchez
SID               : S-1-5-21-3121133183-3589574979-3787368765-1106
Surname           :
UserPrincipalName :
```

2.4.4 Modificación de un atributo

Del mismo modo que para activar o desactivar un objeto de usuario, se utiliza el comando `Set-ADUser` para modificar sus atributos. Al igual que `New-ADUser`, `Set-ADUser` tiene un gran número de parámetros para modificar los atributos de un objeto de usuario. Pero no cubren todos los atributos. Para ello, existe el parámetro `-Add`. Facilita la adición de atributos no cubiertos por los parámetros del comando. Acepta como entrada una hashtable construida a partir de los nombres de los atributos y sus valores.

Ejemplo con la modificación de los atributos `EmployeeType` y `extensionName`

```
PS > Get-ADUser -Identity 'Rick Sanchez' | Set-ADUser -Add `
    @{EmployeeType=42;extensionName='Científico'}
```

Comprobación de que se ha tenido en cuenta el cambio

```
PS > Get-ADUser -Identity 'Rick Sanchez' `
        -Properties EmployeeType,extensionName

DistinguishedName : CN=Rick
Sanchez,CN=Users,DC=AD,DC=AKALYA,DC=FR
EmployeeType      : 42
Enabled           : True
extensionName     : {Científico}
GivenName         :
Name              : Rick Sanchez
ObjectClass       : user
ObjectGUID        : b5be056c-574d-4aca-b0af-00c44d218013
SamAccountName    : Rick Sanchez
SID               : S-1-5-21-3121133183-3589574979-3787368765-
1106
Surname           :
UserPrincipalName :
```

El caso de uso `-Add` solo es válido si el atributo está vacío. Si ya existe un valor, el parámetro `-Replace` se utiliza del mismo modo que `-Add`:

```
PS > Get-ADUser -Identity 'Rick Sanchez' | Set-ADUser -Replace `
     @{EmployeeType=6}
```

Comprobación de que se ha tenido en cuenta el cambio

```
PS > Get-ADUser -Identity 'Rick Sanchez' `
 ........-Properties EmployeeType,extensionName

DistinguishedName : CN=Rick Sanchez,CN=Users,DC=AD,DC=AKALYA,DC=FR
EmployeeType      : 6
Enabled           : True
extensionName     : {Científico}
GivenName         :
Name              : Rick Sanchez
ObjectClass       : user
ObjectGUID        : b5be056c-574d-4aca-b0af-00c44d218013
SamAccountName    : Rick Sanchez
SID               : S-1-5-21-3121133183-3589574979-3787368765-1106
Surname           :
UserPrincipalName :
```

Por último, si los valores de uno o más atributos ya no son necesarios, el parámetro `-Clear` se utiliza para restablecer el valor de un atributo a vacío:

```
PS > Get-ADUser -Identity 'Rick Sanchez' | Set-ADUser -Clear `
    EmployeeType,extensionName
```

Comprobación de que se ha tenido en cuenta el cambio

```
PS > Get-ADUser -Identity 'Rick Sanchez' `
         -Properties EmployeeType,extensionName

DistinguishedName : CN=Rick Sanchez,CN=Users,DC=AD,DC=AKALYA,DC=FR
Enabled           : True
GivenName         :
Name              : Rick Sanchez
ObjectClass       : user
ObjectGUID        : b5be056c-574d-4aca-b0af-00c44d218013
SamAccountName    : Rick Sanchez
SID               : S-1-5-21-3121133183-3589574979-3787368765-1106
Surname           :
UserPrincipalName :
```

2.4.5 Eliminación de un usuario

Para eliminar un usuario, basta con utilizar el comando `Remove-ADUser`. Si Rick Sánchez va a dejar la empresa, recomendamos bloquear su acceso al sistema de información y eliminar el objeto de usuario de Active Directory.

Observación

En línea con las mejores prácticas de Microsoft, es aconsejable desactivar primero el objeto de usuario y moverlo a una OU separada. Transcurridos 90 días, se eliminan las asignaciones de grupo del usuario y, solo dos años después de la desactivación, el objeto de usuario se elimina del directorio. Esto permite, por ejemplo, saber si se han asignado derechos a este usuario por su nombre (¡una práctica que desaconsejamos encarecidamente!). Porque si se borra el objeto, solo queda el SID en las ACL. Y averiguar a quién pertenecía el SID en cuestión es una tarea laboriosa, por no decir imposible.

Eliminación de Rick Sanchez

```
PS > Remove-ADUser -Identity 'Rick Sanchez' -Confirm:$false
```

2.5 Gestión de grupos

Al igual que los objetos de usuario, los objetos de grupo tienen sus propios comandos de administración.

- `Get-ADGroup`: lista uno o más grupos de Active Directory.
- `Get-ADGroupMember`: lista los miembros de un grupo de Active Directory.
- `Get-ADPrincipalGroupMemberShip`: lista el grupo o grupos que contienen un objeto específico. Este objeto puede ser de tipo usuario, equipo, grupo o cuenta de servicio.
- `Get-ADAccountAuthorizationGroup`: enumera los grupos de seguridad para cada token de cuenta de usuario, equipo o servicio especificado.
- `Add-GroupMember`: añade uno o más miembros a un grupo de Active Directory.
- `Add-ADPrincipalGroupMemberShip`: añade un miembro a uno o más grupos de Active Directory.
- `New-ADGroup`: crea un grupo de Active Directory.
- `Set-ADGroup`: modifica un grupo de Active Directory.
- `Remove-ADGroup`: elimina un grupo de Active Directory.
- `Remove-ADPrincipalGroupMemberShip`: elimina un miembro de uno o varios grupos de Active Directory.

Aquí veremos algunos casos concretos. Para más detalles, consulta el archivo de ayuda de cada comando para explotar todo su potencial.

2.5.1 Visualización de la lista de grupos

El comando `Get-ADGroup` lista los grupos de acuerdo a ciertos criterios. Estos criterios son los mismos que los del comando `Get-AD Object` visto cuando se utilizan filtros, o los del comando `Get-ADUser`.

Ejemplo para obtener todos los grupos

```
PS > Get-ADGroup -Filter *


DistinguishedName : CN= Administradores,CN=Builtin,DC=AD,DC=AKALYA
DC=FR
GroupCategory     : Security
GroupScope        : DomainLocal
Name              : Administradores
ObjectClass       : group
ObjectGUID        : 8d854afb-4fdb-49ad-a6df-920f002138d6
SamAccountName    : Administradores
SID               : S-1-5-32-544

DistinguishedName : CN=Usuarios,CN=Builtin,DC=AD,DC=AKALYA
DC=FR
GroupCategory     : Security
GroupScope        : DomainLocal
Name              : Usuarios
ObjectClass       : group
ObjectGUID        : 0970d340-aa70-435c-ad35-08e2a6c93419
SamAccountName    : Usuarios
SID               : S-1-5-32-545

DistinguishedName : CN=Invitados,CN=Builtin,DC=AD,DC=AKALYA
DC=FR
GroupCategory     : Security
GroupScope        : DomainLocal
Name              : Invitados
ObjectClass       : group
ObjectGUID        : c8b7540d-b133-49e0-9284-7dd69447a711
SamAccountName    : Invitados
SID               : S-1-5-32-546

...
```

Ejemplo de cómo obtener todos los grupos para una OU específica

```
PS > Get-ADGroup -Filter *  `
-SearchBase "CN=Users,DC=AD,DC=AKALYA,DC=FR


DistinguishedName : CN= Grupo de replicación cuya contraseña...
GroupCategory     : Security
GroupScope        : DomainLocal
Name              : Grupo de replicación cuya contraseña...
ObjectClass       : group
ObjectGUID        : 7010c5e4-b9f7-40ce-8ec7-79316b0694d5
SamAccountName    : Grupo de replicación cuya contraseña
RODC est autorisé
SID               : S-1-5-21-3204842471-106704321-4201277166-571

DistinguishedName : CN= Grupo de replicación cuya contraseña...
GroupCategory     : Security
GroupScope        : DomainLocal
Name              : Grupo de replicación cuya contraseña...
ObjectClass       : group
ObjectGUID        : 9f6b9160-dbb1-4355-ba4a-6375b7fec650
SamAccountName    : Grupo de replicación cuya contraseña...
SID               : S-1-5-21-3204842471-106704321-4201277166-572

DistinguishedName : CN= Controladores de dominio
GroupCategory     : Security
GroupScope        : Global
Name              : Controladores de dominio en solo lectura
ObjectClass       : group
ObjectGUID        : 6311c675-99b6-49e3-b1ba-dd07505cbdc3
SamAccountName    : Controladores de dominio en solo lectura
SID               : S-1-5-21-3204842471-106704321-4201277166-521

...
```

Los grupos de Active Directory se dividen en varios ámbitos: Global, Domain-Local y Universal.

Éstos pueden filtrarse utilizando el filtro genérico descrito anteriormente.

Ejemplo con la lista de todos los grupos globales

```
PS > Get-ADGroup -Filter {GroupScope -eq 'Global'}

DistinguishedName : CN=Ordenadores de dominio,CN=Users,DC=FRPS...
GroupCategory     : Security
GroupScope        : Global
Name              : Ordenadores de dominio
ObjectClass       : group
ObjectGUID        : 7862dd23-3fd1-4c09-8f03-656a8f9c2854
SamAccountName    : Ordinateurs du domaine
SID               : S-1-5-21-3204842471-106704321-4201277166-515

DistinguishedName : CN=Controladores de dominio,CN=Users,DC=FRPS...
GroupCategory     : Security
GroupScope        : Global
Name              : Controladores de dominio
ObjectClass       : group
ObjectGUID        : e40173a4-af4e-4541-99aa-866e2413ce9f
SamAccountName    : Controladores de dominio
SID               : S-1-5-21-3204842471-106704321-4201277166-516

DistinguishedName : CN=Admins du domaine,CN=Users, DC=AD,DC=AKA...
GroupCategory     : Security
GroupScope        : Global
Name              : Admins de dominio
ObjectClass       : group
ObjectGUID        : cae02625-e7ec-4731-9e1e-bcb0f93f61bd
SamAccountName    : Admins de dominio
SID               : S-1-5-21-3204842471-106704321-4201277166-512
...
```

2.5.2 Creación de un grupo

Para crear un grupo, utilice el comando New-ADGroup. Para conocer sus parámetros:

```
Get-Help New-ADGroup -Parameter
```

Los más importantes son -Name, -GroupeScope y -GroupCategory. Solo los dos primeros son obligatorios. El valor por defecto de GroupCategory es Security, que corresponde a un grupo de seguridad. El otro valor posible es Distribution. Si se omite el parámetro -SamAccountName, su valor es idéntico al del parámetro -Name, como ocurre con el comando New-ADUser. Y el objeto se posiciona en la OU Usuarios por defecto.

Ejemplo de creación de un grupo global de distribución

```
PS > New-ADGroup -Name UtilisateurRDP `
           -GroupScope Global `
           -GroupCategory Distribution
```

2.5.3 Gestión de los miembros

La gestión de los miembros de grupo de los Servicios de dominio de Active Directory está cubierta por un conjunto de comandos. Todos ellos se han presentado brevemente. A continuación, se muestra un ejemplo de cada comando.

Listar los miembros de un grupo o los grupos de un objeto

Para listar u obtener elementos, utilizamos los comandos habituales compuestos por el verbo `Get`. En este caso, los comandos son `Get-ADGroupMember` y `Get-ADPrincipalGroupMemberShip`.

Para listar los miembros de un grupo:

```
PS > Get-ADGroupMember -Identity Group1 -Recursive

distinguishedName :
CN=User1,OU=Users,OU=AKALYA, DC=AD, DC=AKALYA, DC=FR
name              : User1
objectClass       : user
objectGUID        : 218a31d9-2f9e-45ff-8b53-13426878f753
SamAccountName    : User1
SID               : S-1-5-21-3204842471-106704321-4201277166-1602

distinguishedName :
CN=User2,OU=Users,OU=AKALYA, DC=AD, DC=AKALYA, DC=FR
name              : User2
objectClass       : user
objectGUID        : f635f94f-12bc-4a88-9fb8-6559e987bf0f
SamAccountName    : User2
SID               : S-1-5-21-3204842471-106704321-4201277166-1603
```

Al igual que con los demás comandos vistos hasta ahora, `-Identity` toma como valor la identidad del grupo que se va a consultar. La presencia del parámetro `-Recursive` indica que también se desea que estén presentes los miembros de todos los grupos hijos.

Para listar los grupos a los que pertenece un objeto:

```
PS > Get-ADPrincipalGroupMemberShip -Identity User1

distinguishedName : CN=Usuarios del dominio,
CN=Users,DC=AD,DC=AKALYA,...
GroupCategory     : Security
GroupScope        : Global
name : Utilisateurs del dominio
objectClass       : group
objectGUID        : 2de0764b-a7cc-4b20-89ae-144651c5901d
SamAccountName    : Usuarios del dominio
SID               : S-1-5-21-3204842471-106704321-4201277166-513

distinguishedName :
CN=Group1,OU=Groups,OU=Users,OU=AKALYA,DC=AD,DC=AK...
GroupCategory     : Security
GroupScope        : Global
name              : Group1
objectClass       : group
objectGUID        : 99656c28-dafa-4319-b20f-0239757732f4
SamAccountName    : Group1
SID               : S-1-5-21-3204842471-106704321-4201277166-1607

distinguishedName :
CN=Group3,OU=Groups,OU=Users,OU=AKALYA,DC=AD,DC=AK
GroupCategory     : Security
GroupScope        : Global
name              : Group3
objectClass       : group
objectGUID        : a8ffd12e-cb34-4f73-a362-ddfc39efc4aa
SamAccountName    : Group3
SID               00000000000000: S-1-5-21-3204842471-106704321-
4201277166-1609

distinguishedName :
CN=Group4,OU=Groups,OU=Users,OU=AKALYA,DC=AD,DC=AK...
GroupCategory     : Security
GroupScope        : Global
name              : Group4
objectClass       : group
objectGUID        : 73443559-6691-47ab-81f9-f30b95773ac5
SamAccountName    : Group4
SID               : S-1-5-21-3204842471-106704321-4201277166-1610
```

Añadir miembros a un grupo

Para añadir miembros a un grupo de Active Directory, utilice el comando `Add-ADGroupMember`. Los parámetros más útiles son:

- `Identity`: indica la identidad del grupo.
- `Members`: indica la(s) identidad(es) del usuario, grupo u objetos informáticos que se añadirán al grupo. Los valores se separan por comas.

Ejemplo con la adición de los usuarios User3, User4 y User5 al grupo Group4

```
PS > $Members = 'User3','User4','User5'
PS > Add-ADGroupMember -Identity Group4 -Members $Members
```

Añadir un miembro a los grupos

Para añadir un objeto a varios grupos al mismo tiempo, puede tener la tentación de utilizar el comando `Add-ADGroupMember` con un bucle. Sin embargo, no es necesario complicar el procedimiento, ya que el comando `Add-ADGroupPrincipalMemberShip` permite realizar esta acción de forma directa.

Ejemplo de adición del usuario User3 a los grupos Group1, Group2 y Group5

```
PS > Add-ADPrincipalGroupMemberShip -Identity User3 `
     -MemberOf Group1,Group2,Group5
```

Los parámetros `-Identity` y `-MemberOf` son obligatorios.

Eliminar miembros de un grupo

Si la pertenencia a un grupo ya no es necesaria, puede eliminarse mediante el comando `Remove-ADGroupMember`.

Se utiliza del mismo modo que el comando `Add-ADGroupMember`, solo que el efecto es inverso.

```
PS > Remove-ADGroupMember -Identity Group1 -Members User2,User3
Confirme
¿Está seguro de que desea realizar esta acción?
Operación "Set" en curso en el destino
"CN=Group1,OU=Groups,OU=Users,OU=AKALYA,DC=AKALYA,DC=local".
[[S] Sí  [O] Sí a todo  [N] No  [T] No a todo  [U] Suspender  [?]
Ayuda (el valor predeterminado es "S"): S
```

Aquí, los miembros User2 y User3 se eliminan del grupo Group1. La confirmación se puede anular añadiendo el parámetro `-Confirm:$false` al comando.

Eliminar un miembro de varios grupos

Puede añadir un usuario a varios grupos con un único comando: `Add-ADGroupPrincipalMembership`. La acción inversa es posible con el comando `Remove-ADGroupPrincipalMembership`. Microsoft recomienda eliminar la pertenencia de objetos de usuario a grupos en cuanto un usuario deje de estar presente en la empresa. Esta eliminación debería tener lugar 90 días después de la desactivación de la cuenta del usuario.

Ejemplo de eliminación de la pertenencia de un objeto usuario a varios grupos

```
PS > Remove-ADPrincipalGroupMemberShip -Identity User3 `
         -MemberOf Group3,Group5
Eliminar miembros de un grupo
¿Desea eliminar todos los miembros especificados del grupo
especificados?
[S] Sí  [O] Sí a todo  [N] No  [T] No a todo  [U] Suspender  [?]
Ayuda (el valor predeterminado es "S"): S
```

2.5.4 Eliminación de un grupo

Para eliminar un grupo de Active Directory, utilice el comando `Remove-ADGroup`. Al igual que para eliminar un usuario, basta con introducir la identidad del grupo o utilizar una canalización con el comando `Get-ADGroup`:

```
PS > Get-ADGroup -Identity UtilisateurRDP | Remove-ADGroup `
        -Confirm:$false
```

2.6 Utilización del provider Active Directory

Cuando desea conocer la disposición de los elementos, a veces resulta más práctico disponer de una vista en forma de árbol, como en un sistema de archivos. Para explorar el sistema de archivos en PowerShell, utilizamos un *provider*. Los proveedores no se limitan al sistema de archivos, sino que se pueden encontrar para el registro de Windows, variables de entorno, funciones, etc.

El módulo Active Directory también tiene su propio *provider*. La estructura de árbol de un directorio de Active Directory Domain Services se presta perfectamente a este proceso. Puede utilizar comandos genéricos para explotar los objetos de Active Directory en el *provider*. Estos se enumeran a continuación:

Get-PSProvider	Get-Location	Set-Location (alias : cd)
Get-Item	Set-Item	New-Item
Remove-Item	Rename-Item	Move-Item
Get-ItemProperty	Set-ItemProperty	Clear-ItemProperty
Get-ACL	Set-ACL	Get-ChildItem(alias : ls)
Get-PSDrive	New-PSDrive	Get-PSProvider

El *provider* de Active Directory se introduce a través de la unidad AD:. Hay una cosa importante que hay que saber. La unidad no está presente en la consola PowerShell hasta que se importa el módulo Active Directory. Para ello, se puede utilizar el comando Import-Module o cualquier comando del módulo Active Directory. En este último caso, si la política de descubrimiento automático de módulos está activada, el módulo se carga automáticamente.

Una vez importado el módulo, utilice el comando Get-PSDrive para comprobar que la unidad está presente:

```
PS > Get-PSDrive


Name     Used (GB)      Free (GB) Provider      Root
----     ---------      --------- --------      ----
AD                                ActiveDire... //RootDSE/
Alias                             Alias
C            10,86           0,59 FileSystem    C:\

Cert                              Certificate   \
D                                 FileSystem    D:\
Env                               Environment
Function                          Function
HKCU                              Registry      HKEY_CURRENT_USER
HKLM                              Registry
 HKEY_LOCAL_MACHINE
Variable                          Variable
```

```
WSMan                                   WSMan
```

2.6.1 Exploración del provider

El punto de partida del *provider* es la unidad `AD:`. Mostramos lo que contiene:

```
PS C:\Users\Administrateur > Get-ChildItem AD:

Name                ObjectClass      DistinguishedName
----                -----------      -----------------
AKALYA              domainDNS        DC=AD,DC=AKALYA,DC=FR
Configuration       configuration    CN=Configuration,DC=AD,DC=AKALYA,
DC...
Schema              dMD              CN=Schema,CN=Configuration,DC...
DomainDnsZones      domainDNS        DC=DomainDnsZones,DC=AD,DC=AK...
ForestDnsZones      domainDNS        DC=ForestDnsZones,DC=AD,DC=AK...
```

Nos situamos en la raíz del disco:

```
PS C:\Users\Administrador > cd AD:
PS AD:\ >
```

La consola indica que la ruta actual es ahora `AD:\`.

A continuación, se profundiza en la estructura en forma de árbol:

```
PS AD:\ > Set-Location '.\DC=AD,DC=AKALYA,DC=FR'
PS AD:\DC=AD,DC=AKALYA,DC=FR > ls

Name                    ObjectClass             DistinguishedName
----                    -----------             -----------------
Builtin                 builtinDomain           CN=Builtin,DC=AD,DC=A...
Computers               container               CN=Computers,DC=AD,DC=...

Domain Controllers      organizationalUnit      OU=Domain Controller...
ForeignSecurityPr       container               CN=ForeignSecurityPr...
AKALYA                  organizationalUnit      OU=AKALYA,DC=AKALYA,
DC=AD,DC=,...
Infrastructure          infrastructureUpdate CN=Infrastructure,DC...
Keys                    container               CN=Keys,DC=AD,DC=AKA...
LostAndFound            lostAndFound            CN=LostAndFound,DC=A...
Managed Service A... container                  CN=Managed Service A...
NTDS Quotas             msDS-QuotaContainer     CN=NTDS Quotas,DC=AD...
Program Data            container               CN=Program Data,DC=A...
System                  container               CN=System,DC=AD,DC=A...
TPM Devices             msTPM-Information... CN=TPM Devices,DC=AD...
Users                   container               CN=Users,DC=AD,DC=AK...
```

Tenga en cuenta que el *provider* Active Directory es compatible con el autocompletado IntelliSense. Por lo tanto, es posible ir más rápido pulsando sucesivamente la tecla [Tab] para seleccionar el contenedor de destino. Cuando este proceso se acopla al módulo PSReadLine (presente por defecto en Windows 10 y Windows Server 2016), se genera un error al validar el comando. Esto se debe a que el módulo PSReadLine utilizado para personalizar la consola añade una barra invertida al final de la ruta de destino. En el ejemplo anterior, esto genera: .\DC=AKALYA,DC=local\. Se trata de un error del que se ha informado en el sitio web: https://github.com/lzybkr/PSReadLine/issues/473

Ahora se muestra la unidad organizativa AKALYA:

```
PS AD:\DC=AD,DC=AKALYA,DC=FR > ls '.\OU=AKALYA'

Name                ObjectClass           DistinguishedName
----                -----------           -----------------
Computer            organizationalUnit    OU=Computer,OU=AKALY...
Morty Smith         user                  CN=Morty Smith,OU=AK...
Users               organizationalUnit    OU=Users,OU=AKALYA,D...
```

En dicho contenedor se encuentra el usuario Morty Smith, creado previamente.

El *Distinguished Name* (DN) de los objetos se utiliza para navegar por el proveedor de Active Directory. El DN de un objeto es tanto un identificador único como una representación de la ubicación del objeto dentro del directorio. Cada elemento debe presentarse separado de los demás por una coma. Los *componentes* de dominio *Domain Component* (DC) se indican mediante la notación DC=.

Observación

Se recomienda utilizar siempre comillas para especificar la ruta del proveedor de Active Directory. Las rutas contienen comas, y sin comillas se interpretarían como el operador coma utilizado para crear arreglos.

Por ejemplo, el DN del dominio ad.akalya.fr es

```
DC=AD,DC=AKALYA,DC=FR
```

Como otro ejemplo, la OU AKALYA en la raíz del dominio tiene el DN

```
OU=AKALYA,DC=AD,DC=FR
```

También podemos tomar el ejemplo del usuario Morty Smith

```
CN=Morty Smith,OU=AKALYA,DC=AD, Dc=AKALYA,DC=FR
```

CN son las siglas de *Common Name*. Por tanto, el DN de un usuario (u otro objeto, como un grupo) se compone de su nombre y de la OU que lo contiene. En conclusión, un DN se construye a partir del nombre común del objeto subiendo por la jerarquía hasta el dominio.

2.6.2 Movimiento de objetos

Al igual que con los archivos, los objetos pueden moverse utilizando el comando Move-Item en el proveedor de AD. Digamos que un usuario está fuera de lugar y necesita ser movido:

```
PS > $NewOU = "AD:\OU=Users,OU=AKALYA, DC=AD, DC=AKALYA, DC=FR"
PS > $User = "AD:\CN=Morty Smith,OU=AKALYA, DC=AD, DC=AKALYA, DC=FR"
PS > Move-Item -Path $User -Destination $NewOU
```

En el ejemplo, se especifica la unidad AD:. Esto significa que puede realizar esta operación incluso desde otro proveedor. También es posible utilizar rutas relativas cuando en la unidad.

2.6.3 Modificación de objetos

Se desea modificar el atributo employeeType del objeto usuario anterior. Para ello, utilizamos el comando Set-ItemProperty:

```
PS > cd 'AD:\OU=Users,OU=AKALYA,DC=AD,DC=AKALYA,DC=FR'
PS > Set-ItemProperty -Path './CN=Morty Smith' `
         -Name employeeType -Value 1234
```

Compruebe que el cambio es efectivo:

```
PS > Get-ItemProperty -Path './CN=Morty Smith' -Name employeeType

employeeType : 1234
PSPath       : Microsoft.ActiveDirectory.Management\ActiveDire...
               Smith,OU=Users,OU=AKALYA,DC=AD,DC=AKALYA,DC=FR
PSParentPath : Microsoft.ActiveDirectory.Management\ActiveDire...
PSChildName  : CN=Morty Smith
PSDrive      : AD
PSProvider   : Microsoft.ActiveDirectory.Management\ActiveDire...
```

2.6.4 Uso de comandos de Active Directory

Un punto interesante sobre el uso del proveedor de Active Directory es que se puede acoplar con el conjunto de comandos del módulo. A continuación, es posible dirigirse directamente a la OU de destino y crear los objetos necesarios.

Ejemplo con la creación de la OU Dirección y el objeto de usuario Director

```
PS > cd 'AD:\OU=AKALYA,DC=AD,DC=AKALYA,DC=FR'
PS > New-ADOrganizationalUnit -Name Direction
PS > cd './OU=Dirección'
PS > New-ADUser -Name Director
PS > ls

Name       ObjectClass DistinguishedName
----       ----------- -----------------
Director  user       CN=Director,OU=Dirección,OU=AKALYA,DC=...
```

2.6.5 Creación de un PSDrive a otro dominio

Es posible utilizar el comando `New-PSDrive` para conectar una unidad PowerShell (`PSDrive`) a otro dominio de nuestro bosque. En el siguiente ejemplo, el comando creará un `PSDrive` para el dominio dev.akalya.fr.

```
PS > New-PSDrive -Name ADDev -PSProvider ActiveDirectory -Root ""
-Server srvdc01.dev.akalya.fr

Name   Used (GB)  Free (GB) Provider  Root        CurrentLocation
----   ---------  --------- --------  ----        ---------------
ADDev                       Active... //RootDSE/
```

El valor del parámetro `-Server` debe ser el nombre de un controlador de dominio en el dominio con el que se desea establecer conexión. Así es como el comando `PSDrive` sabe en qué dominio montar su `PSDrive`.

3. ADSI

3.1 Acerca de ADSI

ADSI (*Active Directory Service Interfaces*) es una interfaz de programación basada en la tecnología COM, integrada en el marco .NET. Fue creada por Microsoft para normalizar la interacción con varios tipos de directorio: la base de datos de cuentas locales SAM (*Security Account Manager*), LDAP (*Lightweight Directory Access Protocol*, utilizado por Active Directory), NDS (*Novell Netware Directory Services*) e IIS. Cada interacción es gestionada por proveedores de servicios (también conocidos como *monikers* en inglés). De este modo, ADSI puede especificar el proveedor de servicios en función del directorio con el que se vaya a contactar. Por lo tanto, ya no es necesario saber cómo interactuar con cada directorio; basta con saber cómo funciona cada interfaz en ADSI.

3.2 Confusión con Active Directory

A menudo se piensa que ADSI solo puede utilizarse con el Active Directory, y esto se debe en parte a la denominación habitual que recibe. La API ADSI apareció por primera vez en Windows NT 4.0, mientras que el directorio Active Directory lo hizo en Windows Server 2000.

Para utilizar la terminología correcta, hablamos de Active Directory en sistemas anteriores a Windows Server 2008. Después de esta versión, hablamos de Servicios de dominio de d'Active Directory Domain Services (ADDS).

3.3 ¿Sigue siendo útil hoy en día?

Desde su creación, la API ADSI ha cambiado muy poco. Sin embargo, sigue estando presente, incluso en los sistemas más recientes, como Windows 10 y Windows Server 2016.

Observación

La API se ha llevado a PowerShell Core, pero solo está disponible en Windows. No es compatible con entornos Linux o macOS.

¿Cuáles son las ventajas de utilizar la API ADSI? Para el procesamiento diario, utilizar el conjunto de comandos de Active Directory es más que suficiente. Pero aun así es necesario poder utilizarlo. El módulo Active Directory solo puede utilizarse desde un Active Directory en Windows Server 2008 R2 (o incluso 2008). Por lo tanto, es totalmente apropiado utilizar ADSI con versiones anteriores. Además, las versiones cliente de los sistemas operativos Windows tienen ADSI por defecto, lo que no es el caso del módulo Active Directory, que requiere la instalación de herramientas de administración remota (RSAT).

ADSI también puede utilizarse para mejorar el rendimiento. El módulo Active Directory utiliza un servicio web para consultar el directorio. ADSI pasa directamente al protocolo LDAP. En infraestructuras pequeñas, la ganancia es mínima. Pero en directorios que contienen varios cientos de miles de objetos, la velocidad de ejecución es esencial. Por ejemplo, las filiales de un cliente necesitaban exportar periódicamente sus usuarios en formato CSV. Inicialmente, el script se basaba en el módulo Active Directory. El tiempo de ejecución superaba las 5 horas. Tras modificarlo para utilizarlo con ADSI, se redujo a menos de media hora.

Otro ejemplo se refiere a la utilidad dsacls.exe, que puede utilizarse para asignar derechos a objetos de directorio ADDS. Un script que necesitaba establecer ciertos derechos utilizaba esta utilidad. El script finalizaba su ejecución al cabo de 24 horas. Esto resultaba inaceptable para una organización de ese tamaño. Por lo tanto, optamos por ADSI. Una vez finalizado, el script completó su procesamiento en apenas una hora y media.

Estos dos casos demuestran que, a pesar de la falta de desarrollo y la antigüedad de la API ADSI, sigue siendo una herramienta formidable. Cuidado, sin embargo, que no es la más fácil de usar.

3.4 Interacción con una base de datos SAM local

La API ADSI admite la interacción con la base de datos SAM local en un sistema operativo Windows. Existen, por supuesto, otros métodos, como el uso de la base de datos WMI, o el módulo Microsoft.PowerShell.LocalAccounts disponible desde la versión 5.0 de PowerShell en Windows 10 y Windows Server 2016. Pero es posible que no se esté familiarizado con WMI o que aún no se haya migrado a Windows 10 o Windows Server 2016. Si es así, ADSI podría representar una solución adecuada.

Hay un punto importante a tener en cuenta antes de hacer nada. ADSI puede utilizarse para interactuar con una base de datos SAM en un sistema remoto. Esta conexión se establece utilizando los protocolos RPC/DCOM. Estos protocolos están bloqueados por defecto a partir de Windows 8 y Windows Server 2012. Es necesario establecer reglas de firewall para autorizar este flujo. Además, los firewalls de red son difíciles de eludir con RPC, ya que utiliza una amplia gama de puertos dinámicos. Para evitar ser bloqueado por el firewall de red, o la apertura de una gama demasiado amplia de puertos, es aconsejable utilizar una sesión remota de PowerShell, a través de WinRM. Los puertos del protocolo WinRM son fáciles de identificar. Solo queda ejecutar los comandos a través de una sesión remota. Por no hablar de que WinRM es más seguro que el dúo RPC/DCOM.

3.4.1 Generalidades

Debido a su antigüedad y a los pocos cambios que ha sufrido, la API ADSI tiene usos atípicos que no se encuentran en APIs más recientes. Se caracteriza por métodos y propiedades ocultos. Pero es posible sortear este problema accediendo directamente al objeto en bruto a través de la propiedad `PSBase`.

Observación

Desde PowerShell V3.0, no es necesariamente necesario utilizar la propiedad `PSBase`*. Pero si se utilizan los ejemplos presentados en esta sección en versiones de PowerShell anteriores a la 3.0 y encuentra errores, utilice la propiedad* `PSBase`*.*

Todos los sistemas Windows (salvo los controladores de dominio) disponen de una base de datos de cuentas local. Esta agrupa objetos de usuario y grupos de usuarios.

ADSI se utiliza globalmente a través de dos clases contenidas en el espacio de nombres System.DirectoryServices (véase el capítulo Clases). Se trata de las clases `DirectoryEntry` y `DirectorySearcher`.

Para resumir cómo funcionan estas dos clases, `DirectoryEntry` apunta (se conecta) directamente a un objeto conocido en la base de datos del directorio. La segunda clase, `DirectorySearcher`, se utiliza para consultar la base de datos de directorios.

Para gestionar la base de datos local, vamos a concentrarnos en la primera clase. Tiene un alias de tipo, simplemente `[ADSI]`.

Ejemplo de sintaxis

```
[ADSI]'<nombre del proveedor>://<objeto de directorio>'
```

La sintaxis sigue siendo similar con la clase `System.DirectoryServices.DirectoryEntry`:

```
[System.DirectoryServices.DirectoryEntry]'<nombre del proveedor>:
//<objeto de directorio>'
```

Observación

Atención: ADSI distingue entre mayúsculas y minúsculas. Por lo tanto, es importante respetar las mayúsculas y minúsculas en todos los niveles. Incluso cuando se utilizan filtros con la clase `System.DirectoryServices.DirectorySearcher`*.*

El proveedor de servicios para la base de datos SAM es WinNT. Para consultar la raíz de la base de datos SAM, utilice la siguiente sintaxis:

```
PS > [ADSI]"WinNT://$env:computername"
```

También es posible utilizar esta sintaxis:

```
PS > [ADSI]"WinNT://."
```

Observación

La segunda sintaxis genera errores en Windows 8.1 y Windows Server 2012 R2. Por lo tanto, no se recomienda. También es posible sustituir estos valores por un nombre de equipo remoto para consultar la base de datos SAM.

3.4.2 Grupos locales

Como el módulo Microsoft.PowerShell.LocalAccounts ya está disponible por defecto en los sistemas operativos, no es necesariamente útil ir muy lejos en la demostración de ADSI en la base SAM.

En este ejemplo, simplemente se enumeran los grupos presentes en la base de datos SAM local

```
PS > $Sam = [ADSI]"WinNT://$env:computername"
PS > $Sam.Children | Where-Object {$_.SchemaClassName -eq 'group'}

distinguishedName :
Path              : WinNT://WORKGROUP/PCNicolaB/Administradores

distinguishedName :
Path              : WinNT://WORKGROUP/PCNicolaB/Duplicadores

distinguishedName :
Path              : WinNT://WORKGROUP/PCNicolaB/IIS_IUSRS

distinguishedName :
Path              : WinNT://WORKGROUP/PCNicolaB/Invitados

distinguishedName :
Path              : WinNT://WORKGROUP/PCNicolaB/ Lectores
registros de eventos

distinguishedName :
Path              : WinNT://WORKGROUP/PCNicolaB/ Operadores
cifrado

distinguishedName :....
Path              : WinNT://WORKGROUP/PCNicolaB/Operadores
de configuración de red
```

```
distinguishedName :
Path              : WinNT://WORKGROUP/S107501PMFNICOB/Operadores
de respaldo
...
```

Para obtener todos los grupos, filtramos la propiedad `SchemaClassName`. El resultado no es fácilmente interpretable en su forma actual. Pero al utilizar el comando `Get-Member`, se observan dos propiedades: `Name` y `Description`. Simplemente filtrando estas propiedades, podemos obtener el siguiente resultado:

```
PS > ($Sam.Children | Where-Object {$_.SchemaClassName -eq 'group'})
Select-Object Name,Description

Name                                     Description
----                                     -----------
{Administradores}                        {Miembros del grupo Ad...
{Duplicadores}                           {Admite replicación...
{IIS_IUSRS}                              {Grupo integrado utilizado p...
{Invitados}                              {Los miembros del grupo En...
{Lectores de registro de eventos}        {Miembros de este grupo...
{Operadores criptográficos}              {Los miembros pueden...
{Operadores de configuración de red}     {Miembros de este grupo...
{Operadores de respaldo}                 {Miembros del Op...
{Usuarios}                               {Los usuarios no pueden...
{Usuarios avanzados}                     {Usuarios avanzados...
{Usuarios del analizador p...            {Miembros de este grupo...
{Usuarios de Escritorio Remoto}          {Miembros de este grupo...
{Utilisateurs du journal de perfo...     {Les membres de ce groupe...
{Usuarios del modelo COM...              {Los miembros pueden...
{Proponer solicitudes de ayuda...        {Miembros de este grupo...
{WinRMRemoteWMIUsers__}                  {Members of this group ca...
```

Los corchetes en cada campo indican que se trata de un arreglo de objetos. Esto es específico de ADSI.

3.4.3 Usuarios locales

El mismo principio se utiliza para listar los usuarios locales de un sistema. Basta con modificar el valor del filtro con el comando `Where-Object`:

```
PS > ($Sam.Children | Where-Object {$_.SchemaClassName -eq 'user'}) |
Select-Object Name,Description

Name                     Description
```

```
----                    -----------
{Administrador}         {Cuenta de usuario administrativa}
{Invitado}              {Cuenta de usuario invitado}
```

Este código puede utilizarse para crear diversas funciones avanzadas que luego pueden integrarse en un módulo para su distribución a las estaciones de trabajo de la administración.

3.5 Active Directory Domain Services

Ahora que hemos visto cómo interactuar con la base de datos SAM en un sistema Windows, echemos un vistazo al directorio de Active Directory Domain Services.

El proveedor de servicios para consultar el ADDS es LDAP:. Podría utilizar el mismo proveedor de servicios que para la base de datos SAM, pero no se recomienda.

3.5.1 Conexión al directorio

En primer lugar, antes de realizar cualquier operación en el directorio, debe iniciarse una conexión. Además del proveedor de servicios LDAP, es necesario conocer la sintaxis DN (*Distinguished Name*) del objeto de destino.

Al utilizar el proveedor de Active Directory, vimos cómo crear un DN. A continuación, se muestra cómo emplearlo para establecer conexión con la raíz de un dominio ADDS conocido:

```
PS > $ObjDomain = [ADSI]"LDAP://DC=AD,DC=AKALYA,DC=FR"
PS > $ObjDomain


distinguishedName : {DC=AD,DC=AKALYA,DC=FR}
Path              :
```

¿Cómo proceder si no se conoce el dominio en el que se va a ejecutar el código?

Esta pregunta está totalmente justificada, ya que el script podría ser una herramienta genérica que puede utilizarse en varios dominios diferentes según las necesidades. Para evitar esta limitación, utilizamos la siguiente sintaxis:

```
PS > $ObjDomain = [ADSI]''
PS > $ObjDomain


distinguishedName : {DC=AD,DC=AKALYA,DC=FR}
Path              :
```

La conexión realizada hasta ahora solo se extiende al dominio. Es posible apuntar más lejos conectándose directamente al catálogo global del bosque. Esto permite acceder a una mayor cantidad de objetos del directorio. Sin embargo, hay un inconveniente: los objetos recuperados del catálogo global pueden tener menos atributos.

Para conectarse al catálogo global, se utiliza la sintaxis GC: en lugar de LDAP:. El uso de este proveedor de servicios genera una comunicación en el puerto TCP 3268 (en el puerto 389 para el protocolo LDAP).

El resultado es:

```
PS > [ADSI]"GC://DC=AD,DC=AKALYA,DC=FR"
```

Para preservar la noción de portabilidad del código, es posible escribir:

```
PS > [ADSI]"GC:// $($ObjDomain.DistinguishedName)"
```

Por último, es posible conectarse directamente a un objeto como usuario:

```
PS > $Morty="CN=Morty Smith,OU=Users,OU=AKALYA,DC=AD,DC=AKALYA,DC=FR
PS > $ObjUser = [ADSI]"LDAP://$Morty"


distinguishedName : {CN=Morty Smith,OU=Users,OU=AKALYA, DC-AD,
DC-AKALYA, DC=FR
Path              : LDAP://CN=Morty Smith,OU=Users,OU=AKALYA,
DC=AD,DC=AKALYA,DC=FR
```

3.5.2 Conexión a un dominio con un usuario diferente

El uso del alias de tipo `[ADSI]` restringe la clase `DirectoryEntry` a un único constructor. Sin embargo, para establecer conexión con un dominio distinto o utilizando otras credenciales, se requiere un constructor diferente (véase el capítulo Clases).

La posibilidad de especificar el dominio a consultar es muy útil. En entornos con un grupo de trabajo o una infraestructura con múltiples dominios y subdominios, es posible hacerlo todo desde un único punto.

Para crear la conexión con el dominio remoto, utilice el comando `New-Object`:

```
PS > $ObjDomain = New-Object
System.DirectoryServices.DirectoryEntry('LDAP://<Nombre_dominio>',
'<Cuenta_Admin>', '<contraseña>')
```

Contrariamente a lo que hemos visto hasta ahora, el nombre de dominio debe introducirse en notación FQDN (*Fully Qualified Domain Name*) y no en DN. Para el ejemplo, corresponde a AKALYA.local. También puede sustituirse por la dirección IP de un controlador de dominio. Los dos campos siguientes corresponden a las credenciales de la cuenta de administrador de dominio utilizada para conectarse.

Es aconsejable evitar escribir la contraseña en texto claro en la consola. Esto representa un riesgo si una persona no autorizada accede al historial de comandos de la sesión de PowerShell. Para evitarlo, utiliza el comando `Get-Credential`:

```
PS > $Cred = Get-Credential administrator
```

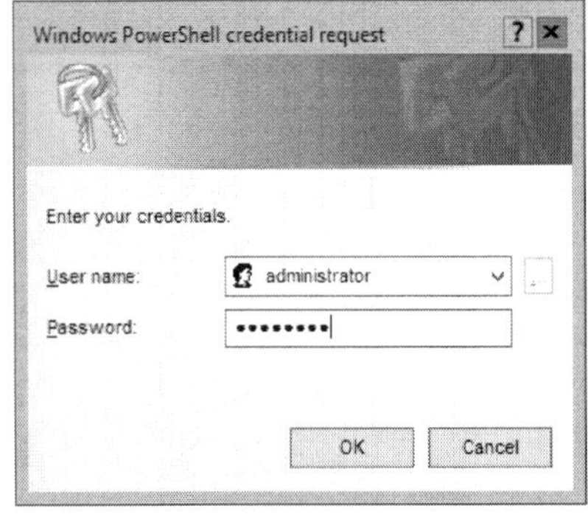

Solicitar una contraseña con `Get-Credential`

Ahora es posible conectarse al dominio remoto con tranquilidad:

```
PS > ObjDomain = New-Object
System.DirectoryServices.DirectoryEntry( 'LDAP://ad.akalya.fr',
$cred.UserName, $cred.GetNetworkCredential().password)
```

Truco

Para obtener más información sobre las clases ADSI, consulte la guía en línea de .NET Framework: https://docs.microsoft.com/es-es/dotnet/api/system.directoryservices.directoryentry?view=netframework-4.7.2

La conexión ya está establecida. A partir de este momento, es posible ejecutar acciones en los distintos directorios. En los ejemplos que siguen, solo veremos la función de búsqueda. No obstante, se puede recurrir a un módulo comunitario para consultar ejemplos y profundizar en el conocimiento de ADSI. Este módulo se presentará al final de este capítulo.

3.5.3 Búsqueda de objetos

Hasta ahora, solo hemos utilizado una de las dos clases del marco .NET. Para las búsquedas, se utiliza la segunda clase, `DirectorySearcher`. Cuando se instancia esta clase, es posible especificar una ruta concreta en la que buscar. Esta ruta se indica mediante la clase `DirectoryEntry`.

Un ejemplo muy básico de instanciación

```
PS > $ObjDomain = [ADSI]''
PS > $ObjSearch = New-Object DirectoryServices.DirectorySearcher
($ObjDomain)
```

Truco

Para conocer todas las posibilidades de instanciación a través de los distintos constructores de clase, consulte la guía de .NET Framework: https://docs.microsoft.com/es-es/dotnet/api/system.directoryservices.directorysearcher.-ctor?view=netframework-4.7.2#System_DirectoryServices_DirectorySearcher__ctor.

La clase tiene valores por defecto para sus propiedades. Todas ellas influyen en la búsqueda.

Estos son sus valores:

```
PS > $ObjSearch


CacheResults              : True
ClientTimeout             : -00:00:01
PropertyNamesOnly         : False
Filter                    : (objectClass=*)
PageSize                  : 0
PropertiesToLoad          : {}
ReferralChasing           : External
SearchScope               : Subtree
ServerPageTimeLimit       : -00:00:01
ServerTimeLimit           : -00:00:01
SizeLimit                 : 0
SearchRoot                : System.DirectoryServices.DirectoryEntry
Sort                      : System.DirectoryServices.SortOption
Asynchronous              : False
Tombstone                 : False
AttributeScopeQuery       :
DerefAlias                : Never
SecurityMasks             : None
ExtendedDN                : None
DirectorySynchronization  :
VirtualListView           :
Site                      :
Container                 :
```

Todas son interesantes, pero aquí solo se describen las más útiles:

Propiedad	Descripción
`CacheResults`	Indica si el resultado de la búsqueda debe almacenarse en la caché del ordenador. El valor por defecto es `True`, pero es aconsejable establecerlo en `False` cuando se devuelve un gran número de objetos.
`Filter`	Permite definir un filtro en formato LDAP. El valor por defecto es `(objectClass=*)`. La propiedad acepta filtros extendidos.

Propiedad	Descripción
`PageSize`	Especifica el número de resultados que se devolverán por página de búsqueda. El valor por defecto es `0`, lo que significa que el mecanismo está inactivo y el número máximo de objetos devueltos está limitado a `1.000`. Para superar este límite, introduzca un valor superior a `0`.
`PropertiesToLoad`	Indica el nombre de las propiedades del objeto que se van a devolver. Por defecto, se recuperan todas las propiedades no nulas del objeto.
`SearchScope`	Indica el área de búsqueda. Estos son los valores y sus efectos en la búsqueda: – `Base`: la búsqueda se restringe a la OU específicamente. – `OneLevel`: la búsqueda desciende a un único nivel de profundidad. – `SubTree`(valor por defecto): la búsqueda se extiende a todos los subcontenedores.
`ServerTimeLimit`	Permite asignar un tiempo máximo a la búsqueda. Una vez transcurrido el tiempo, la búsqueda se detiene y devuelve los resultados. El valor por defecto es `-1`, es decir, 120 segundos.
`SizeLimit`	Indica el número máximo de resultados devueltos. No confundir con la propiedad `PageSize`. El valor por defecto es `0`, lo que significa que no hay límite.

Observación

La propiedad `SearchRoot` contiene el objeto `$ObjDomain` pasado como parámetro al instanciar el objeto.

Hay dos formas de iniciar la búsqueda:

- `FindOne()`: devuelve solo la primera ocurrencia encontrada.
- `FindAll()`: devuelve todos los resultados encontrados (dentro del límite del parámetro `SizeLimit` y del tope `PageSize`).

Buscar todos los objetos

Para recuperar todos los objetos del directorio, deje la configuración por defecto y ejecute el método `FindAll()`:

```
PS > $ObjSearch.FindAll()

Path                                                        Properties
----                                                        ----------
LDAP://DC=AD,DC=AKALYA,DC=FR                                {msds-i...
LDAP://OU=Domain Controllers,DC=AD,DC=AKALYA,DC=FR          {showin...
LDAP://CN=SRVDC02,OU=Domain Controllers,DC=AD,DC=AK...      {msds-s...
...
```

Como la salida es demasiado grande, hemos limitado su visualización en este libro. Es posible limitar el número de objetos devueltos directamente utilizando la propiedad `SizeLimit`:

```
PS > $ObjSearch.SizeLimit = 3
PS > $ObjSearch.FindAll()

Path                                                        Properties
----                                                        ----------
LDAP://DC=AD,DC=AKALYA,DC=FR                                {msds-i...
LDAP://OU=Domain Controllers,DC=AD,DC=AKALYA,DC=FR          {showin...
LDAP://CN=SRVDC02,OU=Domain Controllers,DC=AD,DC=AK...      {msds-s...
```

Observación

Las propiedades `SizeLimit` y `PageSize` son dos elementos diferentes pero complementarios. `PageSize` permite superar el límite de 1.000 objetos devueltos por el directorio ADDS. Esta es una característica de seguridad puesta en marcha para evitar sobrecargar los controladores de dominio. La funcionalidad oculta tras `PageSize` realiza varias subconsultas hasta obtener el resultado completo. El valor indicado por el parámetro `PageSize` define el número de objetos devueltos por subconsulta. Si el valor de `PageSize` es 0, esta funcionalidad está inactiva, y se restablece el límite de 1.000 objetos. Incluso cambiando el valor de `SizeLimit`, este límite no se elimina. Por lo tanto, si el directorio ADDS tiene varios miles de objetos, pero se requiere obtener un número específico, será necesario ajustar ambos parámetros.

Ejemplo de un directorio con más de 3000 objetos

```
PS > ($ObjSearch.FindAll() | Measure-Object).Count
1000
PS > $ObjSearch.PageSize = 500
```

```
PS > ($ObjSearch.FindAll() | Measure-Object).Count
3524
PS > $ObjSearch.SizeLimit = 2000
PS > ($ObjSearch.FindAll() | Measure-Object).Count
2000
PS > $ObjSearch.PageSize = 0
PS > ($ObjSearch.FindAll() | Measure-Object).Count
1000
```

Búsqueda de unidades organizativas

En el siguiente ejemplo, se pretende recuperar todas las GPO presentes desde la raíz. Para ello, tenemos que adaptar el filtro LDAP por defecto.

En primer lugar, se establece una conexión e instanciar un objeto de búsqueda:

```
PS > $ObjDomain = [ADSI]''
PS > $ObjSearch = New-Object DirectoryServices.DirectorySearcher
($ObjDomain)
```

A continuación, aplicamos un filtro para encontrar solo las unidades organizativas y lanzamos la búsqueda:

```
PS > $ObjSearch.Filter = '(objectCategory=organizationalUnit)'
PS > $ObjSearch.FindAll() | Format-List


Path       : LDAP://OU=Domain Controllers,DC=AD,DC=AKALYA,DC=FR
Properties : {showinadvancedviewonly, iscriticalsystemob...}

Path       : LDAP://OU=AKALYA,DC=AD,DC=AKALYA,DC=FR
Properties : {objectclass, usnchanged, whencreated, name...}

Path       : LDAP://OU=Users,OU=AKALYA,DC=AD,DC=AKALYA,DC=FR
Properties : {objectclass, usnchanged, whencreated, name...}

...
```

El uso de filtros LDAP permite una gran flexibilidad a la hora de filtrar los resultados. Por ejemplo, pueden recuperarse únicamente las unidades organizativas cuyo nombre comience por la letra F:

```
PS > $ObjSearch.Filter =
'(&(objectCategory=organizationalUnit)(name=F*))'
PS > $ObjSearch.FindAll()
```

También puede limitar la búsqueda al primer nivel del árbol modificando la propiedad `SearchScope`:

```
PS > $ObjSearch.SearchScope = 'OneLevel'
PS > $ObjSearch.FindAll()
```

En este caso, se recuperan todas las OU situadas directamente bajo la raíz del dominio y que comienzan por la letra F.

Búsqueda de usuarios

Para buscar todos los usuarios, basta con adaptar el filtro LDAP:

```
PS > $ObjDomain = [ADSI]''
PS > $ObjSearch = New-Object
DirectoryServices.DirectorySearcher($ObjDomain)
PS > $ObjSearch.Filter = '(&(objectCategory=person)(objectClass=user))'
PS > $ObjSearch.FindAll()

Path       : LDAP://CN=Administrateur,CN=Users,DC=AD,DC=AKALYA,DC=FR
Properties : {logoncount, codepage, objectcategory, descripti...}

Path       : LDAP://CN=Invité,CN=Users,DC=AD,DC=AKALYA,DC=FR
Properties : {logoncount, codepage, objectcategory, descripti...}

Path       : LDAP://CN=krbtgt,CN=Users,DC=AD,DC=AKALYA,DC=FR
Properties : {logoncount, codepage, objectcategory, descripti...}

...
```

También puede modificar la propiedad `SearchRoot` para limitar la búsqueda a una OU específica:

```
PS > $ObjSearch.SearchRoot = [ADSI]'LDAP://
OU=AKALYA,DC=AD,DC=AKALYA,DC=FR'
PS > $ObjSearch.FindAll() | Format-List
Path       : LDAP://CN=Nicolas NB.
BAUDIN,OU=Users,OU=AKALYA,DC=AD,DC=AKALYA,DC=FR
Properties : {givenname, codepage, objectcategory,
dscorepropagationdata...}

Path       : LDAP://
CN=User1,OU=Users,OU=AKALYA,DC=AD,DC=AKALYA,DC=FR
Properties : {adspath, usnchanged, distinguishedname,countrycode...}

...

Path       : LDAP://
```

```
CN=User5,OU=Users,OU=AKALYA,DC=AD,DC=AKALYA,DC=FR
Properties : {adspath, usnchanged, distinguishedname,countrycode...}
Path       : LDAP://CN=Morty Smith,OU=Users,OU=AKALTA,DC=AKALYA,
DC=local
Properties : {givenname, codepage, objectcategory, description...}

Path       : LDAP://
CN=Directeur,OU=Direction,OU=FRPSUG,DC=FRPSUG,DC=local
Properties : {adspath, usnchanged, distinguishedname,
countrycode...}
```

Buscar grupos

Para buscar grupos, es necesario modificar el filtro LDAP.

```
$ObjDomain = [ADSI]''
PS > $ObjSearch = New-Object
DirectoryServices.DirectorySearcher($ObjDomain)
PS > $ObjSearch.Filter = '(objectCategory=group)'
PS > $ObjSearch.FindAll()
```

Se devuelven todos los grupos presentes en el dominio Servicios de dominio de Active Directory.

Los grupos pueden filtrarse en función de su tipo. El atributo `grouptype` se utiliza para especificar el tipo de un grupo. Así se le puede aplicar un filtro.

Pero antes necesitamos conocer los valores que contiene el archivo:

Valor	Descripción
2	Grupo global.
4	Grupo local.
8	Grupo universal.
2147483648o 0x80000000	Grupo de seguridad. Si no hay ningún valor, se trata de un grupo de distribución.

Si buscamos grupos de seguridad universales, sumamos los dos valores. El valor del atributo `grouptype` es `2147483656` en decimal o `0x80000008` en hexadecimal.

Ejemplo

```
$ObjDomain = [ADSI]''
PS > $ObjSearch = New-Object
DirectoryServices.DirectorySearcher($ObjDomain)
PS > $ObjSearch.Filter = '(&(objectCategory=group)(grouptype=2147483656))'
PS > $ObjSearch.FindAll()
```

4. ADSIPS

ADSIPS es un módulo comunitario creado por François-Xavier Cat, MVP francófono desde hace varios años. Su principal motivación fue prescindir del módulo Active Directory y poder utilizar ADSIPS en cualquier sistema operativo Windows y en cualquier dominio.

El código fuente del proyecto está disponible gratuitamente en la plataforma GitHub: https://github.com/lazywinadmin/AdsiPS

Para saber más sobre ADSI y las distintas sintaxis y modos de funcionamiento, es recomendable consultar el código fuente, que constituye una valiosa fuente de referencia.

Una vez familiarizado con ADSI, se podrá incluso contribuir al desarrollo del módulo aportando su propia contribución, como hemos hecho nosotros haciendo una modesta aportación al proyecto.

También puede utilizarlo descargando el módulo directamente de la PowerShell Gallery :

```
PS > Install-Module ADSIPS -Force
```

!

B

C

D

E

F

I

J

K

L

M

N

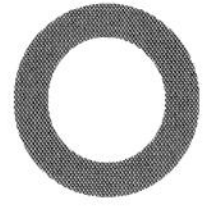

P

S

T

U

V

W

eni